KB245525

新 품질경영

제3판

新품질경영

Total Quality Management

최성용 · 김은숙 지음

북코리아

2010년 초 한국 기업들 사이에서는 품질경영 바람이 거세게 불고 있다. 고장 없는 차의 대명사, 최고품질의 명성을 상징하는 일본 도요타자동차는 초유의 대량 리콜사태로 인해 '도요타의 품질신화' 붕괴라는 창사 이래 최대의 위기를 맞고 경영전략의 수정마저 초래하는 상황을 맞게 되었다.

도요타의 그 동안 느슨하고 오만한 대고객 서비스, 품질관리시스템의 오류와 허점으로 인한 절체절명의 위기봉착은 이미 예견된 일이었다. 도요타 차의 리콜사태는 한국 자동차업체들에게도 품질문제의 중요성을 일깨우는 계기가 되고 있으며, 아울러 제조물책임(PL) 및 리콜(Recall)에 대한 재인식의 계기가 되고 있다.

최근 조사에 따르면 국내 제조업체들의 73%가 도요타 사태를 계기로 경영개선과 품질인식을 강화한 것으로 나타났다. 초일류 글로벌기업 삼성전자는 '**절대품질**' 기준을 도입, 국내외 사업장에서 최고도의 품질관리에 나섰다.

일본 도요타자동차 사태처럼 품질의 위기가 신뢰의 위기로, 결국 경영의 위기로 확산될 수 있다는 판단에 따른 것이라 할 수 있다.

'절대품질'이란 단순히 '경쟁사 제품보다'라는 상대적인 개념이 아니라 삼성이 정한 무결점에 가까운 자체 품질기준을 충족시켜야 한다는 것으로 품질이 100% 검증되어야 대량생산에 들어갈 수 있음을 의미한다. 한편, 도요타자동차도 북미, 유럽 및 아시아 등 4대 글로벌 거점을 중심으로 '**품질관리특별위원회**'를 본격 가동시키기로 하는 등 경영전략의 수정조치를 취함으로써 대응책을 마련하고 있다.

21세기에도 살아남는 기업이 되기 위해서 요구되는 것은 바로 품질이며, 미래시장의 이러한 요구에 기민하게 대처하지 못하는 기업은 존속할 수 없을 것이라고 미국 필립 크로스비(P. B. Crosby) 품질경영컨설팅사 부설 품질대학장 L. T. 스민스키가 말한 바 있다. 세계적 품질대가인 주란(Juran) 박사는 20세기가 '생산성의 시대'였다면 21세기는 '**품질의 시대**'가 될 것이라고 갈파하였다.

새로운 밀레니엄 시대에는 **품질경영**이 기업의 사활을 좌우한다. 앞으로 기업의 성패는 얼마나 빨리, 그리고 완벽하게 품질경영시스템을 구축하느냐에 달려 있다고 해도 과언이 아니다. 이것은 21세기의 기업경영에 있어서 새로운 패러다임이 되고 있으며, 품질경영이야말로 기업경영의 영원한 숙제가 되고 있다.

오늘날 **TQM(전사적 품질경영)**은 많은 조직체들이 자신의 제품 및 서비스의 품질을 향상시킬 수 있도록 채택하고 있는 포괄적이고 고객 중심적인 시스템이다. 제조업이건 서비스업이건 간에 국경 없는 무한경쟁시대에 고객만족(CS)은 절실하며, 기업들은 고객만족의 극대화를 실현하기 위해서 TQM활동을 전개하는 것이 보편화되어 가고 있다. 우리나라 기업들은 경쟁력의 회복이 초미의 과제가 되고 있는 상황에서 품질향상에 만전을 기하지 않으면 안 된다.

경영학자들은 "품질은 기대 이상의 가치를 내재한다. 품질개선의 노력은 단기적으로는 손해인 듯하다. 그러나 장기적으로는 비용을 상쇄할 만큼의 이익을 창출한다"고 분석한다. 그러므로 기업은 브랜드 가치라는 결과보다는 브랜드 가치를 만들어 가기 위한 필요조건인 제품의 신뢰성을 충족시켜 나가는 과정인 품질경영에 관심을 가질 필요가 있다.

이상과 같은 맥락에서 본서는 초판의 내용구성과 편제를 유지하면서 품질경영의 새로운 트렌드를 적극 반영해 제11장(품질보증 및 제조물책임)을 새로 추가하여 모두 15장이 되었다. 이 밖에도 각 장의 기존내용을 리모델링 차원에서 대폭 수정하였고, 사례도 참신한 내용을 선별, 추가함으로써 전체내용을 새롭게 하는 데 노력했다. 이에 따라 본서의 제목도 『품질경영』에서 『新품질경영』으로 변경하였으며, 이는 바로 이 같은 노력을 반영한 결과라고 할 것이다. 향후 본 서 내용의 충실을 기하고자 지속적인 보완·수정을 통해서 바로잡음으로써 완성도를 더욱 높여나갈 것이며, 이 책이 나름대로 품질경영 분야에 기여하게 되기를 바라는 마음 간절하다.

필자는 올여름의 유난히 끔찍했던 무더위와 싸우면서 개정작업을 완성할 수 있었음은 다행이 아닐 수 없다. 그리고 본서를 집필함에는 국내외 이 분야의 선배제현의 주옥 같은 저서, 논문 등이 참고 되었음을 밝히며, 초판에 이어 계속 출간을 흔쾌히 허락해 주신 북코리아 이찬규 사장님의 배려와 편집부 제위의 노고에 진심으로 감사를 표하고 싶다.

2010년 12월
저자

∷ 차례

제7장 설계품질의 관리   154

표 차례

품질경영의 기초

프랑스에는 "가격(price)은 잊히지만 품질(quality)은 기억에 남는다"는 속담이 있다. 이는 소비자나 고객들이 제품/서비스를 구입할 경우 품질을 우선시함을 의미하는 것으로 볼 수 있다. 이리하여 오늘날 제조기업이나 서비스 조직들은 제품/서비스를 창출하고자 할 때 고객만족을 극대화하는 품질이 되도록 하는 데에 모든 경영의 역량을 기울이게 된다.

제1장에서는 품질경영을 이해하기 위해서 품질의 개념을 비롯하여 품질경영(QM/TQM)에 대한 기초사항들을 설명하고 있다.

 제1절 품질개념 및 품질경영의 필요성

글로벌 경쟁이 치열해져 가는 오늘날의 화두는 당연히 품질이다. 품질의 선구자 조셉 주란(Joshep M. Juran) 박사는 '21세기는 품질의 시대'라고 갈파하였다. 수년

전 미국의 여론조사에서 최고경영자(CEO)의 98%가 현대경영에서 가장 중요한 성공요인으로 품질을 꼽은 바 있다. 대체로 품질은 제품·서비스에 국한시켜 사용되고 있는 것같이 보이지만, 사실은 품질이란 용어는 상당히 폭넓게 쓰인다. 오늘날에는 품질이란 말이 유형재 및 무형재의 산출은 말할 것도 없고 의료, 국방, 행정, 교육 등의 다양한 부문에서도 더불어 쓰이고 있다.

영영사전에도 "품질(quality)이란 다른 사물이나 사람과 구별되는 그 어떤 것"이라고 정의되어 있다. 이처럼 오늘날의 품질개념은 물적 및 인적 대상물을 다 같이 주관적으로 우열을 평가하거나 측정하는 잣대로 이용된다.

품질은 협의로만 쓰이는 것이 아니라 광의로도 쓰이기 때문에 우리는 품질의 중요성에 대한 인식을 새롭게 해야 한다. 정치·경제 면에서 정치도의나 시장경제원리에 벗어난다든지, 사회·문화 면에서 사회적 규범·윤리 또는 국민정서에 반한다든지, 환경면에서 비친화적이라든지, 교육면에서 정도를 이탈한다든지, 가정에서의 해체현상이라든지 또는 개인의 비인격성이라든지 하는 것들이 모두 사용어휘의 차이가 있을 뿐 결국은 품질이라는 척도로서 평가할 수 있다.

글로벌 경제체제의 무한경쟁 시대에는 오직 한 개의 일등 상품만이 글로벌 시장에서 경쟁우위를 차지할 수 있다. 그러기에 기업은 가격전략 외에 품질전략을 경영의 최우선순위에 둔다. 미국 필립 크로스비(Philip Crosby)품질경영 컨설팅사부설 품질대학(Quality College) 학장인 L. T. 스민스키는 21세기에도 살아남는 기업이 되기 위해서 요구되는 것이 바로 품질이며, 이것은 새로운 시장진입 및 확보의 전제조건이 되고 미래시장의 이러한 요구에 기민하게 대처하지 못하는 기업은 존속할 수 없을 것이라고 하였다.

현실적으로 CEO를 비롯해서 경영진에 있는 많은 사람들이 '품질'에 대한 잘못된 인식을 갖고 있는데, 이 중 대표적인 것을 두 가지만 들면, 첫째 모든 품질문제는 종업원 특히 제조 부문 작업자의 탓이며, 둘째 품질 부문에서 품질이 만들어지고 있다는 생각이다. 품질은 제조 부문에만 국한되는 것이 아니며, 또한 품질 부문만의 책임으로 끝나는 것이 아니라는 생각을 갖는 것이 중요하다. 즉 품질에 관련된 모든 부문의 사람들, 외부 공급업자, 시장 및 고객들 모두와 관련이 있다는 사실을 인식함이 바람직하다. 뿐만 아니라 CEO의 품질에 대한 지대한 관심과 적극적인 품질향상 활동이 뒤따라야 한다.

1992년 미국의 데밍(W. Edwards Deming) 박사는 한국의 잘 알려진 전문경영인과의 면담에서 "품질은 종업원이 만드는 것이 아니라 CEO가 만드는 것"이라고 강조하면서 첫째, 설계품질을 CEO가 직접 체크하고, 둘째로 원자재 구입도 CEO가 직접 체크해야 함을 조언한 바 있다. 이로써 기업의 품질문제에 있어서는 무엇보다도 CEO의 역할이 절대적임을 알 수 있다.

21세기에 세계시장에서 기업들이 생존하기 위한 선행조건의 하나는 다름 아닌 제품 및 서비스의 품질이다. 오늘날 엄청난 돈이 매년 품질에 관한 초점의 부재로 인해 낭비되고 있음은 결코 놀랄 일이 아니다. 그러므로 공기업, 사기업 또는 제조기업 및 서비스 기업에 관계없이 글로벌 시장에서 경쟁하는 모든 조직은 제품 및 서비스의 품질경영에서 성공해야 한다.

기업경영의 궁극적 목표는 고객만족에 있으며, 기업의 모든 활동은 고객이 원하는 제품 및 서비스를 만드는 데에 초점이 모아져야 한다. 앞으로의 무한경쟁 속에서 기업이 살아남기 위해서는 고객을 만족시키는 제품 및 서비스를 제공함으로써 품질보증 능력에 대해 고객이 신뢰감을 갖도록 해야 한다. 만약 고객의 욕구를 만족시키지 못하는 제품 및 서비스를 제공하는 기업은 가차 없이 시장에서 도태될 수밖에 없다.

최근에는 국내외 기업환경 변화에 따라 국가 간 및 기업 간의 가격 및 비가격경쟁이 날로 치열해지고 제품의 품질보증, 신뢰성 및 제품책임 등에 관한 문제가 더욱 중요해지면서 이제 품질문제는 기업의 주요 전략과제로 등장했으며, 우리 기업들은 품질경쟁 시대에 있어서의 대응전략을 강구하는 데에 경영의 초점을 두어야 한다. 이는 앞으로 우리 기업이 치열한 국제경쟁에서 우위를 차지하기 위하여 생산성과 더불어 품질을 주요한 경쟁전략 변수로 삼아야 함을 의미한다.

품질은 제조원가(cost), 유연성(flexibility), 납기준수(delivery) 등과 함께 수많은 CEO들이 가장 중요시하는 기업경영의 전략적 요소 중의 하나이다. 그러나 이처럼 품질의 중요성이 강조되고 있지만 품질개선은 손쉽게 달성되지 않고 있다. 그 이유는 무엇보다도 품질의 개념이 올바로 정립되어 있지 않기 때문이다. 품질개선은 수익성을 증대시키는 요인이 되므로 기업의 지대한 관심이 요구된다.

어쨌든 올바른 품질정의는 완벽한 품질관리(QC) 또는 품질경영(QM)의 실천에 대단히 중요한 관건이라고 볼 수 있다. 왜냐하면 품질에 대한 올바른 개념정의와 인식이 없이는 품질의 관리나 경영 등의 활동이 제대로 수행되지 못할 뿐만 아니라 경영혁신운동으로서의 QM운동도 진정한 효과를 기대할 수 없기 때문이다.

다음에는 **품질의 정의**를 여러 학자들의 견해에 따라 알아보기로 한다.

(1) 데밍(W. Edwards Deming)의 정의

품질에 관한 탁월한 교사인 동시에 1950년 미국의 품질관리(QC)를 일본에 전파한 데밍 박사는 "품질은 지속적인 개선"이라고 정의한다.

(2) 주란(Joseph M. Juran)의 정의

제품의 필수적 요건은 사용고객의 니즈(needs)를 충족시키는 것이어야 하므로 주란 박사는 "품질은 용도에의 적합성(fit for use)이다"라고 정의하였다.

(3) 크로스비(Philip Crosby)의 정의

크로스비는 『품질은 공짜』(*Quality is free*)라는 책으로 유명한데, 그는 "품질은 요구조건에의 일치(conformance to requirement)이다"라고 하였다.

(4) 존슨(Richard S. Johnson) 및 그리나(F. M. Gryna, Jr.)의 정의

존슨은 "품질은 고객만족이다(Quality is customer satisfaction)"라고 정의했으며, 고객만족(CS)을 주란 박사의 품질정의인 "용도에의 적합성"의 확대된 개념으로 파악하였다.

(5) 이시카와(Kaoru Ishikawa)의 정의

통계적 방법의 옹호자인 이시카와는 전사적 품질관리(TQC)를 일본에 촉진시키는 데 앞장섰으며, "품질은 가장 경제적이고 매우 유용하며, 언제나 소비자에게 만족을 주는 제품이다"라고 정의하였다.

⑹ 기트로우 및 오펜하임(Gitlow, Oppenheim & Oppenheim)의 정의

"품질이란 저비용과 시장에 적합한 균일성(uniformity) 및 신뢰성(dependability)의 예측가능한 정도이다"라고 정의했는데, 이들은 품질의 균일성과 품질에 대한 신뢰성을 가능한 한 낮은 코스트와 시장요구에 적합한 품질을 공급해야 한다고 주장한다.

기업경영자의 입장에서 보면 품질이란 단순히 제조규격 또는 설계규격에 일치하는 정도라고 생각하는 경향이 있으며, 소비자의 경우 디자인이나 기능이 우수한 제품을 좋은 품질의 제품으로 간주하곤 한다. 품질에 대한 이해가 제각기 다를 때에 이로 인해 생기는 문제는 심각하므로 품질에 대한 각각 다른 인식은 불식됨이 바람직하다.

현대품질의 개념은 "고객의 필요를 충족시키는 것(meeting the needs of customers)"을 중심개념으로 하고 있다. 즉, 현대의 품질은 최종소비자인 고객만족 없이는 사업목표를 달성할 수 없다는 마케팅 철학에 바탕을 두고 있는 것이며, 이는 앞에서 인용한 존슨 및 그리나의 품질정의와 일치된다.

제2절 품질경영의 의의 및 특성

오늘날 이른바 품질경영 또는 전사적 품질경영(Total Quality Management: TQM)시스템은 기업들이 품질우위(quality edge)를 획득하는 매우 효과적인 수단이 되어 왔다. 이 절에서는 TQM의 의의를 여러 문헌들을 통해서 정리한 다음 이들을 종합하여 일반적인 정의를 내리고자 한다.

1. TQM에 대한 여러 학자들의 정의

(1) 코헨과 브랜드(Cohen & Brand)의 정의

"TQM이란 업무의 모든 국면에서(total) 고객의 요구를 충족시키고도 남도록 (quality) 조직의 역량을 개발하고 유지하는(management) 것이다." 여기서 종합적(total)이라는 말은 조직의 모든 기능과 계층에 속하는 모든 종업원이 품질을 추구해야 함을 의미하고 품질(quality)이란 조직의 모든 측면에서의 우수성을 의미하며, 경영(management)이란 품질경영 과정을 통한 품질결과의 추구를 의미한다.

(2) 베커, 골롬스키 및 로리(Becker, Golomski & Lory)의 정의

"TQM은 경영철학이자 그러한 철학을 실천하기 위한 도구 및 전략들의 집합이다." 김연성 등(2010)도 전사적 품질경영(TQM)이란 조직의 모든 기능에 있어서 품질을 향상시키기 위한 개념과 도구들의 총체라고 하였다. 오늘날 더 많은 진보적인 기업들은 TQM을 경영철학으로 삼고 있다. 드러커(Peter F. Drucker) 박사는 경영의 탁월성을 무결점경영(Zero Defect Management)이라 명명했는데, TQM을 경영철학으로 삼고 있는 기업에서는 TQM과 무결점경영은 동일한 것으로 간주하고 있다.

(3) 로스(Ross)의 정의

"TQM은 제품 및 서비스 품질의 지속적인 개선을 달성하기 위해서 한 조직 내의 모든 기능들과 과정들을 통합하는 것이다. 그 목적은 바로 고객만족(CS)이다." 주란 박사는 TQM이란 단순히 품질변동의 원인을 파악하고 개선하는 데 있는 것이 아니라 고객의 욕구를 만족시키는 데 있다고 하였다.

크로스비(Crosby)는 TQM은 결함예방의 모든 경영조치를 집중시키고 고객과 공급업자, 그리고 종업원을 만족시키는 데 그 목적이 있다고 하였다. 또 TQM은 전 종업원의 참여를 전제로 하기 때문에 현장 근로자를 중심으로 하는 과거의 품질관리(QC)와는 다르다고 하였다.

(4) 김기영 외(1999)의 정의

"최고경영자의 리더십 아래 품질을 최우선과제로 하고 고객만족을 통한 기업의 장기적인 성공은 물론 기업과 사회 전체의 이익에 기여하기 위해 경영활동 전반에 걸쳐 모든 구성원의 참여와 총체적 수단을 활용하는 전략적 경영방식이다."

결국 TQM은 질(quality) 위주의 조직문화를 창출함으로써 조직구성원의 의식을 개혁하고 궁극적으로 경쟁력을 제고시키려는 경영시스템이다. TQM은 고객위주의 경영철학인 동시에 전체 조직구성원이 참여하며, 특히 최고경영자가 중심이 되는 관리시스템이다. TQM을 시행하는 조직은 품질과 고객만족을 중히 여기며, 이를 위해 팀워크와 유연성을 강조한다. TQM의 정의를 공식으로 표현해 보면 다음과 같으며, TQM의 구성(framework)은 [그림 1-1]과 같다.

TQM = 전사적인 참여(Total Participation) + 전사적인 지속적 개선(Total Continuous Improvement) + 전사적인 고객만족(Total Customer Satisfaction) = TP+TCI+TCS

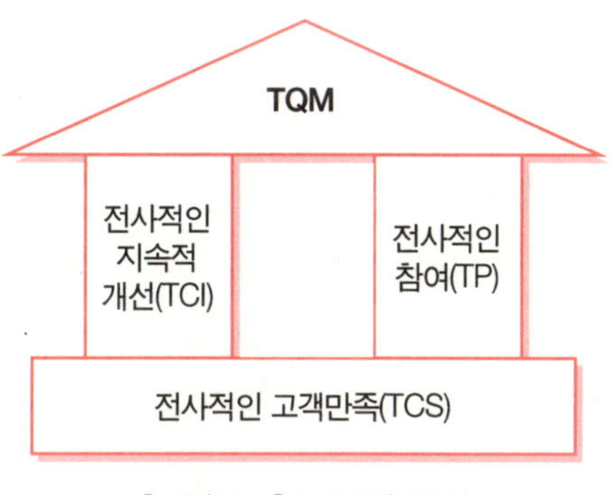

[그림 1-1] TQM의 구성

2. TQM의 특성

TQM은 베리(Berry, 1988)가 지적한 바와 같이 수익성 및 경쟁력의 제고, 조직유효성의 향상, 그리고 고객만족(CS) 또는 고객환희(customer delight)를 실현할 수 있으며, 〈표 1-1〉에서와 같이 전통적 경영과 차이점을 보이고 있다.

<표 1-1> TQM과 전통적 경영의 차이점

TQM	전통적 경영
• 고객에 초점	• 경영(관리)에 초점
• 품질우선	• 이익우선
• 복수의 품질차원	• 단일의 품질차원
• 경영자/종업원의 헌신노력	• 종업원의 헌신노력 없음
• 공정(process) 지향적	• 결과(results) 지향적

한편, 안영진(1999)은 TQM의 특성을 ① 품질의 전략성, ② 고객우선주의, ③ 종업원의 참여, ④ CEO의 적극적인 참여, ⑤ 지속적인 개선, ⑥ 교육과 훈련, ⑦ 공급업자와의 관계 등의 일곱 가지로 들고 있다.

3. TQM의 핵심적 가치

고객이 원하는 초점에 맞추는 TQM활동은 다음과 같은 열 가지의 핵심적인 개념에 기초하고 있다(김기영 외, 1999).

(1) 이윤창출을 위한 품질

기업이 생산하는 제품이나 서비스, 경영과정 및 인적자원의 질을 높임으로써 기업은 많은 이윤을 얻을 수 있다. 제품과 서비스 및 경영과정에서 발생할 수 있는 비용은 기업이 아무런 행동을 취하지 않으면 기업에게는 비용으로 작용하여 결국 이윤을 잠식하는 결과가 된다.

인적자원에 관련된 비용을 절감하는 것도 기업의 이윤창출과 증가에 중요한 요소이다. 따라서 세계적인 우수기업들은 전사적 차원의 품질향상 프로그램을 실시하고 있는데, 그 예를 보면 다음의 〈표 1-2〉와 같다.

<表 1-2> 품질향상 프로그램

기 업	프로그램
Xerox	품질을 통한 리더십
Texas Instruments	종합적 품질문화
Ford	종합적 품질우수성 추구
IBM	경영과정에서의 품질집중
National Semiconductors	품질향상전략
ICL	ICL방식의 품질
NatWest	품질 서비스 프로그램

자료: 김기영 외 공저, 『품질경영』(서울 : 박영사, 1999), p. 165.

(2) 적시의 무결점활동

TQM에서는 결함 없는 작업이 가능하다는 전제를 갖고 있다. 이것은 작업과정에 있어서 완전함을 추구하는 것인데, 목표점에 일치한다는 사실보다는 '완벽한 업무를 달성하기 위한 마음자세'가 더 중요하다. 적시에 적합한 일을 하여 무결점을 추구하는 것은 사전예방에 대한 강조와 함께 측정 및 업무과정 통제, 자료에 기초한 낭비와 실수제거 등의 지속적인 활동을 통해 이루어질 수 있다.

'무결점'은 지속적인 향상을 달성하기 위한 목표가 되며, 우수한 품질을 확보하기 위하여 기업은 사후조치가 아니라 예방에 초점을 맞추게 된다. 이는 어느 정도의 불량품을 허용하는 전통적인 품질개념으로부터 벗어날 수 있는 사고전환을 요구하는 것이다. 즉, TQM에서는 비용과 결점이 동시에 감소할 수 있다는 것으로 전제하여 무결점 상태에 도달할 수 있다고 본다. 지속적인 향상과 예방은 바로 이와 같은 사고에 기초하고 있는 것이다.

(3) 품질비용

품질비용이라는 것은 양질의 제품이나 서비스를 생산함에 있어서 발생하는 모든 경영상의 비용을 의미하는데, 예방비용, 평가비용, 내부 실패비용, 외부 실패비용 등이 있으며, 고객의 요구수준을 초과한 비용과 기회비용 등이 포함된다.

(4) 경쟁적 벤치마킹

시장에서의 기업성과는 항상 경쟁적인 관점에서 파악되어야 한다. 기업이 경쟁력을 지니기 위한 전략의 수립과 시행, 그리고 경쟁력의 근원으로 작용할 수 있는 기술 및 품질능력의 확보 등은 모두가 고객을 근원으로 하여 경쟁적인 상황에서 이루어지는 것이다. 이러한 측면에서 경쟁적 벤치마킹(Benchmarking)은 기업의 지속적 성과향상에 기초가 되는데, 기업이 경쟁사와 자신에 대한 평가를 하여 시장에서의 우위성 확보를 위해 활용할 수 있게 하는 지속적인 경영과정을 의미한다.

(5) 전 구성원의 참여

제품이나 부품의 어느 부분에서 결함이 발생하게 되면 어느 특정한 사람이나 공정에 문제가 있는 것으로 생각하기 쉬우며, 이러한 요인으로 개선할 수 있는 많은 문제들을 경시해 버리게 된다. 조직구성원 모두가 제품의 결함을 발생시킬 수 있으며, 모든 사람들이 양질의 제품을 생산하고 품질비용을 절감해야 하는 책임이 있다.

(6) 팀 활동에 의한 시너지 효과

시너지의 의미는 부분의 합보다 전체가 더 큰 효과를 내는 것을 의미하는데, TQM에서도 협력과 합의, 창조적 갈등과 팀 전체의 성공을 진작시키기 위해서 사용된다.

(7) 주인의식과 자율경영

TQM 프로그램은 어떤 문제에 처했을 때 그 문제를 자신의 것이라고 인식하고, 자료조사와 해결책을 강구하여 궁극적으로 바라는 성과를 내는 것이다. TQM은 심리적인 면에서의 소유의식을 강조함으로써 조직구성원에 대한 전통적인 관리·통제보다는 조직개발 관점에서의 자율경영을 전략적으로 이용하고 있다.

(8) 역할모델로서의 관리자

TQM은 최고경영층으로부터 이끌어져야 하며, 모든 계층의 경영자들은 그들 자신이 역할모델이라고 할 수 있다. TQM 프로그램은 경영피드백 시스템에서 형성됨으로써 경영자들이 품질을 위한 역할모델로서 어떻게 행동해야 하는가를 생각할 수 있도록 해야 한다.

(9) 인정과 보상

적절한 인정과 보상시스템은 TQM 프로그램에 중요하며, 특히 품질개선 과정이 이루어지는 일상적인 작업집단에게는 더욱 중요한 의미를 갖는다. 인정이란 개인이나 집단의 실적을 칭찬함으로써 격려하는 것을 의미한다. 보상이란 성과와 관련하여 재정적인 혜택을 주고 인정해 주는 것을 말한다. 실적을 증가시키고 참여적인 문제해결에 의한 지속적인 성과향상을 위해서는 인정과 보상을 통한 적극적인 동기부여가 중요하다.

(10) 품질전달체계

품질전달체계를 명확하게 정의함으로써 모든 구성원들에 자신의 일들이 중요한 작업활동이라는 확신을 심어줄 수 있으며, 팀워크를 통해 구성원들의 복합된 기술, 사고와 경험 등을 이용할 수 있다.

 제3절 TQM의 구성요소 및 시행전략

1. TQM의 구성요소

콜라릭(Kolarik, 1995)은 TQM의 기능적 구성요소들을 [그림 1-2]에서와 같이 세 가지로 구분한다. 즉 고객 중심(내부고객/외부고객/고객만족), 지속적 개선(교육/실행) 및 전원참여(고객/공급자/납품업체) 등이 그것이다. 이것들은 TQM이 활성화되기 위해서 존재해야 하는 것이다.

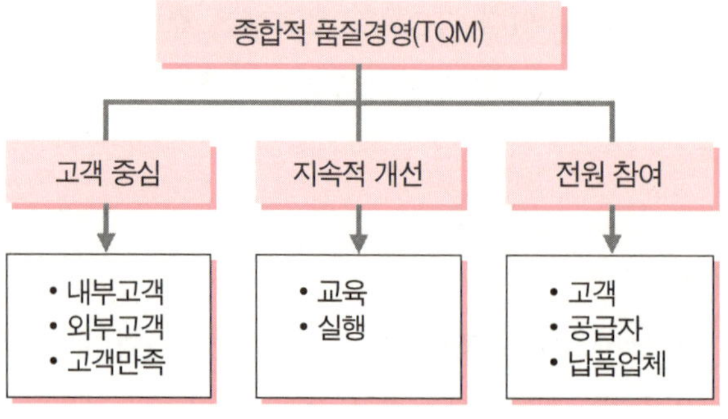

[그림 1-2] TQM의 기능적 요소

미국 연방정부 내의 기관들이 TQM을 배우고 추진하는 것을 돕기 위해 설립된 연방품질원(Federal Quality Institute)의 로고([그림 1-3] 참조)에도 TQM의 구조와 내용이 잘 묘사되어 있다. 모든 TQM이 성공하기 위해서는 갖추어야 할 세 개의 기본적 요소가 있다. 즉 고객만족, 전원참여, 지속적 개선의 세 방축 안에 일곱 가지의 TQM활동들을 엮어 놓았다. 각각의 요소들을 간략하게 살펴보면 다음과 같다.

(1) 고객만족(customer satisfaction)

고객이 품질을 평가하는 주체라는 사용자 중심의 인식이 퍼짐에 따라 품질의 현대적 정의는 고객기대의 충족 내지는 초과만족에 모아지고 있다. 데밍, 주란, 파이겐바움(Armand V. Feigenbaum) 등과 같은 품질의 선구자들은 이러한 고객 중심을 강조하고 있으며, 말콤 볼드리지(Malcom Baldrige)상 같은 품질관련 상에서도 고객만족에 큰 비중을 두고 있다.

고객이 제품을 구입할 때 가격, 품질 등을 고려한 가치를 기초로 구매결정을 하므로, 고객을 만족시키기 위해서는 단순히 규격을 지키고, 불평을 줄이는 것을 넘어 고객의 기대에 부응한 제품을 설계하고 변화하는 고객과 시장의 요구에 민첩하게 대응할 태세를 갖추어야 한다. 즉, 고객의 요구에 부응하는 설계품질이 이루어져야 하고, 다음에 이 설계규격에 일치하는 품질을 보증하도록 해야 한다. 고객의 요구와 가치를 파악하고 이해하는 수단으로 고객의 의견조사나 표적집단면접(focus group interview: FGI) 등이 있다.

(2) 지속적 개선(continuous improvement)

지속적 개선은 고객의 요구 및 기대와 공정 산출물의 차이를 끊임없이 개선하려는 노력이자 경영철학이라고 할 수 있다. 특히 지속적 개선은 기계, 자재, 생산방법 등에 있어서의 끊임없는 개선을 추구한다. 지속적 개선은 생산의 모든 분야와 계층의 활동에서 공정결과와 고객의 기대수준 사이의 차이를 줄여 나가는 체계적인 접근법이지만 좁게는 공정의 개선을 의미하기도 한다.

(3) 전원참여(total participation)

조직의 모든 계층 및 부문의 참여는 TQM을 성공적으로 실행하는 데 필요한 중요한 요소이다. 모든 조직구성원들이 적극적으로 참여함으로써 작업자, 관리자, 납품업자의 노력이 통합된다. 전원참여는 품질관리 분임조와 작업자 팀과 같이 참가하는 것만을 의미하지는 않는다. 모든 계층과 부문의 종업원이 문제해결과 품질개선에 창의적 노력을 기울이는 것을 말한다.

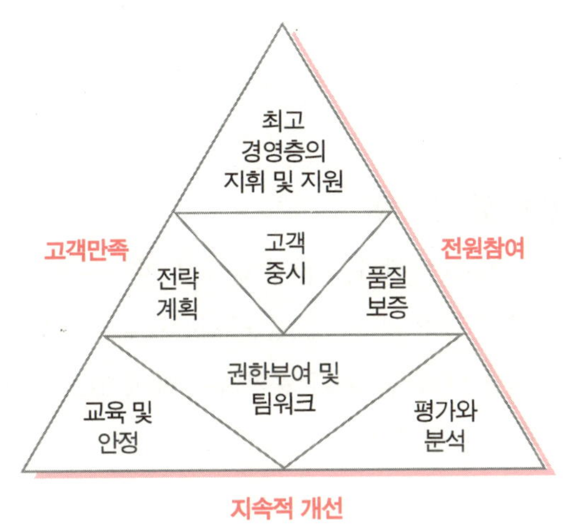

[그림 1-3] FQI의 TQM로고

전원참여에 있어서 중요한 요소는 각 작업자가 자기가 수행하는 작업의 품질을 검사할 책임을 갖는다는 것이다. 불량이 발생하면 생산현장에서 담당 작업자가 바로 시정하는 원천적 품질관리가 일상화되어야 한다. 이러한 철학은 작업자를 넘어 모든 계층, 모든 부서, 납품업자에게까지 적용된다.

2. TQM의 성공요인

TQM의 성공요인에 관한 사라프 등(Saraph et al.)의 연구, 포터와 파커(Porter & Parker)의 연구, 그리고 미국 말콤 볼드리지상(Malcolm Baldridge National Quality Award)의 기준 등 세 가지 분류를 종합하여 TQM의 성공요인을 정리하면 다음과 같다.

① 최고경영자의 의지와 리더십에 의한 품질방침의 수립 및 경영자 진단
② 수립된 방침의 추진과 관리
③ 조직구성원의 조직적 참여
④ 교육과 훈련에 의한 인적자원의 능력개발
⑤ 공정(process)의 관리와 품질관리기법의 활용

3. TQM의 시행전략

(1) 1단계 : 품질이 무엇인가를 결정한다

TQM의 성공적인 시행을 위해서는 품질에 대한 인식을 뚜렷이 하는 것이 선행되어야 하지만, 더 중요한 것은 품질목표를 구체적으로 설정하는 것이다. TQM에서 품질은 고객의 기대를 만족시키거나 능가하는 데에 있으며, 모토로라의 6시그마 품질목표는 하나의 좋은 예이다.

(2) 2단계 : 조직이 TQM을 받아들일 수 있도록 준비한다

최고경영진의 TQM전략을 기업 내에 확산시키고, TQM의 지지를 얻기 위해 종업원의 팀워크를 강화해야 하는 단계이다. 준비해야 할 사항은 다음과 같은 것들이다.

① 모든 조직구성원에게 품질은 조직 전체의 책임임을 인식시킨다.
② TQM전략을 수용할 인사정책을 수립한다.
③ TQM의 전략시행에 중추적인 역할을 할 인물을 선정한다.

(3) 3단계 : 종업원을 교육시키고 권한을 부여한다

일반적으로 TQM의 성공을 위해서는 두 가지의 필수적인 교육이 요구된다. 즉, 하나는 성과를 측정하고, 문제를 분석하며, 문제의 원인을 제거하기 위해 실시되는 통계적 기법의 교육이며, 다른 하나는 계량적인 방법으로 처리될 수 없는 문제를 해결하는 데에 초점을 둔 교육이다.

(4) 4단계 : 성과를 측정하여 피드백을 주고 필요한 조치를 취한다

품질관련 문제는 그 원인이 알려져 해결책이 제시되기 전에 발견해야만 의미가 있다. 이렇게 하기 위해서는 제품 및 서비스를 생산하는 단계마다 품질 관련 정보를 알 수 있도록 피드백 시스템이 설치되어야 한다.

또한, TQM을 시행하는 제조업체는 재공품의 품질을 관리하기 위해 생산공정의 단계마다 품질의 적합성에 대한 검사를 실시한다.

(5) 5단계 : 지속적인 개선에 주력한다

이 단계는 TQM의 시행에서 오는 어려움 때문에 또는 더 이상의 변화가 필요 없다고 나름대로 판단해서 TQM의 시행을 중단해서는 진정한 시행효과를 거둘 수 없다는 것을 말해준다.

이상에서 언급한 TQM 시행전략의 다섯 단계는 조직(기업)들이 TQM 프로그램을 단계적으로 시행하는 데에 필요하다.

무역 2조 달러 시대… 키워드는 품질경영

 벌써 2년이 지났다. 2011년 12월 5일 우리나라는 세계에서 무역규모가 1조 달러를 돌파한 9번째 나라가 됐다. 그때의 벅참과 기쁨이 아직도 생생하다. 우리나라가 경제 강국으로 성장하는 데 여러 요인이 있겠지만 무엇보다 품질 경쟁력이 가장 큰 역할을 했다.

 품질 경쟁력은 하루아침에 이뤄지는 게 아니다. 오랜 시간 정부와 기업, 근로자의 땀과 노력이 모여야 가능한 것이다. 우리는 1975년부터 '국가품질경영대회'를 개최해 정부, 기업, 근로자가 합심해 품질 경쟁력을 지속적으로 향상시켜 왔다.

 그리고 지금도 우리 기업의 품질 향상에 대한 노력은 멈추지 않고 있다. 국내 한 기업의 최고경영자(CEO)는 "품질이 뒷받침되지 않는 한 지속적인 성장을 기대하기 어렵다"며 임직원을 독려하고 있다. 또 신차 품질조사에서 잇따라 좋은 평가를 받고 있는 모 그룹의 근로자들은 "품질은 양보할 수 없는 절대가치"라는 CEO의 신념에 따라 2만 개의 부품 품질 개선과 생산성 향상에 혼신의 노력을 쏟아 붓고 있다.

 그러나 우리에게 남겨진 과제는 적지 않다. 과거 무역 1조 달러 달성을 위한 성장 위주 전략에서 요구된 품질수준이 단순히 '불량 제거'였다면 새롭게 도전하는 무역 2조 달러 시대에서는 '세계 일류'다.

 이를 위해 우리는 무엇을 해야 할까. 우선적으로 해당 분야에서 최고의 글로벌 품질 경쟁력을 갖춘 '명품' 창출을 위한 노력을 보다 강화해야 한다. '퍼스트 무버'로서 새로운 가치를 창출해 블루오션을 만들 수 있는 명품을 만들어 내야 할 것이다.

 다음으로 생산, 마케팅 등 제반 프로세스에서 불량을 최소화하기 위한 무결점 경영을 보다 강화해야 할 것이다. 최근 SNS 등 인터넷 매체의 발달로 한 번의 사고는 바로 그 기업의 존폐로 직결된다. "처음부터 바르게 하면 1원, 불량이 발생하면 10원, 그것이 고객에게 전달되면 100원의 비용이 든다"며 무결점 운동(Zero-Defect)을 주장한 저명한 미국의 품질경영학자인 필립 크로스비의 품질경영 철학을 다시 한 번 되새겨 볼 필요가 있다. 아울러 지속가능한 동반성장 전략차원에서 모기업과 협력기업 간 생태계(ecosystem)의 상생 품질경영방식인 공급망 품질경영을 적극 도입해야 할 것이다.

 내년에도 경제 전망이 썩 밝지 않다. 이러한 글로벌 경제의 침체에 우리나라 기업은 어떻게 대처해야 하는가. 해답은 세계 일류 수준의 품질경영에 있다. 품질이 글로벌 경쟁을 이겨내는 힘이다.

자료: 조선일보, 2013. 11. 29

 **사례 2** 품질경영 두 사건… '티스푼', '불량제품 화형식' 이후 삼성은 송두리째 변화를 시작했다

"내가 몇 년간 '품질 경영'을 그렇게 이야기했는데, 변한 게 고작 이것입니까. 사장들과 임원을 전부 프랑크푸르트로 집합시키세요. 이제부터 내가 직접 나섭니다."

1993년 6월 4일 일본 도쿄. 이건희 삼성 회장은 이날 새벽 6시까지 일본인 고문들과 회의를 열었다. 이 회장은 삼성뿐 아니라 국내의 품질·디자인 수준을 어떻게 올려야 할지에 대해 고민을 털어놨다. 후쿠다 고문과 기보 고문은 삼성의 디자인, 상품기획, 생산기술에 대한 문제점을 적나라하게 지적했다. 일본에서 프랑크푸르트로 향하는 기내에서 이 회장은 동승한 사장단과 문제점의 원인과 해결방안에 대해 끊임없이 토론했다.

프랑크푸르트에 도착한 이 회장은 삼성전자 세탁기 덮개 불량문제를 고발하는 20분짜리 품질 고발 영상물을 보고 또다시 충격을 받았다. 직원들이 세탁기 덮개 규격이 맞지 않아 닫히지 않자 즉석에서 덮개를 칼로 깎아내는 모습이 담겨 있었다.

6월 7일. 이 회장은 임원과 해외주재원 등 200여 명을 프랑크푸르트 캠핀스키 호텔로 불러 새로운 삼성을 여는 회의를 열었다. "삼성은 이제 양(量) 위주의 의식·체질·제도·관행에서 벗어나 질(質) 위주로 철저히 변해야 합니다."

이른바 '신경영 선언'은 이렇게 나왔다. 삼성의 '품질경영'은 이후 벌어진 두 가지 사건으로 더 유명해졌다.

신경영 선언 일주일 뒤, 당시 이수빈 비서실장이 여러 사장과 함께 이 회장 방을 찾아왔다. "회장님, 아직까지 양을 포기할 수는 없습니다. 질과 양은 동전의 앞뒤입니다." 이 회장은 손에 들고 있던 티스푼을 테이블 위에 던지고 문을 박차고 나갔다. '티스푼 사건'이다.

두 번째는 '불량제품 화형식'. 1994년 삼성전자 무선전화기 사업부는 무리하게 제품 출시를 서두르다 불량률이 11.8%까지 치솟았다. 1995년 1월 이 회장은 불량품을 무조건 새 제품으로 바꿔줄 것을 지시했다. 그리고 그해 3월 수거된 15만 대의 전화기를 구미사업장 운동장에 쌓았다. 2,000여 명의 임직원이 지켜보는 앞에서 해머를 든 10여 명이 전화기를 내리쳤다. 산산조각난 전화기는 불구덩이에 던져졌다. 삼성 관계자는 "충격적인 불량제품 화형식을 통해 삼성 내부에 '불량은 암(癌)'이라는 인식이 확고하게 자리 잡게 됐다"고 말했다. 1994년 4위에 그쳤던 삼성 무선전화기의 국내 점유율은 1995년 19%로 1위에 올랐다.

이런 과정을 거쳐 삼성은 송두리째 변화를 시작했다. 이후 반도체D램, 평판 TV, 스마트폰 등 삼성 제품은 속속 세계 1위에 오르게 됐다. 품질에 대한 삼성의 집착은 스마트폰 부문의 갤럭시 신화로 이어졌다.

삼성전자는 소비자들이 스마트폰을 보다 더 안전하고 편리하게 사용할 수 있도록 7,000여 개 장비로 다양한 테스트를 진행하고 있다. 온도·습도 테스트실에서는 스마트폰이 다양한 온도와 습도 조건에서 이상 없이 작동하는지를 실험하고 있다. 휴대폰을 꺼놓은 상태에선 영하 40도 조건에서, 켠 상태에선 영하 20도에서 몇 시간씩 놓아뒀다가 나중에 꺼내 정상 작동되는지를 점검했다. 스마트폰을 사람이 깔고 앉았을 때도 이상이 없는지를 확인하기 위해 100kg의 무게로 100회를 눌러도 이상이 없어야 통과된다. 스마트폰 바로 위에 물을 떨어뜨리는 침수 테스트도 실시하고 있다. 수십mL의 물에 10분간 맞춘 뒤 스마트폰의 정상작동 여부를 확인하는 것이다. 이 테스트는 빗속에서도 소비자가 긴급한 통화 등을 사용할 수 있어야 한다는 생각에 진행하는 것이다.

지난달 말 기준 삼성은 전 세계 스마트폰 시장에서 점유율 31.3%로 1위를 기록했다. 2위인 애플은 15%에 머물렀다. 삼성 관계자는 "삼성 갤럭시가 세계적으로도 돋보이는 초고속 판매가도를 달릴 수 있었던 것은 상품기획·개발·생산·영업 등 각 분야의 노력이 시너지를 낸 결과"라며 "그중에서도 철저한 내구성 관리와 품질경영이 큰 역할을 했다"고 말했다.

자료: 조선일보, 2012. 11. 30

 **사례 3**

미국에서 놀림감 됐던 車가… 25년 만에 '1등(해외 브랜드)' 이 됐다

- 현대차 美판매량 GM · 포드 이어 3위… 점유율 10.9%
- 80 · 90년대 "1회용 車" - "붙어있는 건 다 떨어진다" 코미디 토크쇼 단골 메뉴
- 품질경영으로 본격 변신 - 鄭회장, 차문 20차례 '쾅쾅'… 문제 생기자 "다시 만들라"
- 美언론 "사람이 개를 물었다" - 지진 탓 일본車 주춤한 새 판매 폭증… 도요타 제쳐

1998년 10월 30일 밤 11시. 미국 CBS방송의 코미디 토크쇼인 '데이비드 레터맨 쇼'에서 진행자인 데이비드 레터맨은 "우주에서 장난칠 수 있는 것 10가지가 무엇일 까"라는 문제를 냈다. 10가지 답변 중 하나가 "우주선 계기반에 현대차 로고를 붙여 라"였다. 우주비행사가 고장 잘 나는 현대차 로고를 보고 지구로 귀환하지 못할 수도 있겠다고 깜짝 놀라게 만들 수 있다는 것이었다.

현대차는 미국 시장에서 조롱의 대상이었다. 1986년 미국에 처음 수출된 엑셀에 는 '일회용 차', '붙어 있는 건 다 떨어지는 차'라는 별명이 붙었다. 미국 언론은 현대 (Hyundai)의 영문 이니셜에 빗대 '값이 싸면서도 운전할 수 있는 차는 없다는 걸 당신 이 이해해주기 바란다(Hope You Understand Nothing's Driveable And Inexpensive)' 라고 비아냥대기까지 했다.

그런 현대 · 기아차가 5월 미국 자동차시장에서 '꿈의 시장 점유율'이라고 하는 10%를 돌파할 것이 확실한 것으로 나타났다. 미국 자동차 전문매체인 트루카는 25 일(현지시각) "현대 · 기아차의 5월 미국 판매량이 11만 5,434대로, 10.9% 시장 점유 율을 기록할 것"이라고 전했다. 트루카는 이어 "현대 · 기아차가 일본 도요타를 제치 고 처음으로 미국 시장에서 GM과 포드에 이어 3위를 차지할 것"이라고 전망했다. 현 대 · 기아차가 미국 시장 진출 25년 만에 벤츠 · BMW · 도요타를 제치고 수입 자동 차 브랜드로서는 1위를 차지했다는 말이다.

현대 · 기아차가 미국 소비자들의 조롱거리에서 수입차 브랜드 1위로 대변신을 이 룬 과정에는 집요하리만치 '품질'에 중점을 둔 정몽구 회장의 역할을 빼놓을 수 없다. 정 회장은 1999년 취임 이후 줄기차게 '품질'이라는 단일 메시지로 임직원들을 독려 했다. 한 달에 두 번씩 품질회의를 주재했고, 조금이라도 품질에 만족스럽지 않으면 아예 신차 출시를 연기시켰다.

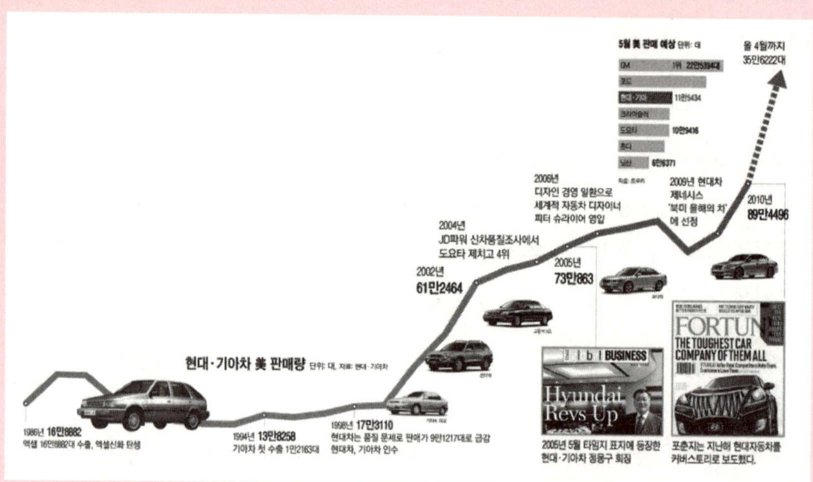

자료: 조선닷컴

대표적인 예가 중형차 오피러스다. 정 회장은 2003년 8월 기아차 오피러스 수출을 앞두고 남양연구소를 방문해 직접 오피러스를 몰고 주행시험장을 돌았다. 이때 차에서 미세한 소음이 나자 "개선하라"고 지시했다. 의례적인 의전용 행사로 가졌던 주행시험이 갑자기 비상 상황을 불러왔다. 결국 품질본부는 미리 예고까지 한 출시 일정을 40여 일이나 늦추고 저소음 엔진으로 바꾼 뒤에야 미국 시장에 오피러스를 출시했다.

1999년 말에는 울산 공장을 갑자기 방문해 조립이 끝난 승합차의 슬라이딩 도어를 20여 차례 힘껏 여닫고, 결국 문이 슬라이딩 레일에서 이탈하자 "처음부터 다시 만들라"고 지시한 적도 있었다.

10여 년간 지속된 '품질 제일' 메시지는 결국에 변화를 가져왔다. 2004년 미국 자동차 조사기관인 JD파워의 신차품질조사에서 현대차는 사상 처음으로 도요타를 제치고 4위에 올랐다. 이 결과에 당시 미국 언론은 "사람이 개를 물었다"고 보도했다. 하지만 '사람이 개를 문 것'이 아니었다. 현대차 아반떼가 2008년부터 올해까지 4년 연속 모든 자동차 브랜드를 제치고 최우수 소형차로 선정된 것이 그것을 증명한다.

확 바뀐 디자인도 현대차의 질주를 가속하게 만들었다. 현대·기아차는 2006년 독일 아우디 자동차 출신의 세계적 자동차 디자이너인 피터 슈라이어를 영입, 전 차종에 수려한 디자인을 도입했다.

하지만 현대차의 미국 시장 3위는 '시한부 3위', '불안한 3위'라고 보는 사람들이 많다. 일본 대지진 이후 생산라인을 아직 정상가동하지 못하는 도요타와 닛산 등이 하반기 풀 가동하며 반격에 나서면 언제든지 4~5위로 처질 가능성이 크기 때문이다.

한국산업연구원 이항구 박사는 "현대·기아차는 앞으로 글로벌 경영 시스템 구축, 연구·개발(R&D) 투자 확대, 선진적 노사관계 정립 등을 이뤄내야 진정한 글로벌 기업으로 발돋움할 수 있다"고 말했다.

자료: 조선일보, 2011. 5. 27

제 2 장

품질경영철학

 ## 제1절 품질석학의 품질철학

품질 분야에 있어서 공헌을 한 품질의 선구자들과 그들의 철학을 알아보자. 검사 중심의 품질관리가 통계적 품질관리를 거쳐 고객지향의 총체적 품질경영에 이른 것은 품질선구자들의 사상과 철학이 있었기 때문이다.

현대 품질경영에 지대한 공헌을 한 품질선구자로는 슈하트(W. A. Shewhart), 데밍(W. E. Deming), 주란(J. Juran), 크로스비(P. Crosby), 파이겐바움(A. V. Feigenbaum), 이시카와(Ishikawa Kaoru) 및 다구치(Taguchi Genichi) 등을 꼽을 수 있다.

1. W. A. 슈하트

엔지니어이며 과학자인 동시에 철학자이기도 한 슈하트(Walter A. Shewhart)는 주로 품질의 변동과 샘플링에 대해 많은 연구를 하였다. 1920년대와 1930년대에 걸쳐 미국의 Bell 전화연구소에서 통계학자로 근무하였으며 주로 테일러(Taylor)의 과학적 관리법과 휘트니(Whitney)의 호환성 부품에 대해 많은 연구를 행한 바 있다.

연구 결과, 제품의 품질에는 항상 변동이 발생한다는 사실을 발견하였다. 특히 조직적인 변동에 관심이 많았으며, 이 변동을 파악하기 위해 통계기법인 샘플링이론과 확률이론을 사용하였다. 그 결과, 1924년에 관리도(control chart)를 개발하였다. 이때까지 사용했던 허용한계라는 기법은 제품이 이미 생산된 다음에 품질을 측정하기 때문에 품질을 향상시키는 데에는 한계가 있었다. 그러나 관리도는 우연적 변동과 조직적 변동을 구별하여 경영자로 하여금 작업자의 작업을 추적하여 불량품이 언제 발생하였는지를 파악할 수 있도록 하였다.

슈하트는 공정관리도상의 관리한계를 이용함으로써 조직적 변동의 원인을 미리 제거하여 불량품을 사전에 예방할 수 있다고 하였다. 이러한 기법은 경영자로 하여금 과거보다 미래에 관심을 가지게 하였으며 관리의 초점을 사후에 불량을 시정하는 것으로부터 사전에 방지하는 것으로 바뀌게 하였다. 그는 품질을 관리하기 위해 통계이론을 적용하였는데 이것은 후에 통계적 품질관리(SQC)의 효시가 되었다.

슈하트는 그의 연구를 정리하여 1931년 『제품품질의 경제적 관리(*Economic Control of Manufactured Products*)』라는 책을 발간하였다. 이 책에서 그는 "제품 소비자 개개인의 욕구를 충족시키려면 고객들의 다양한 욕구를 가능한 한 제품의 물리적 특성으로 변환시켜야 한다"고 주장했으며, 이것이 품질특성(quality characteristics)이다. 슈하트는 품질특성을 표준으로 설정하여 고객요구에 초점을 맞춘 품질표준(quality standards)을 찾아냈다. 슈하트는 이 책의 결론을 다섯 가지로 요약하고 있다.

① 검사비용을 감소시켜야 한다.
② 실패비용을 감소시켜야 한다.
③ 고품질의 제품을 생산하여 최대의 효과를 거두어야 한다.
④ 가능하면 균일한 품질의 제품을 생산하도록 해야 한다.
⑤ 공차(tolerance)를 감소시켜야 한다.

슈하트는 품질을 객관적 품질과 주관적 품질의 두 가지 관점에서 정의하였다.

객관적 품질이란 품질을 인간의 느낌과 관계없이 단순히 객관적인 실체로 보는 개념이다. 반면에 주관적 품질은 객관적인 실체의 결과로서 인간이 어떻게 생각하고 느끼는가를 의미한다. 그는 주관적 품질을 가치와 연관시켰으며 후에 이시카와 (Ishikawa)에게 영향을 주어 품질기능전개(Quality Function Deployment: QFD)의 이론적 근거를 제공하게 되었다.

2. W. E. 데밍

슈하트와 벨 전화연구소에서 같이 일했던 데밍(W. Edwards Deming) 박사는 슈하트의 통계철학에 영향을 받고 품질경영(QM)에서 통계적 관점을 강조하였다.

1950년 일본과학자 및 기술자 연맹(Japanese Union of Scientists and Engineers: JUSE)의 초청으로 실무자들에게는 통계적 품질관리(SQC)를 지도하고, 관리자들에게는 리더십, 공급자 파트너십 및 프로세스의 지속적 개선의 중요성을 역설하는 등 일본산업계의 품질관리(QC) 도입·확산에 크게 기여하였다. 이에 JUSE는 데밍 박사의 통계적 품질관리 구축에 끼친 업적을 기려 1951년 데밍상을 제정했는데, 오늘날 일본에서 가장 권위 있는 품질상이다.

1980년 6월 NBC TV프로에서 "If Japan Can, Why Can't We?"(일본이 할 수 있다면, 우리는 왜 할 수 없는가?)를 방영한 후 데밍 박사의 이름이 기업경영자들 사이에 널리 알려졌으며, 포드(Ford)자동차는 자기회사의 품질을 향상시키기 위해 그를 초대하였고, 1993년 12월 작고할 때까지 미국 품질경영 재건의 기수로 활약하였다. 그의 품질경영철학은 통계적 품질관리를 기초로 하는 통계적 사고를 바탕으로 한 일본적 경영의 이론과 관행을 중심으로 하고 있다. 데밍이 일본의 경영자들에게 품질관리(QC)를 가르쳤지만, 그 자신은 일본의 품질관리에서 많은 것을 배웠는데, 인간을 구성원으로 하는 조직은 인간본위여야 한다는 것이었다.

품질은 작업자의 행위결과이기보다는 경영자의 의사결정 및 행동에 의해 크게 지배되는 것이라고 역설했고, 작업자의 잠재능력을 극대화해 작업수행은 물론 시스템의 개선에 중추적 역할을 수행하게 해야 한다고 주장했다. 품질문제는 결국 시스템의 문제로서 장기적 입장에서 계획적으로 시스템 및 프로세스의 개선이 중요함을 강조하였다.

1986년 데밍 박사는 21세기에 있어서 조직의 성공을 위해 사고전환의 필요성을 역설하고, 이를 '14가지 지침'과 '7가지 치명적 병폐'로 요약하였는데 이것은 기업이 생존하고 경쟁력을 갖기 위해서 해야 할 일들을 나타내고 있다. 품질개선에 관한 14가지의 지침은 다음과 같다.

① **경영참여** : 모든 조직원에게 조직의 목표 및 목적을 기술한 문서를 만들어 제공한다.

② **새로운 철학의 학습** : 주주에서 임원에 이르기까지 모두 새로운 철학을 배워야 한다.

③ **원가절감 및 공정개선을 위한 검사의 목적 이해** : 검사는 불량의 발견이라는 최종수단으로 이용되는 것이 아니라 품질개선을 위해 정보를 수집하는 도구로 사용되어야 한다.

④ **가격보다 품질 중심의 구매의사 결정** : 전통적으로 구매의사 결정은 품질보다는 원가 중심으로 이루어졌다. 구매단계에서 품질을 제대로 관리하지 못하면 원재료 및 부품의 불량으로 최종단계에 불량을 유발한다.

⑤ **일관된 품질개선 노력** : 품질개선에 대한 서구경영자들의 전형적인 접근은 자동화시스템 도입 같은 대규모의 비싼 기술혁신에서 해결하려는 사고를 가진다. 일본 제조업이 성공한 이유는 제품설계와 생산활동에 있어서 지속적이고 소규모의 점진적 품질개선 활동에 있다.

⑥ **훈련의 제도화** : 훈련을 통하여 품질개선 및 생산성 향상이 실현되고, 종업원들의 사기를 고양시킨다.

⑦ **감독과 리더십의 제도화** : 신뢰와 협조 분위기를 조성하고 기업의 목표를 달성하는 데 도움이 된다. 감독자 및 리더는 작업자가 일을 잘할 수 있도록 도와주는 태도와 변화가 필요하다.

⑧ **두려움의 제거** : 작업에 있어서 두려움은 처벌의 두려움, 실패의 두려움, 무지의 두려움, 변화의 두려움 등이 있다. 두려움은 단기적이고 이기적인 사고를 조장하고, 전체 이익을 떨어뜨린다. 따라서 작업자의 작업에 대한 두려움

을 제거하도록 노력해야 한다.

⑨ **팀 노력의 극대화** : 개인 간 및 부서 간에 있는 장벽은 품질을 저하시킨다. 벽을 허물어뜨리고 팀워크로 기업의 목표를 실현한다.

⑩ **작업자에 대한 강요 제거** : 방법과 수단은 제공하지 않고, 작업자에게 일방적으로 강요하는 것은 오히려 불신과 불만을 초래하는 역효과를 가져온다. 신뢰와 리더십을 통해 동기부여해야 한다.

⑪ **생산목표의 할당 및 목표관리의 제거** : 수치로 표시된 생산목표의 할당은 단기적 관점을 반영하며 장기적인 개선을 강조하지 못한다. 특히 목표에 달성하기 위해 손쉬운 방법을 택하거나 할당목표가 달성되면 더 이상 노력하지 않는다. 따라서 장기적인 관점에서 시스템을 개선시켜야 한다.

⑫ **작업자들의 자존심 보호** : 데밍은 작업자로부터 자존심을 빼앗는 장벽(단순한 작업, 열악한 작업환경, 판매압력, 감독자의 무능, 부당해고 등)을 철폐하는 것이 경영자의 책임이다.

⑬ **새로운 기능교육, 훈련 프로그램 제도화** : 자기개발을 의미하며, 기업은 각 개인의 가치를 개발할 책임이 있다. 사람에 대한 투자는 중요한 동기부여 방법이다.

⑭ **변혁을 위한 조치** : 품질경영철학은 중요한 문화적 변화이며, 많은 기업이 그 실행상의 어려움을 잘 알고 있다. 따라서 최고경영자는 절차를 개발하여 전 조직원을 포함시켜야 한다.

기본적으로 데밍의 14가지 지침은 다음의 세 가지 범주로 분류될 수 있다.

① 목표의 항구성
② 지속적인 개선
③ 부서 간의 협동

위에서 고찰한 14가지 지침은 과거의 관행으로부터 세계일류 품질로의 변화를 위해 기업이 무엇을 할 것인가에 관한 데밍 박사의 견해를 요약한 것이다. 그런데 다음과 같은 '7가지 치명적 병폐'는 이러한 변화를 방해하는 요인들에 관한 그의 견해를 요약한 것이다.

① 일관된 목적의식의 결여
② 단기적 이익만을 중시
③ 성과평가, 근무평가 또는 연간 업적평가
④ 관리자의 잦은 교체
⑤ 가시적 수치에만 의존하는 기업경영
⑥ 과도한 의료비 지출
⑦ 과도한 제품책임 비용

슈하트의 공헌은 품질특성에 있어서 변동의 원인은 두 가지 형태의 요인에 기인한다고 밝힌 것이다. 품질변동은 재료와 도구, 기계, 작업자, 작업환경 등으로부터 발생한다고 보고 품질변동의 원인을 공통원인(common cause: 우연원인)과 특수원인(special cause: 이상원인)으로 구분했다. 공통원인은 공정상의 자연적인 부분으로 전체의 80~90%에 해당되며, 우연요인에 의한 품질변동을 줄이는 유일한 방법은 공정기술(기계, 작업자, 방법 등)을 바꾸는 것이다. 특수원인은 전체의 10~20%에 해당되며 재료의 불량, 교육 부족, 도구의 지나친 마모, 측정기구의 잘못 등으로 발생한다는 것이다. 따라서 설계규격을 벗어나는 품질의 변동은 성과 및 일관성을 저해하고 품질문제를 야기하므로 이들을 제거하는 것이 경제적이라는 통계적 관리기법을 제시한 것이다.

통계학자인 데밍 박사는 의사결정과 품질문제해결을 위해 공정자료를 적극적으로 사용할 것을 권장하고 TQM기법 중 가장 잘 알려진 [그림 2-1]의 PDCA 사이클 [계획(Plan)−실행(Do)−확인(Check)−조치(Action)]을 이용하여 지속적인 개선에 대해 규범적인 접근을 시도하였다.

품질개선의 연쇄작용은 [그림 2-1]과 같은 단계에 따라 이루어지며, 이러한 사실에 근거하여 품질개선에 대한 CEO의 책임이 매우 중요하다는 사실을 인식해야 한다.

[그림 2-1] PDCA 사이클

3. J. M. 주란

주란(Joseph M. Juran) 박사는 1924년 웨스턴 일렉트릭 사에 입사하여 호손 공장(Hawthorn Works)에서 품질검사 업무를 담당하였다. 1926년 슈하트를 비롯한 벨연구소 팀의 공장방문 이후 검사통계 담당기사가 된 이래 특히 품질관리 컨설턴트로 일하였다.

주란 박사는 그의 책 『품질관리 핸드북』(1951)에서 TQC(Total Quality Control) 용어는 사용하지 않았으나 종전의 통계적 품질관리(SQC)에서 다루지 않았던 설계품질, 구매자, 공급자 및 판매자 관계 등 광범한 품질관리의 기능을 기술하였다.

그는 또 하나의 글("Managerial Breakthrough")에서 경영자가 솔선수범하는 품질개선의 지속적인 추진을 강조하고, 품질책임의 80% 이상이 경영자에게 있으므로 경영자의 의식변화가 대단히 중요하다고 말하였다. 주란 박사는 만성적인 품질문제를 해결하기 위한 지침을 제안했는바 이는 품질을 개선하고 유지하기 위한 것이며, 또한 품질문제에 대한 주의를 환기시키는 데 품질비용(quality cost)을 적용할 것을 제안하였다.

그러나 품질계획과 분석(Quality Planning & Analysis)에서는 제품의 필수적 요건은 그 제품을 사용하는 고객의 요구를 충족시키는 것이므로 '용도에의 적합성'(fitness for use) 개념을 모든 제품에 보편적으로 적용할 수 있다고 하였다.

그는 '품질 3분법'(Quality Trilogy)에서 품질경영 과정을 품질계획, 품질관리 및 품질개선의 3단계로 제시하고, 단계적인 품질경영 추진을 역설하였는데, 이를 '주란 3분법'이라고도 부른다.

① 품질계획(quality planning) : 고객의 욕구를 만족시키는 제품과 서비스를 공급하는 공정을 계획하는 활동을 말한다. 품질목표를 달성하기 위해 준비하는 과정으로 첫째, 내부고객 및 외부고객을 선정한다. 둘째, 고객의 요구를 결정한다. 셋째, 고객요구에 부합되는 제품특성을 개발한다.

② 품질관리(quality control) : 고객의 욕구에 비추어 실제로 만든 제품을 평가하고 잘못된 것은 시정 조치하는 것을 말한다. 생산활동 중에 품질목표를 달성하기 위한 과정으로 목표로부터 바람직하지 않은 변화를 발견하고 시정한다. 첫째, 관리대상을 결정하고, 둘째 측정단위를 설정하고 성과표준을 정하며, 셋째 실제로 측정해 조치를 취한다.

③ 품질개선(quality improvement) : 지속적으로 품질을 개선시킬 수 있도록 종업원에 대해 교육을 실시하고 조직을 재설정하는 것을 말한다. 선례가 없는 새로운 차원의 성과를 달성하기 위한 과정으로 품질개선 과정은, 첫째 개선요구를 찾아내고, 둘째 개선을 위한 특정프로젝트를 구체화하고, 셋째 프로젝트를 진행할 조직을 구성하고, 넷째 원인진단 및 처방제공, 다섯째 개선을 지속하기 위한 통제를 실시한다.

품질 3분법의 시작은 품질계획으로부터 시작되는데, 상부경영층에서는 이를 전략적 품질경영이라고 하며 중간경영층에서는 이를 실행 품질경영이라고 한다. 현장작업자에게는 작업의 명확한 할당을 의미한다.

계획단계 이후 품질통제가 실시되는데, 그 목표는 고정변동의 이상원인을 제거함으로써 공정이 계획한대로 효율적으로 실행되게 하는 데 있으며, 공정통계의 주책임은 종업원에게 있다.

다음 단계인 품질개선 단계에서는 공정 처리방법에서의 혁신을 기함으로써 변동의 우연원인을 제거하여 품질혁신을 이룩하는 데 있다. 주란은 품질을 실현하기 위해서 개선의 목표와 일정이 분명한 '프로젝트'를 마련하라고 충고한다. 품질개선에 주의를 집중하기 위해서는 이러한 초점이 필요한 것이다. 품질개선 추구의 이점을 정량적으로 파악하기 위해 많은 독창적 연구를 수행했던 주란 박사는 프로젝트 팀들이 평균적으로 약 10만 달러를 절감할 수 있었다고 지적한다.

품질개선 프로젝트의 성공을 위해서 주란은 다음과 같은 혁신절차를 추천하고 있다.

① 태도의 혁신 : 프로젝트의 필요성 및 임무의 확인
② 파레토 분석 : 문제의 원인진단
③ 지식의 확인 : 대책수립 및 효과확인
④ 분위기의 혁신 : 변화에 대한 저항의 극복
⑤ 업무수행의 혁신 : 효과유지를 통한 통제실시

4. P. B. 크로스비

크로스비(Philip B. Crosby)는 품질 예찬론자로 불리웠고, 1979년 출간한 『품질은 공짜』(*Quality is Free*)라는 저서는 베스트셀러로 많은 주목을 받았다. 그의 품질사상은 품질활동에서의 무결점 추구와 품질비용에 의한 품질성과 측정의 두 가지로 정리할 수 있다.

크로스비는 마틴 마리에타(Martin Marietta) 사의 퍼싱 미사일 프로젝트 품질책임자 시절에 ZD프로그램(Zero Defects Program)이라는 개념을 주창하였다. 그는 품질경영을 하면 무결점이 달성되고, 추구해야 할 목표라고 주장했다. 즉, 검사활동을 강화해 품질비용을 증가시키는 전통적 방법 대신 불량예방을 통한 무결점 달성을 주장하였다.

크로스비의의 무결점 사상은 ZD운동의 침체에 따라 한계를 보이는 것 같았지만, 최근에는 6시그마 운동과 함께 위력을 나타내고 있다.

크로스비의 품질철학은 네 가지의 '품질경영의 절대원칙'(absolutes)과 '품질개선 프로그램'(quality improvement program)에서 이해될 수 있을 것이다.

품질경영의 절대원칙

① 품질은 고객 요구사항과의 일치성(conformance to requirements)을 의미하는데, '우아함이 아닌 고객요구에의 적합성' 말하는 것이다. 요구사항은 명확히 표시되어 무엇이 기대되고 있는가를 모두가 알아야 하며, 고객이 원하는 바에 정확하게 기초하지 않으면 품질의 정의란 무의미하고, 고객의 요구에 일치할 때라야만 제품은 비로소 양호한 품질의 제품이라고 할 수 있다.

② 고객의 요구사항을 위해 공급자가 갖추어야 되는 품질시스템은 당초에 올바르게 일을 행하는 것(do it right the first time), 즉 검사가 아닌 예방시스템이다. 품질을 향상시키기 위해 대량검사에 의존하는 기업은 정체를 벗어나지 못한다. 검사, 평가, 테스트가 아닌 예방조치를 강구해야 한다.

③ 품질활동의 수행표준은 무결점(ZD)이다. 실수는 허용될 수 없으며, 일을 애초부터 잘 하고자 하는 생각이 매우 중요하고 무결점 개념은 동기부여의 프로그램이 아닌 성과의 표준으로 보아야 한다.

④ 품질성과의 측정척도는 품질비용이다. 반품, 재작업, 보증비용 등 제품을 애초부터 잘 만들지 못한 데 따르는 비용은 전체 경상비의 20~40%나 차지하기 때문에 최고경영층은 예방노력, 품질교육 등을 실시해야 한다.

크로스비는 '품질경영의 절대원칙'을 실현하는 구체적인 방법으로 14단계 품질개선 프로그램을 열거하고 있다.

① 경영자가 품질개선 활동에 적극적으로 참여한다.
② 품질개선 팀을 결성한다.
③ 품질활동의 수행척도를 정한다.
④ 품질비용 측정한다.
⑤ 품질의식을 고취시킨다.
⑥ 품질문제에 대해 체계적인 수정조치를 취한다.
⑦ 무결점 프로그램을 실행하기 위한 '특별위원회'를 구성한다.
⑧ 감독자들에게 필요한 '종업원 교육'을 실시한다.

⑨ '무결점의 날'을 선포한다.

⑩ 품질개선목표를 정한다.

⑪ 오류의 원인을 제거한다.

⑫ 달성한 성과에 대해 표창·포상한다.

⑬ '품질자문위원회'를 구성하고 개선활동을 점검한다.

⑭ 위의 과정을 반복 시행한다.

이 14단계 프로그램은 결국 품질개선에 대한 ① 경영자 및 구성원들의 확고한 결의(determination), ② 품질경영 원칙에 대한 교육(education), ③ 실행(implementation) 등으로 요약되며, 이 세 가지는 불량품질의 사전예방을 위한 품질백신(quality vaccine)이라 불린다.

크로스비는 경영진을 동기부여화하는 방법으로 품질의 비용개념을 사용해야 한다며 '품질경영 성숙 그리드(Maturity Grid)'를 개발하였다. 여기서 그는 품질인식의 상태를 다섯 가지(불확실성기, 자각기, 계몽기, 분별기, 확신기)로 구분하고 각 단계에 대해 품질조직의 상태, 문제처리절차, 총 판매액에 대한 품질비용 비율, 품질개선 활동 등을 연결시켜 살펴보았다.

처음 단계에서 경영진은 품질을 도구로 보지 못한다. 문제들은 급한 불 끄기식으로 취급되며 거의 해결되지 않는다. 어떠한 조직화된 품질개선 활동도 없다. 마지막 단계에서 기업은 품질이 기업의 성공에 필수적이라는 것을 확신한다. 문제들은 대개 예방되며 품질개선 활동은 일상적이고 지속적이다.

다른 사람과 비교했을 때 크로스비의 특징은 품질의 범위이다. 이 경우 품질의 범위는 기업이 전달하는 제품이나 서비스만이 아니며, 또한 단순히 불량만이 아니다. 품질의 범위는 기업의 모든 공정을 포함한다. 그리고 어떤 공정이 품질 높게 수행되려면 명세와 일치해야 하며, 모든 공정에 대한 척도가 개발되어야 한다.

<표 2-2> 경영성숙 그리드

측정범주	단계 I 불확실성기	단계 II 자각기	단계 III 계몽기	단계 IV 분별기	단계 V 확신기
품질에 대한 경영층의 이해와 태도	품질을 경영도구로 인식하지 않음	이론적으로는 품질경영을 지원하나 자발적으로 품질경영에 필요한 시간과 돈을 제공하려 하지 않음	품질경영에 대한 학습이 이루어지고 지원을 하는 단계	개인적으로 품질활동에 참여하는 단계	품질경영을 회사 성공의 필수적인 요소로 인정하는 단계
품질조직상태	품질부서가 다른 제조부서나 기술부서에 소속되어 있으며 품질평가와 불량품추출이 주 활동인 단계	강력한 품질지도자가 선임되나 그 활동은 1단계와 기술부문에 제한되어 있는 단계	품질부서의 보고가 최고 경영층에 바로 이루어지며 품질부서 지도자가 회사경영에 활동적인 역할을 하는 단계	품질관리자가 회사의 간부이며 예방활동이 주를 이루는 단계	품질관리자가 이 사회의 구성원이며 예방이 주품질활동을 이루는 단계
문제처리	문제발생 시에만 문제해결을 하나 해결자체가 원천적이 아니라 미온적임. 급한 불만 끄는 방식이 지배적	주요 문제해결을 위해 팀이 형성되나 접근방법이 미시적인 단계	문제가 체계적인 형태로 해결되고 수정조치가 하나의 정규적인 이벤트인 단계	문제가 발생초기에 발견되는 단계	대부분의 특수한 경우를 제외하고는 문제가 예방되는 단계
총판매액에 품질비용이 차지하는 비중	공식보고: 없음 실제: 20%	공식보고: 5% 실제: 18%	공식보고: 8% 실제: 12%	공식보고: 6.5% 실제: 8%	공식보고: 2.5% 실제: 2.5%
품질개선 활동	품질개선에 대한 조직적인 활동 없음	품질개선 활동이 동기부여적이고 단기적임	품질개선을 위한 14가지 단계를 완전히 이해하고 수행해 나가는 단계	14가지 단계를 지속적으로 행하면서 확신을 갖기 시작하는 단계	품질개선을 회사의 정규활동이며 지속적으로 행해지는 활동인 단계
회사품질 상황에 대한 인식	품질문제가 왜 있는지를 모르겠다.	항상 품질문제를 염두에 두어야만 하는가?	경영자의 참여와 품질개선 프로그램으로 인해 품질문제의 발견과 해결이 가능하다.	일상적으로 품질문제를 예방한다.	품질문제가 왜 없는지를 알고 있다.

5. A. V. 파이겐바움

　제너럴일렉트릭(GE) 사의 생산/품질관리 책임자였던 파이겐바움(Armand V. Feigenbaum)은 『종합적/전사적 품질관리』(*Total Quality Control*)라는 저서를 1951년에 발간하면서 TQC의 개념을 처음 주창하였다. TQC란 "소비자가 만족할 수 있는 품질의 제품/서비스를 가장 경제적으로 생산/서비스할 수 있도록 조직 내 모든 부서(부문)이 품질개발, 품질유지 및 품질개선을 위해 전사적 차원에서 기울이는 노력"을 뜻한다.

　그는 품질 책임을 제조 부문에 한정시키지 않는 전사적 내지 종합적인 접근방법을 개발해내어 세계적인 품질운동에 크게 기여했는바 제품설계로부터 판매 후 서비스(A/S)에 이르는 모든 기능(부문)들이 제품품질 책임을 져야 한다는 것이다.

　TQC는 품질문제를 작업현장에서 작업자에 의해 규명하고 해결하되 가급적 생산공정의 초기단계부터 실천해야 한다는 원천적 품질관리에 기초를 두고 있다. 이러한 원천적 품질관리를 달성하기 위해 품질문제가 발견되는 즉시 생산라인을 중지시키고 해당 작업자가 이 문제를 해결토록 함으로써 불량품의 공정 내 흐름을 근본적으로 차단시키도록 한다.

　그는 소방활동보다는 예방활동에, 검사보다는 설계단계에서의 품질의 중요성을 강조하고 있다. 그는 기업의 모든 사람이 관계를 맺고 헌신할 고객 중심적이고 비용효과적인 품질경영 프로그램을 실시할 것을 주장하였다.

　파이겐바움은 TQC를 채택하는 혜택을 계량화하는 수단으로 품질비용(cost of quality)이라는 개념을 맨 먼저 주창하고, 실패비용, 평가비용, 예방비용이라는 세 개의 중요한 개념을 제시하였다.

　그의 아이디어는 품질계획과 예방활동에의 투자는 상당한 실패비용(폐기물, 재작업, 소방활동 등)과 평가비용(검사, 감사 등)의 감소를 초래한다는 것이다.

　다른 선구자들은 그들의 접근법이 공정에서 사용되어야 한다고 주장한 반면, 파이겐바움은 조직에서 창출된 제품과 서비스의 품질에 초점을 맞추었다. 다른 선구자들처럼 그는 CEO가 선도자가 되어야 한다고 했지만, 유일하게 그는 촉진자로서 품질관리 스태프의 역할을 특히 강조하였다.

6. 이시카와 가오루

　일본의 품질관리 권위자인 이시카와(Ishikawa Kaoru)는 일본식 품질관리인 CWQC(전사적 품질관리) 및 품질관리분임조(QC서클) 활동을 적극 주장하였다. 그는 통계적 방법의 옹호자로서 전사적 품질관리를 일본 내에 널리 보급 및 촉진하는 데에 노력하는 한편, 전사적 차원의 품질교육 실시를 강조했다. 그의 철학은 데밍과 주란의 영향을 많이 받았지만 그 자신도 품질경영에 상당한 공헌을 했다.

　CWQC는 품질, 비용, 납기준수 등 기업의 목적을 달성하는 활동에 모든 종업원과 부서를 참여시키고, 완제품은 물론 경영 및 판매 후 서비스(A/S) 등의 품질을 관리/향상시키는 모든 노력을 최고경영층으로부터 말단 작업자에 이르기까지 수행해야 함을 강조한다.

　품질개선 과정에 작업자와 감독자들을 참여시킬 수단으로 이시카와는 품질관리분임조(QC서클)의 활용을 제안했던 것이다. QC서클은 품질개선을 위해 제안을 하는 종업원의 그룹인데, 이러한 분임조는 경영층이 개선을 위한 그들의 아이디어를 받아들이고 이를 적극적으로 실행할 때라야만 제대로 기능을 발휘할 수 있다.

　QC서클은 끝없는 품질개선을 위한 교육과 훈련을 받아야 하는데 특히 품질변동의 원인과 이들의 관계에 관한 자료수집과 이용을 위한 간단한 통계적 기법의 훈련에 중점을 두었다. 이 중 간단한 기법의 하나로서 요인분석도(cause and effect diagram)를 널리 이용하게 되었다. 이 같은 기법의 효과적인 응용을 위해서는 조직 내 원활한 의사소통 및 참여가 절대적으로 필요하다.

　이시카와는 CWQC의 접근방법을 통해 불량예방을 목표로 하고, 그의 관심을 생산공정에서 고객지향으로 바꾸었다. 내부고객을 외부고객에 포함시켜 '고객'의 정의를 확대했고, '다음 공정은 나의 고객'이라는 내부고객 지향성을 강조하였다.

7. 다구치 겐이치

　엔지니어인 다구치 겐이치(Taguchi Genichi)는 품질을 향상시키기 위해 엔지니어링 기법의 적용을 강조하였다. 그래서 실험설계이론에 의거한 많은 품질개선

기법들을 소개하였다. 그는 일본의 품질운동에 크게 기여했으며, 품질을 전 기업의 문제로 파악하고, 제품설계의 개선을 위해 통계적 기법의 사용에 적극적이었다.

다구치는 품질을 사회에 대한 손실이라는 관점에서 정의하였다. 즉, 품질이 좋지 않은 제품일수록 사회에 많은 해를 끼치며, 기업은 사회에 손실을 끼치지 않도록 품질관리를 철저히 해야 한다고 주장하였다.

또, 그는 품질 표준규격에 존재하는 상한점과 하한점의 사용을 비난하였다. 상한점과 하한점은 품질수준을 떨어뜨린다고 생각했으므로 상한점과 하한점이 아닌 최적의 어떤 지점을 기준으로 하여야 한다고 주장했다. 그는 최적의 지점에서 이탈하는 모든 품질수준은 비용을 증가시키고 고객의 불평을 증가시킨다고 하였다.

여기에서 다구치는 최적의 수준에서 이탈하는 정도를 변동이라고 했으며, 이러한 변동을 일으키는 원인으로서 다음의 세 가지 유형을 열거하고 있다.

① 제품의 기능에 영향을 끼치는 외적 요인으로서 먼지, 온도 또는 습도 같은 요인들이 있다.
② 시간경과에 따라 발생하는 내적 요인으로서는 마모에 따른 기능저하 등이 있다.
③ 똑같이 생산되었다고 하더라도 제품별로 기능이 동일하지 않고, 서로 다른 제품별 요인이 존재한다.

다구치는 이러한 요인들을 제품을 생산하는 중에 또는 생산하지 않을 때 최대한도로 감소시켜야 한다고 주장하였다. 그래서 궁극적으로 품질이 사회에 끼치는 영향을 최소화하기 위해서는 실험설계법을 이용한 최적화이론을 제안하였다.

다구치는 다시 실험설계법(experimental design)에서 다음 같이 세 가지 설계 단계를 규정하였다. 가장 먼저 해야 하는 설계는 시스템 설계이며, 이 설계는 기존의 테크놀로지에 초점을 둔 기능설계이다. 두 번째로 해야 하는 설계는 파라미터설계(parameter design)인데 이 설계는 변동 요인을 제거하지 않고도 비용을 감소시키고, 기능을 향상시키는 설계를 말한다. 끝으로는 허용오차 설계(tolerance design)인데, 이 설계는 요인들을 통제하며 변동을 감소시키는 설계이지만 허용오차 설계에는 비용이 따른다.

제2절 품질관리 역사

1. 1970년대까지의 품질관리

(1) 작업자 품질관리시대

인류가 제품을 생산하기 시작할 때부터 품질관리에 대한 인식은 존재하였다. 중세에는 도제제도와 길드(guild)가 발전했으며, 장인이 훈련과 검사를 담당했다. 이들은 자신의 제품과 고객을 알고 있었으며, 제품의 품질을 깨닫게 되었다. 그들은 작업에 자부심을 가졌으며, 타인으로 하여금 좋은 제품을 만들도록 훈련시키는 데에도 자부심을 갖고 있었다.

1970년대 말까지 제품을 제조하는 책임은 한 명 또는 몇 명의 작업자가 맡고 있었으며, 한 명의 작업자는 자기가 만드는 소량의 제품에 대한 품질에 전적인 책임을 졌으므로 작업자 품질관리시대라 할 수 있다. 한 명의 작업자가 하나의 품질표준을 설정하고 그가 만든 모든 제품에 대해 검사를 실시하였다.

(2) 작업반장 품질관리 시대

영국의 산업혁명 기간에 노동의 분업과 전문화라는 개념이 도입된 결과 한 제품을 생산하는 데 관련된 작업자의 수가 증가하게 되었다. 근대적 공장의 출현으로 동일한 과업을 수행하는 여러 작업자들을 하나의 그룹으로 편성하여 이들을 통제하고, 이들의 작업에 대한 품질을 책임지는 작업반장이라는 새로운 제도가 등장하게 되었다. 또한 대량생산으로 인해서 공식적인 검사활동이 필요하게 되었다. 20세기 초기의 이 같은 품질관리를 작업반장 품질관리라고 부른다.

(3) 검사 품질관리 시대

그러나 작업반장 품질관리도 새로운 환경의 변화에 의해 검사에 의존하는 품질관리로 바뀌었다. 즉 제1차 세계대전 중 제조시스템이 복잡하게 되고, 컨베이어 시스템(conveyor system)의 도입 등 작업이 더욱 전문화되어 감에 따라 하나의 작업반장이 거느리는 수가 증가하게 되었고, 이에 따라 제품이 제조된 후 검사를 담당할 전문적인 검사자가 필요하게 되어 검사 품질관리가 이루어졌다. 이 당시 통계적인 기법은 사용되지 않았고, 주로 검사와 테스트가 불량품을 발견하기 위해 이용되었다.

(4) 통계적 품질관리 시대

천문학, 물리학, 생물학, 사회과학 등에 응용되어 오던 통계적 기법이 1920년대에 들어와서 품질관리에도 효과적으로 응용되기 시작하였다. 대량생산체제에서 쏟아져 나오는 제품을 100% 검사한다는 것은 도저히 불가능하므로 구입원자재의 표본을 추출하고, 공정의 경우 주기적으로 표본을 추출하고 검사하여 불량 여부를 결정하는 새로운 품질관리기법이 필요하게 되었다. 1924년 벨(Bell)연구소에 근무하던 슈하트가 품질관리 문제에 통계적 기법을 최초로 적용하였다.

(5) 종합적 품질관리 시대

사회가 복잡하고 경쟁이 치열해짐에 따라 통계적 품질관리만으로는 한계가 있었고, 소비자주의가 점차 확산됨에 따라 미국에서는 1972년 소비자제품안전법을 제정하였다. 그러나 제품의 신뢰성, 품질보증(QA), 제품책임(PL)문제 등은 종래의 품질관리 방식으로는 해결할 수 없게 되었다. 1970년대에 들어서 품질관리는 이시카와가 말하는 전사적 품질관리(CWQC)의 성격을 띠기 시작하였다. 이는 회사의 최고경영자로부터 말단 작업자에 이르기까지 모든 사람이 품질관리 활동에 참여함을 강조하는바 특히 최고경영자의 적극적인 참여를 강조하고 있다.

2. 1980년대 이후의 품질관리

종합적 품질관리(TQC)시대에는 조직의 모든 기능의 참여를 강조하고 관리자로하여금 무결점을 적극적으로 추구토록 강조하였다. 그러나 품질은 경쟁우위를 확보하는 데 꼭 필요한 것으로 여기기보다는 이를 소홀히 하면 기업을 해칠 수 있는 것이라고 생각할 정도였다. 이 같은 견해는 1970년대 말부터 변하기 시작하였는데,

이때부터 관리자들이 품질의 전략적 중요성을 인식하기 시작하였으므로 현재의 품질관리시대를 전략적 품질경영시대라고 부르게 되었다.

이시카와와 이마이 등이 일본의 품질관리를 전사적 품질관리(CWQC)라고 하는데 대해 미국 기업의 경영자들은 오늘날 이와 유사한 종합적 품질경영(TQM)이라는 개념을 사용한다. 여기서 종합적(total)이라는 말은 조직의 모든 기능과 계층에 속하는 모든 종업원이 품질을 추구해야 함을 의미하고, 품질(quality)이란 조직의 모든 측면에서의 우수성을 의미하며, 경영(management)이란 품질경영 과정을 통한 품질결과의 추구를 의미한다. 이는 전략적 경영과정으로 시작하여 제품설계, 제조, 마케팅, 재무 등으로 확대된다. 따라서 이는 지금까지의 모든 품질개념을 포함하고 나아가서 끝없는 품질개선 과정을 강조하는 경영방식인 것이다.

오늘날의 전략적 경영자는 고객가치를 중시하는 시장 중심적이 되어야 하고, 어떤 시장에 진입할 것인가, 어떤 고객을 대상으로 삼을 것인가, 어떤 제품이나 서비스를 제공할 것인가, 고객에 가치를 어떻게 제공할 것이며 이렇게 함으로써 경쟁자를 어떻게 물리칠 것인가 등을 결정하는 전략구성과 계획을 위한 중요한 요소로 품질을 고려해야 한다.

3. 우리나라 품질관리 역사

우리나라 품질관리 및 표준화의 역사는 미국이나 일본 등 선진국에 비해 매우 짧을 뿐만 아니라 특히 지난 1970년대 이후 정부 주도하에 범산업적으로 추진되어 왔다는 특징을 지닌다.

선진국의 품질관리기술이 처음 도입된 계기는 1955년 ICA자금에 의한 충주비료공장 건설과정에서 미국인 기술자들로부터 품질관리의 개념을 배우게 된 것이라고 본다. 그 후 1962년 '경제개발 5개년 계획'에 따라 국가산업의 품질향상과 수출전략에 의한 상품의 품질보증 일환으로 공업표준화법이 제정되어 상공부에 공업표준심의회가 발족되면서 품질관리가 제도적으로 확립되기 시작한 것이다.

1973년 상공부에 공업진흥청이 발족하면서 표준화 및 품질관리활동이 적극적으로 전개되기 시작하였다. 정부는 1975년을 '품질관리의 해'로 정하고 공업진흥청

에 품질관리추진본부를 설치하여 정부주도하에 품질관리 활동을 범산업적으로 전
개하였다. 이 해에 제1회 전국품질관리 및 표준화대회를 개최하였고, 처음으로 품
질관리대상을 우수한 품질향상 기업에 수여한 바 있다.

일본식 품질관리인 전사적 품질관리(TQC)와 품질관리 분임조 활동은 1975년
부터 본격화되었다. 그러나 이러한 활동은 최고경영층의 적극적 참여 없이 제도나
기법위주의 현장 중심 품질관리(QC)로 추진되어 왔고, 1980년대 후반부터 열심히
일하는 풍토가 사라지고 고임금, 구인난 등으로 인해 가격경쟁력에 의한 수출드라
이브가 한계에 부딪히게 되자 정부와 업계는 경쟁력위기를 돌파할 수단으로 EU의
ISO인증제도의 실시에 맞추어 품질경영을 새로운 산업운동으로 제창하여 전개하
기 시작하였다.

정부는 이에 따라 1993년 공산품품질관리법을 개정·보완하여 '품질경영촉진
법'을 시행하기에 이르렀다. 국제적으로 공인된 '품질경영시스템'(ISO 9000 시리
즈)의 도입을 촉진·지원하는 제도를 마련함으로써 공산품의 국제경쟁력을 강화
하기 위한 목적이었다.

사례 4 국내기업 수출전략 '가격에서 품질로'

국내기업들은 기술·품질경쟁력이 높아지는 반면 가격 경쟁력은 점차 약화됨에
따라 수출전략을 가격 중심에서 고품질 위주로 전환한 것으로 조사됐다.

2일 한국무역협회가 한국외국어대 정인식 교수와 공동으로 지난 9월 9일부터 30
일까지 203개 수출기업을 대상으로 설문조사한 결과에 따르면 조사대상의 73.3%가
자사기술의 경쟁력이 높거나 매우 높은 편이라고 응답했다. 또 품질경쟁력의 경우
전체 기업의 76.9%가, 가격대비 품질경쟁력은 76.4%가 높거나 매우 높다고 응답해
기술이나 품질 면에서는 비교적 경쟁력이 높은 것으로 파악됐다. 반면 가격경쟁력의
경우 보통 이하라고 답한 기업이 조사대상의 56.7%에 달해 국내 기업들은 가격경쟁
력을 상대적으로 취약하다고 인식하고 있는 것으로 조사됐다. 유통채널에 대해서는
전체 기업의 64%가 경쟁력이 보통이거나 낮은 편이라고 응답했으며, 특히 77.9%는

해외광고 및 판촉이 취약하다고 대답했다.

이에 따라 대부분 기업들이 가격위주의 수출전략을 포기하고 품질 중심으로 전략을 수정하고 있는 것으로 분석됐다. 저가격, 고품질전략을 구사하고 있는 기업이 53.3%로 가장 많았고, 품질 중심의 고가전략이 32.8%였으며, 가격위주 전략 중심이라고 응답한 기업은 13.9%에 그쳤다.

한편 기업당 평균수출국 수는 대기업 42개, 중소기업 16개였으며, 총매출 중 수출 비중은 대기업 44.4%, 중소기업 57.5%로 나타났고 주문자상표부착생산(OEM) 수출 비중은 대기업 27%, 중소기업 38%였다. 무역협회 기획조사팀 이인호 팀장은 "수출전략이 기술, 품질 위주로 바뀌는 것은 바람직하지만 세계시장을 선도하는 제품개발을 위해서는 기존제품의 개량 차원을 넘어 혁신적 제품을 만들어야 한다"고 말했다.

자료: 연합뉴스, 2002. 12. 2

 **사례 5** ## 주목받는 '정몽구 경영학'

"뛰어난 용인술과 품질을 최고의 가치로 여기는 철학
발품을 마다않는 현장경영이 어우러져 선친과 비견되는 '경영 달인'의 경지에 올라"

글로벌 경제위기 속에서도 현대 · 기아차의 약진이 눈부시다. 현대 · 기아차는 상반기 중 미국 시장에서 '마(魔)의 점유율'로 불리는 시장점유율 10%를 돌파했다. 또 같은 기간 중 글로벌 시장에서 319만 대를 판매해 톱5 업체의 위상을 굳혔다. 더욱 주목할 것은 고급차 부문에서도 품질을 인정받았다는 점이다. 에쿠스는 지난달 JD파워가 발표한 '2011 상품성 만족도' 조사에서 전체 조사대상 234개 차종 가운데 1위를 차지했다. BMW 7 시리즈와 아우디 A8, 벤츠 S클래스, 렉서스 LS 등을 모두 제친 쾌거다.

물론 이 같은 약진에는 운도 많이 따른 게 사실이다. 도요타의 리콜사태와 일본의 대지진으로 인한 반사이익을 부인할 수 없다. 또 몇 년간 지속된 고환율로 수출에 득을 본 점도 있다. 하지만 그런 점만으로 현대차의 달라진 위상을 모두 설명할 수는 없다. 기자는 정몽구 회장의 리더십이 오늘날 현대 · 기아차의 비상을 가져왔다는 결론에 도달했다. 이른바 '정몽구 경영학'의 실체를 알아야 현대 · 기아차의 오늘을 설명할 수 있다는 말이다.

그렇다면 '정몽구 경영학'의 본질은 무엇일까? 우선 그의 용인술을 지적하고 싶다. 용인술의 핵심은 강력한 충성도를 확보하는 카리스마다. 현대차그룹에도 실세라 불리는 인사들이 있긴 하지만 회장의 대리인 역할을 하는 사람은 없다. 과거 삼성그룹의 '이학수 실장'과 같은 2인자는 없다는 이야기다. 전직 현대차그룹의 한 관계자는 "실세라고 해서 거들먹거리다간 언제 날아갈지 알 수 없는 분위기"라며 "그러다 보니 좋은 의미에서 회장을 향한 충성경쟁이 매우 강하다"고 털어놓았다. 실제로 정 회장이 계열분리한 현대차그룹을 맡은 이후 실세라 불렸던 사람들이 가차 없이 회사에서 밀려나거나 한직으로 좌천된 사례가 왕왕 있어 왔다.

두 번째로는 품질경영을 들 수 있다. 정몽구 하면 품질경영이라는 단어가 생각날 정도로 정 회장의 품질에 대한 집착은 대단하다. 현대정공 시절 최고의 품질로 갤로퍼를 생산해 쌍용의 코란도를 제쳤던 일화는 아직도 현대차그룹에 전설로 남아 있다. 현대차를 맡은 직후 미국을 찾은 정 회장은 큰 충격을 받는다. 당시 현대차는 품질이 부실해 리콜 요청이 쇄도했다. 토크쇼 프로그램에서 미국 정부의 잘못된 정책 결정을 현대차 구매 결정과 비교할 정도였다. 귀국하자마자 그는 품질총괄본부를 발족시키고 매달 품질관련 회의를 직접 주재했다. 품질이 마음에 들지 않으면 생산라인을 중단시키기도 하고 신차 출시 일정을 미룰 정도였다. 그 같은 집념이 오늘날 세계적 품질의 현대·기아차를 탄생시킨 것이다.

현장경영도 빼놓을 수 없는 정몽구 경영학의 한 축이다. 정 회장은 '현장에 답이 있다'는 소신을 갖고 있다. 현대자동차서비스 시절 그는 특별한 약속이 아니면 점심은 직원들과 설렁탕으로 대신했고 일과가 끝나면 구내매점에서 소주잔을 기울였다. 이러한 스킨십을 통해 회사가 나아갈 방향에 대한 감을 잡을 수 있었다. 그는 지금도 수시로 현장을 방문한다. 현대제철이 고로 건설에 착공했을 때는 한 달에 수차례 현지에 내려가 공사 진행상황을 점검했다. (중략)

스킨십과 팀워크 경영도 빼놓을 수 없다. 학창시절 럭비를 했던 정 회장은 기업경영에서 팀워크를 중시한다. 현대차의 한 관계자는 "정 회장은 튀는 CEO보다 화합을 이끄는 CEO를 중시한다"며 "가끔 럭비공 인사로 구설에 오르지만 대부분 팀워크나 조직의 안정을 해치는 사람들에 대한 문책성"이라고 지적했다.

10년이라는 짧은 시간에 정 회장은 선친인 정주영과 비견되는 위치에 올라왔다. 현대가(家)를 위해서도 국가를 위해서도 다행이다.

자료: 매일경제, 2011. 8. 11

제3장

품질비용

 ## 제1절 품질비용의 개념

상품력의 3요소 중 품질은 소비자가 궁극적으로 요구하는 제품의 기본요건이 될 수 있다. 이를 위해서는 뛰어난 성능, 사용의 편리성, 고장이 적고 오래 사용할 수 있을 것, 그리고 제품 간의 산포차이가 균일할 것 등에서 바람직한 품질수준이 요구되고 있다.

품질과 품질비용의 관계를 고려하면, 품질은 기업이 전략적인 제품/서비스의 가격을 결정할 때 목표비용을 산출하고, 이 목표비용을 달성하기 위해 운영의 효율성 및 비용혁신을 추구하여 고객에게 가치를 부여할 수 있어야 한다.

기업은 품질향상을 위한 전략수립을 최우선 과제로 삼아야 하며, 이를 통해 품질비용이 기업 경쟁력에 미치는 영향의 중요도를 고려하여야 한다.

품질비용(quality cost)이란 품질 좋은 제품과 서비스를 만드는 데 사용된 모든 비용으로 정의된다. 주란 박사는 품질비용을 비적합성(non-conformance)의 비용으로 보았다. 그래서 품질비용이란 처음부터 고객의 요구에 적합한 제품/서비스를 생산하지 않음으로써 발생하는 비용이라 정의했으며, 구체적으로는 부적합품의 생산비용, 부적합 발견 및 개선대책비 등의 부적합품과 관련되어 발생되는 비용이라고 하였다. 또 다른 품질대가인 크로스비도 품질비용을 한마디로 비적합성 때문에 발생하는 비용, 즉 무엇인가 일을 잘못해서 발생하는 비용이라고 정의하였다.

파이겐파움은 "공장과 회사에서 발생되고 있는 관리비용(cost of control)과 관리실패비용(cost of failure of control)을 모두 포함하는 것"이라고 정의하였다.

품질비용의 정의를 정리하면 〈표 3-1〉과 같다.

〈표 3-1〉 품질비용의 정의

구분	개념정의
Juran(1974)	품질을 위한 필수적인 총비용
Corsby(1979)	비적합성(non-conformance)으로 인해 발생하는 비용
Harrington (1987)	품질비용은 조직원들이 항상 자신들의 작업을 올바로 할 수 있도록 도움을 주는 데 발생되는 비용과 고객의 기대에 부적합한 생산물이 수용되기 위해 발생하는 모든 비용
Bank(1989)	제품과 서비스의 품질을 달성하기까지 발생되는 모든 운영비용
Townsend & Gebhardt (1992)	과연 어떤 일이 올바르게 수행되고 있는지(예방), 그리고 일이 잘못되고 있는지를 확인하기 위하여(검사와 수정) 단일수치(% 또는 총매출액)로 나타내기 위한 시도
이순룡(2010)	물품/서비스의 품질과 관련해서 발생하는 코스트로 기회비용을 포괄한 개념
김연성 등 7인 (2010)	품질 좋은 제품과 서비스를 만드는 데 사용된 모든 비용

자료: 여러 학자들의 정의에 대한 견해를 필자 정리.

종전에는 경영자들은 품질수준을 높이려면 더 많은 비용을 써야 한다고 생각했기에 고품질은 곧 고비용을 의미했다. 그러나 그 같은 견해는 여러 품질연구자들의 주장과는 상반되는 것이다.

주란 박사는 품질의 경제성을 분석해 품질의 혜택이 비용을 능가함을 밝혔다. 품질비용의 뜻으로 COPQ(Cost of Poor Quality)라는 단어를 처음으로 주창했던 품질관리의 선구자 주란은 당시 매출액에서 차지하는 품질비용을 40%로 제시하였다. 파이겐바움은 종합적 품질관리(TQC)를 주창하여 품질은 모든 사람의 일이라는 원칙에 따라 품질비용이 단지 제조 분야에만 국한된 것이 아님을 명확히 하였다. 이어서 크로스비는 '품질은 공짜'(Quality is Free)라는 새로운 개념을 1979년에 도입한 바 있다.

품질대가들이 제시한 의견을 종합해 보면 대략 세 가지 견해로 요약된다.

① 고품질은 곧 고비용이다. 성과나 특성 같은 품질의 속성은 노동, 물자, 디자인, 기타 비용발생의 자재에 비해 비용이 더 든다. 품질향상에 따른 부수적인 이득은 추가적인 비용을 보상할 수 없는 수준이다.

② 품질향상 비용은 그 결과에 의한 비용절감보다 작다. 데밍 박사가 처음 제기한 이 개념은 일본 산업계에 널리 전파되었다. 절약은 재작업과 불량의 감소, 불량품의 발생에 따른 기타 직접적인 비용의 감소에서 이루어진다. 이 견해는 일본 기업의 장점이라고 할 수 있는 지속적 개선에 초점을 둔 것이다.

③ 품질비용은 정확하게 제대로 처음에 만들어지고 서비스가 수행될 경우에 발생하는 비용을 초과해 발생하는 비용이다. 이 견해는 품질경영 철학을 신봉하는 사람들의 의견을 결집한 것이다. 품질의 비용에는 불량에 의한 직접적인 비용뿐만 아니라 고객의 상실, 시장점유율의 하락, 현대의 원가회계 시스템으로도 명확히 밝혀낼 수 없는 숨은 비용이나 상실기회 등이 모두 포함된다.

크로스비는 기업에서 무결점은 절대적인 성과기준이며, 품질비용은 그 기준에 미달한 비적합 품질의 가격이라고 하였다. 그의 개념은 100만 개 중의 1개(PPM), 6시그마(Six Sigma), 무결점(ZD)과 같은 목표를 더 많은 기업들이 설정하는 것과 흐름을 같이 하는 것이다. 그와는 반대로 무결점이란 목표는 발생할 이익보다 비용이 더 들 수 있다는 견해도 있으며, 무결점을 지향하면 비용은 기하급수적으로 늘어난다는 것이다.

제2절 품질비용의 분류

품질비용은 세 가지의 관점에 입각하여 분석하는 것이 보통이다. 첫째는 불량품의 발생원인을 분석하여야 한다. 둘째는 불량품의 발생을 가능한 한 더욱 경제적으로 예방할 수 있는 가능성에 대해 분석해야 한다. 셋째로는 성과에 대한 측정방법의 채택이다.

품질비용에 속하는 자세한 항목은 산업에 따라 다른데, 예를 들면 호텔에서의 품질비용은 자동차 공장에서의 품질비용과 같을 수는 없다는 것이다.

품질비용을 분류하는 데 있어서 이순룡(1991)은 품질비용을 품질 시스템에서 투입과 산출의 인과관계에서 분류해 [그림 3-1]에서와 같이 품질생성, 품질평가, 품질결과의 프로세스 등으로 파악하였다.

품질생성은 품질의 설계 및 부적합 예방 등 품질보증과 관련된 활동으로서 품질생성비용(예방비용)의 발생을 의미하고, 품질평가는 품질에 관한 시험을 비롯해 수입검사, 공정검사, 완성검사(최종검사) 및 품질감사 등의 요소품질 또는 복합품질에 대한 평가활동으로서 품질평가비용(평가비용)의 발생을 의미한다.

그리고 품질결과는 일정 품질수준에 미달됨으로써 발생된 결과로서 폐기처리, 재작업, 수리, 클레임, 고객의 불만 등을 들 수 있는데, 이 경우 품질 부적합비용(실패비용)의 발생을 의미한다.

미국 품질관리협회(American Society for Quality Control: ASQC)는 품질비용을 예방비용, 평가비용 및 실패비용(내부 실패비용 및 외부 실패비용)으로 구분하였으며, 이것은 오늘날 PAF(prevention, appraisal, failure)모형으로도 불린다.

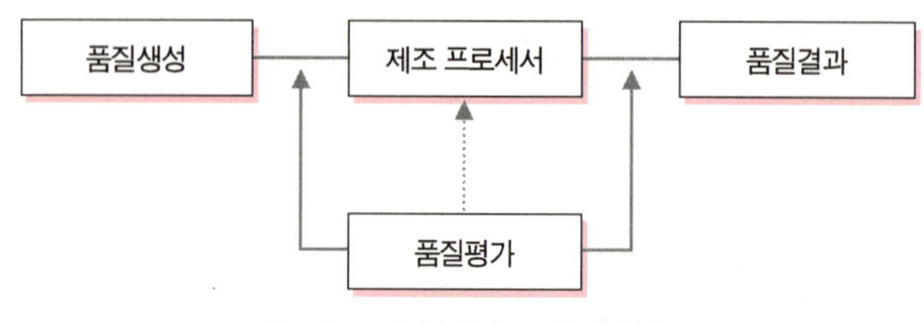

[그림 3-1] 품질의 투입과 산출

예방비용과 평가비용은 제조된 제품이나 전달된 서비스가 설계에 따라 제대로 이루어지게 하는 데에 소요된 비용으로서 적합비용이라고 부르며, 일치비용/통제비용이라고도 한다.

한편, 고객요구에 부응하지 못하는 제품 또는 서비스와 관련되는 결함품질, 불량품질 등 잘못된 품질관리로 인한 사내외에서 발생하는 모든 비용을 부적합 비용이라고 하며, 불일치비용/실패비용이라고도 부른다.

(1) 예방비용

예방비용(prevention cost: P코스트)은 기업이 고객에게 제공하는 제품 또는 서비스의 부적합이나 실패, 즉 불량품이 발생하지 않도록 예방하기 위한 일체의 비용을 말한다. 이에는 품질시스템 기획, 공장관리, 교육훈련, 신제품평가, 품질자료수집 및 분석 등이 있다.

예방비용은 불량의 원인을 분석하고 그 원인을 제거하기 위하여 필요한 비용이므로 제품을 실제로 생산하기 이전에 발생하는 비용이다. 그래서 대개 예방비용은 제품설계단계나 공정개발단계에서 발생한다.

불량품을 방지하기 위해서는 처음부터 품질이 좋은 제품과 서비스를 만들어야 한다. 그럼으로써 비용도 감소되고 불량률도 감소된다. 한국 속담에 "소 잃고 외양간 고친다"는 말이 있다. 소를 잃어버리기 전에 외양간을 튼튼히 만들면 소를 잃지 않게 된다는 뜻이다. 또, 우리가 독감예방주사를 미리 맞는 것도 독감으로부터 우리 건강을 지키기 위함인 것이다. 이와 마찬가지로 기업에서 예방적 차원의 품질관리 비용지출은 대단히 바람직한 것이며, 오늘날 생산현장에서의 예방비용은 그 중요성이 점차로 높아져가고 있다. 이것은 일본의 경쟁력 강화에 그 영향이 있다.

세계시장에서 일본제품의 품질경쟁력이 높은 데에는 여러 가지 이유가 있다. 그 중 하나는 바로 일본 기업들이 예방비용에 대한 높은 관심을 보이고 있다는 것이며, 불량품을 사전에 방지하는 것이 품질비용을 최소화하는 최선의 방법이라고 굳게 믿고 있다. 그들은 지속적으로 불량의 원인을 파악하고 제거하여 불량의 원인을 사전에 방지하는 데에 노력을 기울임으로써 품질강국의 명성을 유지하고 있는 것으로 평가된다.

〈표 3-2〉 테일러의 품질비용 세부항목

구분		내 용
예방 비용		품질계획, 소매업자와 하위계약자에 의한 품질보증, 공정관리 공학, 검사와 시험설비의 설계 및 개발, 취득, 기록, 분석, 품질정보의 보고, 생산취소와 대부에 의한 보험료, 품질교육, 품질감사, 품질개선 프로그램, 설계조사확인
평가 비용		사전 제품모형, 설계평가, 검사와 테스트 장비, 검사와 테스트, 검사수준, 검사와 테스트시 재료소비, 승인과 배서, 분야별 성과 테스트, 재고품평가, 기록저장과 복사
실패 비용	내부 실패 비용	① 자재 조사, 저장품보고, 자재의 제품의 배치보고, 생산, 생산조사를 위한 인건비 ② 제품재배치 : 재배치에 대한 제품가격보고, 생산, 판매, 품질보증, 자재관리 등의 인건비 ③ 제품, 구성품, 자재의 수리 또는 재작업 : 부품과 자재사용의 보고, 생산, 품질보증, 품질관리의 인건비 ④ 재관찰과 재시험 : 자재 사용보고, 운송과 통제, 생산, 품질보증, 품질관리의 인건비 ⑤ 결점판결 : 노무, 품질보증, 생산과 자재관리 인건비, 장비 운용비용 ⑥ 처분결정 : 자재조사 개시, 품질보증, 자재관리에 대한 인건비 ⑦ 작업중단지시 : 생산, 품질관리, 자재관리, 구매, 재고품에 대한 인건비 ⑧ 재배치 : 자재 및 부품비용 보고, 인건비 ⑨ 강등 : 판매 보고, 회수와 수당 보고
	외부 실패 비용	① 불평 : 판매와 서비스 보고, 고객의견과 사용자 비용의 시장조사, 수당 또는 조립시 간접 비용, 분야별 실패보고, 이동과 조정비용, 인건비 ② 고객의 제품거절과 반품 : 자재손실 또는 기록누락, 자재, 부품, 장비의 재배치, 재작업 또는 수리, 인건비 ③ 허용 : 품질할인, 판매보고 ④ 보증요청 : 자재부품비용, 배상과 간접비용, 시험에 사용된 자재, 급여 ⑤ 제품취하 : 재고전환기록, 운송과 통제기록, 자재 또는 제품사용 ⑥ 판매손실 : 판매보고, 법적인 수당 ⑦ 제품대여 : 법적인 수당, 법원판결, 인건비(제품보증, 제품대여)

자료: Taylor, J.R., *Quailty Control System* (New York: McGraw-Hill, 1989), pp. 369-407.

(2) 평가비용

평가비용(appraisal cost: A코스트)은 제품, 원재료, 서비스 등의 품질이 품질표준에 적합한지를 측정·평가 또는 분석하는 비용으로서 원재료의 수입검사나 시험, 공정 중의 품질검사, 완제품검사 및 기타 품질관리 비용 등이 포함된다.

기업은 생산한 제품이 불량인지 아닌지를 조사해야 하며 또 발생한 불량품을 제거하여야 한다. 이러한 행위에 관련된 모든 비용이 바로 평가비용인 것이다. 즉 평가비용은 제품의 품질특성이 미리 정한 기술적인 품질규격에 적합한지를 측정 및 평가하는 비용이며, 소비자에게 제품을 판매하기 이전에 발생하는 비용이다.

(3) 실패비용

외부 실패비용은 제품이 고객에게 인도된 후 부적합이 발견되어 발생한 비용으로서 고객불만 처리 비용, 부적합품 운송비용, 품질보증 비용, 클레임의 원인탐구 비용, 기업에 손실을 입힌 비용 등이 포함된다.

실패비용((failure cost: F코스트)은 제품의 품질이 표준규격에 미달되어 발생하는 비용이다. 실패비용은 공정 중에 또는 제품이 고객에게 판매된 후에 발생하며 대부분의 제조업체에 있어서 품질비용 중 가장 많은 비중을 차지하고 있다. 대개는 실패비용이 품질 총비용의 70% 이상을 차지하고 있다. 그러나 실패비용이 관심을 많이 받지 못하고 있는 이유는 실패비용을 측정하기가 쉽지 않기 때문이다.

제품이 불량으로 된 원인은 반드시 있다. 그러므로 실패비용을 측정하는 이유는 실패를 야기한 원인들을 파악하고 그 원인을 제거하여 품질을 향상시키려고 하는 것이다. 실패 비용은 내부 실패비용과 외부 실패비용으로 구분된다.

❶ 내부 실패비용

내부 실패비용(internal failure cost)은 선적, 출하 전에 발견된 부적합품으로 인한 비용으로서 생산과정에서 발견된 모든 손실비용을 의미한다. 즉 품질에 문제가 있는 제품이나 서비스가 고객에게 전달되기 이전에 발견되어 발생하는 제반 손실을 말한다. 부적합품의 폐기처리비용, 재작업 비용, 재작업제품의 품질검사, 품질관련 작업 중단 비용 등이 포함된다.

생산공정에 대한 품질의 평가가 이루어지면 정해진 품질수준을 충족시키지 못하는 재공품이나 완제품이 발생할 수 있다.

그러한 불량품에 대해서는 폐기하거나 재작업 또는 등급을 낮추어 출하하게 된다. 또한 일정 규모 이상의 불량품은 생산계획에의 차질과 제품 납기지연으로 인한 손실을 가져올 수 있다.

❷ 외부 실패비용

외부 실패비용(external failure cost)은 불량품이 고객에게 판매된 다음에 발생하는 비용이다. 외부 실패비용에는 보증기간 내의 제품수리나 환불 등에 따르는 소극적 비용뿐만 아니라 고객이 제품을 사용하는 과정에서 입게 되는 직간접적 손실까지 포함해야 한다. 또한 법적인 책임과 더불어 기업 이미지나 매출에 치명적인 손실을 입는 경우도 있다. 이처럼 제품이 고객의 손에 넘어간 이후에 발생하는 불량을 개선하는 것은 많은 비용을 초래한다.

❸ 숨겨진 실패비용

좋지 않은 품질은 기업의 경영성과 및 이미지에 악영향을 끼치며 기업의 실패비용을 증가시킨다. 이같이 나쁜 품질은 위에서 기술한 실패비용 이외에 또 다른 실패비용을 발생시킨다. 이 비용이 '숨겨진 실패비용'(hidden quality cost)이라는 것이다. 숨겨진 실패비용은 기업에게 상당한 손실을 발생시키나 경영자들은 잘 인식하지 못하는 비용이라고 할 수 있다. 이러한 비용은 실패비용에 비해 불가능하지는 않지만 파악 및 측정이 상당히 어렵다.

실제로, 측정하는 실패비용은 총 실패비용의 아주 적은 부분에 지나지 않고, 숨겨진 실패비용은 엄청나게 많다는 사실을 인식해야 한다. 그러므로 경영자는 기업의 경쟁력에 크게 영향을 끼치는 이 숨겨진 실패비용을 반드시 파악하고 측정하여 개선하도록 하여야 한다.

숨겨진 실패비용은 다음의 〈표 3-3〉에서 보는 바와 같다.

<표 3-3> 숨겨진 실패비용

① 종업원의 이직　　　　　　　② 종업원의 사기저하
③ 생산성의 저하　　　　　　　④ 취소된 주문
⑤ 생산능력의 감소　　　　　　⑥ 증가된 재고
⑦ 낭비되는 엔지니어와 경영자의 시간
⑧ 품질문제 때문에 발생하는 재설계비용
⑨ 품질규격을 만족시키지 못하는 제조공정을 변경하는 비용
⑩ 품질문제 때문에 소프트웨어를 변경해야 하는 비용
⑪ 보고되지 않는 폐품
⑫ 기계와 설비의 유휴시간

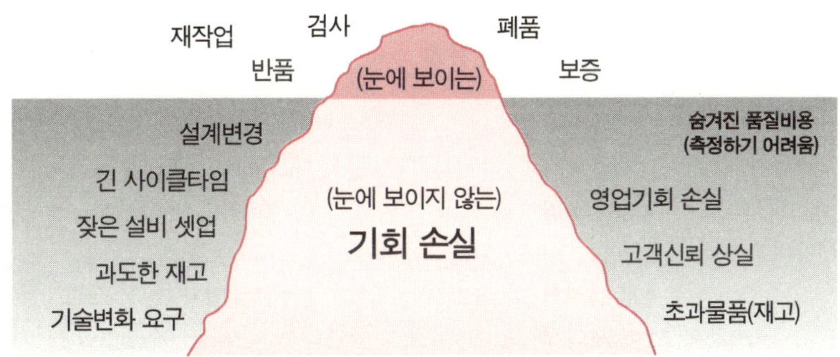

세계적 우량기업의 평균적인 경우
• 회계 상으로 파악할 수 있는 품질실패비용(COQ) : 5%
• 회계 상으로 파악할 수 없는 손실 : 30%

[그림 3-2] 숨겨진 실패비용

❹ 서비스 업체에서의 품질비용

　품질비용은 제조업체에서만 중요한 것이 아니라 서비스 업체에서도 매우 중요하다. 비록 서비스 업체에서의 품질비용은 측정하기가 곤란하지만, 품질비용은 서비스 업체에서도 발생하고 있으며 또한 상당히 높다.

　일반적으로 서비스 업체에서의 품질비용은 총영업비의 30~50%가량 되고, 그 중에서 70% 정도가 실패비용이라고 추정된다(Baatz, 1992). 또 크로스비(Crosby, 1979)도 서비스 업체에서 수행하는 업무의 25% 정도가 대부분 재작업이라고 하였다. 이렇게 볼 때, 대부분의 서비스 업체에서는 영업의 상당한 부분을 잘못 운영하

고 있는 것이다. 청소가 덜 된 호텔방, 설익은 음식, 비행기 여행 중 분실된 가방, 잘못 깎은 머리, 의사의 오진, 잘못된 세금 계산서 등은 전부 서비스 업체에서 흔히 볼 수 있는 것들이다.

❺ 서비스 업체에서의 품질비용 유형

서비스 업체의 품질비용도 제조업체와 마찬가지로 예방비용, 평가비용, 내부 실패비용, 외부 실패비용이 있다. 그러나 품질비용의 유형은 각 기업의 특성에 따라 다르기 때문에 각 서비스 업체에서는 스스로 품질비용을 파악하여 측정하도록 해야 한다.

〈표 3-4〉 서비스 업체에서의 품질비용의 유형

구분	내용	
예방비용	• 시장조사 • 교육훈련 • 고객 서비스 훈련 • 품질계획 • 품질설계	• 고객/내부고객 조사 • 품질시스템 감사 • 예방보전 • 공급업자 자격 프로그램
평가비용	• 내부감사 • 외부평가비용 • 평가 • 오자 파악	• 업무검토 • 검사 • 승인
실패비용	• 불평 • 재작업 • 교체 • 법률고소 • 숨겨진 비용	• 오류시정 • 반환 • 서비스 보증 • 수리

❻ 예방 · 평가 · 실패코스트 상호 간의 관계

[그림 3-3]은 P · A · F 코스트의 상관관계를 나타낸 것으로(이순룡, 2010), F코스트는 P코스트 및 A코스트와는 반비례 관계에 있지만, F코스트에 대한 A코스트의 영향력은 P코스트에 훨씬 못 미친다. 즉 불량예방 활동을 강화하면 품질불량이

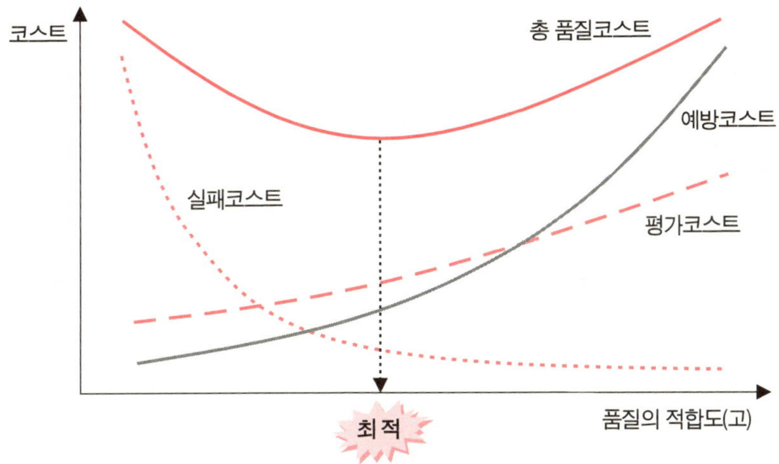

[그림 3-3] 예방·평가 실패 코스트의 개념도

줄어들고 아울러 품질평가 활동의 필요성이 감소된다.

그러나 품질관리시스템이 불완전한 상태에서 예방활동만으로 불량을 억제하는 데는 많은 비용이 지출되어 비경제적인 품질개선 활동이 되기 쉽다.

 제3절 품질비용 관리시스템

기업의 품질비용을 감소시키고 품질성과를 향상시키기 위해서는 효과적인 관리시스템을 갖추는 것이 필요하다. 일반적으로 품질비용 관리시스템은 품질비용을 측정/분석하여 개선하기 위한 일련의 체계적인 절차로 이루어진다.

1. 품질비용의 측정

(1) 품질비용의 유형화

품질비용을 측정하기 위해서는 먼저 비용항목을 정확하게 유형화해야 한다. 일반적으로 비용의 측정은 회계부서의 업무에 해당하지만, 품질비용은 그 속성상 구분하고 측정하기가 힘든 경우가 대부분이다. 따라서 품질관련 부서를 중심으로 비용발생과 관련된 부서와의 협조를 바탕으로 적정한 분류기준을 정하고 측정기법을 개발하는 등 해당기업의 특성에 적합한 방법을 스스로 찾아내야 한다.

(2) 품질비용의 산정

품질비용의 산정은 기업내부의 공식적 자료나 보고서를 이용하여 추정할 수 있으며 주로 이용되는 자료는 아래와 같다. 예를 들어, 설비의 예방정비를 담당하는 기술자의 인건비는 인건비 명세서나 수리일지를 참조하여 정확한 비용을 산정할 수 있다.

① 급여명세서
② 제조원가 관련서류
③ 폐기물 손실 보고서
④ 재작업 보고서
⑤ 여비출장비 명세서
⑥ 수리일지
⑦ 클레임 접수 보고서
⑧ 검사 및 시험 보고서
⑨ 생산일지
⑩ A/S 및 수리비용 보고서
⑪ 인건비 관련자료
⑫ 구매부품 검수 보고서

2. 품질비용 분석

품질비용을 산정하고 집계하는 것만으로는 효과적인 품질비용의 통제가 불가능하며, 다양한 분석과정을 통해 품질비용의 형태나 특성을 파악하고 개선대책이나 보완대책의 수립이 이루어져야만 한다. 일반적으로 품질비용의 분석은 비교분석,

추세분석 및 구성분석으로 구분된다. 품질비용의 분석에는 히스토그램, 파레토 도표, 원인-결과 분석도, 관리도, 벤치마킹 등의 다양한 실행도구가 있다.

(1) 비교분석

부서별, 생산 라인별, 제품별로 품질비용을 비교해 상대적으로 높은 품질비용을 나타내거나 차이가 발견되는 경우 그 원인을 분석하고 개선방안을 강구한다. 경쟁기업이나 우량기업과의 비교를 통하여 현재의 위치를 파악하고 더 나은 목표치를 설정하는 벤치마킹을 실시할 수도 있다.

(2) 추세분석

품질비용의 수준이 어떻게 변화하고 있는지를 분석함으로써 현재의 품질관리 활동을 지속할 것인지 아니면 변화를 시도해야 하는지를 평가한다. 지속적으로 품질비용을 감소(증가)하고 있거나 품질비용의 변화폭이 크다면 그 원인이 무엇인지를 추적해야만 한다.

(3) 구성분석

품질비용을 구성하는 항목(예방비용, 평가비용, 실패비용)의 구성비율 간에 어떠한 변화가 있는지를 분석한다. 예를 들어, 총 품질비용이 감소하고 있지만 외부 실패비용이 꾸준히 증가하고 있다면 품질성과가 향상되고 있다고 판단하기는 힘들 것이다.

3. 품질비용의 개선

품질비용을 줄이기 위한 활동이 투자한 만큼의 성과를 달성하기 위해서는 품질문제에 대한 근본적인 개선철학이 있어야만 한다. 많은 자료 및 분석기법과 아울러 문제를 보는 관점과 해결하는 방법에 대한 일관된 지각이 있으면 보다 효과적으로 품질비용을 줄일 수 있게 된다.

(1) 잠재된 품질비용의 발견

품질비용 감소의 출발점은 현재 품질문제로 인해 발생하는 비용이 얼마나 되는지를 명확하게 측정하는 것이다. 그러나 기업의 회계자료에 나타나는 품질비용은 전체의 극히 일부에 지나지 않으며, 그나마도 제조원가나 간접비에 포함되기 때문에 정확한 수치를 파악하기 힘들다.

따라서 많은 기업들이 가시적인 수치, 예를 들어 생산공정의 수율이나 불량률 또는 제품불량으로 인한 반품률 등에만 의존해서 품질비용을 측정하고 있다. 그러한 경우 품질비용을 정확하게 파악하고 있다고 할 수 없다.

고객이 사용 중에 발견한 제품불량으로 인한 환불이나 제품교환에 소요되는 직접적 비용은 정확하게 측정할 수 있지만, 향후의 매출손실이나 기업 이미지의 손상과 같은 간접적 비용을 줄이기 위해서는 어떠한 형태로든 신뢰성 있게 비교 가능한 측정단위를 가지고 있어야 한다.

(2) 근본적 원인의 제거

일반적으로 품질문제가 발생하면 재무적 손실과 아울러 납기의 지연이나 생산계획의 차질이 뒤따르므로 많은 경우 문제의 직접적인 해결에 중점을 두게 된다. 그러한 해결방법만으로는 문제의 재발을 방지할 수 없으며 문제의 지속적인 누적으로 인해 더 큰 어려움을 가져오게 한다. 그러므로 일단 발견된 품질문제는 근본적인 원인을 찾아내거나 아예 문제가 발생하지 않도록 하는 것이 효과적이라고 할 수 있을 것이다.

예를 들면, 생산라인의 효율성이나 비용을 고려해 일반적인 자동차 생산라인에서는 자동차가 작업자의 머리 위로 지나가면서 하체조립 작업을 하도록 설계되어 있다.

반면에, 볼보(Volvo) 사의 경우에는 차량을 90° 각도로 세워서 작업자의 정면에서 지나가도록 생산라인이 구성되어 있어 작업자가 신체적인 부담 없이 작업하므로 불량률을 크게 낮출 수 있다. 이처럼 생산라인이 작업자의 실수를 유발하거나 제품설계 자체가 생산과정에서 불량을 유발할 가능성이 높은 경우에는 작업자에 대한 훈련이나 엄격한 품질 검사보다는 제품의 설계변경이나 생산라인의 개선이

보다 효과적인 문제해결 방법이 될 수 있다.

(3) 시스템으로의 통합

품질성과를 높이고 품질비용을 낮추기 위한 많은 기업들이 노력이 일시적인 성과에 그치거나 특정한 문제의 해결에만 유용한 경우가 많다. 이는 품질문제를 체계적인 절차와 기준에 따라 지속적으로 개선하기보다는 단기적이고 가시적인 성과에만 중점을 두려고 하기 때문이다. 체계적인 시스템에 의한 문제해결은 품질문제의 유형이나 담당자에 구애받지 않고 지속적인 개선을 가능하게 하며, 개선효과가 누적되어 기업 전체적인 품질성과와 품질비용을 개선하는 데 도움이 된다.

 **사례 6 품질비용(Q-Cost) 개선사례**

미국의 중견기업에서 TQC를 도입하여 Q-Cost를 개선한 사례를 소개한다.

이 회사는 불량과 관련된 품질문제가 빈번히 발생하여 Q-Cost를 분석한 결과 제조원가의 9.3%에 이르고 있음을 알게 되었다.

그중 예방비용(P-Cost)은 0.2%, 평가비용(A-Cost)은 2.8%, 실패비용(F-Cost)은 6.3%로서 품질불량의 예방에는 거의 노력하지 못하고 주로 품질검사와 같은 평가활동에 의존하고 있어서 실패비용이 전체 Q-Cost의 67.7%에 이르고 있음을 알게 되었다.

이후 이 회사에서는 TQC 프로그램을 전사적으로 전개하면서 품질예방 체제의 구축 또는 정비와 같은 개선활동을 전개하였다. 이와 같은 예방활동이 전개된 지 2년이 채 못 되어 Q-Cost는 9.3%에서 6.8%로 낮아졌다(아래 도표 참조).

즉 예방비용이 0.2%에서 0.6%로 증가함에 따라 평가비용은 2.8%에서 2.2%로 낮아지고, 실패비용은 6.3%에서 4%로 큰 폭으로 줄었다. 그 결과 총 280만 달러(39억 2,000만 원)의 품질 코스트를 2년 이내에 절감시켜 업계 최고의 품질을 과시할 수 있게 되었다.

국내 어느 메이커에서도 다수의 협력업체를 대상으로 금년 9월부터 본격 진행되고 있는 품질예방 체제의 확립을 위한 활동 또한 이와 같은 효과를 기대하고 있다고 할 수 있다. 다만 단기적인 성과나 이벤트 성격의 색다른 메뉴를 경쟁적으로 추구하는 한국적 기업풍토에서 이번 활동 또한 과연 지속성이 있을 것인가? 하는 점이 우려되지만 뒤늦게나마 예방활동의 중요성을 깨달은 것만으로도 다행한 일이 아닐 수 없다.

〈도표〉 TQC 실시 전후의 품질비용 비교 (단위: %)

구 분	예방비용	평가비용	실패비용	품질비용
TQC 실시 전	0.2	2.8	6.3	9.3
TQC 실시 후	0.6	2.2	4.0	6.8
효 과	+0.4	▼0.6	▼2.3	▼2.5

 **사례 7**

품질비용의 레버리지 효과 (leverage effect)

IBM에서는 품질코스트 레버리지 효과를 1 : 10 : 100의 원칙이라고 한다. "예방이 1이면 검사(평가) 10, 실패는 100에 이른다"는 레버리지 효과를 나타낸 것이다.

최초에 올바르게 하여 불량을 원천적으로 방지하는 것이 최선책으로 만약에 여기에 1원(예방비용)이 든다면, 검사를 통해 불량을 찾아내고 이를 시정하는 차선책은 예방비용의 열배인 10원(평가비용)이 든다. 만약 검사를 통해서도 불량을 발견하지 못하고 고객에게 전달된다면 그것을 사후에 처리하는 비용은 100원(실패비용)으로 늘어난다. 따라서 최초에 올바르게 한다면 실패비용을 줄일 수 있을 뿐만 아니라 검사도 불필요하게 되어 평가비용까지 없앨 수 있다.

최초에 올바르게 하면 예방비용이 다소 더 들어가더라도 평가비용이 줄고, 실패비용은 대폭 줄일 수 있어 품질향상과 비용개선을 동시에 이룰 수 있다. 즉 현대적 관점에서 품질과 비용은 타협해야 할 상충되는 요소들이 아니라 동시에 개선될 수 있다는 것이며, 이것은 끊임없이 높은 품질의 추구를 지향하는 현대적 품질경영의 근거가 된다.

FedEx는 품질에 대한 '1 : 10 : 100의 원칙'을 직원교육에서 강조하고 있다. 이 숫자는 원래 서비스 부문에서 미국의 말콤 볼드리지상을 받은 페덱스 사의 '서비스 원칙'에서 비롯되었다. 설계단계에서 결함이 발견돼 이를 바로잡는 데 드는 비용이 1이라고 하면, 다음 단계인 출하검사에서 그 결함이 발견되고 재작업하게 되는 비용이

10이며, 고객이 사용하다가 결함을 발견하고 클레임을 걸어오면 그 비용은 100으로 훨씬 많이 들게 된다는 의미이다. 이 원칙에서 강조되는 것은 "처음에 올바르게 행한다"(do it right the first time)는 '예방의 원칙'인 것이다.

1 : 10 : 100 비율에 맞춘 불량예방 원칙을 제시하면 다음과 같다.

① 처음에 올바르게 행한다(품질코스트 =1).

② 만에 하나 불량품이 나오더라도 고객에 전달되어서는 안 된다(품질코스트=10).

③ 이마저 잘못되어 불량품이 고객에게 전달되었을 때는 신속하게 조치한다(품질코스트=100).

제4장

서비스 품질

 # 제1절 서비스 품질의 중요성 및 정의

제조기업과 달리 서비스 기업은 고객과의 접촉을 통해서 제품을 생산하는 것이 보통이다. 그러기에 고객과의 많은 접촉은 서비스 기업의 제품품질을 결정하는 중요한 요인이며, 소비자는 서비스를 제공받는 중에 품질을 느끼게 된다.

제조기업의 제품은 생산과정 중에는 제품품질을 고객이 인지하기가 어렵다. 그러나 서비스 기업의 제품은 생산과정 중에 고객이 직접적으로 품질에 영향을 끼치면서도 고객 스스로 품질을 결정한다기보다는 제공되는 품질을 생산과정 중에 인지하고 결정을 내린다는 것이다. 이런 까닭에 서비스 기업의 품질관리가 제조기업의 경우보다 어렵고 중요하다고 할 수 있다.

서비스 기업은 이 같은 품질관리를 통해 제품생산에 참여하는 고객뿐만이 아니라, 제공하는 종업원의 내면적 · 외면적 만족도를 상승시키는 효과를 가져올 수 있다.

서비스 품질은 이러한 제조업체의 품질관리와는 다른 영향요인과 결과요인을 가져오는 것이다. 그러나 이러한 서비스의 품질은 서비스의 특성상 관리가 매우 어렵다.

서비스의 4대 속성, 즉 무형성, 비분리성, 소멸성 및 이질성은 서비스의 품질을 측정하고 관리하는 통제 자체를 어렵게 만든다. 게다가 서비스는 특성상 종종 고객에게 제공된 후 오랜 시간이 흐른 뒤에야 제공된 서비스의 품질을 알 수 있는 경우가 있는데, 이는 서비스의 탐색속성과 경험속성 때문으로, 예를 들어 의료 서비스의 경우도 최종적인 서비스의 품질은 며칠 또는 몇 년이 흐른 후에나 판가름 나는 것이 보통이어서 서비스 품질의 관리가 어렵다는 것을 말해준다.

서비스 품질을 한마디로 정의하기는 매우 어렵다. 유형의 재화처럼 제공 전에 측정해 관리하고 저장한 후에 고객에게 판매되는 재화가 아닌 무형의 재화를 제공하는 서비스의 품질은 대개의 경우 사용자의 인식에 의해 결정된다. 즉 서비스 속성의 집합이 사용자를 만족시키는 정도가 서비스 품질이라고 말할 수 있다. 여러 학자들의 정의를 살펴보기로 하자.

"서비스 품질은 제공된 서비스 수준이 고객의 기대를 얼마나 만족시키는지를 측정하는 것으로 고객의 기대에 일치되도록 일관된 서비스를 제공하는 것을 의미한다"(R. C. Lewis & B. H. Booms, 1983). 그리고 파라슈라만 등(Parasuraman, Zeithml & Berry)은 서비스 품질을 "서비스 기업이 제공할 것이라고 소비자들이 기대한 서비스와 서비스 기업에서 제공한 서비스 과정 및 결과에 대해 인식한 것과

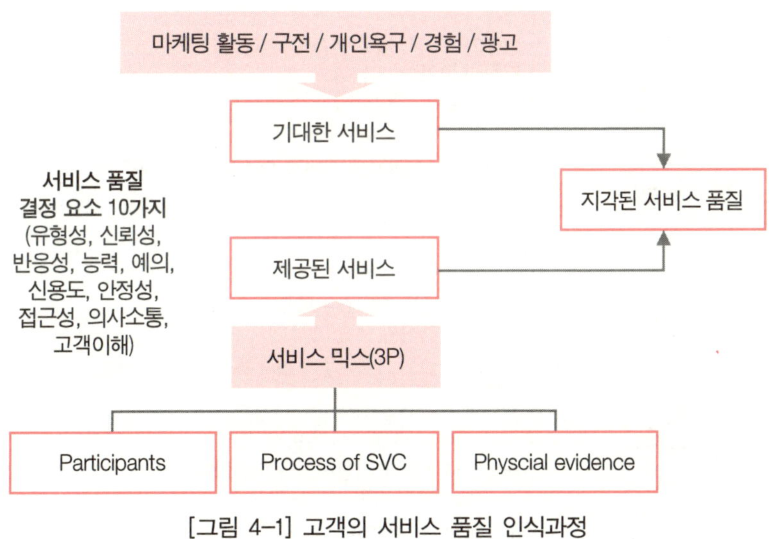

[그림 4-1] 고객의 서비스 품질 인식과정

의 차이"로 정의하였다. 이순룡(2010)은 "서비스 품질이란 소비자가 갖고 있는 정보, 경험, 기업 이미지, 개인적 욕구 등에 근거하여 서비스 기업(제공자)이 제공할 것이라고 '기대한 서비스'(expected service)와 그가 제공받은 서비스의 과정 및 성과에 대해 그 자신이 '인식(지각)한 서비스'(perceived service)를 그가 갖고 있는 평가기준에 비추어서 비교한 것"([그림 4-1] 참조)이라고 정의하였다.

 제2절 서비스 품질의 측정

서비스의 품질을 측정하는 일은 쉽지 않은데, 그 이유는 서비스의 특성들(무형성, 소멸성, 비분리성, 이질성) 때문이다. [그림 4-2]는 서비스의 특성과 그에 따른 문제점을 요약·정리한 것이다. 최근에는 서비스 품질에 대한 기업의 견해가 바뀌고 있으며, 그 중요성에 대해서도 인식의 변화가 생겼다. 기업체들은 물론 공공분야에서도 서비스의 중요성을 인식하기 시작하면서 그의 품질관리에 신경을 쓰고 있다.

또한, 국가가 나서서 서비스업계의 품질향상에 신경을 쓰고 있는데, 각국의 대

무형성	• 형태가 보이지 않고 만질 수 없다. • 저장이 불가능하다. • 측정·평가·관리가 곤란하다.
이질성	• 제공과정·제공자의 가변적 요소로 인해 제공된다. • 서비스가 다를 수 있다. • 서비스의 표준화·관리가 곤란하다.
소멸성	• 판매되지 않은 서비스는 소멸된다. • 재고로서 저장할 수 없다.
비분리성	• 생산과 소비가 동시에 일어난다. • 서비스 제공 시 고객이 개입한다. • 구입·제공 전에 시험·평가가 곤란하다.

[그림 4-2] 서비스의 특성

표적인 품질상인 미국의 말콤 볼드리지상, 한국의 국가품질상, 일본의 데밍상 등에서도 제조업체에게만 상을 수여하지 않고, 서비스 업체에게도 수여하고 있다. 그러나 이러한 서비스 품질관리를 위한 기법들을 기존의 품질기법과 똑같이 적용하는 것은 문제가 있기 때문에 서비스업계에 대한 품질관리를 위해 여러 학자들이 다방면으로 연구를 하고 있다.

PZB(Parasuraman, Zeithaml, Berry)가 1985년에 발표한 논문에서 서비스 품질에 관한 개념적 모델(서브퀄: SERVQUAL)을 제시한 이후 많은 연구들이 수행되었는데, 이 연구들은 대체로 PZB의 주장에 동조하는 경향을 보이고 있으며, 〈표 4-1〉에서와 같이 여러 학자들은 서비스가 단일 차원(unidimensional)이 아닌 다중 요인(multiple factors)에 의해 품질평가가 이루어지고 있다고 주장하고 있다.

서브퀄은 미국의 파라수라만(A. Parasuraman), 자이다믈(V. A. Zeithaml), 베리(Leonard L. Berry) 등 세 사람의 학자(PZB)가 개발한 서비스 품질 측정도구로서 서비스 기업이 고객의 기대와 평가를 이해하는 데 사용할 수 있는 다문항 척도(multiple- item scale)이다. 처음에는 서비스 품질을 주제로 하는 탐색적 연구를 시작하였다. 이들은 광범위한 문헌연구와 다양한 고객집단에 대한 표적집단 면접을 통해 고객이 서비스 품질을 어떻게 평가하고 정의하는가에 관해 다음과 같은 결론들을 도출하였다.

[그림 4-1]에서의 서비스 품질 결정요소 10가지는 서비스 품질의 10가지 차원 내지 서비스 품질 특성이며, 서비스 품질 평가를 위해 고객이 사용하는 공통적이고 일반적인 10개의 준거들이라고 할 수 있다. 이들을 각각 설명하면 다음과 같다.

① 유형성 : 물적 시설, 장비, 도구, 진열, 실내장식 및 조명, 직원의 복장/용모, 신용카드 계산서 등 서비스 평가를 위한 유형적인 증거들이 이에 해당된다.

② 신뢰성 : 약속된 서비스를 신뢰할 수 있고, 확실하게 수행하는 능력으로서 서비스수행의 일관성/정확성 등으로 바른 계산/기록, 서비스 시간의 준수 등을 말한다.

③ 반응성(대응성) : 고객을 기꺼이 돕고 신속한 서비스를 제공하려 하는 의지로서 서비스 직원의 열의와 준비성을 말한다. 예로서는 신속한 서비스 제공,

<표 4-1> 서비스 품질 측정을 위한 차원연구

연구자	연구내용
PZB(1985) (Parasuraman, Zeithaml, Berry)	• 10개 차원 • 신뢰성, 안전성, 접근성, 커뮤니케이션, 고객이해, 유형성, 신빙성, 대응성, 능력, 예절성 • 서브퀄 제시
Bonner, Nekon (1985)	• 음식범주 내에서 품질인식연구 • 5개 차원 • 풍부한 맛, 자연스러운 맛, 신선한 맛, 좋은 냄새, 먹음직스러움
Garvin (1987)	• 8개 차원 • 성과, 특징, 신뢰성, 적합성, 내구성, 서비스 가능성, 탐미성, 위신
Buck, Zeithaml (1991)	• 자동차에 대한 품질인식연구 • 6개 차원 • 신뢰성, 서비스 가능성, 위신, 내구성, 기능성, 사용의 용이함
Cronin, Taylor (1992, 1994)	• 성과만으로 품질을 측정 • 'SERVPERF' 제시
PZB(1998) (Parasuraman, Zeithaml, Berry)	• 5개 차원 • 수정 서브퀄 제시

즉 빠른 전화응답이나 A/S, 주문 즉시배달, 차량사고 시 신속한 보험처리 등이 있다.

④ **능력** : 서비스 수행에 필요한 직원들의 지식/기술의 소유를 말하며, 최신 자동차/전자제품의 탁월한 수리기술, 뛰어난 미용기술, 증권사 직원의 증권관련 상담능력, 세무사의 해박한 세법지식 등이다.

⑤ **예의(예절)** : 고객접대 시 담당직원의 친절, 배려 및 공손함을 말한다. 예를 들면, 미소띤 얼굴의 은행직원, 용모단정하고 친절한 백화점의 안내원 등이다.

⑥ **신용도(신빙성)** : 서비스 제공자의 신뢰성, 정직성 및 진실성으로서 신용최우선의 점포, 신뢰성 높은 상표/기업 이미지, 불량품의 신속한 교환 보증 등이다.

⑦ **안전성** : 고객은 서비스 제공과정이나 서비스 결과로부터 어떤 위험, 의심,

심적 부담이 없어야 함을 말한다. 금전적/육체적/정신적 안전, 서비스 관련
비밀보안 등이다.

⑧ **접근성(가용성)** : 서비스 시스템에 대한 접근가능성/접촉의 용이성을 말한
다. 24시간 영업점, 간편한 전화예약, 야간개설은행, 주정차 및 교통 편리한
입지, 텔레마케팅, PC통신을 이용한 영업 등이다.

⑨ **의사소통(커뮤니케이션)** : 고객들의 말에 귀 기울이고, 고객이 알 수 있도록
정보를 제공하는 것이다. 자동차보험사의 보험갱신 날짜 사전전화통보, 자
동차 판매대리점 영업사원이 차량유지/정비 등에 관련된 정보를 알기 쉽게
알려주는 것 등이다.

⑩ **고객 이해** : 고객 및 고객요구를 파악하기 위해 노력하는 것을 말한다. 고객
개개인의 요구파악/충족 및 단골고객을 확보하기 위한 노력 등이다.

이상의 10가지 품질특성은 제공되는 서비스의 종류 또는 그 내용에 따라 각각의
중요도가 달라짐을 이해해야 한다.

[그림 4-3]은 PZB의 탐색적 고객연구 결과를 도식으로 나타낸 것이다.
PZB는 탐색적 연구를 통해 서비스 품질이 개념적 정의를 내리고 10개의 평가차
원을 확인한 후 서비스 품질에 대한 고객의 지각을 측정할 수 있는 도구개발을 위

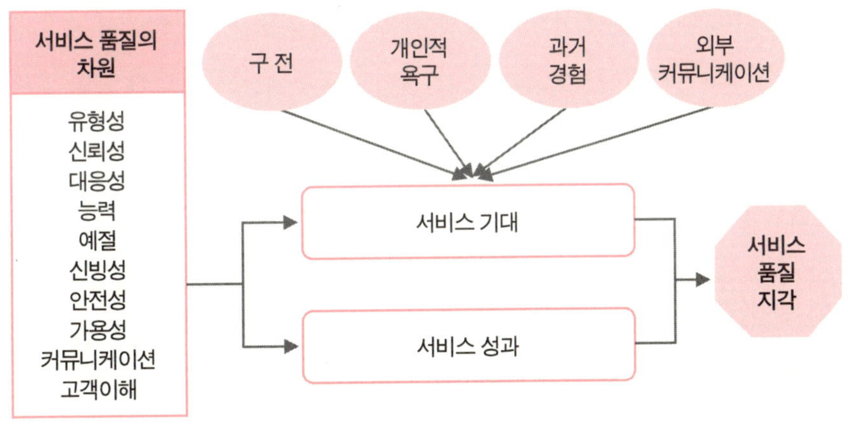

[그림 4-3] 서비스 품질에 대한 고객의 평가

<표 4-4> 서비스 품질의 10개 차원과 서브퀄의 5개 차원

서비스 품질 평가 10차원	서브퀄 차원	서브퀄 차원의 정의
유형성	유형성	물리적 시설, 장비, 직원, 커뮤니케이션 자료의 외양
신뢰성	신뢰성	약속한 서비스를 믿을 수 있고 정확하게 수행할 수 있는 능력
대응성	대응성	고객을 돕고 신속한 서비스를 제공하려는 태세
능 력	확신성	직원의 지식과 예절, 신뢰와 자신감을 전달하는 능력
예 절		
신빙성		
안전성		
가용성	공감성	회사가 고객에게 제공하는 개별적 배려와 관심
커뮤니케이션		
고객이해		

해 정량적인 연구단계를 시작하였다.

상품보수유지, 은행, 장거리 전화, 증권, 신용카드회사를 대상으로 탐색연구에서 확인된 서비스 품질의 10개 차원을 대표하는 97개 문항을 만들어 표본조사를 실시하였으며, 통계분석 결과 표적집단 면접을 통해 도출한 서비스 품질의 10개 차원 간에 상당한 상호관련이 있는 것으로 나타남에 따라 <표 4-4>와 같은 다섯 개의 서브퀄 차원으로 통합하였다. 유형성, 신뢰성, 대응성은 척도개발 및 세련화 과정에서 그대로 존속되었고, 상호관련성이 높은 것으로 분석된 나머지 일곱 개의 차원들은 좀 더 광범위한 차원인 확신성과 공감성으로 통합되었다.

일련의 반복적인 자료수집과 자료분석 단계를 통해 97개 문항으로 구성된 측정도구 시안을 점차 개선시키고 축약하여 신뢰성(reliability: R), 확신성(assurance: A), 유형성(tangibles: T), 공감성(empathy: E), 대응성(responsiveness: R)을 대표하는 22개 문항을 확정하였다. 다섯 가지 품질차원은 각 차원의 영문 첫 자를 모아 RATER라고도 한다. 즉, PZB의 서브퀄 모형의 다섯 가지 차원은 RATER로 요약할 수 있다.

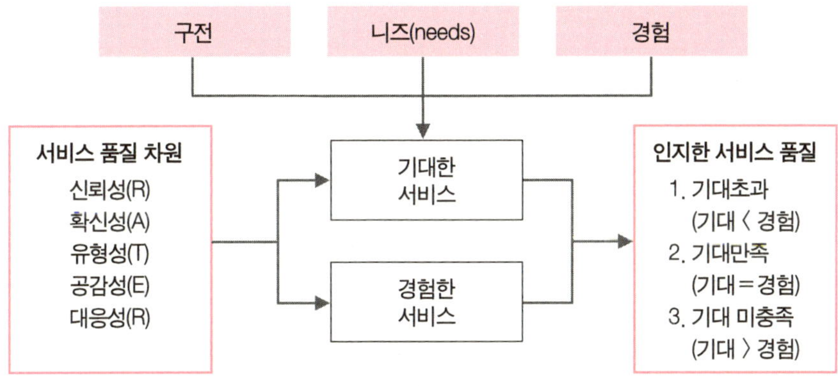

[그림 4-4] 인지한 서비스 품질 모형

이와 같이 하여 다섯 개의 품질차원에 대한 고객이 지각과 기대를 측정하는 22개 문항으로 구성된 서비스 품질 측정도구인 서브퀄을 개발하였다. 그 결과 [그림 4-3]은 [그림 4-4]와 같은 구조로 변경되었으며, 이 모형이 그 이후에 주로 사용되고 있다.

1. 서비스 품질 격차모형

표적집단 면접에 의한 탐색적 고객연구와 이에 대한 실증적·정량적 연구를 통해 고객이 서비스 품질 지각을 측정할 수 있는 도구인 서브퀄을 개발한 이들은 다음 제3단계 작업으로 서비스 품질에 영향을 미치는 기업내부의 요인들에 대한 연구를 시작하여 고객이 지각한 품질상의 문제점을 기업 내의 결점이나 격차(gap)와 연결시키는 개념적 모형을 개발하였다.

기업의 관리자들은 무엇이 서비스 품질을 구성한다고 생각하는지를 알아보기 위해 우선 고객표적집단 면접에서와 마찬가지로 마케팅 관련부서의 관리자들을 상대로 표적집단 면접을 실시했으며, 그 결과 고객의 서비스 품질 지각에 영향을 미치는 기업 내부의 핵심요인들로서 서비스 수행과정에서 나타날 수 있는 네 가지 격차들을 밝혀냈다. 그 내용을 요약한 것이 〈표 4-5〉이다.

〈표 4-5〉 서비스 품질 격차모형 요약

서비스 품질의 격차모형

- 서비스 품질은 격차 5에 의해 결정되며, 격차 5는 격차 1에서 4에 의해 결정됨.
- 격차 1 : [기대된 서비스－경영진의 고객의 기대에 대한 인식] = 경영자 인지 격차
- 격차 2 : [경영자 인식의 품질 명세화－경영진의 고객의 기대에 대한 인식]
         = 경영자 인지 격차
- 격차 3 : [서비스 전달－경영진 인지의 품질 명세화] = 서비스 전달 격차
- 격차 4 : [서비스 전달－고객에 대한 외적 커뮤니케이션] = 시장커뮤니케이션 격차
- 격차 5 : [기대한 서비스－경험(인지)한 서비스] = 경험한 서비스 격차

[그림 4-5]는 서비스 제공자와 고객의 측면에서 서비스 품질이 어떻게 형성되어 있고 이 요인들이 서로 어떻게 연관되어 있는가를 간략히 요약한 것으로서 서비스 기업이 서비스 품질을 측정하고 개선하기 위해 사용할 수 있는 논리적인 과정들

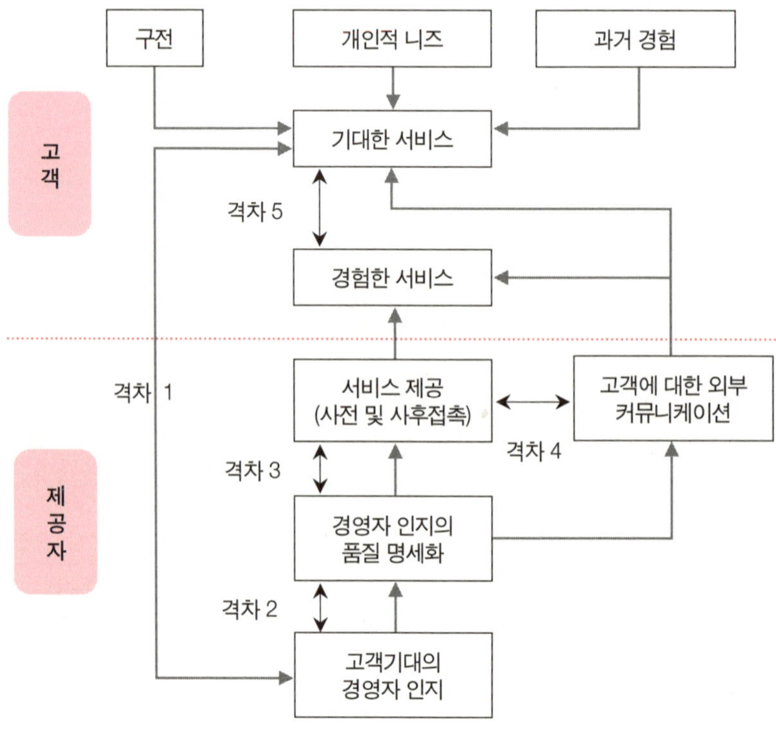

[그림 4-5] 서비스 품질의 격차모형

을 함축하고 있다.

PZB는 위의 네 가지 격차에 영향을 미치는 요인들을 확인하기 위해 다시 전국적으로 잘 알려진 서비스 기관들의 관리자들과 체계적인 집단면접을 실시하였으며, 이들에 대한 면접결과와 마케팅 연구 및 조직행동 연구 분야에서 발견된 사항들을 종합하여 네 가지 격차의 각각을 형성하는 핵심요인들을 해명하였다. 〈표 4-6〉은 이러한 기업내부의 격차요인들에 대한 정의와 개념모형을 나타내는 것이다.

〈표 4-6〉 격차요인의 정의

격차	요인	정의
격차 1	마케팅 리서치 지향성	공식적 · 비공식적 정보수집을 통해 관리자가 고객의 욕구와 기대를 이해하기 위하여 노력하는 정도
	상황 커뮤니케이션	최고관리자가 근로자들로부터의 정보의 흐름을 촉진하고 자극하며 알아보려고 하는 노력의 정도
	관리의 단계	최고위층과 최하위층 간의 관리단계의 수
격차 2	서비스 품질에 대한 관리자의 몰입	경영층이 서비스 품질을 핵심적인 전략목표로 보는 정도
	가능성의 지각	관리자가 고객의 기대를 충족시킬 수 있다고 믿는 정도
	업무표준화	서비스 업무의 표준화에 활용할 수 있는 기술 정도
	목표설정	서비스 품질의 목표가 고객의 기준에 근거해 설정되어 있는 정도
격차 3	역할모호성	관리자나 상급자가 무엇을 원하며 그 기대를 어떻게 하면 충족시킬 수 있는가를 모르는 정도
	역할갈등	직원들이 접하는 모든 사람들(내부/ 외부고객)의 모든 욕구를 충족시킬 수는 없다고 느끼는 정도
	직원-직무조화	직원들의 기술과 그들의 직무 간 조화
	기술-직무조화	직원이 직무수행중 사용하는 장비와 기술의 조화
	감독통제체계	평가 및 보상체계의 적절성
	재량권 지각	직원들의 서비스 제공 중 직면한 문제에 대한 융통성을 발휘할 수 있다고 지각하는 정도
	팀워크	직원과 관리자의 공동목표를 위한 노력의 정도

(계속)

격차	요인	정의
격차 4	수평 커뮤니케이션	한 기업의 서로 다른 부서 간, 그리고 각 부서 내 커뮤니케이션의 정도
	과잉약속의 경향	기업의 외적 커뮤니케이션이 실제고객들이 받는 서비스를 정확히 반영하지 않는 정도

2. 서브퀄의 측정방법

(1) 서브퀄 점수 측정

고객의 서비스 품질에 대한 기대와 서비스 품질 지각의 불일치 정도를 통해 해당 회사의 서비스 품질 수준을 측정하는 도구인 서브퀄의 질문지는 크게 세 부분으로 구성된다. 22개 항목으로 구성된 고객의 기대측정 질문, 22개 기대부분의 각 항목에 대응하는 특정회사에 대한 고객이 지각을 측정하기 위한 질문, 다섯 가지 서비스 차원의 상대적 중요성을 묻는 질문이다.

서브퀄 점수 분석을 위한 설문은 유형성, 신뢰성, 대응성, 확신성, 공감성 등 5개의 서비스 차원에 대해 고객들이 느끼는 상대적인 중요도를 측정하기 위한 질문과 고객들의 서비스에 대한 기대수준과 서비스 기업의 서비스 품질에 대한 평가를 측정하기 위한 다섯 개 서비스 차원 내 22개 문항으로 구성되어 있다. 은행의 서비스 품질 측정을 위한 설문지 구성의 예를 보면 〈표 4-7〉과 같다.

기업과 거래하면서 고객들이 느끼는 다섯 개 서비스 차원에 대한 상대적인 중요도를 측정하기 위하여 차원별로 점수합계 100점이 되도록 중요도를 표시하게 된다.

다섯 개 서비스 차원을 구성하고 있는 각 문항에 대해서는 먼저 가장 좋은 기업의 서비스에 대한 기대의 정도를 질문하였고 다음으로 현재 대상 기업이 수행하고 있는 서비스 수준에 대한 평가를 질문하였다. 고객들의 기대수준과 기업의 서비스 품질 평가에 대한 측정은 '전혀 그렇지 않다(1)~정말 그렇다(7)'의 7점 척도를 이용한다.

서브퀄 점수는 고객의 기대문항에 대한 응답점수와 기대문항에 상응하는 지각

〈표 4-7〉 서비스의 차원 및 설문 항목(은행의 적용 예)

서비스 차원	설문 항목
유형성	1. 은행건물의 외관 2. 은행설비의 외관 3. 은행직원들의 외양 4. 은행서류(안내장 등)의 외관
신뢰성	5. 은행의 서비스 약속시간 준수 6. 고객의 문제해결을 위한 자세 7. 한번에 완벽한 서비스 수행 8. 약속한 시간에 서비스 제공 여부 9. 은행의 실수
대응성	10. 정확한 서비스 제공시간 약속 11. 신속한 서비스 12. 은행직원들의 대고객 서비스에 대한 자발성 13. 아무리 바빠도 고객의 요청에 항상 대응
확신성	14. 은행직원에 대한 고객들의 확신 15. 고객들의 안전감 16. 은행직원들의 친절도 17. 은행직원들의 업무지식
공감성	18. 고객 개개인에 대한 관심 19. 고객에 편리하게 시간대 조절 20. 은행직원의 고객에 대한 개인적인 관심도 21. 고객이익 우선 22. 고객의 욕구이해

문항에 대한 응답점수 간의 차이로서 계산된다. 항목별 서브퀄 점수는 다음의 계산식에 의해 산출된다.

서브퀄 점수 = 고객의 지각점수 − 고객의 기대점수

한 회사의 다섯 개 차원 각각에 관한 서비스 품질 점수는 각 차원을 구성하는 문항들의 서브퀄 점수를 평균하여 구하며, 계산결과 점수가 (−)값을 가질수록 고객의 눈에 비치는 서비스 품질의 문제가 심각한 것이다.

서비스 품질의 종합측정치는 다섯 개 서비스 차원의 서브퀄 점수를 평균하여 구

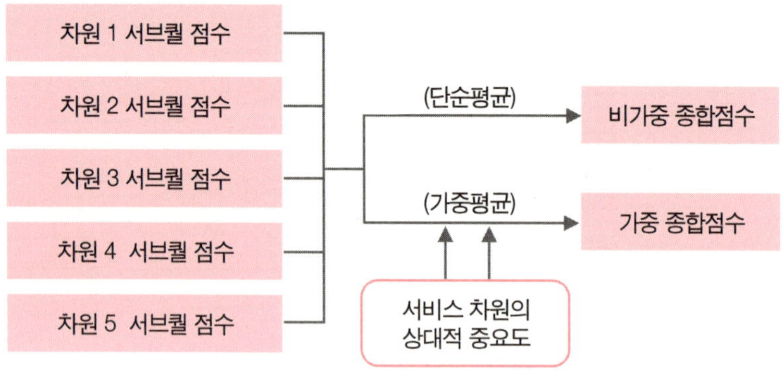

[그림 4-6] 서브퀄 종합점수 측정

하며, 단순평균계산에 의한 비가중(unweighted) 서브퀄 점수와 각 서비스 차원에 대해 고객이 부여한 상대적 중요성을 감안한 가중(weighted) 서브퀄 점수를 산출할 수 있다([그림 4-6] 참조).

(2) 서비스 품질 격차의 측정

고객과 서비스 제공자 간의 기대에 대한 불일치 정도를 나타내는 격차 1은 고객의 기대점수와 관리자가 생각하는 고객의 기대점수를 비교하여 측정한다. 계산절차는 서브퀄 점수의 계산과 동일하며 값이 부정적일수록 격차가 큰 것을 말한다.

격차 2에서 격차 4까지는 서비스 품질의 다섯 개 차원에 대한 업무수행 기준의 공식화 및 도달정도, 약속한 수준의 서비스 제공 정도 등을 묻는 질문지에 의해 측정되며 각각 격차의 원인을 분석하기 위한 선행요인 측정도 동시에 수행된다.

3. 서브퀄의 활용

서브퀄은 고객의 서비스 품질에 대한 기대와 지각 간의 격차를 항목과 서비스 차원별로 분석할 수 있게 함으로써 기업이 서비스 품질 개선을 위해 노력해야 할 핵심차원이나 차원 내의 구체적인 항목을 명확히 하는 데 일차적으로 활용할 수 있으며, 그 밖에도 다음과 같이 여러 방면으로 활용가능하다.

① 서브퀄 측정을 반복 시행함으로써 고객의 기대와 지각을 시계열적으로 비교해 볼 수 있다. 이를 통해 일정기간 고객의 기대수준이나 기업이 서비스수행에 대한 평가의 추이를 살필 수 있으며, 고객들의 만족도 변화에 미치는 기대와 평가의 영향이 어느 정도였는지를 확인할 수 있다.

② 서브퀄 조사를 경쟁기업에 대해서도 실시함으로써 자사와 경쟁사 간의 서비스 품질을 비교해볼 수 있다.

③ 개인의 서브퀄 점수를 토대로 고객들의 서비스 품질 지각수준에 따라 고객세분화를 위한 자료로 활용할 수 있다.

④ 서브퀄 설문의 내용을 수정하면, 기업 내부의 부서 간 업무협조도와 같은 내부 서비스 품질을 측정하는 데 활용할 수도 있다.

 ## 제3절 서비스 품질의 향상

서비스 품질을 향상시키기 위해서는 〈표 4-8〉에서 제시한 바와 같은 몇 가지 노력이 필요하다. 즉, 고객이 기대하는 서비스의 수준을 이해하고 파악하기 위한 자료를 수집하고, 업무단계별로 서비스 품질의 요구사항을 정의하여 관리하며, 품

〈표 4-8〉 서비스 품질 향상방안

- 고객의 서비스에 대한 기대를 이해하고 확인하기
  - 데이터 수집을 위한 도구의 설계(SERVQUAL)
  - 프로세스 흐름도(Process Flow Chart) 작성
  - 투입요소 검토 : 정보, 고객, 자재
- 프로세스 단계별 서비스 품질 요구사항 정의하기
  - 서비스 전달시스템 설계
  - 대기시간, 투입품질 규정, 산출품질 규정, 불만고객의 수, 절차 및 체크리스트에 대한 운영기준 등 설정
- 품질기준을 설계하고 실행하기
- 서비스 품질 전달시스템의 설계에 피드백하기

자료: 김연성, "미국 은행들의 품질경영 실천사례," 『금융경제연구 I』 제6집(1988a), p. 342.

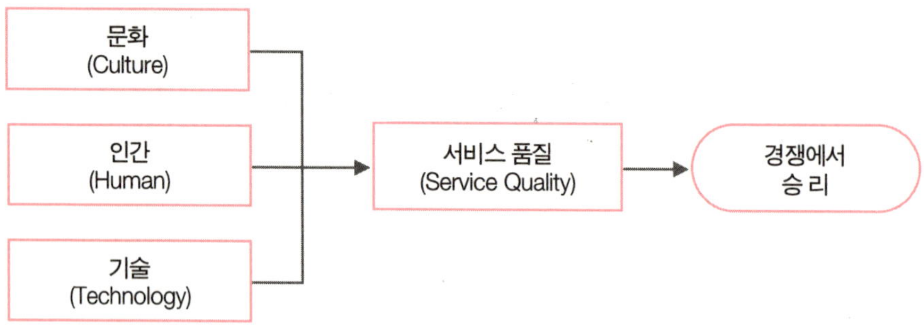

[그림 4-7] 서비스 품질의 실천방향

질기준을 설계하고 그에 따라 실행하며, 그리고 서비스 품질 전달시스템을 체계적으로 관리하여야 한다.

한편, 경쟁에서 승리하기 위하여 서비스 품질의 향상을 추구하는 기업이라면, 단기적인 관점에서가 아니라 장기적인 관점에서 기업의 문화, 조직 내 인간관계, 그리고 정보통신기술을 비롯한 기술의 전략적 활용에서 그 길을 찾을 수 있다. 즉, 기업의 문화를 서비스 품질의 향상에 적합하게 변화시켜야 하며, 조직 내 조직원들이 참여하는 분위기가 마련되어야 하며, 서비스 품질의 향상을 위한 기술의 활용이 체계적으로 이루어져야 한다. 이러한 내용을 간략히 개념화하면 [그림 4-7]과 같다.

제4절 서비스 품질 평가 프로세스

서비스 품질의 향상을 추구하는 경영자는 고객의 기대에 어느 정도 자사의 서비스가 부응하는가를 지속적으로 평가하는 시스템을 개발·운영해야 한다. 고객들은 특정분야에서 상이한 기업에 의해 제공되는 서비스를 수시로 비교하며, 고객들의 선호도와 취향은 늘 변화하며, 고객이 선택하는 기업도 변화하기 때문에 기대라는 것은 시간의 흐름에 따라 변화한다.

서비스 담당직원의 이직이나 전직도 서비스 품질에 영향을 미친다. 빈(L. L. Bean)의 고어맨(Leon Gorman) 사장이 말한 대로 서비스 품질을 보증하는 것은

"하루에도 바뀔 수 있으며, 결코 끝나지 않으며, 거침이 없고, 사라지지 않으며, 열정적인 활동이다"라고 할 수 있다.

따라서 서비스 품질 평가 프로그램을 개발하여 활용하지 않는다면, 기업은 서비스가 어떻게 전달되고 어느 정도의 수준을 유지하고 있는지 알 수 없다. 이러한 변화를 감지하여 적절히 대처하지 못하는 기업들은 고객으로부터 외면당하고 마침내는 업계에서 도태되는 운명에 처하게 될 것이다.

사례 8

2013 KS-SQI(한국서비스품질지수) 불황에도 '명품 서비스'는 통한다

KS-SQI 3년 연속 상승
SKT · 에버랜드, 14년 연속 1위… 전체 업종 절반 이상 '1위 교체'
국내 기업들의 서비스 품질지수가 3년 연속 올랐다

한국표준협회(회장 김창룡)가 지난 23일 발표한 '2013 한국서비스품질지수(KS-SQI)' 조사 결과를 보면 올해 기업들의 서비스 품질지수는 100점 만점에 평균 72.1점으로 전년 대비 1.0점 상승했다. 2006년 70.8점을 기록하며 처음 70점대에 진입한 뒤 등락을 거듭했으나 2011년부터 3년 연속 상승세를 유지했다. 이 조사를 처음 시작한 2000년 54.8점에 비하면 14년 사이 17.3점 올랐다.

우문규 한국표준협회 서비스경영센터 책임연구원은 "장기에 걸쳐 경기 불황이 지속될 것이라는 예측 때문에 소비 심리가 위축됐지만 기업들의 지속적인 서비스 품질 향상 노력을 소비자가 높게 평가해준 결과"로 풀이했다.

SKT · 에버랜드, 14년 1위

KS-SQI는 한국표준협회와 서울대 경영연구소가 공동 개발한 서비스 품질평가 모델이다. 이번 조사는 서비스산업 64개 업종과 행정서비스 7개 분야 등 71개 부문 총 295개 기업(기관 포함)의 서비스 및 제품을 직접 체험하거나 이용한 경험이 있는 고객을 대상으로 진행됐다. 전문조사업체 포커스컴퍼니(면접조사), 엠브레인(온라인

KS-SQI(한국서비스품질지수) 업종별 1위 기업

업종명	기업(관)명	연속 1위	업종명	기업(관)명	연속 1위
이동통신	SK텔레콤	14년 연속	편의점	GS25	
테마파크	삼성에버랜드		증권	우리투자증권	
자동차보험	삼성화재	12년 연속	호텔	롯데호텔	
컴퓨터A/S	삼성전자서비스		초고속인터넷	KT	
생명보험	삼성생명	11년 연속	종합병원	서울성모병원	
휴대전화A/S	삼성전자서비스	10년 연속	정수기A/S	교원웰스	
자동차A/S	기아자동차		무인경비	에스원	
고속버스	금호고속	9년 연속	인터넷서점	교보문고	
택배	우체국택배	7년 연속	대형서점	교보문고	
공연장	LG아트센터		저비용항공사	에어부산	
인터넷오픈마켓	11번가	6년 연속	지방국립대학교	충북대학교	
주유소	SK에너지		구인구직사이트	커리어	
증권	삼성증권		제주렌터카	kt금호렌터카	
IPTV	KT	5년 연속	여행사	하나투어	
국제전화	Sk텔링크		아파트	현대힐스테이트	
제주리조트	해비치리조트		학습지	교원구몬학습	
항공사	아시아나항공	4년 연속	종합대학교	성균관대학교	
시설관리	울산시설관리공단		외국어학원	해커스어학원	
인터넷쇼핑몰	Hmall		워터파크	캐리비안베이	
신용카드	KB국민카드	3년 연속	TV홈쇼핑	CJ오쇼핑	
제과점	파리바게뜨		인터넷오픈마켓	옥션	
은행	우리은행		대형할인점	이마트	
커피전문점	스타벅스		전자제품전문점	LG베스트샵	
가정용보일러A/S	린나이		헬스&뷰티스토어	GS왓슨스	
초고속인터넷	SK브로드밴드	2년 연속	저축은행	신한저축은행	
항공사	대한항공		리조트	대명리조트	
사이버대학교	한양사이버대학교		패밀리레스토랑	아웃백	
렌터카	kt금호렌터카		씨푸드레스토랑	토다이	
가전제품A/S	삼성전자서비스		인터넷포털사이트	구글	
영화관	롯데시네마		지하철	대구지하철	
대형수퍼마켓	홈플러스익스프레스		전문대학(서울)	동양미래대학	
패스트푸드	KFC		전문대학(경인)	두원공과대학	
장기보험	동부화재		프로야구구단	두산베어즈	
신용카드	신한카드		스키장	용평리조트	
백화점	현대백화점				

조사)이 지난 3월부터 5월까지 전국 8만4900 표본을 대상으로 일대일 개별면접조사 및 인터넷 패널조사를 병행 실시했다.

이번 조사에서 SK텔레콤과 에버랜드가 각각 이동통신, 테마파크 분야에서 14년 연속 1위 기업으로 선정됐다. 삼성화재와 삼성전자서비스는 12년 연속, 삼성생명은 11년 연속 1위 기업으로 뽑혔다. 이밖에 SK에너지, 동부화재, SK텔링크, 신한카드, SK브로드밴드 등 총 69개 기업이 업종별 1위를 차지했다. 제주도와 울산광역시 등 2개 지자체는 2년 연속 행정서비스 1위 기관으로 선정됐다.

산업별로는 보건 · 건설 서비스, 공공행정 서비스, 숙박 · 음식 서비스, 운수 서비스산업 등이 상대적으로 높게 나타났다. 통신, 문화, 금융 및 교육 서비스 등은 상대적으로 낮게 평가됐다.

1위 업종 37개 바뀌어… 역대 최다

64개 일반서비스 업종별 조사 결과를 보면 전체 업종의 약 58%인 37개 업종의 1위 기업이 바뀌었다. 2011년(27개), 2012년(32개)보다 변화가 더 많았다. 우문규 책임연구원은 "2000년 첫 조사를 시작한 이래 14년 동안 업종별 1위 기업이 가장 많은 변화를 보인 해"라며 "기업 간 서비스품질 향상을 위한 노력이 더욱 치열해지고 있어 앞으로 1위 다툼은 가속화될 것"이라고 말했다.

주요 업종별 1위 기업 변화를 살펴보면 현대백화점이 7년 만에 백화점 1위를 탈환했다. 현대백화점은 2001년부터 2006년까지 6년 연속 1위였지만 2007년부터 2012년까지 6년 동안 신세계백화점에 1위를 내줬다. 은행 업종에서는 전년도까지 11년 연속 1위를 한 신한은행을 제치고 우리은행이 공동 1위(2011~2012)에서 단독 1위로 올라섰다. 호텔 업종에서는 롯데호텔이 2012년까지 5년 연속 1위였던 인터컨티넨탈호텔을 제치고 1위를 꿰찼다. 또 6년 연속 1위를 기대했던 디지털프라자(전자제품전문점), 사람인(구인구직사이트), 파고다학원(외국어학원) 등은 경쟁사에 1위를 내주었다.

서울성모병원, 최우수기업

KS-SQI 전체 최우수기업의 영예는 서울성모병원에 돌아갔다. 올해 종합병원 업종 조사 대상에 처음 포함된 이 병원은 전체 평균보다 15.2점 높은 87.3점을 기록했다.

삼성서울병원이 85.7점으로 2위를 차지했고 롯데호텔(85.1점ㆍ3위), ·밀레니엄서울힐튼호텔(84.6점ㆍ4위)이 뒤를 잇는 등 종합병원과 호텔이 최상위권에 포함됐다.

부문별로 '10년 이상 연속 1위'를 차지한 기업 명단에는 SK텔레콤 삼성에버랜드(이상 14년), 삼성화재, 삼성전자서비스(컴퓨터 A/S) 각각 12년, 삼성생명(11년) 이외에 삼성전자서비스(휴대전화 A/S)와 기아자동차(자동차 A/S)가 각각 '10년 연속 1위'로 이름을 올렸다. 금호고속(고속버스)은 9년 연속, 우체국택배(택배) LG아트센터(공연장) 등은 7년 연속, 11번가(인터넷 오픈마켓) SK주유소(주유소) 삼성증권(증권) 등은 6년 연속, KT(IPTV) SK텔링크(국제전화) 해비치리조트(제주리조트) 등은 5년 연속 1위 기업으로 선정됐다.

성균관대ㆍ교원웰스ㆍ에스원, 1위 탈환

2012년 경쟁사에 1위를 내줬다가 올해 다시 정상에 복귀한 기업도 여럿 나왔다. 성균관대(종합대학교), 충북대(지방국립대학교), 교원웰스(정수기 A/S), kt금호렌터카(렌터카), 에스원(무인경비) 등이 주인공이다.

올해 새롭게 1위로 선정된 주요 기업은 동부화재(장기보험), 현대백화점(백화점), 우리투자증권(증권), 롯데호텔(호텔), 서울성모병원(종합병원), 교보문고(인터넷서점), 커리어(구인구직사이트), 하나투어(여행사), 현대힐스테이트(아파트), 교원구몬학습(학습지), 해커스어학원(외국어학원) 등이다.

서울성모병원(종합병원)과 해커스어학원(외국어학원)은 올해 처음 조사대상에 포함됐지만 업종 1위에 올랐다. 에어부산(저비용항공사)과 캐리비안베이(워터파크)도 올해 처음 조사대상에 포함돼 업종에서 각각 1위로 평가됐다. 행정서비스 부문에서는 울산광역시(광역시청), 제주도(도청) 등이 업종별 1위 행정기관으로 선정됐다.

자료: 한국경제, 2013. 6. 27

제5장

고객만족경영

> 고객이 불평할 때야말로 최상의 마케팅 찬스다. 고객의 불평을 듣고도 방치해 둔
> 다든가, 애프터서비스를 제공하더라도 그 태도가 조금 불성실하다는 것은 "사는 사업
> 할 생각이 없소"라는 말과 같다.
> 이 경우에는 어떤 사업이든 그만두는 것이 좋다. 기업의 흥망을 결정하는것은 강
> 력한 경쟁사가 아니라 바로 고객의 판단이기 때문이다.
>
> — 마쓰시타 고노스케

기업 간 경쟁이 치열해지고 기업활동의 무대가 다국적화 · 글로벌화 되어감에
따라 기업의 경쟁전략도 크게 바뀌었다. 이와 같이 기업에 있어서 경영의 패러다임
이 현저하게 변화됨으로써 기업경영자는 이에 유연하게 적용하고 충분히 대처해
나가지 않으면 경쟁의 대열에서 낙오되지 않을 수 없다. 본 장에서는 최근 기업경
영의 핵심활동으로 그 중요성이 크게 부각되고 있는 고객만족경영(CSM)에 대해
살펴보고자 한다.

제1절 고객의 의의 및 분류

1. 고객의 의의

스칸디나비아항공사(SAS) 회장 얀 칼슨(Jan Calson)은 1980년 '진실의 순간'(moment of truth: MOT)이라는 개념을 기업경영에 도입하였다. 진실의 순간이란 종업원과 고객이 접촉하는 순간을 말하는데, 이때 고객의 만족도가 결정되며 불만을 가진 고객들이 그 기업과의 관계를 끊는다고 한다.

이렇게 고객을 만족시키려는 경영은 이미 80년대 초를 시작으로 해서 미국의 IBM, 월마트, 제록스 등의 일류기업이 고객만족을 경영의 지상목표로 정하고 열심히 고객관리를 해오고 있다. 한국에서도 LG, 삼성, SK, 태평양 등의 기업들은 물론이고 자동차, 철강, 의류, 가전, 백화점, 항공, 여행사 등 산업 전반에 걸쳐 확산되고 있다. 고객만족경영(CSM)은 1990년대 들어 세계 각국의 기업들에 의해서 적극적으로 도입되어 실시되고 있으며, 세계적으로 큰 주목을 받고 있다.

국어사전에서는 고객을 "영업을 하는 사람에게 대상자로 찾아오는 손님", 또는 '단골손님'으로 표현하고 있다. 주란(Juran) 박사는 "고객이란 우리가 생산하는 제품과 서비스를 구매하거나 또는 그것들에 의해서 영향을 받는 모든 사람들이다"라고 하였다. 데밍(Deming) 박사는 "생산라인에서 가장 중요한 요소는 바로 고객"이라고 하였고, 패튼과 블르엘(Patton & Bleuel, 2000)은 서비스 목표에 가장 큰 영향을 미치는 것은 바로 고객이라고 말한다.

오늘날 기업은 모든 역량을 고객 중심으로 운영해야 한다. 즉 기업은 고객지향적으로 운영되어야 하는 것이다. 왜냐하면, 모든 프로세스, 제품이나 서비스는 고객 없이는 존재할 수 없기 때문이다. 기업에서 행하는 모든 활동은 전부 고객을 위한 것이어야 한다. 현대경영학의 아버지로 불리는 피터 드러커(Peter F. Drucker) 박사는 고객이 경영의 중심이 되어야 함을 강조한 바 있다.

제품과 서비스의 품질은 고객의 행동과 반응에 의해 결정된다. 따라서 제품 및 서비스를 개선하는 것도 반드시 고객의 필요와 욕구, 기대를 명백하게 이해함으로써 결정되어야 한다.

2. 고객의 분류

고객은 [그림 5-1]에서와 같이 세 부류로 나눌 수 있다. 즉, 가치생산 고객인 내부고객, 가치전달 고객인 중간고객 및 가치사용 고객인 최종고객으로 분류된다.

첫째, 내부고객을 가치생산 고객이라고도 하는 것은 기업내부에 있는 사람들이 가치를 생산해 주어야 그 가치를 고객이 구매할 수 있기 때문이다. 기업에서 내부고객의 만족이 고객만족의 출발점이 되므로 내부고객은 가장 먼저 만족시켜야 할 고객이 된다. 왜냐하면 불만족한 사원이 고객에게 좋은 서비스를 제공해 고객을 만족시키기가 힘들기 때문이다.

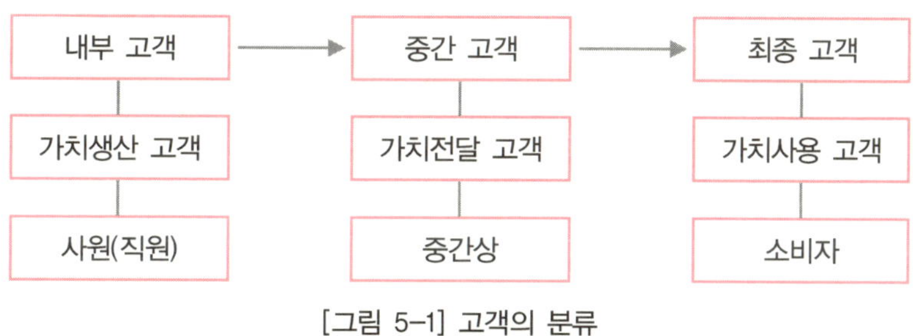

[그림 5-1] 고객의 분류

직원(종업원)은 내부고객으로 불리며, 고객만족이란 일반적으로 외부고객의 만족을 뜻한다. 조직외부에 양질의 서비스를 제공하려면 먼저 조직내부에 양질의 서비스를 제공할 수 있는 체제를 구축해야 한다. 다시 말해 소위 '내부고객'을 중시하지 않는 한, 진정한 '고객지향적 조직'은 존재할 수 없다.

직원을 내부고객으로 대우하고 만족시켜 사기를 높여주면, 그들은 최종고객인 소비자를 만족시키기 위해 최선의 노력을 할 것이다. 자신에게 주어진 역할에 만족하는 사원만이 고객에게 정성과 열의에 찬 서비스를 제공할 것이다.

미국 시어즈(Sears)백화점에서 5년간의 데이터를 축적해 분석한 결과, 사원만족도가 5단위 증가할 때 고객만족도는 1.3단위 증가한다는 것이 밝혀졌다. 또한 고객만족도의 1.3단위 증가는 매출액을 0.5% 증가시켜 이익증대에 직접적으로 기여한다는 것을 규명하였다(조영탁, 『행복한 경영이야기』, 2007).

고객만족 기업으로서 경쟁력을 갖추려면 내부고객부터 만족시켜야 한다. 종업원만족 없이 진정한 고객만족(customer satisfaction: CS)은 없는 것이다. 따라서 고객만족의 출발은 종업원만족, 즉 내부고객만족에 있는 것이다.

둘째, 중간고객 즉 가치전달 고객에는 판매점이나 대리점 외에도 원료를 공급하는 원료공급원 내지 협력업체들을 포함시킬 수 있다. 중간고객의 중요성은 바로 이들을 만족시키지 못하면 결국 최종고객인 소비자를 만족시키기 힘들다는 데에 있다.

셋째, 소비자는 사용자라는 점에서 가치사용 고객에 해당된다. 기업은 고객이 가장 중요한 사람이라는 것을 깨달아야 한다. 고객은 이윤을 안겨주는 존재이고, 기업은 고객을 위해 존재하며, 고객이 서비스할 기회를 제공해 줌으로써 호의를 베푸는 것이다. 바로 이 점들을 깨달아야 고객의 중요성을 올바로 파악하고 있는 것으로 볼 수 있다.

중간고객 및 최종고객은 보통 외부고객으로 불리운다. 오늘날 기업들은 내부고객은 물론 외부고객들에게 만족을 제공할 때라야 진정한 고객만족을 실현할 수 있음을 잊어서는 안될 것이다. 따라서 넓은 의미의 고객을 대상으로 만족을 제공할 때 진정한 고객만족이 실현될 수 있을 것이다.

데밍 박사는 전통적인 조직의 경계를 철폐하여 완제품의 최종소비자인 고객과 같은 외부고객(external customer)은 물론 전속공정에서 생산한 부품이나 구성품을 사용하는 후속공정, 즉 내부고객(internal customer)의 중요성을 강조하였다. 내부고객은 기업의 공정 사이에 불량품이 전달되면 외부고객의 필요를 성공적으로 충족시킬 수 없다. 즉 내부고객 사이에 그들의 필요를 100% 충족시키지 못하면 당연히 외부고객의 요구도 100% 충족될 수 없다.

외부고객은 제품의 개별구매자, 대리점, 정부기관, 소매업자, 구매담당자와 같이 제품을 생산하는 기업의 종사자가 아닌 사람들로 제품이나 서비스를 구매하는 고객을 말하고, 내부고객은 그 기업의 한 부분이 되면서 기업 내 활동에 의해 영향을 받는 사람이란 의미로 제품생산이나 서비스를 제공하는 종업원을 의미한다. 전사적 내지 종합적 품질경영(TQM)에서 외부고객이 품질을 정의하고 내부고객이 이를 생산하게 된다.

이제까지 고객은 통상 외부고객의 의미로만 사용되어 왔으나, 엄밀한 의미에서

제품생산을 위해 부품을 제공하는 업자나 판매를 담당하는 세일즈맨 등 제품생산
이나 서비스 제공을 위해 관련된 기업 내 모든 종업원들도 고객의 범주에 포함시켜
야 한다. 예를 들어 어떤 생산과정의 뒤의 공정에서 일하는 작업자는 앞 공정의 고
객이 된다. 이러한 관점에서 보면, 기업내부에도 업무흐름에 따라서 내부고객들과
유기적으로 연결되어 있으며, 외부고객이란 단지 부가가치 선상의 최후에 위치해
있는 내부고객을 의미한다.

전통적으로 고객은 제품개발 과정에서 제외되었다. 그러나 경쟁이 치열하게 전
개되는 시장에서 이러한 방법을 고수하는 것은 위험하다. TQM에서 외부고객의
요구를 규명하는 것은 제품개발 과정에서 자연스러운 부분이 된다.

내부고객의 요구를 규명하는 것은 종업원이 개인으로서 상호 종속적이라는 것
뿐만 아니라 조직단위로서 부서들이 상호 종속되어 있다는 것을 확인하는 일이다.
즉 서로에게 그들의 요구를 지속적으로 이야기해야 한다. 그렇다고 의사소통이 잘
이루어졌다고 확신할 수는 없다. 어떤 상황에서는 의사소통이 잘되지 않을 수도 있
으므로 의사소통이 잘 이루어질 수 있도록 여건을 조성하는 것이 필요하다.

의사소통을 개선하기 위해서 품질관리분임조(QC서클) 활동, 임파워먼트 팀
(empowerment team), 기능부서 간 통합 팀(cross-function team), 개선 팀을 활
용할 수 있다. 이러한 공식적인 조직들은 내부고객과 공급자 간의 의사소통을 촉진
하는 역할을 한다. 그러나 이러한 조직만이 유일한 방법은 아니다. 점심시간이나
휴식시간에 한 잔의 커피와 함께 하는 대화나 비공식조직 또한 같은 효과를 낼 수
도 있다. 의사소통을 촉진하기 위한 방법을 개선하는 훈련 또한 중요하다.

고객 중심의 '질 경영'을 주장하는 기업 중에는 고객을 외부고객으로만 간주하고
종업원들로 하여금 고객을 위해 최선을 다할 것을 강조하는 경우가 대부분이다. 그
러나 이와 같은 경영방침을 고집하는 기업은 '고객 중심 경영'의 진정한 의미를 깨
닫지 못하고 단기의 결과 내지 실적위주의 경영에 의존하는 탓에 결코 장기적인 기
업성장을 기대할 수 없다. 따라서 고객 중심 경영의 포괄적인 범위는 고객만족, 종
업원만족 및 사회공익만족을 포함하는 개념으로 이해됨이 바람직하다.

제2절 고객의 욕구

기업에 있어 고객 중심 경영의 첫 번째 단계는 고객이 누구인가를 파악하는 것이고, 다음 단계로 이들의 목소리에 귀를 기울이는 것이다. 즉 고객이 어떤 상품을 원하는지, 어느 정도의 서비스 수준을 요구하는지 등을 파악하는 것은 고객 중심 경영을 위한 주요 기본 요소 중의 하나이다.

모든 기업의 공통된 점은 모든 기업이 전부 고객을 가지고 있다는 점이다. 기업은 고객의 욕구를 충족시키기 위하여 존재한다. 고객의 욕구를 충족시키지 못하는 기업은 시장에 설 땅이 없다. 고객의 마음을 모르는 기업에게 경영이라는 것은 무의미하다. 그러므로 기업은 고객이 기업으로부터 무엇을 요구하는지, 그리고 고객이 경쟁제품에 비해 우리 제품과 서비스를 어떻게 생각하고 있는지를 정확하게 알아야 한다.

TQM에서는 제품과 서비스의 품질을 생산자가 결정하는 것이 아니라 고객이 결정한다. 그러므로 품질을 결정하는 고객의 욕구를 정확히 파악하지 않으면 안 된다. 그래서 TQM에서는 고객이 정말로 무엇을 요구하는지를 경청하여야 한다.

그러면 고객은 과연 무엇을 원하는가? 모든 고객은 어떤 기대를 가지고 있다. 고객은 그들이 화폐를 지불하고 구입하는 제품과 서비스를 통해 그들의 기대가 완전히 충족되기를 바라고 있다. 그러므로 고객은 그들이 제품과 서비스를 구입하기 전에 가지고 있는 기대와 그들이 제품과 서비스를 구입한 후에 얻은 만족감을 비교한다. 이때 기대감이 충족된 고객은 만족감을 느끼게 될 것이고, 기대감이 충족되지 않은 고객은 만족감을 느끼지 못 할 것이다.

1. 카노(Kano)의 고객만족모형

일반적으로 제품의 품질을 고객의 기대욕구를 충족시키는 것으로 정의하지만, 기대욕구 충족만으로 품질문제가 모두 해결된 것으로 생각해서는 안 된다. 고객이 기대하고 있는 수준 이상의 만족을 제공해 고객에게 기쁨을 줄 수 있어야 한다.

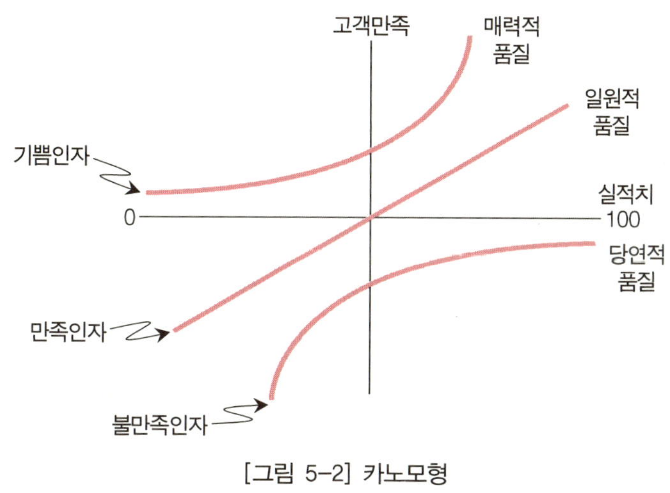

[그림 5-2] 카노모형

카노 노리아키는 고객만족을 위한 모형을 개발했는데, 이 모형에서 그는 제품특성을 불만족인자, 만족인자, 기쁨인자의 세 가지 형태로 구분했다. 이들은 각기 다른 방법으로 고객만족에 영향을 미치는데 카노모델에서 사용한 제품특성 세 가지는 [그림 5-2]에서 보는 바와 같다.

(1) 불만족인자

필수품질, 기본적 품질 또는 기대품질특성이라는 불만족인자는 그 제품특성이 충족되면 고객은 당연한 것으로 여기고 충족되지 않을 경우 불만을 느끼는 제품인자이다. 따라서 당연적 품질이라고도 부른다. 이 같은 요소는 고객의 입장에서 너무나 당연하게 기대하는 것이어서 제품특성 요구에 대한 질문을 하더라도 보통 언급하지 않는 경우가 많다. 이러한 형태의 특성은 충족되지 않으면 고객은 불만을 느끼나 충족시켜준다고 해서 만족이 증대되는 것은 아니다.

불만족인자의 예로는 제품표면의 흠집, 부서진 부품, 잘못된 제품설명서 등이 있다. 이러한 인자들을 제거하더라도 높은 수준의 고객만족을 유도할 수는 없다. 고객은 이 같은 제품특성을 당연한 것으로 여기고 그것이 충족되지 않을 경우에는 불평을 한다. 따라서 이러한 인자는 고객불평의 주요한 정보원이 된다.

전통적인 품질프로그램은 주로 고객불평 관리에 중점을 두었기 때문에 품질관리도 고객불평 제거로 잘못 정의되었는데, 카노모형은 이러한 접근법이 잘못되었음을 지적한다.

(2) 만족인자

만족인자는 고객이 원하고 요구하는 제품특성을 말하며, 고객은 만족인자를 많이 제공받을수록 더 많은 행복감을 느끼게 된다. 만족인자는 요구품질 또는 일원적 품질이라고도 한다. 그 이유는 이들 특성이 고객이 요구하는 제품측면을 나타내기 때문이다.

만족인자의 예로서는 증가된 공간, 저가격, 높은 신뢰성, 가속력, 이용의 용이성 등이 있다. 만족인자는 측정이 용이하기 때문에 경쟁력분석을 위한 벤치마크(benchmark)로도 사용된다.

(3) 기쁨인자

기쁨인자는 이러한 품질이 충족되었을 때 고객이 환상적인 기쁨을 느끼는 제품속성이다. 그러나 이것이 충족되지 않는다고 해서 고객이 불만을 느끼지는 않는다. 왜냐하면 고객은 이러한 품질이 충족되지 않았다는 사실조차 인식하지 못하기 때문이다. 기쁨인자는 환상적인 품질 또는 기대하지 않은 품질 또는 매력적 품질이라고도 한다.

이러한 매력적인 품질은 고객이 인식하지 못하기 때문에 생산자가 발견해내야만 하는 제품특성이며, 이들은 고객에게 상상 이상의 놀라움을 줄 수 있다. 기술개발 활동은 기쁨인자의 원천이며, 고객이 인식조차 못하는 욕구를 만족시켜 줄 수 있다. 기쁨인자를 통해 고객에게 기쁨을 줄 수 있는 기회를 발견할 수 있으며, 이러한 놀라움은 서비스를 통해 이루어질 수도 있다.

예를 들어, 호텔 방에 들어섰을 때 고객이 기대하는 기본적인 욕구는 깨끗하게 정돈된 침대이며, 그 외의 기대욕구 중에는 TV와 세면도구 등이 있을 수 있다. 환상적인 품질로는 드레스 가운, 한 바구니의 과일 또는 지배인의 인사 메모 등이 있을 수 있다.

고객의 욕구는 시간에 따라 변한다. 예를 들면, 자동차의 자동시동장치는 1920

년대에는 환상적인 경험이 되었으나 1940년대에는 기대욕구였으며, 현재는 기본적인 욕구에 불과하다. 최근 국내에서도 이마트(E-mart)와 같은 할인점에서 소비자가 특정제품을 구입한 후 동일한 상품을 더 싼 곳에서 구입할 수 있다면 현금으로 환불해 주는 판매방식을 도입하고 있다. 이는 과거에는 상상하기 힘든 매력적인 경험이라 할 수 있다. 그러나 지금은 하나의 만족인자에 지나지 않는다.

고객의 만족정도는 고객의 기대와 경험 사이의 상관관계에 있으나 회사의 이미지와 같은 것에 의해서도 영향을 받는다. 경우에 따라 고객의 불만족경험을 매력적인 체험으로 변화시킬 수 있다. 예를 들어, 자동차 렌트회사에서 고객에게 빌려준 자동차에 문제가 발생하면 고객이 최초에 빌린 자동차보다도 한 등급 높은 차 중 최상의 상태에 있는 차로 바꾸어줌으로써 문제유발에 따른 추가보상을 실시해 고객불만을 기쁨으로 유도할 수 있다.

고객의 기대수준 파악 시 유의할 점은 고객의 기대수준이 항상 동일하지는 않다는 사실이다. 오늘날처럼 상품과 서비스를 통한 기업 간 경쟁이 심화되는 글로벌 시장에서는 고객기대 수준도 상대적으로 높아져 기업이 미처 인식하지 못하는 사이에 고객만족에서 고객불만족의 상태로 변할 수 있다. 따라서 경쟁우위를 지켜나가기 위해서는 고객이 갖고 있는 기대수준을 정확히 파악해 고객불만족 요소를 사전에 제거하여야 한다. 또한 고객이 현재 만족을 느끼고 있더라도 고객의 기대수준은 기업 간 경쟁이 심화됨에 따라 높아져 간다는 사실을 인식해 기회와 패러다임을 찾아서 서비스를 제공할 수 있도록 기업역량을 갖추어 나가야 할 것이다.

2. 고객욕구의 파악기법

고객의 기대를 이해하려면 품질개선 및 완전한 고객만족이 반드시 필요하다. 제품에 대한 고객의 기대, 즉 고객가치를 측정하는 많은 연구와 고객가치에 관한 정보를 수집하기 위해 많은 마케팅기법이 개발되었다. 고객의 욕구를 파악하는 방법에 대해 살펴보면 다음과 같다.

(1) 직접면접(personal interview) 방법

고객의 욕구를 측정하는 가장 직접적인 방법은 직접면접이나 전화를 이용하는
것이다. 면접의 목적을 살릴 범위와 흐름을 보장하기 위해 사전에 잘 짜여진 질문
에 따라 진행하여야 한다. 그리고 예상 밖의 반응을 조사하기 위해 자유로이 생각
대로 대답할 수 있는 질문을 포함시킨다.

면접은 고객가치의 수단-결과관계의 모든 구성요소에 초점을 맞추어야 한다. 그
래야만 제품사용 결과에 대한 고객의 생각을 끌어내기 위해 설계된 빈틈없는 면접
의 결과 어떤 결과 상태에 대한 개인적 관심 및 수단-결과 관계에 대한 믿음을 밝혀
낼 수 있다.

(2) 포커스 그룹(focus group) 방법

보통 6~10명으로 구성되는 고객을 잘 대표할 수 있는 그룹으로 하여금 특정 주
제에 관해 그들의 느낌, 태도, 그리고 인지 등을 자유스럽게 토의하도록 하기 위해
구조화되지 않은 면담을 사용하는 것이다. 1950년대에 개발된 질적 마케팅 기법의
하나인 포커스 그룹 방법은 한 문제를 공유하는 사람들이 그 문제에 대한 생각과 느
낌을 공유하는 다른 사람들 사이에서 그 문제를 토의할 것이라는 전제에 입각한다.

포커스 그룹은 고객들 가운데 한 특정 부분을 대표하도록 과학적으로 선정하고
공통 관심사를 갖는 8~12명으로 구성할 때 가장 좋은 결과를 가져온다고 한다. 관
리자들은 관찰의 범위를 넓히고 의도하지 않은 편의(bias)를 줄이고, 신뢰성을 시
험하며, 또는 특별한 논점을 조사하기 위해 복수의 포커스 그룹을 형성할 수 있다.

포커스 그룹은 지도를 필요로 하지만 그룹에 아이디어를 강요하지 않아야 한다.
반응이 참되고 자발적이 되도록 하기 위해서 그룹 멤버는 참여가 강요되어서는 안
된다. 잘 수행되면 포커스 그룹법은 연쇄반응, 시너지 그리고 창조적 아이디어에
이르는 유일한 기법이 될 수 있다.

(3) 시장테스트(market test)

새로운 제품개발 과정은 항상 시장테스트 단계를 거친다. 시장테스트는 목표고
객들이 유사한 제품을 사용하는 똑같은 상황에서 그들로 하여금 제품을 시험 사용

하도록 하는 것이다.

이미 숙달된 수준을 갖춘 것으로 파악된 현재의 고객들이 남아 있을지도 모르는 모든 결함을 찾아내기 위해 가장 최신의 개량된 제품을 시험하는 데 이용될 수 있다. 시장테스트는 고객의 관점에서 볼 때 제품성과 및 가치의 원천을 이해하는 데 가장 좋은 방법이 된다.

(4) 직접관찰(direct observation)

관리자들은 제품이나 서비스의 의사결정과 각 사용단계에서 고객을 직접 관찰함으로써 고객가치의 이해를 증진시킬 수 있다. 직접관찰은 방해적일 수도 있고 비방해적일 수도 있다. 그런데 비방해적 관찰이 더욱 좋은 방법인데, 이는 자료수집가가 응답자에 영향을 주지 않을 때 자료가 가장 믿을 만하고 타당하기 때문이다.

관리자들은 한쪽에서만 볼 수 있는 유리를 통해 직접 포커스 그룹을 관찰하거나 그룹을 비디오테이프로 녹화해 실험실에서 실제 상황으로 추론할 수 있다. 멀리 떨어져서 가게의 내부를 관찰하거나 집 또는 작업장의 비디오테이프를 통해 가게의 내부를 관찰하는 방법이 가장 비방해적인 것이다.

(5) 인터넷(internet)

인터넷의 사용은 기하급수적으로 증가하고 있으므로 이제 기업의 운영에 있어서 인터넷이 사용되지 않는 부분이 없을 것이다. 고객의 욕구를 파악하기 위해서도 인터넷이 사용되고 있다. 인터넷은 위의 다른 방법들보다 상당히 빠르게 고객의 의견을 수집하고 대응할 수 있다는 장점을 지니고 있다. 온라인을 통해서 직접 고객의 욕구를 파악하고 신속하게 대응할 수 있다.

 # 제3절 고객만족(CS)

1. 고객만족의 의의 및 구성요소

어떤 학자는 현대 기업경영의 3대 요소로서 생산성(productivity), 스피드(speed) 및 고객만족(customer satisfaction)을 제시한 바 있다. 고객만족에 대한 정의는 결과(outcome)에 강조를 두느냐 혹은 과정(process)에 강조를 두느냐에 따라 두 가지 유형이 존재한다.

전자의 입장에서는 고객만족을 소비경험으로부터 야기되는 결과로 개념화하였다. 이에 따라 고객만족은 "소비자가 치른 대가에 대해 적절히 혹은 부적절이 보상되었다고 느끼는 소비자의 인지적 상태," "구매한 특정제품이나 서비스, 소매상 혹은 쇼핑이나 구매행동과 같은 형태와 관련된, 또는 이들에 의해 야기되는 경험에 대한 감정적 반응", 그리고 "불일치된 기대와 소비자가 소비경험에 대해 사전적으로 갖고 있던 감정이 복합적으로 결합하여 발생된 종합적 심리상태" 등으로 정의된다.

반면, 후자의 입장에서는 고객만족은 "소비경험이 최소한 기대되었던 것보다는 좋았다는 평가", "선택된 대안이 그 대안에 대한 사전적 신념과 일치되었다는 평가", 그리고 "사전적 기대와 소비 후 지각된 제품성과 사이의 차이에 대해 보이는 소비자의 반응" 등으로 정의될 수 있다.

고객만족(CS)이란 "고객이 제품 또는 서비스에 대해 원하는 것을 기대 이상으로 충족시켜 감동시킴으로써 고객의 재구매율을 높이고 그 제품 또는 서비스에 대한 선호도가 지속되도록 하는 상태"라고 정의될 수 있으며([그림 5-3] 참조), 고객만족은 소비자, 기업 및 사회의 다양한 욕구를 충족시키는 데 매우 중요하다. 고객만족의 필요성은 세 가지 기본적인 환경변화, 즉 급속한 기술변화, 글로벌 경

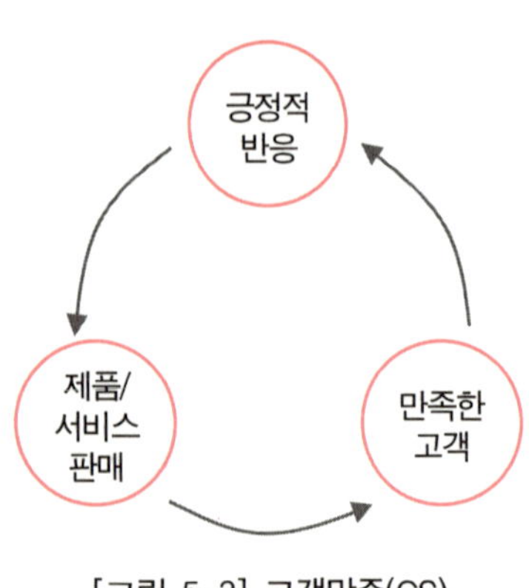

[그림 5-3] 고객만족(CS)

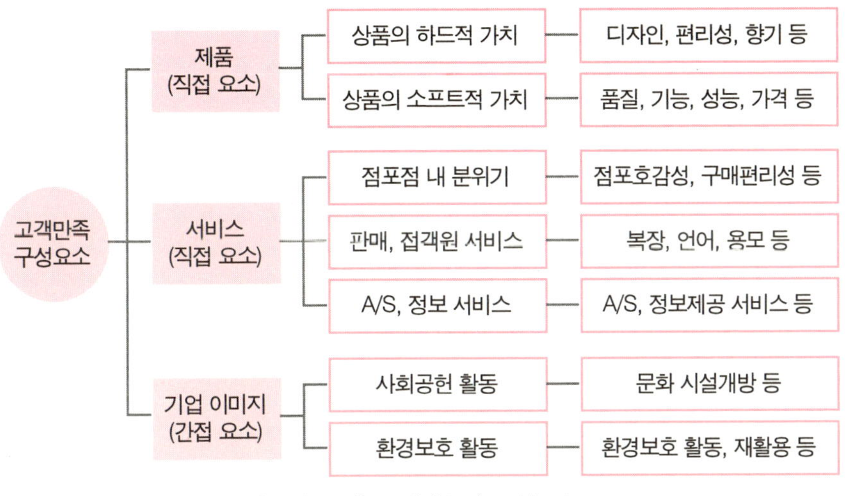

[그림 5-4] 고객만족의 구성요소

쟁의 증가 및 고객의 요구증가 등에서 출발한다.

고객만족의 구성요소는 제품요소, 서비스 요소, 기업 이미지 요소로 구분할 수 있고, [그림 5-4]에서와 같이 세 가지 요소 모두가 함께 고려될 때 고객만족 달성이 가능해진다.

첫 번째 제품요소는 상품의 하드(hard)적 가치와 소프트(soft)적 가치로 분류된다. 하드적 가치에는 디자인, 편리성, 향기 등이 있으며, 소프트적 가치에는 품질, 기능, 성능, 효능, 가격 등을 들 수 있다.

두 번째 서비스 요소는 점포 서비스, 판매원의 접객 서비스, A/S 정보 서비스로 분류된다. 점포 서비스는 호감을 가질 수 있는 점포 분위기 및 쾌적한 환경을 들 수 있으며, 판매의 접객 서비스는 판매원의 복장, 언행, 배려, 인사, 대답, 미소, 상품 지식 등을 들 수 있다. A/S 정보 서비스는 상품의 A/S, 라이프스타일(life style)의 제안 및 정보제공 등이 있다.

세 번째는 기업 이미지 요소로서 이제 기업은 사회에 공헌하는 경영활동을 해야 하는 책임을 지고 있기 때문에 사회공헌 활동과 환경보호 활동 등의 기업 이미지가 고객만족의 중요한 요소임을 말해 준다. 사회공헌 활동으로는 지역주민에 대한 시설개방, 복지활동 등이 있으며, 환경보호 활동으로는 환경보호 캠페인이 있다.

2. 고객 중심의 조직

고객 중심 조직은 전통적인 조직과 차이가 있다. 이것은 단순히 고객의 욕구를 파악하고 만족시키는 데 그치지 않고, 조직 전체에 변화를 가져와야 진정한 고객 중심의 조직이 될 수 있다. 고객 중심 조직은 경쟁력 있고 품질이 우수한 제품과 서비스를 공급하고 지속적인 공정개선을 통해 고객을 만족시킴으로써 이익을 증진시키는 데 그 목적이 있다. 전통적인 조직과 고객 중심 조직과의 차이점을 설명하면 다음과 같다.

(1) 제품 및 서비스 계획

전통적인 조직에서는 먼 미래를 보지 않고 바로 앞만 보기 때문에 현재의 상황에 대해서만 즉각적으로 대응하는 경영을 하게 되고, 고객 중심 조직에서는 먼 미래까지를 생각하고 항상 미래에 대비하여 고객 중심 계획과 전략을 수립한다.

(2) 성과측정

전통적인 조직에서는 기업의 성과를 수익성이나 투자회수율과 같은 전형적인 재무분석에 의해 측정하지만, 고객 중심 조직에서는 이 외에 고객만족도, 시장점유율, 장기수익성, 품질, 또는 총생산성 등과 같은 보다 포괄적인 지표들을 이용하여 측정한다.

(3) 고객에 대한 태도

전통적인 조직에서는 고객을 불친절하게, 그리고 성의 없이 대한다. 그러나 고객 중심 조직에서는 고객에게 항상 친절하고 즉각적으로 대응하며, 고객의 입장에서 생각한다.

또한, 전통적인 조직에서는 고객이 참을성이 없기 때문에 기업에 부담이 되고 기업의 수익창출에 장애가 된다고 생각한다. 그러나 고객 중심 조직에서는 고객의 의견을 신중하게 청취하고, 고객의 욕구를 충족시키기 위해 고객을 성심성의껏 대해야 한다고 보고 있다.

⑷ 마케팅 초점

전통적인 조직은 판매자 중심이며, 고객의 욕구를 조사하지 않고 판매자가 만들 수 있는 제품과 서비스를 생산하여 고객에게 판매한다. 그러나 고객 중심 조직은 고객지향적이기 때문에 고객이 원하는 제품과 서비스를 창출하여 판매한다. 그리고 고객만족만이 수익을 창출한다고 믿고 있다.

⑸ 영업형태

전통적인 조직에서는 고객과 협력업체, 그리고 생산업체 간에 팀워크가 없이 독자적으로 영업이 이루어진다. 그러나 고객 중심 조직에서는 서로가 하나의 동반자임을 인식하고 팀워크를 이루어 영업한다.

 # 제4절 고객만족경영(CSM)

1. 고객만족경영의 의의 및 핵심요소

고객만족경영(Customer Satisfaction Management: CSM)은 경영의 전 과정에서 고객만족을 실현하고 고객만족 극대화를 최우선 목표로 하는 경영방법이며, 모든 경영활동을 고객 중심적 사고를 바탕으로 전개해 나가는 경영방식이다. 즉, 고객만족경영을 경영의 최우선 과제로 삼음으로써 고객이 진정으로 원하는 것을 지속적으로 찾아내고 개선해 나가는 혁신활동이다. 이는 궁극적으로 단기적인 시장 변화에 흔들림 없이 장기적·지속적인 경영기반의 구축을 가능케 한다. 이러한 점에서 볼 때 고객만족경영은 고객 중심적 사고를 바탕으로 모든 경영활동을 전개해 나가는 새로운 경영조류라고 할 수 있으며, 이러한 점에서 고객만족경영은 마케팅적 경영방식이 된다.

최근 세계 도처에서 일어나는 고객만족경영은 갈수록 경쟁제품이 많아지고 소비자의 욕구가 다양해지는 시점에서 고객만족을 향상시켜 고정소비자 내지 충성고객(loyal customer)을 확보하자는 경영철학이라고 정의된다.

고객만족이 발전하여 고객만족경영이 되면 이에 따른 고객만족의 다섯 가지 원칙이 적용되어야만 한다. 즉 ① 사업의 원천은 고객, ② 고객의 특성에 따른 다양한 CS전략, ③ 고객특성은 고객의 수 및 집중도에 따라 변화, ④ 업적은 고객평가의 결과, ⑤ 고객을 아는 것이 출발점 등이 그것이다.

고객만족경영은 제품산업에서뿐만 아니라 서비스 산업에서도 중요시되고 있다. 우리나라 기업의 경우 성공적인 고객만족경영을 위한 방안으로서 최고경영자(CEO)에서부터 직원에 이르기까지 기업 전체에 고객만족경영 문화가 정착되어야 한다.

고객 중심의 확립은 고객만족경영을 위한 전제조건이다. 초일류기업이 되기 위해 고객만족경영을 추진하는 기업들에게 요구되는 핵심요소들을 몇 가지로 정리한 것이 〈표 5-1〉이다.

〈표 5-1〉 고객만족경영의 핵심요소

핵심요소	내 용
비전	전 종업원의 고객만족에 대한 비전 공유
주인의식	전 종업원의 고객만족에 대한 업무 및 문제해결 방안에 대한 주인의식 공유
조직·프로세스 및 업무설계	고객 중심적인 조직구조, 프로세스, 업무설계
팀	고객을 위한 아이디어 창출과 개선을 위한 자율적 팀 조직의 운영
정보시스템	고객요구의 변화를 예측하고, 기업운영을 지원하는 정보시스템의 구축
관리시스템	고객의 요구변화를 빠르게 기업운영에 연결시키는 운영 지원시스템
보상제도	고객을 위한 가치를 창출한 종업원을 위한 보상제도의 구축

자료: 이상문,『글로벌 시대의 초일류기업』(서울: 명진출판, 1994), p. 93.

2. 고객만족경영의 세 가지 효과

(1) 재구매 고객의 창출효과

성숙시장에서는 신규 고객의 확보보다는 기존 고객이 재구매하여 반복구매할 때에 이익극대화가 가능하다. 만족한 고객은 재구매시에도 같은 상표를 찾음으로써 상표충성도(brand loyalty)를 갖게 되므로 한 번 이루어진 고객과의 관계를 평생의 고객으로 유지할 수 있는 가능성이 더 커지는 것이다.

재구매 고객을 확보하기 위해서는 고객의 우리기업에 대한 의존도를 높이는 것이 필요하다. 즉 전환비용을 극대화시켜야 한다. 전환비용이란 구매선을 전환했을 때에 소요되는 비용을 말하며, 전환비용이 클수록 타 상표로 전환할 가능성이 낮아져 고객과 지속적인 관계를 맺을 수 있게 된다.

따라서 전환비용을 극대화시키는 것이 매우 중요한 일이 된다. 이것은 관계마케팅(Relationship Marketing)의 시발점이 된다. 고객에게 최대의 만족을 제공함으로써 고객이 타 제품을 선택하지 않도록 우리제품에 대한 의존도를 높여야 한다.

(2) 비용의 절감효과

기존 고객을 반복구매 고객으로 만들어야 하는 또 하나의 이유는 재구매 고객이 가져다주는 비용절감 효과이다. 우선적으로 새로운 고객을 확보하는 것은 많은 노력이 필요한 작업이다.

그러나 한 번 이루어진 고객이 제품에 만족하여 재구매 내지 반복구매하게 된다면, 그 제품을 구매하도록 설득할 필요가 없기 때문에 판매비·광고비 등이 훨씬 적게 들 뿐만 아니라 고객설득에 드는 시간을 A/S나 고객의 불만해결에 사용할 수 있다. 실제로 기존 고객 관리비용은 같은 수의 신규 고객을 확보하는 데에 드는 광고판촉비의 1/5만으로도 충분하기 때문에 훨씬 적은 비용이 들게 된다.

또한, 고객의 욕구와 기대치를 예측하여 불필요한 지출을 감소시켜 큰 절감효과를 누릴 수 있는 장점이 있으며, 이미 만족한 고객은 가격에 민감하지 않으므로 더 많은 이익을 창출할 수 있게 된다.

(3) 최대의 광고효과

고객을 만족시킴으로써 광고효과의 극대화를 가져올 수 있다. 제품에 만족한 고객은 친지, 이웃, 친구 등에게 좋은 선전을 해주며, 구입권유도 해주기 마련이다.

고객은 화려한 신문광고나 엄청난 제작비가 투입된 TV광고보다도 이웃의 말 한마디를 더 신뢰한다. 입소문을 통한 구전(mouth to mouth)효과야말로 어떤 대중매체광고보다도 뛰어난 효과를 발휘해 주며, 적은 노력을 들이고 큰 성과를 볼 수 있게 한다.

3. 종합적 품질경영(TQM)

최근 대부분의 기업들은 품질개선을 위해 TQM 프로그램을 활용하고 있다. TQM(Total Quality Management)이란 재화, 서비스, 그리고 마케팅 프로세스의 질을 지속적으로 개선하기 위해 고안된 품질경영 프로그램을 말한다.

고객만족경영을 지향하는 기업들은 품질을 광의로 해석하여 고객을 만족시키는 제품만이 제대로 된 품질의 제품이라고 보고, 품질(quality)을 곧 고객만족이라고 정의하기도 한다. 다시 말하면, 고객들이 좋아하지 않는다면 그 제품은 물리적으로 하자가 없다고 하더라도 불량이라는 것이다. 따라서 기업들은 만족한 고객을 확보하기 위해서는 고객이 좋아하고 만족할 수 있는 품질의 제품을 개선하기 위해 TQM과 같은 프로그램을 적극적으로 활용하는 것이 바람직하다.

4. 고객만족경영의 전략

고객만족경영을 위해 기업에서 수립해야 할 전략은 다음과 같다.

(1) 고객불평의 중요성 인식

고객만족경영을 실천하는 데 있어서 고객이 말하는 갖가지 불만의 소리는 기업에게 귀중한 자산이 될 수 있다. 따라서 고객불평의 중요성부터 인식해야 한다. 고객의 불평은 귀찮은 것이 아니라, 문제를 일찍 파악하고 해결할 수 있게 하는 소중한 정보이다. 즉, 불평하는 고객은 그 기업의 제품과 기업활동을 개선하는 데 도움을 주는 유용한 정보를 자진해서 주는 고마운 존재임을 알아야 한다. 또한, 기업이 고객의 불만사항을 일찍 파악하고 그것을 잘 해결해 주면 부정적인 구전효과를 크게 줄일 수 있으며, 고객의 이탈을 방지할 수 있다.

따라서 고객의 불평을 오히려 유용한 정보로 활용하는 전략적 접근이 필요하다. 고객불평 관리는 다음과 같은 두 가지 측면에 초점을 맞추어 실행되어야 한다.

첫째, 고객들이 제안이나 불평을 용이하게 할 수 있도록 불평호소 창구를 24시간 개방체계로 운영하여야 한다. 최근에는 대부분의 기업들이 고객정보관리 시스템을 구축하고 다양한 통신망을 통해 고객과의 커뮤니케이션에 적극성을 보이는 경향이 증가하고 있다. 기업들은 인터넷, 팩스, 무료전화 080 등을 활용하여 고객들의 불편과 불만사항 등을 신속히 접수하고 이를 정보화하고 있다.

둘째, 고객들의 불평에 기업은 즉각적으로 대응하여야 한다. 고객은 불만이 있을 때 이를 즉시 호소할 수 있는 창구가 없거나, 불편을 호소했음에도 거기에 즉각적인 응답이 없으면, 불만이 더욱 가중되는 경향이 있다. 따라서 기업은 고객들의 불만이 증폭되기 전에 불편사항을 신속하게 접수·처리하는 것이 바람직하다.

(2) 고객만족도의 측정

시장이 더욱 복잡해지고 차별화되고 동태적으로 되어 감에 따라 고객들의 욕구를 더 체계적으로 조사할 필요가 있다. 고객들이 얼마나 자사의 제품과 서비스에 대해서 흡족해 하고 있는가를 알기 위해 고객만족도 조사를 할 필요성이 있는 것이다.

고객만족도 조사는 예산이 있을 때나 여유가 있을 때 임시적으로 실시하는 조사가 아니므로 고객만족도 조사를 통하여 얻고자 하는 목적달성을 위해서는 다음과 같은 '고객만족의 3원칙'을 준수하여야 한다.

첫째, 계속성의 원칙이다. 고객만족도 조사는 비정기적으로 실시하는 것이 아니라 정기적으로 계속 실시하여 그 전의 상태와 비교해서 그 추이를 파악할 수 있어야 한다. 즉 측정항목 중에서 어느 항목이 개선되고 향상되었는가를 분석할 수 있어야 한다.

둘째, 정량성의 원칙이다. 고객만족도 조사결과는 비교 가능하도록 정량적인 조사가 되어야 한다는 것이다. 각 항목의 수치가 비교 가능하도록 표준적인 척도를 가지고 있어야 한다. 예를 들면, 어떤 항목은 5점 척도를 사용하고 어떤 항목은 7점 척도를 사용하여 조사했다면 정량성을 가지고 분석하기가 어렵게 된다.

셋째, 정확성의 원칙이다. 고객만족도 조사는 경영의 실태가 올바르게 파악될 수 있도록 조사항목은 충분한가, 조사표본은 적절한가, 조사방법은 적절한가, 조사담당자는 적절한 조사능력을 갖고 있는지 등을 고려하여 조사의 정확성을 면밀하게 검토할 필요가 있다.

한편, 고객만족의 측정에 있어서 가장 널리 사용되는 방법은 직접조사(direct survey)이다. 이 방법의 장점은 간편성으로, 목적이 명확하고 소비자가 쉽게 응답할 수 있는 방법이다. 그리고 고객만족과 측정치 사이의 관계도 비교적 명확하다. 단점은 응답자가 질문자에 의해 영향을 받을 수 있다는 점이다. 또한, 표본선정의 오류, 면접자 오류, 무응답자 오류 등의 문제로 조사자료의 타당성이 위협받을 수 있다.

고객만족을 측정하는 또 다른 방법에는 고객불평이나 반복구매에 대한 자료수집을 통한 간접조사(indirect survey)가 있다. 이 간접조사는 만족과 밀접한 관련이 있는 불평이나 반복구매 행동을 대상으로 하기에 고객과 기업 양측 모두에게 중요하다. 그리고 질문과 같은 강요된 형식이 아니므로 응답상 오류가 상대적으로 적다. 이 두 가지 조사방법은 서로 다른 장단점을 갖고 있다. 따라서 이들은 서로를 대체한다기보다는 상호 보완해야 한다.

고객만족 조사 시에는 고객만족 조사의 중요성을 설명하여 고객의 공감을 얻고 협력을 구한다. 회답자에게는 전화카드, 버스카드 또는 볼펜 등을 답례품으로 제공한다. 조사내용에 대해서는 익명성 등을 보장해 비밀을 유지할 것을 약속한다. 질문지를 우송하기 직전에 조사의뢰 전화를 해서 협력을 부탁하고 회답용지 우송료는 당연히 조사하는 측이 부담한다. 만약 고객이 기일까지 회답을 안 하는 경우 재의뢰장을 보내거나 전화로 독촉한다.

고객만족경영이 만족스러운 결과를 낳도록 하기 위해서는 과학적인 설문을 통해 고객의 욕구를 정확히 파악함과 아울러 고객창구를 통하여 수집된 불만으로부터 제품개발 및 경영혁신의 아이디어를 찾을 수 있는 시스템을 구축해야 한다. 그리고 고객의 만족도를 경영의 목표로 삼고 목표고객만족도 달성을 위주로 모든 관리를 해야 할 것이다.

(3) 최고경영자의 역할

경영의 다른 많은 측면에서와 마찬가지로 고객만족을 위한 경영철학의 실천에서도 최고경영자의 역할은 거의 결정적이다. 최고경영자는 기업의 모든 구성원들에게 고객들을 완벽하게 만족시키는 것이 기업경영의 궁극적인 목표임을 확실히 하고, 이 목표를 향해 나가도록 그들을 격려해야 한다. 무엇보다도 이러한 경영철학은 스스로 철저히 실천함으로써 모범을 보여야 한다.

그러나 대부분의 최고경영자들은 고객의 문제에 직접 부딪치기를 꺼린다. 그리고 부하직원들은 윗사람의 그러한 태도를 다행으로 여긴다. 고객지향적인 정신이 뿌리를 내리려면 기업은 종업원들에게 고객만족경영의 당위성을 확실히 인식시켜야 하며, 이를 위해 꾸준한 교육훈련을 할 필요가 있다.

(4) 종합적 품질경영(TQM)

최근 대부분의 기업들은 품질개선을 위해 TQM 프로그램을 활용하고 있다. TQM(Total Quality Management)이란 재화, 서비스, 그리고 마케팅 프로세스의 질을 지속적으로 개선하기 위해 고안된 품질경영 프로그램을 말한다.

고객만족경영을 지향하는 기업들은 품질을 광의로 해석하여 고객을 만족시키는 제품만이 제대로 된 품질의 제품이라고 보고, 품질(quality)을 곧 고객만족이라고 정의하기도 한다. 다시 말하면, 고객들이 좋아하지 않는다면 그 제품은 물리적으로 하자가 없다고 하더라도 불량이라는 것이다. 따라서 기업들은 만족한 고객을 확보하기 위해서는 고객이 좋아하고 만족할 수 있는 품질의 제품을 개선하기 위해 TQM과 같은 프로그램을 적극적으로 활용하는 것이 바람직하다.

제5절 고객의 유지

1. 고객유지의 중요성

기업이 계속 시장에서 성장하고 경쟁력을 유지하기 위해서는 충분한 고객을 확보해야 한다. 이것은 새로운 고객을 창출하거나 또는 기존의 고객을 계속 유지함으로써 가능하다. 그러나 새로운 고객을 창출하기보다는 기존의 고객을 계속 유지하는 것이, 즉 고객 이탈률을 최소화하는 것이 비용도 적게 들고 효과도 크다.

DDI(Development Dimensions International)에 의하면, 기존의 고객을 유지하는 비율을 5% 향상시키는 것은 기업의 이익률을 25% 내지 85%까지 향상시킨다고 하였다. 그러므로 기업은 새로운 고객을 창출하는 것도 중요하지만, 기존의 고객을 계속 고객으로 유지하기 위한 방법으로 DDI는 다음과 같은 10가지를 제안하였다.

① 비정상적인 고객의 욕구를 충족시키기 위해 종업원에게 높은 자율성을 부여한다.

② 위험을 감수하고 새로운 아이디어를 창출할 수 있는 기업문화를 조성한다.

③ 모든 의사결정과 시스템, 그리고 공정에 항상 고객의 욕구와 기대가 가장 중심적인 역할을 수행한다.

④ 고객 서비스에 대한 정보를 자주, 그리고 분명하게 종업원에게 전달한다.

⑤ 고객의 욕구를 만족시키기 위해 문제해결, 고객 서비스, 의사소통, 팀워크와 같은 기술을 모든 종업원들이 지니도록 한다.

⑥ 각 종업원의 개인적인 행동이 고객 서비스에 직접 미치는 영향을 연계하는 과업을 설정한다.

⑦ 내부고객에게 훌륭한 서비스를 제공한다. 내부고객에 대한 훌륭한 서비스 없이는 외부고객에 대한 훌륭한 서비스가 발생하지 않는다.

⑧ 고객에게 보다 잘 봉사할 수 있는 새로운 혁신적인 방법을 고안하도록 종업

원에게 동기를 부여한다.

⑨ 높은 서비스를 고객에게 제공하는 데 필요한 모든 자원과 협조를 종업원들에게 제공한다.

⑩ 정기적으로 훈련에 대한 필요성을 평가하고, 적절한 훈련을 종업원들에게 제공한다.

고객이 기업의 제품이나 서비스에 만족하느냐 만족하지 못하느냐 하는 문제가 아니라 고객이 유지되기에 충분한 만큼 만족하느냐 하는 것이다. 심지어 충분히 만족된 고객도 때로는 경쟁자에 대한 호기심 혹은 다양한 매력에 이끌려 이탈한다. 조직이 고객만족을 넘어 그들을 장기간 유지할 수 있는 방법은 고객들을 협력자로 바꾸어야 하고, 기다리기보다는 앞서서 고객의 투입요소들을 찾아야 하고 문제가 발생하면 그 문제를 해결해 주어야만 한다.

2. 고객불만처리 행동의 관리

흔히 기업은 고객불평이 많이 들어오는 부서를 냉대하는 경향이 있다. 그 결과는 고객불평의 악순환이다. 왜냐하면 고객불평이 많은 부서에 대한 지원감소는 곧바로 고객에 대한 서비스의 악화로 이어지기 때문이다.

기업의 올바른 태도는 고객불평이 많았던 부서에 오히려 물심양면으로 더욱 많은 지원을 하는 것이다. 그래서 고객불평의 악순환이라는 고리가 없어지고, 고객이 갖고 있는 근본적인 불만을 해소하여 결국에는 고객불평을 줄일 수 있다.

또한, 고객이 불평을 말할 수 있는 여건을 조성하는 것이 중요하다. 회사는 고객이 쉽게 불만사항을 기업 측에 전달할 수 있는 공식적인 기구를 만들고, 그것을 통해서 각종 정보를 수집하고 불만을 해소하기 위한 여러 가지 조치를 취해야 한다. 고객불평을 유도하는 방법은 수신자부담 고객직통전화의 설치, 소비자 건의함 설치, 고객초청 간담회 및 고객방문제도 등을 들 수 있다.

고객이 불만을 느꼈을 때 보이는 행동반응은 상황이나 개인에 따라 차이가 있다. 불만을 해소하기 위하여 구체적인 행동을 취하는 고객도 있지만, 그렇지 않는

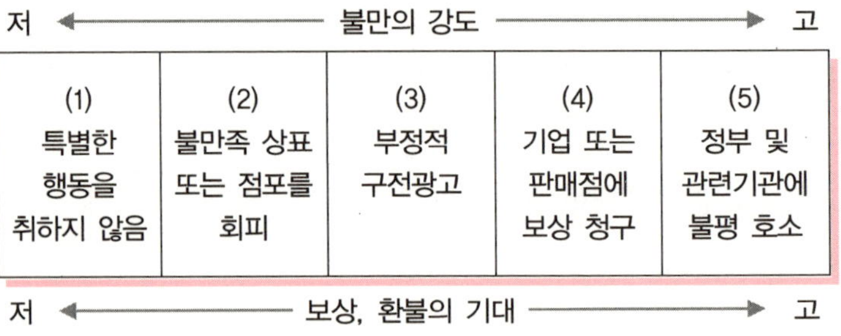

[그림 5-5] 고객의 불평행동

고객도 있다. 고객들이 불만에 대응하여 나타내 보이는 행동유형을 살펴보면 다음과 같다([그림 5-5] 참조).

첫 번째 유형은 전혀 아무런 행동을 취하지 않는 고객을 말한다. 불만수준이 낮아 무관심한 경우에 나타나는 행동반응이라고 볼 수 있다.

두 번째 유형은 불만의 경험을 기억 속에 저장하고 있다가 재구매가 필요해졌을 때 그 상표를 피하고 다른 대안을 선택하는 행동을 말한다.

세 번째 유형은 선택대안에 대해 자신만 부정적인 태도를 가지는 데 그치지 않고, 불만경험을 친구나 친지, 동료들에게 구전함으로써 그 상표에 대한 부정적 정보를 도처에 유포시키는 행동을 말한다.

네 번째 유형은 책임이 있다고 생각되는 제조회사나 판매점에 직접 불평을 호소하고 보상을 청구하는 행동유형을 말한다. 불만을 해소하기 위한 가장 구체적인 행동반응이라고 볼 수 있다.

다섯 번째 유형은 정부기관이나 소비자단체 등에 고발 또는 불평을 호소하는 고객의 행동유형을 말한다.

'고객불만'은 실패를 막는 예방주사

델(Dell)사는 임원회의를 할 때마다 긍정적이건 부정적이건 고객의 증언을 듣는데 15분을 할애한다. 또 고객의 인터뷰를 편집한 10분 분량의 비디오를 보며 고객이 생각하는 바를 이해하려고 노력한다.

모든 기업들은 고객의 일거수일투족에 관심을 갖는다. 이 중 기업 입장에서 가장 관심을 끄는 것은 고객의 불만사항일 것이다. 고객의 불만을 해결하지 못하는 기업은 장기적 생존을 보장받기 어려우며 고객의 피드백(feedback) 중 가장 가치 있는 피드백이 고객의 불만이기 때문이다. 이런 연유로 기업은 고객불만관리(Consumer Complaints Management)를 통해 고객의 불만을 적극적으로 수집, 분석해 제품이나 서비스 개선의 기회로 활용한다.

하지만 기업에 불만을 제기하는 고객은 그나마 해당 기업에 애정이 남아 있는 경우다. 대부분의 고객은 문제가 있음에도 불구하고 불만을 제기하지 않는다. 미국 펜실베이니아대 와튼스쿨(Wharton School)이 캐나다의 컨설팅업체인 베르데그룹(Verde Group)과 공동 조사한 '2006 불만고객 연구보고서'에 따르면 직접 회사에 불만을 토로하는 고객은 단지 6%에 불과할 따름이다. 고객불만관리가 쉽지 않은 이유다(그림 1).

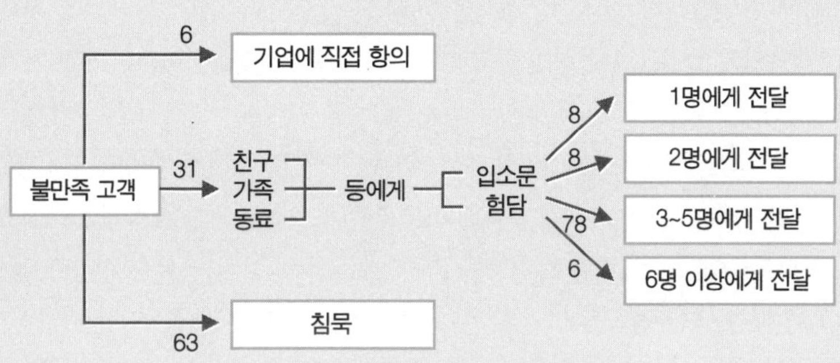

[그림 1] 고객불만의 확산경로(단위: %)

자료: 2006 불만고객 연구보고서(2006. 3)

고객의 불만은 필연적으로 발생하기 마련이다. 모든 고객에게 100% 만족을 주는 제품이나 서비스를 만들어낼 수 있는 기업은 없기 때문이다. 고객의 불만을 어떻게 관리하느냐에 따라 기업은 성공 가도를 달리거나 반대로 엄청난 실패를 경험할 수도 있다. 하지만 실패를 통해 배울 수 있는 교훈은 제쳐두고 성공에만 집착하는 기업들의 경영형태와 마찬가지로 고객만족에 기울이는 노력에 비해 고객의 불만이나 불쾌한 체험을 바로 잡으려는 노력은 상대적으로 부족한 실정이다.

고객불만의 현황과 해결

기업에는 항상 위기가 닥치기 마련이다. 경영환경이 급변하고 기업의 이해관계자가 늘어날 뿐만 아니라 기업이 직면하는 위기가 갈수록 복합화, 대형화되기 때문이다. 기업의 위기 중에는 예측 못한 상황변화에 따른 것보다는 고객과의 관계에서 발생하는 경우가 더욱 중요하다. 왜냐하면 경영환경의 변화는 모든 기업에 동등하게 적용되는 데 반해 특정고객과의 문제는 해당 기업에만 적용되는 특수한 상황이기 때문이다. 이런 이유로 고객의 불만에 대한 기업의 인식은 위기에 대응하는 수준이어야 한다.

고객의 불만을 연구한 기존 문헌들에 따르면 고객은 불만이 있을 때 ▲기업에 직접 불만을 제기하거나 ▲반응을 보이지 않거나 ▲부정적 구전을 전달하는 등의 반응을 보인다고 한다. 모든 불만고객을 대상으로 철저한 고객관리가 필요하지만 부정적 구전이 확산되는 것을 사전에 방지하고 침묵에 가려진 고객의 불만을 어떻게 전달받아 해결할 수 있는가가 중요한 고려사항이다.

고객불만의 원인은 다양하지만 크게는 제품자체의 문제, 서비스의 문제, 고객자신의 문제로 분류할 수 있다. 미국 품질관리학회(American Society for Quality Control)의 조사에 의하면 고객이탈사유 1위는 '고객접점에서의 서비스 문제'였다고 한다. 이런 결과가 나온 이유를 유추해보면 고객의 불만은 제품의 문제로 시작되는 경우가 대부분이지만 불만을 해결하는 과정에서 서비스를 담당하는 직원의 잘못된 응대로 인해 불쾌한 경험을 하기 때문이라는 것이다. 따라서 고객이나 기업뿐만이 아니라 현장에서 서비스를 담당하는 직원들 간의 긍정적인 연쇄반응을 유도할 수 있는 고객불만관리의 선순환구조를 만드는 게 가장 중요한 사항이다.

자료: DBR 92호(2011. 11. 1)

2% 입으로, 불만의 98% 입 막을 수 있다

- '입소문 大家' 녹스 보스턴컨설팅그룹 고문… 소문 내고 싶은 '악의적 소문 차단법'
- 언제나 회사편 들어 줄 핵심 고객 2% 찾아내 친구처럼 만들어 둬야
- 잘못된 건 빨리 시정하고 고친 것 이들 통해 알려라

"핵심 고객 2%가 회사를 지지하고 소문을 퍼트리게 해야 합니다."

지난 12일 국내 대기업들에 소문 마케팅 기법을 소개하러 한국에 온 스티브 녹스(Knox) 보스턴컨설팅그룹(BCG) 수석 고문은 "친한 친구가 공격을 당하면 누구나 친구를 도와주려고 말을 하게 마련인데, 기업도 핵심 고객 2%를 친구처럼 만들어야 악의적 소문이 퍼지는 것을 막을 수 있다"고 말했다. 그는 2003년부터 7년간 세계 최대 생활용품 제조 회사 P&G의 소문 마케팅 전담 회사인 트레머에서 최고경영자(CEO)를 역임하고, BCG에 합류했다.

소문 마케팅의 전문가 스티브 녹스 보스턴컨설팅그룹 수석 고문은 "기업이 전체 고객 중 핵심 고객 2%를 친한 친구처럼 만들어 두어야 악의적 소문이 퍼지는 것을 막을 수 있다"고 말했다.

녹스 고문은 기업들이 소문 마케팅을 위해 우선해야 할 일은 '핵심 2%(critical 2%)'를 찾아내는 일이라고 했다. 그는 "현재 기업의 고객군이 누구이고, 특징은 무엇이며, 어떤 커뮤니티에 참여하는지 파악하고 나서 커뮤니티에서 영향력을 발휘할 수 있는 사람을 찾아내는 게 열쇠다"라며 "일단 이런 고객을 찾아내고 나서는 이들과 지속적 관계를 맺어야 한다"고 말했다. 2%란 숫자는 경험 법칙으로 찾아낸 것이다.

회사를 언제나 옹호할 수 있는 핵심 고객을 찾아내고 나서는 이들의 입을 여는 게 그다음 단계다. 녹스 고문은 트레머의 CEO를 역임하면서 인간의 뇌에 대한 연구 결과를 분석했다고 했다. 그래서 알게 된 사실이 "사람들이 말을 하게 하려면 '도식(schema)'을 파괴하라"는 원칙이다. 그는 "도식을 파괴하는 얘기가 뇌에 입력되면 뇌는 불균형 상태가 되고 다시 균형 상태로 돌아가기 위해 사람들은 말을 하기 시작한다"며 "핵심 고객들이 기존 도식을 파괴하는 얘기를 들으면 그 내용을 주변에 전달하게 된다"고 말했다.

녹스 고문은 도식 파괴형 소문 마케팅 사례로 타이레놀의 예를 들었다. 진통제를 생산하는 타이레놀은 젊은 고객층으로 시장을 확대하기 위해 익스트림 스포츠 애호

가들에게 접근해 '고통은 즐거움이다. 고통이 있더라도 타이레놀을 먹으면 된다'란 말을 퍼트리기 시작했다고 한다. 이는 '고통은 피해야 한다'는 고정관념을 뒤엎는 것이다. 그러자 젊은 층 사이에서 타이레놀이 화제에 올랐고, 판매 신장으로 이어졌다는 것이다.

미국 카드 회사인 아메리칸 익스프레스는 '조금씩 쇼핑하자(shopping small)'란 콘셉트로 중소 유통업체들을 자기편으로 끌어들였다고 한다. 대형 마트에 익숙한 미국인들에게 '조금씩 쇼핑하자'는 기존 관념을 깨는 얘기다. 이런 역발상은 중소 유통 매장에는 도움이 되는 얘기라서 중소 유통 시장을 파고드는 데 도움을 줬다고 한다.

녹스 고문은 최근 우리나라에서 기업 브랜드 이미지에 큰 타격을 줬던 '라면 상무', '조폭 우유' 사건과 관련, "일단 잘못된 것은 빨리 시정하고, 시정했다는 내용을 핵심 고객 2%를 통해 퍼트려야 일파만파 퍼지는 것을 막을 수 있다"면서 "기업이 미리 이런 옹호 고객을 확보해 놔야 브랜드가 예기치 않게 타격을 받아도 구할 수 있다"고 말했다.

녹스 고문은 "소문 마케팅이 전통적 마케팅 기법을 대체하지는 못하겠지만, 정보의 투명성이 높아지고 실시간으로 정보가 유통되는 방식으로 사회가 바뀌고 있기 때문에 앞으로 기업들이 무시할 수는 없는 기법이 될 것"이라고 말했다.

자료: 조선일보, 2013. 6. 18

 **사례 11** ## KCSI 1위 기업, 불황이 길어도 고객은 행복했다

- KCSI 22년 만에 첫 70점대 돌파
- 7년 연속 점수 상승 기록도 세워

한국산업의 고객만족도가 올해 조사 시작 22년 만에 처음으로 70점대를 돌파했다. 또한 2006년 이후 7년 연속 상승한 것으로 나타났다.

한국능률협회컨설팅(KMAC)이 국내 소비자 1만 607명을 대상으로 조사한 '한국산업의 고객만족도(KCSI, Korean Customer Satisfaction Index)' 조사 결과 올해 KCSI는 지난해보다 2.1점 오른 71.7점을 기록했다. 삼성전자와 현대자동차가 주도하고 있는 내구재 산업이 전체적인 KCSI의 상승을 주도한 것으로 조사됐다. 이번 조사는 지난 4월 15일부터 8월 14일까지 제조업 52개, 서비스업 59개 등 총 111개 산업에 걸쳐 소비자 방문에 의한 일대일 면접으로 진행됐다. KCSI는 전반적 만족도 (40%), 요소 종합만족도(40%), 재구입 의향(20%)을 반영한 점수다.

산업별로 자세히 살펴보면 제조업이 75.1점으로 전년 대비 2.2점 상승했으며, 서비스업(공공 서비스 포함)도 70.1점으로 2.0점이 상승한 것으로 조사됐다. 전체 111개 산업 중 86%에 달하는 96개 산업에서 지난해보다 KCSI가 올라갔다. 반면 11개 산업은 KCSI가 하락한 것으로 나타났다. 제조업은 50개 산업 중 47개 산업에서, 서비스업은 57개 산업 중 49개 산업에서 지난해보다 KCSI가 상승했다.

분야별로 살펴보면 제조업 중 삼성전자와 현대자동차가 주도하는 내구재 산업의 KCSI 상승세가 큰 것으로 나타났다. TV(86.0), 냉장고(85.9), 에어컨(84.4), 승용차(83.4) 등에서 상승세가 특히 높게 나왔다. 전년 대비 4.5점이 오른 가정용보일러, 4.3점이 상승한 침대, 4.2점이 오른 승용차타이어 산업도 상승폭이 컸다.

스마트폰을 중심으로 한 정보통신 산업에 대한 전 세계적 관심과 관련 기업의 노력으로 이동전화, 인터넷전화 등 통신 관련 산업이 큰 폭으로 상승했다. 또한 커피전문점, 제과·제빵점, 패스트푸드점 등 외식 관련 서비스업과 전자제품전문점, 백화점, 대형슈퍼마켓 등 도소매 유통업의 KCSI도 상승세를 보였다.

공공 분야에서는 치안행정이 9.9점, 철도 분야도 4.3점이 올라 전체적인 KCSI의 상승세를 주도했으나 등기소·세무서·전력 분야는 전년 대비 하락했다.

(중략)

올해는 총 17개 산업에서 정상의 순위가 바꿨다. 지난해보다 5개나 늘었다. 1위가 바뀐 산업은 맥주(OB맥주), 식용유(사조해표), 섬유유연제(LG생활건강), 가정용에어컨(삼성전자), 가정용정수기(청호나이스), 디지털카메라(소니코리아), 대형마트(롯데마트), 면세점(신라면세점), 백화점(롯데백화점), 소셜커머스(쿠팡), 영화관(롯데시네마), 인터넷쇼핑몰(인터파크), 패스트푸드점(롯데리아), 인터넷TV(SK브로드밴드), 종합병원(서울아산병원), 항공(대한항공), 지하철(광주도시철도공사) 등이다.

김종운 KMAC CS경영본부장은 "이제 국내 기업들은 험난한 글로벌 경쟁에 적응하면서 품질, R&D, 마케팅, 유통, A/S 등 각 분야에서 세계적 수준에 도달하고 있다"며 "올해 한국산업의 고객만족도가 7년 연속 상승한 것은 경쟁 상황에서 생존하려는 다방면의 노력이 국내 소비자들에게 좋은 평가를 받았기 때문"이라고 평가했다. 또한 그는 "최근과 같은 장기적 저성장에도 고객만족도 상승은 그동안 기울인 기업들의 노력이 인정받은 더욱 가치 있는 결과라 할 수 있다"고 말했다.

한국산업의 고객만족도

한국산업의 고객만족도(KCSI)는 한국능률협회컨설팅이 한국 산업의 특성을 살려 개발한 한국형 고객만족도 측정 모델로 1992년 시작해 올해로 22년째다. KCSI는 국가 산업경제의 질적 성장을 평가하는 지표다. 국내에서 특히 오랜 역사와 공신력을 인정받고 있는 평가 모델로서 조사 대상 산업이 전체 국내총생산(GDP)의 약 75%를 차지할 만큼 국내 산업의 대표적 고객만족도 조사 제도다.

KCSI는 한국의 산업 및 기업의 현 위치를 확인하고, 향후 관련 산업 및 기업의 경쟁력 향상을 위한 기초 자료로 활용된다. 조사 결과를 통해 기업은 시장에서 자사의 경쟁력을 파악하고, 고객의 불만을 일으키는 상품이나 서비스의 문제를 개선함으로써 고객지향적인 경영활동을 펼칠 수 있다. 또한 기업의 미래 성장 가능성을 예측할 수 있어 미래에 대비할 수 있는 자료로도 활용된다.

자료: 조선일보, 2013. 9. 30

사례 12 고객의 소리를 경영하라

"기업의 모든 사람이 고객의 말을 경청해야 한다. 결국 고객의 말을 가장 열심히 경청하고 대응하는 사람에게 승리가 돌아갈 것이다." 경영학계의 정신적 스승인 톰 피터스(Tom Peters)는 기업의 성공을 위해서는 반드시 고객의 소리(VOC)에 귀를 기울여야 한다고 역설했다. 고객의 소리를 경청하지 않는 기업은 고객이 진정 원하는 것을 알 수 없다. 즉 고객의 소리가 반영되지 않는 고객만족은 존재할 수 없는 것이다. 고객의 소리를 우선하는 대표적 한국 기업으로는 신세계백화점, 한국철도시설공단 등이 있다. 신세계백화점은 고객 중심 경영을 적극 추진하고 있다. 이를 위해 고객전략본부를 업계 최초로 신설해 고객에게 토털 솔루션을 제공하고 있고, 고객제안제도를 도입해 다양한 고객의견을 경영 전반에 반영하고 있다. 특히 전사원이 '고객의 소리로 시작하는 하루'를 생활화함으로써 고객 중심적 업무프로세스를 실현해 성과를 창출하고 있다. 한국철도시설공단은 고객의 소리를 적극적으로 수집하기 위해 소리샘, 홈페이지, 민원관리시스템 등 다양한 VOC수집채널을 운영하고 있다. 수집된 VOC를 검토 뒤 분석해 고객의 요구사항을 처리하고 개선하는 프로세스를 구축해 궁극적으로 고객의 니즈를 파악해 경영 전반에 반영하고 있다. 특히 공단업무 효율화, 계표준화, 업무처리 향상 등 고객지향적으로 업무방식을 변화시켜 지난 5년간 총4,000억 원 이상의 예산절감의 효과를 거뒀다고 밝히고 있다. 이처럼 고객 중심 경영의 시작으로 VOC경영이 주목받고 있다. 이런 산업계의 상황에서 KMAC는 고객의 소리를 우선하는 기업(VOC-MS)인증제를 운영한다.

이 인증제는 기업이나 기관의 경영활동에 있어서 모든 유형(불만, 제안, 문의 등)에 대한VOC를 체계적으로 수집/저장 후 분석해 경영에 활용하고 고객에게 다시 피드백 해 줌으로써 고객의 소리에 근거한 경영활동을 할 수 있는 경영체계를 갖춘 우수기업과 기관을 발굴해 부여하는 제도다. 이를 통해 VOC체계 구축의 기준이 되는 우수사례를 제시해 경쟁력 강화에 이바지하고자 한다. KMAC는 2011년 고객의 소리를 우선하는 기업인증제에 대한 응모 설명회를 오는 10월 27일 오후 3시 서울 여의도 소재 CCMM빌딩 메트로 홀에서 개최한다.

자료: 이노베이션월드, 2010. 10. 11

 **사례 13**
소비자 불만 싹부터 자르자

기업들 자율관리시스템 도입 붐… 사고발생 사전 차단

'사소한 고객 불만이 회사를 위기로 내몰 수 있다.' 최근 들어 고객 불만에 대한 기업들의 대응 태도가 사뭇 달라지고 있다. 소비자 불만을 자율적으로 처리하는 제도를 도입하는가 하면 기존의 소비자보호센터라는 한정된 부서에서 대응하는 것에서 탈피해 전사적으로 적극 대응하는 분위기다.

인터넷과 각종 미디어의 발달로 소비자의 조그만 불만이 회사에 큰 타격을 주는 사례가 잇따르고, 2008년부터 소비자단체가 집단소송을 할 수 있는 제도가 도입될 예정이라는 점도 기업들이 소비자 불만에 신경을 쓰는 이유다.

소비자 불만에 대한 기업들의 태도 변화 가운데 최근 잇따라 도입되고 있는 '소비자불만 자율관리 시스템'(Consumer Complaints Management System: CCMS)이 주목을 끌고 있다.

CCMS는 기업이 사전에 자율적으로 소비자들의 불만사항을 최소화하고, 부득이하게 발생하는 소비자의 불만과 피해에 대해 신속하게 대응할 수 있는 체계를 구축하는 것을 말한다. 이를 통해 기업과 소비자 간의 분쟁을 자율적으로 해결하자는 취지다. CCMS제도는 미국, 캐나다, 영국, 일본 등 선진국에서는 이미 보편화된 소비자 피해 예방 시스템 가운데 하나다.

〈도표〉 CCMS 제도를 도입한 기업

업 종	도입회사
제조 · 금융	LG전자, LG화학, GS칼텍스, 삼성생명, 삼성카드, 삼성증권, 삼성화재, 신동아화재, 현대해상화재
유통 · 식품	GS홈쇼핑, CJ, 두산종가집, 롯데삼강, 롯데제과, 롯데햄, 롯데우유, 유한킴벌리, 풀무원, 매일유업, 해태음료, 남양유업
기타	나이키스포츠코리아, 야마하뮤직코리아, 유니베라

도표 왼쪽 흐름도:

소비자
소비자 불만
소비자 피해

↕ 자율 처리

기업
• 소비자 불만 자율관리 체제 구축
• 영업, 품질, 서비스, 구매 등 모든 부서 참여

지난 7월까지 LG전자, GS칼텍스 등 다섯 개 기업만이 올해부터 이 제도를 시행하고 있지만 9월 말 현재 CCMS제도를 도입한 기업은 20개를 넘어섰다. 삼성전자도 CCMS제도 도입을 적극 검토 중이다.

과거에는 소비자 피해가 있을 경우 공정거래위원회나 소비자보호원 등에 신고해 불만을 해소해 왔는데 앞으로는 중간 매개단체 없이 기업이 직접 소비자 피해에 대응하겠다는 게 CCMS제도의 골자다.

LG전자는 지난 7월 기존의 '고객지원팀'을 'CCMS팀'으로 이름을 바꾸고 이 팀을 중심으로 전 사업 부문이 참여할 수 있는 'CCMS 운영위원회'를 설치했다. 위원장은 김쌍수 부회장이 맡고 있다.

한편 지난 7월 소비자보호법 개정안이 국회를 통과함에 따라 2008년부터는 안전, 거래, 표시, 광고 관련 법령을 위반한 사업자에 대해 일정요건을 갖춘 소비자단체, 사업자 단체가 그 행위의 금지를 법원에 청구할 수 있는 '소비자단체 소송제도'가 도입돼 소비자 권리는 더욱 강화될 전망이다.

자료: 매일경제, 2006. 10. 9

제6장

품질경영전략

 ## 제1절 전략의 이해

1. 전략의 개념

전략(strategy)이란 기업과 시장이 어떤 형태로 접점을 이루도록 할 것인가를 결정하는 것이다. 환언하면 전략은 목표를 가장 효과적으로 달성하기 위한 장기적 계획이다. 그러므로 전략에 따라 기업이 시장에서 취할 행동의 기본적인 내용이 결정된다.

전략은 조직이 취해야 할 활동의 장기적인 기본 설계도를 시장환경과 어떤 관계를 맺을 것인지를 중심으로 수립된 것이다. 따라서 전략의 핵심은 기업과 시장환경 간 관계에 대한 기본방침의 설정에 있다. 여기서 '기본 설계도'는 전략이 행동으로 연결되는 설계를 말하는 것으로 단순한 슬로건이나 이념이 아니라는 것을 뜻한다.

바람직한 전략은 환경이 기업에 무엇을 요청하는가를 직시해야 하며, 장기적인 전망에 기초를 두어야 하고, 눈앞의 현상에 사로잡혀서는 안 된다. 한마디로 전략은 경영이념과 사업계획 사이에 오는 이미지인 것이며 조직활동에 대한 설계도로 볼 수 있다. 퀸(Quinn, 1980)에 의하면, "전략은 조직의 목표, 정책, 실행과정 등을 응집력 있게 하나로 통합할 수 있는 계획이며, 전략을 체계적으로 수립함으로써 경영환경의 변화와 경쟁자의 동향을 예측하고 내부의 강점과 약점에 비추어 필요한 곳에 적절한 경영자원을 배분할 수 있다"고 한다.

공식적인 전략에는 일반적으로 다음의 세 가지 요소들이 포함된다.

① 달성하고자 하는 목표
② 활동을 유도/제한하는 방침
③ 목표를 달성하기 위한 활동계획

조직의 전략은 다음의 네 가지 측면에서 파악할 수 있다.

(1) 의사결정

일관되고 일체감 있는 통합적인 의사결정의 유형으로 볼 수 있으며 장기적 목표, 활동계획, 자원배분의 우선순위 측면에서 조직목표를 결정하여 명시하고, 현재 또는 미래의 사업영역을 선택한다. 전략적 의사결정은 연속적으로 이루어지는 것이 보통이며 상호보완적이고 일관된 패턴을 가져야 한다.

(2) 목표

외부환경의 기회·위협과 조직의 강·약점을 적절히 대응하여 각 사업의 장기적 경쟁우위를 달성하려는 시도를 말한다.

(3) 해당범위

전체 조직의 차원(기업, 사업, 기능별)이 참여하며 조직의 이해당사자들을 위한 조직의 경제적·비경제적 공헌의 성격을 정의한다. 자원배분의 결정에서 일상업무의 활동에 이르기까지 그 내용이 광범위하므로 전 조직이 전략의 수립에 적극 참여하는 것이 필요하다.

(4) 대상기간 및 영향력

전략에는 적어도 전략집행과 결과검토를 하기에 충분한 기간이 필요하다. 또 선택된 분야에 노력 및 자원을 집중하므로 전략의 영향력은 상당히 크다.

2. 전략의 목표

궁극적으로 전략의 목표는 해당 사업 분야에서 경쟁우위(competitive advantage)를 창출하는 것이다. 경쟁우위는 기업의 존속과 성장을 보장하며, 경쟁우위의 확보에는 대체로 다음과 같은 사항들이 고려되어야 한다.

(1) 차별적 능력

차별적 능력(distinctive competence)이란 '경쟁자와 차별되게 하는 힘' 또는 '상대적 우위를 부여하는 능력이나 지식'으로 정의된다. 유사하게 프라할라드와 하멜(1990)은 핵심역량(core competence)을 '현재 그리고 장래에 조직에 강점을 제공하는 지식 또는 능력'으로 정의하고 기술적 우위, 신상품 개발력, 조직관리 기술 등을 그 예로 들었다. 기본적으로 기업은 무엇으로든 차별화할 수 있어야 생존이 가능하다. 이러한 차별화를 가능하게 해주는 수단이 바로 특유능력인 것이다.

어떤 형태로든 차별적 능력을 개발하고 유지할 수 있어야만 기업은 생존할 수 있다. 그러므로 하나 이상의 핵심 분야에서 차별적 능력을 가진 기업은 경쟁자를 압도하게 되며, 전략의 목적은 이러한 차별적 능력을 키우고 사업을 발전/성장하게 하는 방향으로 진행되어야 한다.

(2) 가치사슬

❶ 부가가치 활동의 구조화

1985년 M. 포터가 제창한 '가치사슬'(value chain)이란 상품에 가치를 부가하는 전체 과정을 검토하여 제반 활동들이 어떻게 상호작용하는지 체계적으로 분석하는 개념 및 도구를 말한다. 가치사슬은 한 기업이 수행하는 활동을 전략적으로 연관성 있는 몇 개의 활동으로 나누어 원가형태를 파악하고, 외부에 표출되었거나 내재된 차별화의 원천을 이해하는 데에 유용한 기법이다.

가치사슬에 의해 경쟁우위를 제공하는 과정에 대한 전체적인 파악이 가능하다. 즉 가치사슬은 지출이 어느 부분에서 이루어지는가를 파악하게 하며, 경쟁전략에 필요한 가치사슬의 측정부분에 조직의 초점을 맞출 수 있게 해준다.

그 기본원리는 조직의 과업을 아홉 개의 큰 영역으로 나누어 다섯 개는 본원적 활동, 네 개는 지원활동으로 분류한다. 본원적 활동에는 상품제조과정과 판매, 그리고 고객에게 전달되는 물적 유통과정과 애프터서비스(A/S) 활동이 포함된다.

어떤 기업이든 본원적 활동은 다섯 가지 범주로 나뉜다. 그리고 지원활동은 본원적 활동 및 타 지원활동을 보조해 주는 활동으로서 구매되는 투입요소, 기술, 인적자원과 기타 기업 전반에 걸친 기능을 포함한다. 특히 지원활동 중 기술은 과거에는 제품개발의 영역으로 여겨졌으나, 오늘날에는 정보기술(IT)의 발달로 조직의 경쟁우위 창출에 지대한 역할을 하게 되었다.

이상의 본원적 활동과 지원활동은 다시 산업특성과 조직의 전략에 따라 세부적인 소활동으로 나뉘며, 여기에 포함되는 활동은 다음의 기본적 요건을 충족해야 한다. ① 활동의 경제적 형태가 서로 다를 것, ② 원가측면에서 비중이 크고 증가할 것, ③ 차별화에 대해 잠재적 영향력을 크게 미칠 것 등이 바로 세 가지 판단기준이다. 이와 같이 본원적 활동과 지원활동, 두 가지 부가가치 활동의 구분은 기술적/전략적 측면을 고려하여 분리해야 하므로 종래의 회계적 분류와는 다른 것이다.

마지막으로, 가치란 총수입으로 측정가능하며, 부가가치는 투입비용보다 조직이 부가한 가치가 초과할 때 발생한다. 가치란 결국 고객이 지불하려는 금액인 것이며 가치사슬은 총금액으로 표시될 수 있다. 즉 가치사슬은 가차창출 활동과 이윤으로 구성되어 있는 것이다. 그리고 이윤은 바로 생성된 전체 가치에서 가치창출 활동에 투입되는 총합원가를 뺀 차이가 된다.

❷ 부가가치 사슬의 연계

가치사슬은 전체 기업활동을 포함하고 있으므로 경쟁상대에 대한 기업의 위치를 진단하고, 더 나아가 경쟁우위를 지속하는 데 필요한 기반이 무엇인지를 정의해 준다. 또한 가치사슬은 산업의 매력도 등을 나타내는 외부요인과는 달리 내부통제가능요인으로 구성되므로 가치사슬 내의 활동은 경쟁우위 창출에 필요한 기반을 제공한다. 그러므로 가치사슬의 철저한 분석은 경쟁에 필요한 성공요인을 발견하게 하고, 경쟁력의 발판을 제공할 특유능력을 어떻게 개발할 것인가를 깊이 생각하게 한다.

가치사슬을 이용하여 각 가치활동이 어떠한 가치를 가지고 있으며 무엇이 가치활동의 원가를 결정하는지에 초점을 맞추게 되면, 기업은 가치활동을 배열하거나 결합하는 방식을 결정하는 데 있어서 보다 적절한 선택을 할 수 있다. 가치사슬에는 서로 관련성을 가진 활동들이 연계되어 있으므로 비용과 성과분석 측면에서도 유리하다. 또 활동 간 연계는 최적화와 조정, 두 가지 방법을 통하여 경쟁우위 창출에 도움을 주게 된다.

3. 전략수립 과정

전략수립을 체계화한 것을 전략적 계획이라 한다. 전략수립은 [그림 6-1]에서와 같이 단계적으로 이루어지고 상·하위전략은 위계를 형성하며 상호관련을 맺게 된다.

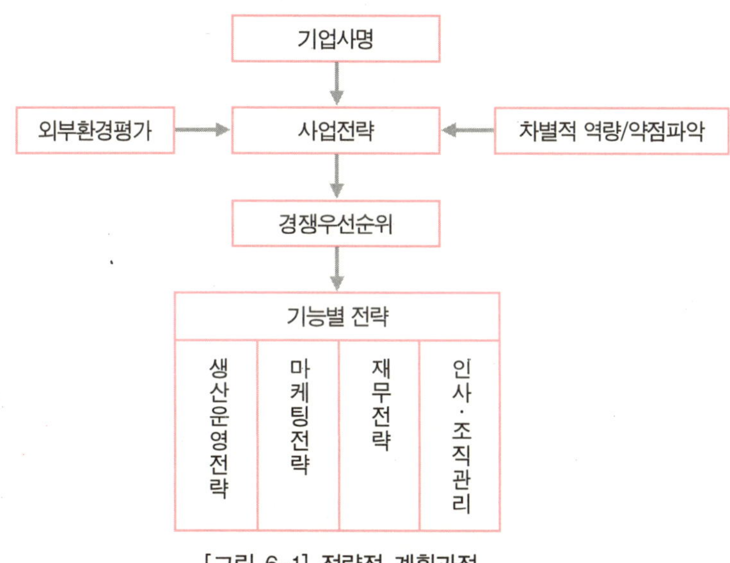

[그림 6-1] 전략적 계획과정

(1) 기업사명

조직에 특유한 목표의 집합이며 사업영역, 목표고객, 사업에 관한 기본적 믿음으로서 생존, 성장, 수익성에 대한 목표를 나타낸다. 사업영역은 되도록 넓게, 명확하게 정의해야 하며, 이에 따라 경쟁자와 시장위치는 결정된다.

(2) 외부환경 평가

환경탐사를 통해 기회 및 위협의 확인, 그리고 기업을 둘러싼 간접적·직접적 영향 요소를 파악하는 것을 말한다.

(3) 조직의 핵심능력 발견

내부 보유자원 및 능력을 경쟁자와 대비하여 상대적인 강·약점을 파악하고 특유능력이 발휘될 여지를 결정한다.

(4) 사업전략

기업의 장기적 게임플랜(game plan)이며, 어떻게 사명을 달성할 것인가를 지시하는 역할을 한다. 이러한 사업전략은 부문별 계획인 생산·운영, 마케팅, 재무 및 인사·조직 등에 반영되어 있으며, 사업전략은 외부환경적 요인인 경제상황과 조직내부에 보유하고 있는 차별적 능력을 바탕으로 만들어진다.

(5) 경쟁 우선순위

이상의 외부환경 평가와 강·약점 파악을 바탕으로 기업전략이 수립된 후 경쟁 우선순위가 설정된다. 이는 조직이 전략적으로 특유능력을 가지려는 차원을 나타낸다.

(6) 기능별 전략

기능별로 세부적인 전략을 명시하며 조직의 3대 기능인 생산·운영, 마케팅, 재무전략 및 인사·조직 전략 등이 있다. 기능별 전략은 상위전략의 테두리 안에서 어떻게 조직목표를 달성할 것인지에 대한 구체적 방법을 명시한다. 이러한 조직의 핵심기능별 전략 간의 상호조화 및 강화가 가장 바람직하다.

 제2절 전략적 품질경영

1. 품질경영 전략

전통적으로 경영전략은 재무기능이나 마케팅기능에 집중되어 왔으며, 이것은 두 가지 경쟁우위의 원천인 원가우위 및 차별화 우위와 관련이 있다. 종합적 품질은 이 두 분야를 향상시키는 데 중요한 역할을 하며, 따라서 품질경영은 본질적으로 전략이라고 할 수 있다.

경영전략에 있어서 품질의 역할은 1980년대 이래로 두 가지의 중요한 단계를 거쳐 왔다. 첫째, 품질에 의한 전략은 시장에서의 경쟁우위를 실질적으로 이끌어 낼 수 있는 것으로 광범위하게 인식되어 왔다.

둘째, 품질전략과 본원적 경영전략 사이의 구분이 점점 사라지고 있다. 최근의 추세는 품질계획을 정규 사업계획에 통합하는 것, 즉 TQM을 기본적인 운영철학으로 삼는 것이다. TQM을 전략계획에 통합하는 것은 대부분의 기업들에게 있어서 자연스러운 발전과정의 결과라고 할 수 있다.

그러나 신규기업이나 단기적인 성공기준을 좋아하는 기업들은 품질보다는 판매 증가, 생산설비 확장 및 생산량 증가 등을 중요시한다. 일반적으로 전략계획은 재무전략과 마케팅전략에 집중하는 경향이 있다.

경쟁이 치열해지고 소비자의 기대수준이 높아지면서 원가절감 목표가 중요시되었다. 어떤 경우에는 품질향상 노력이 강조되기도 하였지만 품질이 기업의 전략계획에 통합되지는 못했다. 1970~1980년대 유류파동과 경기불황을 겪으면서 최고 경영자들은 전략운영계획으로서 품질의 중요성을 깨닫기 시작하였다. 그러나 이 때에도 품질은 재무계획이나 마케팅계획과 분리되어 있었다. 세계적인 일류기업을 추구하는 기업들은 품질을 종합적인 전략계획에 통합시키고 중추적인 운영전략으로 인식함으로써 최고의 발전과정에 도달하고 있다.

1990년대에 들어와서 기업경영의 가장 큰 초점 중의 하나가 바로 고객만족(CS)을 위한 경영체계의 정착이며, 이러한 추세는 품질제일주의를 바탕으로 한 기업운영과 제품의 국적을 초월한 취사선택을 하는 소비자들의 시각 및 요구의 변화추세에 따라 더욱 뚜렷해졌다. 이 같은 소비자 욕구는 한 시점에 만족했던 특정제품의 품질도 시간이 경과하면서 품질의 수준이 당연시됨에 따라 이제는 기업들 스스로가 고객이 전혀 기대하지 못했던 제품이나 서비스를 제공함으로써 소비자에게 놀라움과 기쁨을 제공하려는 노력을 기울이고 있다.

고객 중심의 미래경영체제를 구축하기 위해서는 기능부서의 역할에 중점을 두고 있는 기존의 전략경영에서 탈피하여 품질 및 고객 중심에 역할을 둔 새로운 개념의 전략경영이 필요하다. 구체적으로 말하면, 품질개선을 통한 고객만족도를 향상시키기 위해서는 경쟁사의 분석을 통한 단기적인 치료 및 대응보다는 장기적인 기업경영의 전략적 관점에서 미래 산업환경 변화를 예측하는 것이 필요하다. 이와 함께 기업의 핵심역량을 사전에 구축해야만 현재의 환경변화를 미래 성공의 기회로 전환시킬 수 있고 이를 바탕으로 미래 산업분야를 한발 앞서 점유할 수 있는 역량을 제공하게 되는 것이다.

2. 품질전략의 주요 요소

(1) 고객 중심(customer focus)

현대 품질의 관점에서 볼 때 생산 · 판매하는 제품이나 서비스는 고객에 초점을 맞추어 개발 · 설계되고 제공되어야 한다. 즉, 고객의 요구나 기대를 충족시키면서 그들에게 값진 것이어야 한다. 고객에 초점을 맞추면 고객의 욕구와 필요(wants and needs)를 파악할 수 있다.

고객에는 제품이나 서비스 이용자인 외부고객과 종업원을 비롯한 내부고객이 포함되는데, 이는 외부고객을 만족시키려면 내부구성원들의 품질의식과 결집된 정성과 노력이 필요하기 때문이다.

(2) 사실에 근거한 의사결정

품질경영에서 주요한 요소는 사실에 근거한 의사결정(decision-making by facts)이다. 제품개발 프로젝트의 실패율은 20～95%에 이르는데, 이는 고객이 실제로 무엇을 원하며 얼마를 지불하고자 하며 경쟁자가 무엇을 하는지 등에 관한 시장사정을 제대로 파악하지 못했기 때문이다.

(3) 전략계획

전략계획(strategic planning)을 통해서 리더는 조직의 장래를 조망하고 비전의 장기 실행계획을 수립하고 관리한다. 전략계획을 통해 고객의 요구를 명확히 이해하고 효과적인 자원배분과 전략실행이 가능해진다.

1980년대부터 품질이 핵심 전략변수가 되면서 품질전략이 전략계획의 중심을 이루고 있다.

(4) 지속적인 개선

기술의 발전이나 문명의 발달, 매스미디어의 발전, 그리고 소비자들의 교육수준 향상 등으로 그들이 기대하는 품질수준은 나날이 높아지고 경쟁자들의 품질수준도 향상되고 있으므로 제품이나 서비스의 지속적인 개선(continuous improvement) 없이는 경쟁우위를 지킬 수 없다.

(5) 구성원의 적극적인 참여

품질전략이 성공적으로 수행되려면 모든 구성원이 고객만족 및 지속적인 품질개선을 위해 정성을 다해 나아가야 한다. 종업원들은 그들이 하는 일에 긍지와 책임을 갖고 적극적으로 참여할 기회가 주어져야 하며, 이때 그들은 더욱 열심히 정성을 다해 일을 할 것이며 이에 따라 품질은 더욱 개선·향상될 수 있다.

조직 안의 종업원뿐만 아니라 원자재를 납품하는 공급자들을 포함한 구성원 모두가 자기가 하는 일에 긍지를 갖고 품질향상에 적극적으로 참여해야 한다.

3. 전략적 품질경영의 접근단계

경영자의 중요한 역할은 조직을 이끌어 가는 것인데, 품질이 중요한 전략변수가 된 오늘에 있어서 전략적 품질경영(Strategic Quality Management: SQM)은 매우 중요하다. 전략적 품질경영은 장기적인 품질목표를 수립하여 이를 전략적으로 전개하는 경영이라고 정의할 수 있다. 전략적 품질경영은 상위경영자에 의해 개발·추진되는데, 계획기간은 보통 5년이지만 대개 초 년도에 상세하게 전개된다.

전략적 품질경영의 접근단계를 열거하면 다음과 같다.

① 고객의 요구에 초점을 맞춘다. 이는 SWOT분석을 토대로 갭(gap)분석에 입각하여 목표와 조치를 모색한다.
② 품질목표와 전략을 개발하기 위해 상위경영자가 리더십을 발휘한다.
③ 전략을 연간 사업계획으로 전환한다.
④ 품질부서 대신에 일선현장에서 전략을 실행한다.

1970년대 후반에 제록스(Xerox) 사가 고전한 것은 일본의 경쟁업체가 전사적 품질관리(TQC)를 전개한 것과 관련이 있으며, 그 후 벤치마킹(Benchmarking)을 통해 경쟁업체의 전사적 품질관리를 역으로 수입하여 경쟁력을 다시 회복할 수 있었다.

1980년대 초 경쟁업체인 제너럴모터스(GM) 사와 일본 자동차에 계속 밀리던 포드(Ford)자동차 사는 고객의 요구와 기대를 충족시키고자 일본의 마쓰다자동차 사의 주식을 매입해 협력관계를 맺고 이들로부터 일본의 품질경영을 배워 품질개선을 위해 구성원들을 교육·훈련시키고 그들의 부품 공급업체와 함께 지속적인 품질개선을 꾸준히 전개하였다. 그 결과 1992년과 1993년에 최고의 매출을 올린 포드 토러스(Taurus) 승용차를 개발하여 경쟁할 수 있었다.

급속하게 변하는 기업환경에서 환경변화에 신속히 대응하려면 경영전략과 이를 과감하게 추진할 경영자의 역량이 필요하다. 그러기 위해서 경영자는 품질경영 사상과 기법들을 이해하고 이의 실천에 앞장설 수 있어야 한다.

1980년대 들어 많은 회사들이 품질관리(QC)에 새로운 의미를 부여하기에 이르렀는데, 즉 품질을 소비자측면에서 인식하고 품질과 원가, 수익성, 생산성 등 주요 전략변수와의 밀접한 관계를 깨닫기 시작했다. 이는 곧 전략적 품질경영(SQM)의 개념으로 품질관리에 대한 사고변화를 뜻하는 것이다. 즉 제품의 품질은 이를 소비하는 고객이 판단하는 것이며 제품에 대한 고객의 만족은 구매시점은 물론 제품의 수명이 다할 때까지 지속되어야 한다.

전략적 품질경영을 성공적으로 전개하는 데는 경영자의 리더십이 필요하다. 전략적 품질경영을 실행함에 있어서 경영자는 실행책임자에게 권한과 책임을 이양해야 되지만, 중요한 것은 품질 하부구조가 부실해서는 안 된다는 점이다. 즉 목표, 계획, 계획수행을 위한 조직구조, 예산, 성과에 대한 인식과 보상이 뒷받침되어야 한다.

 제3절 품질전략의 계획과 실행

1. 전략계획

전략계획(strategic planning)은 리더십 발휘에 절대적인 필수요소가 된다. 말콤 볼드리지상(Malcolm Baldrige Award) 또는 줄여서 MB상이라고도 부르는 이 상의 평가기준에도 리더십 다음으로 전략계획이 제시되어 있다.

전략계획을 통해서 리더는 조직의 장래를 조망하고 비전의 장기 실행계획을 수립하고 관리한다. 전략계획 범주에는 조직의 이념, 비전, 전략, 방침, 목표를 비롯한 전략의 형성과정이 포함된다.

전략계획의 접근과정 면에서 볼 때 우량기업들은 다음과 같은 공통점들이 있다(이순룡, 2010).

(1) 최고경영자와 구성원들이 전략계획 과정에 활발히 참여한다

확고한 리더십은 총체적 품질의 신뢰성 확립과 품질을 사업 기획과정에 통합시키는 데 필수적이다. 예컨대 AT&T 송신시스템의 상위경영자는 본사 품질위원회의 위원이다. 이 위원회가 품질개선 대책을 논의할 때는 품질목표를 우선 검토한다. 산하 특별위원회의 위원장이기도 한 품질위원회의 위원 각각은 특별위원회에서 품질목표를 전개하는 별도의 책임을 맡고 있다.

조직의 구성원은 전략계획에 중요한 자원인데, 구성원이 고객과의 관리업무를 알고 있으면 이들 구성원의 개입으로 전략경영의 효율성을 크게 높일 수 있다. 고객과 접촉하는 일선종업원의 기획은 고객만족(CS) 차원에서 더 잘 이해되고 평가될 수 있다.

(2) 고객의 욕구와 요구를 지향하는 전략을 수립한다

전략계획 과정은 조직의 관심사를 고객만족에 집중시킨다. 1992년도 MB상 수상업체인 리츠 칼튼(Ritz Carlton) 호텔은 모든 활동계획에 대해 고객요구의 효과적인 전달을 중점적으로 평가한다. 목표는 한 사람의 고객도 이탈이 없는 제1의 서비스 업체가 되는 것이며, 따라서 모든 계획은 이 목표를 반영한다.

마찬가지로 1994년도 MB상 서비스 부문 수상업체인 AT&T 고객통신 서비스는 고객만족 요소로서 품질사명감, 고객 서비스, 요금청구, 요금, 회사평판의 다섯 가지로 정하였다. 이 고객만족 요소들은 고객요구 사항에 따라 정리된 것으로 업무개선과 새로운 서비스 목표가 된다.

(3) 전략계획 과정에 공급자를 참여시킨다

공급자와의 협력관계가 장기계약으로 지속되면서 개발 및 계획과정에 공급자를 참여시킨다. AT&T 송신시스템의 관리자는 공급자와 5개년 부품 품질계획을 협상한다. 1990년도 MB상 수상업체인 월리스(Wallace) 사에서는 고객과 공급자를 매년 열리는 품질계획 수정회의에 참여시켜 이들의 의견을 계획에 반영한다.

(4) 전략개발과 전개를 위한 체계적인 계획시스템이 확립되어 있다

1995년도 MB상 수상업체인 코닝(Corning)텔레콤 제품사업부는 전략개발, 전략계획, 전략전개의 3단계로 계획시스템이 구축되어 있다. 전략개발 단계에서는 신규전략과 전략의 갱신이 이루어지고 전략계획 단계에서는 전략을 연간계획으로 작성하면서 전략 우선순위와 주요 성공요인(critical success factor: CSF)이 제시된다. 전략전개 단계에서는 전략 우선순위와 CSF를 고려하여 전략추진 부서별로 목표를 수립한다.

2. 품질전략 계획수립

(1) 품질목표의 설정

목표란 활동을 위한 계획의 기초가 되는 것으로 "특정기간 중 달성될 것으로 기대되는 성과를 나타낸 것"이며, 품질목표는 품질방침에 따라 설정한 품질에 관한 목표를 말한다.

이상적인 품질목표는 무결점이라 할 수 있다. 지속적인 개선활동의 방침 자체도 목표임에 틀림없으며, 목표는 계수로서 표시될 때 달성효과가 높은 것이다.

품질목표는 기본적으로 두 가지로 나뉜다. 첫째는 현상유지, 즉 관리를 위한 품질목표이며, 둘째는 현상타파, 즉 품질개선을 위한 품질목표이다. 현상유지(품질관리)를 위한 품질목표는 현재의 품질이 만족스러운 상태여서 품질개선의 필요가 적다거나 품질개선을 하는 것이 비경제적일 경우, 그리고 정상적인 품질관리 활동을 전개하는 경우에 흔히 설정된다.

현상타파(품질개선)를 위한 품질목표를 수립하는 이유는 다음과 같다(이순룡, 2010).

① 품질리더십을 확보하기 위해서
② 뛰어난 성과를 올려서 경쟁력을 확보하기 위해서
③ 품질문제들로 일어나는 보증비용, 조사비용, 손해배상, 할인 등으로 야기되는 실패비용(failure cost)을 절감하기 위해서

④ 고객, 공급자, 투자자, 지역사회 등 외부 이해관계자들에 대한 기업의 이미지 쇄신을 위해서

(2) 품질계획의 수립

품질계획은 첫째, 품질의 목표를 설정하고, 둘째, 그 목표의 달성에 필요한 제품과 프로세스를 개발하는 모든 활동이다. 이 정의에 따르면 품질계획이란 고객에게 판매되는 상품이나 서비스뿐만이 아니라 구매요청서, 송장, 보고서 등 많은 내부 산출물도 포함한다. 즉 품질계획은 수많은 내부의 사업절차, 예컨대 신입요원의 채용, 판매예측의 준비, 송장의 작성 등도 필요로 한다.

품질계획이란 제품생산 관련부서에만 국한된 개념이 아니라 전사적 차원에서 제품의 품질을 향상시키고, 내부 및 외부고객을 만족시키며, 기업의 경쟁력을 높이고, 시장을 확보하는 데 필요한 품질개선과 혁신에 관한 총체적인 활동을 의미한다.

조직의 관리자는 우선 조직의 미션, 비전, 관리원칙 등을 개발하고 이에 대한 합의를 해야 하는데 이것이 전략계획의 토대를 형성하는 것이다.

기업의 미션(mission)이란 기업이 존재해야 하는 이유를 정의하는 것으로 기업 내의 여러 그룹들이 전략을 개발할 수 있도록 지침을 제시한다. 그리고 미션은 일상적인 운영의 설정이 이루어질 수 있는 상황을 설정하고, 선택가능한 전략적 대안의 범위를 제안하며 장·단기목표나 여러 성과목표에 대한 득과 실을 비교 분석할 수 있는 기준을 제시한다. 예를 들어 페덱스(FedEx) 사의 미션은 품질, 서비스, 청결 및 가치 등이다.

비전(vision)은 리더가 조직이 나아갈 방향과 미래의 모습을 구성원들에게 제시한 것이다. 예를 들어 페덱스 사의 비전은 "적시의 신속한 배달을 실현시킬 수 있는 차별적인 운송으로 뛰어난 재무성과를 달성하는 것"이다.

다음 단계는 조직의 현재위치와 비전에 따라 희망하는 미래위치와의 차이를 평가하는 것이다. 이러한 평가를 바탕으로 그 차이를 극복할 수 있는 목적, 전략, 목표를 개발해야 한다.

품질을 위한 관리는 계획, 관리 그리고 개선의 세 가지 과정에 의해 수행된다. 그 세 가지의 개념을 열거하면 다음과 같다.

① 품질계획(quality planning)
② 품질관리(quality control)
③ 품질개선(quality improvement)

품질계획, 품질관리 및 품질개선의 세 가지 개념이 바로 주란 박사가 말하는 품질 3분법(Quality Trilogy)의 주요 과정이다.

품질계획은 고객의 요구를 충족시키는 데 필요한 제품과 프로세스를 개발하는 활동이며, 이것은 일련의 보편적인 단계를 포함하고 있다. 그 단계를 간단하게 정리하면 다음과 같다.

① 품질목표를 설정한다.
② 목표를 충족시키기 위한 노력에 영향 받을 수 있는 사람, 즉 고객을 확인한다.
③ 고객의 요구를 결정한다.
④ 고객의 요구에 반응하는 제품특성을 개발한다.
⑤ 프로세스 관리를 수립하고 그 결과를 현장에 적용한다.

3. 전략의 실행

최고경영자는 그들의 계획과 전략을 성공적으로 추진할 수 있는 방법이 필요하다. 일본 기업들은 방침전개(policy deployment)를 통해 전략을 전개하고 있다. 방침전개는 주요 경영과정상의 변화를 관리하기 위한 시스템적인 접근방법이다. 이것은 조직 전체의 계획, 전략 우선순위의 설정, 목표달성을 위한 자원의 제공, 성과향상을 위한 성과측정 등을 강조한다.

방침관리의 특징은 조직의 목표설정보다는 계획과정 자체에 초점이 주어지고 있다는 것이다. 이를 위한 과정은 최고경영자가 기업의 주요 목표를 제시하는 데서 비롯되어 차츰 하부층으로 목적과 수단의 고리를 이어서 전개되어 결국 실행계획이 작업현장에 내려지게 된다. 그래서 유럽 및 미국에서는 일본의 방침관리를 방침

전개라고 부르기도 한다.

　전략적 품질경영(SQM)의 개념을 가장 구체적으로 반영하고 있는 것이 전략적 방침관리다. 전략적 방침관리란 전략입안에서부터 방침전개까지를 일관하여 실시하기 위한 방법론이다.

　전략적 방침관리의 요체는 사업전략의 입안과 입안된 전략을 방침으로 전환하여 그 방침을 전개하는 것이다. 전략적 방침관리에서 제시하고자 하는 방침책정을 위한 방법은 다음의 일곱 가지이다.

① **환경분석** : 일반적인 경기지표와 거시경제 정보를 활용하여 산업 전반을 분석하는 거시분석과 업계의 매력도를 결정하는 요인을 구조적으로 분석하는 업계 구조분석으로 이루어짐.
② **제품분석** : 제품을 품질 면과 가격 면에서 경쟁제품과 비교하여 평가하는 활동
③ **시장분석** : 자사와 경쟁사의 상대적 비교와 마케팅 활동을 목적으로 한 활동
④ **제품시장 분석** : 제품시장 매트릭스에 의하여 자사와 경쟁사의 포지셔닝(positioning)과 경합상황을 파악하는 활동
⑤ **제품포트폴리오 분석** : 횡축에 경합우위성, 종축에 시장의 매력도를 설정하여 자사 제품과 경쟁제품의 우위성을 파악하는 활동
⑥ **전략요인 분석** : 사업을 구성하는 주요요인을 연구개발, 생산, 판매 등의 기능과 품질, 원가, 납기, 안전성 등의 요소에 이원 분류하여 사업의 특성에 상응하는 전략을 추출하는 활동
⑦ **자원배분 분석** : 전략목표 달성을 위한 사업전략상의 자원(인적자원, 물적자원, 자금, 시간 등)을 적정하게 배분하는 활동

4. 전략실행상의 과오

　품질전략의 실행은 매우 광범위하게 이루어지기 때문에 많은 분야에서 잘못된 결과가 발생할 수 있는데, 가장 빈번하게 발생하는 실행상의 과오를 열거하면 다음과 같다(김기영 외, 1999).

① TQM은 화려한 계획에도 불구하고 오히려 단순한 하나의 프로그램으로만 간주된다.

② 단기적으로 성과가 나타나지 않는다. 단기적인 결과를 얻으려는 시도를 하지 않을 경우도 있고, 가시적인 성과가 먼 장래에 발생할 것이라고 경영자가 믿는 경향이 있다.

③ 진행과정이 고객에 대한 집중, 전략사업 과제, 경영자 등을 중심으로 추진되지 않는다.

④ 보상제도, 승진제도, 회계시스템, 엄격한 방침과 절차, 전문화와 기능화 등과 같은 조직의 구조적인 요소가 변화를 억제한다.

⑤ 목적이 너무 낮게 설정되어 있다. 최대한으로 목적달성을 위한 노력을 하지 않거나, 목표달성에 있어서 벤치마킹을 사용하지 않는다.

⑥ 조직문화가 '명령과 통제'의 상태로 남아 있고, 두려움이나 무책임, 예산, 진행일정, 관료주의 등으로 움직여진다.

⑦ 교육훈련이 적절히 실시되지 않는다. 작업자에 대한 교육훈련이 거의 이루어지지 않는다.

⑧ 프로세스보다는 주로 제품에 관심이 집중된다.

⑨ 실질적인 책임과 권한이 주어지지 않으며, 주어진 부분에 대해서도 실행되지 않는다.

⑩ 조직이 지나치게 성공적이어서 스스로 만족할 줄 안다.

⑪ 조직이 다음과 같은 세 가지의 근본적인 질문을 규명하지 못한다. 즉 이것은 또 다른 프로그램에 불과한 것인가? 나에게 있어서 그것이 무슨 의미가 있겠는가? 그 밖에 내가 무엇을 할 수 있겠는가?

⑫ 경영자가 스스로 가시적인 실천공약이나 적극적인 참여를 하지 않는다.

⑬ 기능부서 간에 발생한 문제를 해결하기 위하여 지나치게 팀 제도를 강조하다 보면 개인적인 노력과 성과를 무시할 수 있다.

⑭ 데이터가 많을수록 항상 바람직하다는 믿음이 만연되어 있다.

⑮ 모든 조직계층의 구성원들 각자에 품질향상의 책임이 있다는 것을 경영자가 깨닫지 못한다.

⑯ 조직이 전체 시스템의 개선을 위한 상호 관련된 과정들의 집합체로 인식되지 않는다. 전체 시스템뿐만 아니라 개별적인 과정들도 명확하게 이해될 필요가 있다.

 ## 제4절 성공적 품질전략

1. 품질지향 경쟁전략

선두경쟁자를 추종하려는 전략은 되레 뒤쳐질 가능성이 더 높다. 경쟁자를 앞서기 위해서는 오히려 경쟁자를 추월하려는 적극적인 전략을 구사하는 경쟁전략이 더 효과적일 수도 있다.

현대경영에서 경쟁우위는 가격경쟁력과 품질경쟁력의 확대를 통해 확보될 수 있다. 그러나 품질과 가격 중 중요시되어야 할 것은 품질이다. 가격경쟁력은 짧은 시간에 경쟁사에 의하여 모방되고 수익성을 저하시킬 수 있기 때문이다. 즉 격심한 경쟁 속에서 지속적인 경쟁우위를 확보하고 수익성을 올릴 수 있는 유일한 대안은 품질력의 확보뿐이다.

경쟁성격의 변화에 따라 기업전략의 정의와 범위는 수정되어야 하는데, 1980년대에 이르러 경쟁전략의 관점은 시장매력도로부터 시장능력으로 이전되었다. 도요타자동차나 월마트와 같은 1980년대 성장기업의 경쟁전략을 보면, 상대적으로 빈약해 보이는 틈새시장(niche market)을 파고 들어가 경쟁에 성공했으며, 그들의 업계 내에서 우위를 차지하게 되었다.

1990년대에 들어와서 품질을 전략변수로서 활동한 기업들이 두각을 나타냈다. 경쟁전략의 보편적 특징은 품질이다. 조직의 장기적인 성과에서 품질이 얼마나 중요한가를 보자.

마이클 포터(M. E. Porter)의 경쟁전략 틀에서 보면, 품질과 전략 사이의 가장 뚜렷한 연결은 '차별화 전략'에서 볼 수 있다. 차별화는 구매자가 중요하게 고려하는 것을 제공하는 것으로, 차별화의 접근방법에는 품질, 설계, 상표 이미지, 기술, 고객서비스, 판매망 또는 다른 특성들을 취하는 방법 등이 있다.

가령 제록스(Xerox) 사는 구매 후 3년 내에 어떤 이유이건 제품교환이 가능하다는 것을 약속하여 경쟁자와 차별화를 꾀하였으며, 모토로라(Motorola) 사는 '총체적 고객만족'이란 목표달성을 위해 '6시그마(Six sigma) 프로그램'을 전개하였다.

1980년대 중반 이후 일본이나 미국에서는 고객만족을 위해 품질에 초점을 맞추는 기업의 수가 급격히 늘어나고 있다. 모토로라 사는 품질과 기업전략 연결에 중요한 통찰력을 이용하여 고객만족을 획득하는 데 성공하였다.

모토로라 사의 품질주도의 핵심은 고객의 요구를 만족시킬 수 있는 제품이나 서비스를 생산하기 위해서 고객요구와 만족에 다양한 관심을 두고 있다는 점이다. '6시그마에 이르는 6단계'의 기본적인 특성은 지속적인 개선과정이다.

지속적인 개선은 전체적 품질혁신을 위한 기준이 된다. 결과적으로 품질은 고객의 요구변경에 따른 가치전달을 보장하는 구체적인 개념으로, 그리고 각 활동에 대한 강도를 강화시키거나 유지하기 위한 메커니즘이 되었다.

모토로라 사가 발견한 것은 품질이 경쟁전략에 영향을 준다는 것이며, 경쟁지위에도 영향을 미친다는 것이다. 품질 자체는 단일속성 개념을 갖는 것은 아니며, 거기에는 여러 품질수준이 존재한다는 것을 발견했다. 또한 달성된 품질수준은 미래전략수립 능력에 직접적인 영향을 미치며, 이것이 경쟁적 지위를 만들기 때문이다. 그러한 분석을 통해서 모토로라 사는 고품질기업은 그들의 경쟁자보다 우수할 뿐만 아니라 극복하기 어려운 격차를 만들어 낸다고 결론내린 바 있다.

경쟁자보다 높은 수준의 품질은 차별화 전략뿐만 아니라 원가우위전략 면에서도 유리하다. 1980년대 일본산업 경쟁력의 마술은 그들이 기업의 경쟁전략에서 차지하는 품질역할을 충분히 이해하여 이를 핵심전략 변수로 도입한 데서 비롯된 것이다.

2. 품질경영과 경영전략

21세기 품질문제는 전사적인 경영전략 차원에서 고객만족을 위한 품질목표와 방침을 수립하고 이를 종합적으로 전개하는 전사적 품질경영(TQM)체제로 풀어나가야 한다. TQM을 그의 사상과 원칙대로 실행하고 소기의 성과를 거두기 위해서는 TQM체제의 구축과 품질경영의 체계적인 접근이 필요하다.

TQM체제의 구축 포인트를 주로 품질의 무형성 측면에서 제시하면 다음과 같다.

(1) 최고경영자(CEO)의 강한 품질리더십

TQM으로 경영혁신을 성공적으로 이끌기 위해서는 무엇보다도 CEO의 역할이 매우 중요하다. TQM 역시 전사적인 추진력이 필요한 만큼 CEO가 품질에 대한 확신을 갖고 확고한 실천의지를 표명해야 한다.

아울러 전체 조직구성원들이 자발적으로 TQM활동에 참여할 수 있도록 CEO는 뚜렷한 신념을 가지고 리더십을 발휘해야 하며, 특히 품질혁신 차원의 품질목표 달성을 위한 품질방침을 공식화함으로써 조직구성원의 활동방향 제시와 조직의 일사불란한 역동력을 조성해야 한다.

(2) 품질비전의 공유

리더의 중요한 자질은 대중이 볼 수 없는 미래를 보여주는 능력이다. 구성원 모두가 함께 나아갈 길을 제시하고 그 방향으로 가면 무엇이 보인다는 리더의 상상력을 대중에게 실체화시키는 비전(vision) 제시가 필요하다.

기업의 이념이나 비전에 품질과 관련된 내용을 담아 구성원 모두가 이를 공유하고 실천하는 것이 중요하다. 경쟁력이 높은 기업들은 대부분 기업을 리드하는 경영자의 비전이 명확히 제시되어 구성원들이 공유하고 있다.

(3) 품질목표의 제시

이상적인 품질목표는 무결점이라 할 수 있다. 지속적인 개선활동의 방침 자체도 목표임에 틀림없다. 벤치마킹은 하나의 탁월한 목표설정 기법이다. 세계 초우량기업 또는 업계 최고경쟁사와의 벤치마킹을 통해서 TQM의 목표관리를 하는 것도 좋은 방법이다.

TQM의 품질목표로는 공정능력, ppm(parts per million), 사이클 타임(cycle time) 등이 흔히 제시된다.

(4) 품질지향적 기업문화

도요타자동차 품질의 명성은 "불량품을 다음 공정에 넘기지 않는다"는 '불량제로 원칙'에서 비롯된 것과 같이 특정기업 조직구성원들의 공유된 가치의식과 행동방식은 독특한 품질문화를 이루고 있다는 것이다. 최고의 품질을 고객에 제공하려면 제품개발 단계에서 전개되는 품질보증과 같은 유형적 요소의 강화와 함께, 무형적 품질요소인 경영이념, 가치관, 규범과 관습 등을 공유하는 품질지향적 기업문화가 형성되어야 한다.

(5) 성과에 대한 보상체계 마련

TQM을 성공적으로 실천하여 그 성과가 가시화된 경우에는 반드시 합리적인 평가를 통한 보상이 뒤따라야 한다. 모든 경영활동이 그러하듯이 팀별 또는 개인별 경영혁신 활동의 업적에 대해서는 보상에 의한 동기부여가 되어야 TQM추진력이 지속적으로 활성화될 수 있다.

TQM으로 전사적인 경영/품질혁신을 이루기 위해서는 최고경영자가 품질에 대한 확고한 신념을 가지고 조직을 그의 이념이나 방침대로 이끌어 나갈 수 있는 재무역량 및 시스템을 구축하는 것이 필요하다. 그 다음에는 품질에 관련된 모든 기능을 전사적 차원에서 정비해야 한다.

품질혁신 성공의 열쇠는 개발, 생산에서부터 마케팅, 그리고 애프터서비스에 이르기까지 모든 기능을 포괄하는 품질경영 활동이기 때문이다. 그러나 우리가 반드시 유념해야 할 점은 품질관리(QC) 내지 품질경영(QM)시스템은 그 기업의 여건이나 특성에 맞게 구축하는 것이 긴요하다는 점이다.

지금까지 TQM의 성공적인 실행을 위해 요구되는 전략경영의 중요성에 대하여 여러 가지 사항을 살펴보았다. TQM은 기업의 전 구성원들이 자발적으로 참여하여 맡은 역할을 충실히 수행할 때 비로소 성취될 수 있는 것이다. 이런 점에서 TQM의 실행을 위해 필요한 기업의 경영전략은 과거와는 전혀 다른 새로운 것이어야 한다. 단순한 대응과 분석이 아니라 기업에게 미래를 제시하고 이를 실천할 수 있는 구체적 지침과 행동양식이 되어야 하며, 뚜렷한 달성목표가 있어야만 된다.

　　단순히 경쟁사를 흉내 내거나 또는 현시장의 상황에만 집착하는 식의 대응전략은 이제 더 이상 통하지 않는다. TQM의 경영철학 원리가 기업의 체질개선을 이끈다면 기업의 경영전략은 이러한 개선과정을 통해서 기업이 달성하고 나아가야 할 목표를 명확하고 정확하게 제시하는 것이어야 한다.

 **사례 14**

연마석에 갈고 세탁기에 돌린 후 CT 촬영·낙뢰 테스트 까지 750여 지옥 실험… 20만 대 부쉬보고 휴대폰 낸다

- 삼성전자 휴대폰 파일럿센터 가보니 年 1,000억 원어치 실험에 써… 1m 높이서 수백 번 던져보고 무음실선 외국어 인식 실험도
- 스마트폰 시대 열리며 테스트 항목 5배로 늘어 "완벽한 제품 개발하려 노력"

　　경기도 수원시 영통구 삼성전자 디지털시티(수원사업장). 5개의 연구소에 연구 인력 2만1000명이 모여 있는 삼성전자 연구 개발의 심장부다. 그중 TV 분야 연구 개발을 담당하는 디지털연구소(R4)와 마주 보고 있는 2층 건물로 삼성전자 직원의 안내를 받아 들어갔다. 세계 1위 삼성전자 휴대전화사업부가 사상 처음으로 파일럿센터(Pilot Center)를 언론에 전면 공개하는 순간이었다. 센터는 삼성전자 휴대폰이 세상에 나가기 전에 반드시 통과해야 하는 관문이다. 이곳에서 750여 개 테스트를 통과한 제품만 시장에 나갈 자격을 얻는다.

　　센터로 들어서서 왼쪽에 있는 실험실 문을 여니 여기저기서 '쿵', '쾅' 소리가 들렸다. 다양한 강도의 충격과 하중에 휴대폰이 얼마나 견디는지 테스트하는 곳이었다. 휴대폰 10여 대가 들어 있는 장비 안에서 로봇 팔이 1m 정도 높이에서 휴대폰을 밀어 바닥에 떨어뜨렸다. 성인 바지 주머니의 위치를 감안한 높이다. 바닥에 떨어진 휴대폰이 컨베이어 벨트를 타고 다시 위로 올라오자 로봇팔은 다시 휴대폰을 밀어 떨어뜨렸다. 제품 기술팀 이상규 상무는 "수백 번 반복해 떨어뜨려서 파손 정도를 확인한다"고 말했다.

　　직원들은 직접 휴대폰 낙하 실험을 한다. 충격에 약한 모서리가 먼저 땅에 닿도록 떨어뜨리고 파손 정도를 확인했다. 떨어지는 바닥 재질도 화강암과 강철로 달리 실험했다. 한 직원은 휴대폰이 땅에 부딪히는 순간을 고속 카메라로 촬영한 화면을 살

펴보고 있다. 커버가 벗겨지고 배터리가 튀어나왔다. '불량이냐?'고 묻자 "큰 충격을 받으면 배터리가 본체에서 떨어져 나와야 좋다"고 했다. 충격을 받아 배터리가 휘어지면 폭발하거나 불타는 경우가 있는데, 배터리와 튕겨 나오면 그런 사고가 날 확률이 준다.

다른 실험실 장비 안에선 휴대폰이 계란 크기만 한 노란색 세라믹 덩어리와 섞인 채 돌아갔다. 기계 안에서 1시간쯤 돌아간 휴대폰을 꺼내서 보니 몇 년 쓴 제품처럼 금속 테두리가 하얗게 변해 있다. 경도(硬度)가 높아 강철 연마용으로 쓰는 세라믹 연마석과 마찰시켜 도장이 얼마나 버티는가를 확인하는 것. 기계 안에서 1시간은 열쇠 꾸러미 · 동전과 함께 주머니에서 1년을 굴러다닌 것과 같다고 했다.

파일럿센터는 '휴대폰의 지옥'이라고 불린다. 이곳에선 매년 약 200여 개 모델의 휴대폰을 테스트한다. 삼성전자 신종균 사장은 "한 모델당 약 1,000개의 제품을 테스트에 쓴다"고 말했다. 연간 새 휴대폰 20만 대를 품질 테스트란 이름으로 부수고 깨뜨린다는 말이다. 개당 가격을 50만 원으로 잡으면 연간 1,000억 원어치 휴대폰을 버리는 셈이다. 이런 지옥 같은 환경을 통과한 제품이 삼성 휴대폰의 경쟁력인 것이다.

센터 내부엔 실험실 70여 개가 있었다. 실험실 곳곳에서 상상하지 못했던 설비가 있었다. 음향실험실 내부 '무향실(無響室)'도 그중 하나다. 무향실로 들어가자 귀가 먹먹해지고 어지러웠다. 소리가 전혀 없는 완벽한 무음(無音) 상태이기 때문이었다. 무향실 벽과 천장, 바닥을 소리를 흡수하는 흡음재(吸音材)가 덮고 있다. 외부 소음은 들어오지 못하고 안에서 나오는 소리는 흡음재가 완전히 먹어버린다.

이상규 상무는 "평소 느끼는 못하는 잡음과 소음에 익숙해진 귀가 혼란을 느껴 어지러운 것"이라고 말했다. 무향실에선 휴대전화의 음성인식률을 테스트한다. 우리말 뿐 아니라 영국 · 중국어 등 다양한 언어로 스마트폰에 말을 걸고 정확한 인식률을 테스트하는 것이다.

드럼세탁기와 수조같이 평범한 테스트 장비도 있다. 휴대전화를 옷에 넣은 채 세탁기에 넣는 경우를 감안한 테스트다. 드럼세탁기 속에서 30분을 돌리고 말린 다음 제대로 작동해야 합격이다. 수조 속에선 20초를 견뎌야 한다. 물에 빠진 휴대폰을 빨리 꺼내 드라이로 말리면 대부분은 문제없이 사용할 수 있다는 의미다. 발생 가능성이 극히 낮은 낙뢰 테스트도 있었다. 직접 벼락을 맞는 것은 아니고, 충전을 위해 코드를 연결해 놓았을 때 번개가 전선을 타고 흐르는 것을 견디는 테스트다.

방사능 경고 표시가 붙어 있는 실험실 문을 열고 들어가니 단층촬영(CT) 장비가 있었다. "최신 스마트폰은 부품이 수천 개입니다. 함부로 분해하다간 부스러져 가루가 됩니다. 잘못하면 실험 도중 발생한 불량의 원인을 영원히 찾지 못합니다." 휴대전화기도 사람처럼 CT 촬영으로 내부를 들여다보는 시대이다.

스마트폰 시대가 되면서 파일럿센터는 훨씬 바빠졌다. 피처폰을 주로 만들던 2009년 이전에는 150여 개에 불과했던 테스트 항목이 5배로 늘었다. 신종균 사장은 "더 완벽한 제품을 위해 더 많은 테스트를 할 생각"이라고 말했다.

자료: 조선일보, 2013. 6. 13.

 **사례 15** **적자지만 고품질 서비스에 집중… 좌석당 이익 6% 늘어**

유럽 최대 항공사인 에어프랑스-KLM그룹은 글로벌 금융·재정 위기와 저가 항공사의 파상 공세의 영향으로 2009년부터 4년 연속 적자를 내고 있다. 때문에 에어프랑스는 2012년부터 올해 2년에 걸쳐 6,000여 명의 직원을 감원해 인건비를 20% 줄이는 '긴축 경영'에 돌입했다. 그러나 고객 서비스의 품질 만큼은 절대 낮추지 않는 '프리미엄 전략'을 고수한다.

브루노 조젤린(Georgelin) 에어프랑스-KLM그룹 아시아·태평양 총괄 대표는 "장거리 노선 항공기와 고객 서비스에 수억유로를 더 투자하고 특히 고급 서비스를 중시하는 장거리 승객을 집중 유치해 올해에는 영업이익 흑자를 내고 2015년부터는 순흑자로 전환하겠다"고 했다.

현재 경영상태는?

"올해까지 인건비 감축 계획이 완료되면 경영 효율성이 20% 높아진다. 지난해 9월까지 5억 유로의 순이익 적자가 났는데 대부분 여행객이 급감한 유럽 구간 탓이었다. 반면 아시아나 미주 등 장거리 노선은 여객이 꾸준히 늘어 흑자를 냈다. 장거리 노선 비행기 좌석을 최신형으로 바꾸고 미슐랭 가이드가 선정한 유명 셰프들의 요리를 제공하는 등 고객 서비스를 업그레이드했다. 그래서 항공권 가격도 올랐다. 그 결과 2012년 9월까지 좌석당 이익이 작년 동기 대비 6% 늘었다."

고품질 서비스에 집착하는 이유는?

"우리의 핵심 고객들은 그것을 원하기 때문이다. 특히 장거리 노선 고객들은 피곤한 여정에서 최상의 서비스를 가장 희망한다. 신흥 부자가 많은 아시아 승객들의 수요가 늘어 프리미엄 항공사는 여전히 매력 있다."

아시아 승객 유치 노력은?

"노선을 다양화하고 있다. 핵심 도시 외에 제2, 3의 중소 도시에 속속 취항하고 있다. 또 아시아 각국별 언어와 기호에 맞는 서비스를 제공한다. 각국의 국적항공사와 파트너십을 강화해 코드쉐어 서비스도 대폭 확충할 것이다."

한국 승객들은 국적기를 선호하는데.

"프랑스의 독특한 문화와 스타일 경험 기회를 제공하면서 한국인의 기호(嗜好)에 잘 맞는 서비스를 제공할 것이다. 한국 노선에는 한국인 승무원을 전담 배치하고 있으며 기내 엔터테인먼트에 K-pop이나 한국 영화, 한국어 안내 서비스를 더 강화할 것이다."

자료: 조선일보, 2013. 1. 19

제7장

설계품질의 관리

제1절 설계품질의 정의

설계품질(quality of design)이란 신제품의 도입이나 제품개발 단계에서 제품설계 시 목표로 하는 품질이며, 이는 어떤 특정기업이 시장경쟁, 생산비용, 고객의 선호요건, 생산공정의 능력 및 기술수준 등을 고려해 기업의 목적에 따라 제품규격을 품질특성의 관점에서 결정하여 얻은 계획품질이라고 할 수 있다. 제품 · 서비스의 품질은 대부분 설계품질에 의해 좌우되므로 품질관리에서 매우 중요하다.

설계품질의 관리기법으로는 제품기능 분석, 품질기능전개(QFD), 시장품질 조사, 품질특성 분류, 품질수준 및 표준설정, 공정능력 조사, 공정특성 설정, 공차해석, 품질능력의 해석, 설계검토, 시작시험 및 인정시험, 불량해석, 제품평가, 안전도 조사, 신뢰성 표준 설정, 보존성 및 서비스 표준 개발, 시험생산 등을 들 수 있다 (이순룡, 2010).

설계품질의 관리는 품질의 생성 및 불량예방에 꼭 필요한 업무로서 이에 소요되는 비용 모두는 품질비용 중 예방비용을 구성한다.

🔷 제2절 품질기능전개

1. 품질기능전개(QFD)의 개념

품질기능전개(Quality Function Deployment: QFD)는 1966년 일본의 아카오 요지가 처음으로 제안하였고, 1972년 일본 고베에 있는 미쓰비시중공업의 고베조 선소에서 제품개발을 위해 처음으로 시작되었다. 그 이후 QFD는 도요타자동차와 협력업체들이 발전시켜 왔으며, 다시 일본의 가전산업, 의류산업, 건축설비 그리고 반도체산업 등에서 사용되어 많은 효과를 보았다.

또 QFD는 국경을 초월하여 일본뿐만 아니라 미국으로까지 전파되어 미국의 많은 기업에서도 큰 효과를 보았다. QFD를 도입하여 효과를 본 미국의 대표적인 제품으로는 휴렛패커드 사의 레이저젯 프린터, 포드자동차의 토러스 등을 들 수 있다(안영진, 1999).

QFD는 품질의 초점이 생산에서 설계단계로 옮겨진 것이다. 프로세스가 아무리 우수해도 설계가 좋지 않으면 좋은 품질의 제품을 생산할 수 없다.

QFD는 고객의 욕구와 기대를 만족 또는 감동하도록 제품, 서비스 및 공정을 설계하고 제조되는 데 이용되는 기법이다. 즉 고객의 욕구와 기대를 제품의 기능으로 전환시키는 기법이며, 제품은 '고객의 소리'(VOC)를 반영해야 한다는 믿음에 따라 고안된 개념이다. 이 같은 목적을 달성하기 위해서 제품과 서비스의 품질에 영향을 끼치는 모든 조직 내부 및 외부의 관련자들을 포함시켜 제품 및 서비스의 초기설계 단계부터 서로 협조를 하지 않으면 안 된다.

QFDI(Quality Function Deployment International: www.qfdi.org)에서는 VOC를 설계규격으로 전환하고 상품화하여 고객이 원하는 제품과 서비스를 제공함으로써 고객만족과 가치를 향상시키는 품질기법이라고 QFD를 정의하였다.

코언(1995)은 QFD를 "개발팀이 고객의 욕구와 니즈를 분명하게 기술할 수 있도록 체계적으로 제품을 계획하고 개발하며, 또 각 제품과 서비스가 고객의 욕구를 얼마나 잘 충족하는지를 조직적으로 평가하는 기법"이라고 정의하였다.

QFD는 오늘날 제조업은 물론 서비스업에도 도입되어 신제품 개발 등에 널리 적용되고 있으며, 유럽과 미국 등에서도 1980년대 이후 QFD기법의 적용이 급속히 증가되고 있고, 적용 분야도 자동차, 전기전자, 소비자 제품, 항공우주, 소프트웨어, 병원, 컨설팅, 서비스 산업 등 다양하다.

1983년 이래 후지제록스, 모토로라, DEC, 휴렛패커드(HP), AT&T, ITT, NASA, 코닥, 굿이어, P&G, NCR, 폴라로이드, 포드, GM 등을 비롯한 많은 대기업들에서 QFD를 적극 활용하여 높은 성과를 달성하고 있다.

QFD는 제품이 설계단계뿐만 아니라 생산단계에서도 고객의 요구를 충족시키도록 하며, 고객만족(CS)의 첫 출발점이 된다. 따라서 QFD는 고객의 목소리를 제품설계에 반영시키는 중요한 방법이다.

QFD는 다음과 같은 성과를 기업에 제공한다.

① 부서 간의 장벽을 제거하고 협조심을 일깨워 준다.
② 제품의 품질이 안정화되고 개선된다.
③ 매출액이 향상된다.
④ 고객만족이 증가된다.
⑤ 전형적인 설계방법에 비해 신제품 개발에 소요되는 시간이 감소된다.
⑥ 기계작동 준비시간과 생산 전에 발생하는 비용이 감소된다.
⑦ 설계비용이 감소된다.
⑧ 조직을 고객이라는 공통된 언어로 통합시킨다.
⑨ 고객의 소리(VOC)를 기업전략에 반영한다.
⑩ 설계변경의 횟수가 줄어든다.

2. 품질의 집(HOQ)

QFD가 추구하는 목적을 달성하기 위해서는 '품질의 집'(House of Quality: HOQ)이라고 불리는 수단이 이용된다. HOQ는 부서와 부서 간의 계획과 의사소통을 원활히 하는 수단을 제공하는 방법이 된다. HOQ는 [그림 7-1]에서와 같이 여섯 개의 요소들로 구성되어 있으며, 이 여섯 개의 요소들에 의해 작성·개발된다. 순서

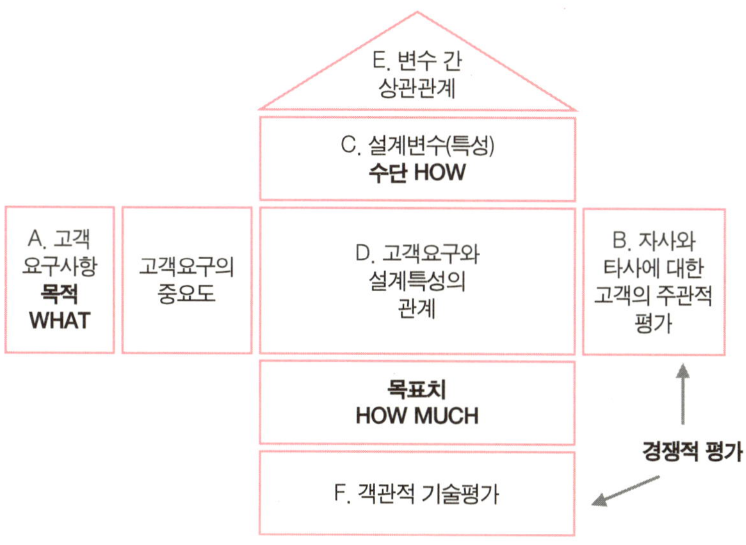

[그림 7-1] HOQ를 구성하는 여섯 개의 요소

도 A에서 F의 순서대로 작성한다.

(1) 고객 요구사항

QFD는 고객의 요구로부터 시작되는데, 이는 고객의 요구를 파악하지 못하면 아무 것도 할 수 없기 때문이다. 고객의 요구는 대개 고객과의 개별면담이나 포커스 그룹(focus group)을 통해 비계량적으로 파악된다. 기업은 또 제품을 실제로 사용하는 고객뿐만 아니라, 공급업체, 정부, 판매업자, 그리고 미래고객의 소리까지도 반영해야 한다. 수집된 고객의 요구는 유형별로 분류한 후 유사도표를 사용하여 조직화하고, 중요한 순서대로 고객의 요구를 표기한다.

(2) 자사와 타사에 대한 고객의 주관적 평가

기업이 현재 공급하는 제품 및 서비스에 대해 파악한 고객요구에 대한 상대적 중요성과 만족도를 표시한다. 그래서 고객의 요구가 상대적으로 얼마나 중요하고, 우리 조직이 고객의 요구를 경쟁자들에 비해 얼마나 잘 충족시키고 있는지를 기술한다. 이 구성요소는 전략적인 마케팅 정보와 계획의사결정을 다루는 QFD의 중요한 요소이다.

　① A에 나와 있는 고객요구의 절대적/상대적 중요성
　② 고객요구에 대해 고객이 느끼는 실제 만족도
　③ 경쟁자와 비교한 자사 제품의 경쟁력
　④ 고객만족도의 목표수준
　⑤ 목표에 대한 개선 진척도
　⑥ 판매능력
　⑦ 순수가중치
　⑧ 표준화된 순수가중치

(3) 설계변수(특성)

다음에 QFD는 A의 고객요구를 충족시키기 위하여 어떻게 해야 할 것인가를 결정하여야 한다. 이 요소는 조직의 내적이며 기술적인 언어로서 고객의 요구를 조직의 기술적인 언어로 번역하는 단계이다.

여기서는 고객요구를 만족시킬 수 있는 기업의 프로세스 능력을 검토해야 한다. 어떤 원자재 또는 부품이 필요한지, 어떤 프로세스가 필요한지, 또 어떤 기술이 필요한지 등이다.

(4) 고객요구와 설계특성의 관계

이것은 각각의 설계변수(특성)가 소비자의 요구에 끼치는 영향력을 측정하여 평가한다. 이러한 영향력은 보통 기호로 표시되며, 이 기호는 다시 영향력의 정도를 나타내는 숫자로도 표시된다.

(5) 변수 간 상관관계

QFD는 동시공학(concurrent engineering: CE)의 중요한 요소가 된다. 여러 부서의 사람들이 서로 협의·상의하는 것은 제품설계에서 상당히 중요한 것이다. 이 같은 역할을 담당하는 부문이 바로 E인 변수 간 상관관계이다. 변수 간 상관관계에서는 어떤 부서와 부서가 서로 협의하여야 하는가를 시각적으로 보여준다.

(6) 객관적 기술평가

이것은 경쟁자와 자사를 비교하고 경쟁자와 경쟁하기 위해 어떻게 해야 할 것인가를 보여주며, 다음과 같은 네 개의 항목을 포함한다([그림 7-2] 참조).

① 객관적 기술평가의 우선순위
② 벤치마킹
③ 자사의 현재위치
④ 목표

이제 위에서 설명한 QFD의 요소들과 각 요소에 포함된 항목들을 전부 사용하여 QFD를 작성하면 [그림 7-2]와 같다. [그림 7-2]는 [그림 7-1]을 확장한 것이다.

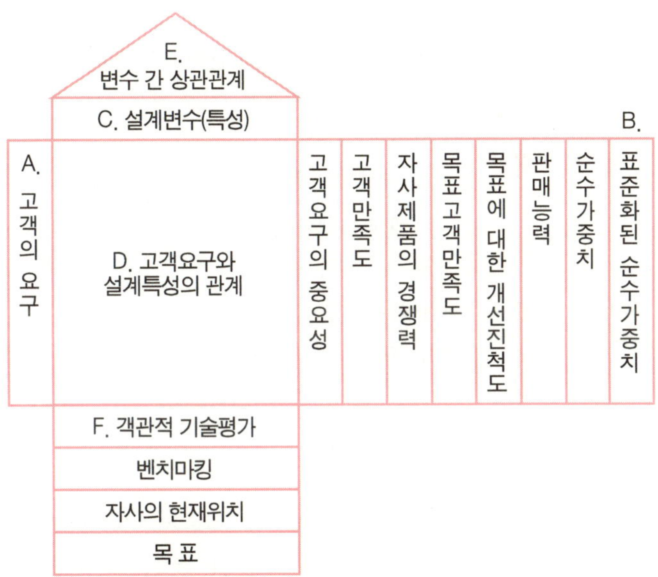

[그림 7-2] 품질의 집(HOQ)

다음은 자동차 문의 개발 시에 품질의 집(HOQ)을 이용한 사례이다. 고객의 요구를 규명하는 것이 HOQ 건설 전 과정에서 가장 중요한 부분인데, 이는 고객이 정말로 원하는 것이 무엇인가를 표현하는 것은 비교적 어렵기 때문이다.

고객의 요구사항은 1차, 2차, 3차 항목으로 분류할 수 있는데, 1차 항목은 가장 기본적인 요구를 나타내고, 2차, 3차 항목으로 가면서 더욱 구체적으로 세분화된다. 〈표 7-1〉은 자동차 문에 대한 고객요구의 분류를 나타내고 있다.

〈표 7-1〉 자동차 문의 분류

1차 항목	2차 항목	3차 항목
작동과 사용이 용이함	문 열고 닫기가 용이함	• 밖에서 문 닫기가 용이함 • 밖에서 문 열기가 용이함 • 언덕에서 열린 문이 열린 상태로 있어야 함 • 문이 저절로 닫혀서는 안 됨 • 안에서 문 닫기가 용이함 • 안에서 문 열기가 용이함
	외부와의 절연	• 빗물이 새지 않아야 함 • 달릴 때 소음이 없어야 함 • 바람소리가 들리지 않아야 함 • 문을 열 때 빗물이나 눈이 똑똑 떨어지지 않아야 함 • 창문이 덜걱거리지 않아야 함
	의자의 팔걸이	• 안락함 • 제 위치에 있을 것
외관이 좋아야 함	내부장식	• 자재의 탈색방지 • 보기가 좋아야 함
	깨끗함	• 세차하기 용이함 • 윤활유가 문에 묻지 않아야 함
	차체와 잘 맞음	• 창틀 사이의 간격이 일정함

3차 항목에 대해서는 고객의 견해에 따라 그의 상대적 중요도가 수치로 주어지는데, 높은 수가 더욱 중요한 요구를 뜻한다. 이러한 중요도는 제품의 품질개선을 필요로 하는 분야의 우선순위를 결정하는 데 도움이 된다.

〈표 7-2〉는 각 고객요구에 대한 상대적 중요도를 나타내는 한 예이다.

〈표 7-2〉 각 고객요구의 상대적 중요도

2차 항목	3차 항목	상대적 중요도
문열고 닫기가 용이함	• 밖에서 문 닫기가 용이함 • 언덕에서 열린 문이 열린 상태로 있어야 함	7 5
외부와의 절연	• 빗물이 새지 않아야 함 • 달릴 때 소음이 없어야 함	3 2

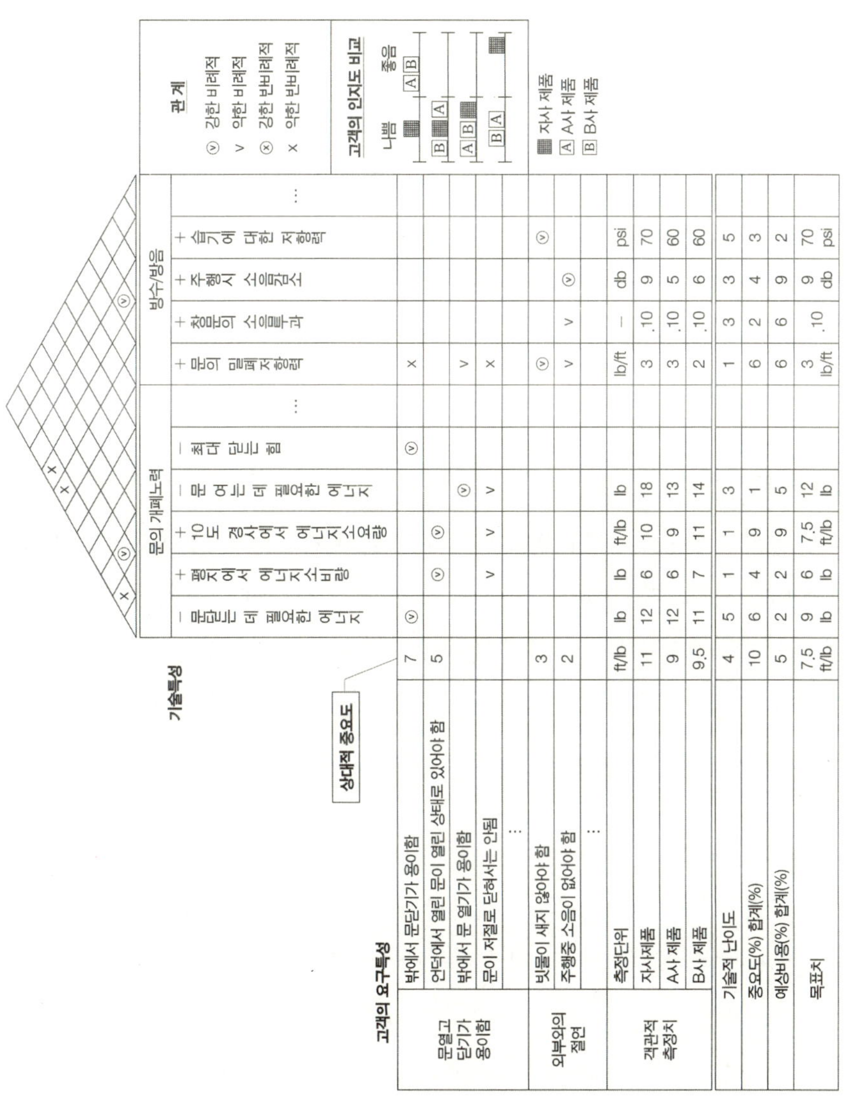

[그림 7-3] 완전한 품질의 집

[그림 7-3]은 고객의 인지도 비교나 고객의 요구특성의 기술특성으로의 전환에 대해 그림으로 나타낸 것이다.

3. QFD의 단계

QFD의 단계는 설계, 설비, 부품, 공정 및 생산의 네 단계로 나누어 볼 수 있다 (이순룡, 2010).

(1) 제품설계

제품설계 단계에서는 제품이나 서비스에 대한 고객의 요구사항들을 규정하는 데에 QFD가 도움을 준다. QFD는 팀이 고객의 요구(목적)를 상품개념으로 정립할 수 있도록 도와준다. 제품개념이 정립되면 팀은 다양한 수단을 강구해 내는 데에 그것이 바로 방법(수단)이 된다. 평가를 통해서 몇 개의 방법들만이 다음 단계로 옮아갈 수 있다.

(2) 부품전개

제품설계 단계에서 시행된 방법들은 두 번째 단계의 목적, 즉 내용이 된다. 여기서 제품이나 서비스를 생산하는 데에 필요한 부품이나 성분들이 결정된다. 이 단계에서 드러난 부품들은 고객에 의해서 제시된 제품의 요구사항을 충족시키는 일과 깊은 관계를 갖고 있다. 그 방법들은 다시 다음 단계로 넘어간다.

(3) 공정계획

세 번째 단계에서 모형은 제품생산에 필요한 공정들을 보여준다. 이 단계에서 드러난 공정들은 고객들에 의해서 제시된 제품에 대한 요구사항을 가장 잘 충족시킨다. 그것들이 다음 네 번째 단계로 넘어가는 방법들이다.

(4) 생산계획

생산단계에서 제품생산에 대한 요구사항들이 전개된다. 공정계획 단계에서의 방법들은 이 마지막 단계에서 내용(목적)이 된다. 여기서 결정된 생산방법들을 가지고 고객의 요구를 만족시켜 줄 수 있는 품질의 제품을 생산할 수 있게 된다.

QFD로 고객의 요구를 충족시켜서 고객만족을 최대화하는 과정에서 특히 설계과정은 매우 복잡하다. 즉 소비자 내지 고객의 요구를 상품의 개념으로 정립시켜 이를 설계 요건으로 변환하는 데 있어 고객 요구사항을 소비자 언어로 표현한다는 속성 때문에 설계변수나 특성으로 변환하기가 쉽지 않다. 즉 고객의 요구와 품질특성(대용특성) 사이의 상호관계를 결정하기가 쉽지 않다는 점이다. 또한 QFD를 실제 적용하면서 부딪치는 어려움 중의 하나는 설계문제의 크기가 커지기 마련인데, 설계 부문의 크기를 줄일 수 있다면 QFD의 적용도 그만큼 쉬워질 수 있다.

 # 제3절 동시공학/동시병행설계

동시공학/동시병행설계(Concurrent Engineering: CE)는 과거의 제품설계 개념과는 전혀 다른 새로운 차원의 설계개념이다. 이러한 점에서 CE기법은 혁신적 제품설계 기법으로 도 불린다. 과거에는 제품설계의 여러 단계가 순차적으로 이루어졌다. 즉 아이디어 창출 → 예비설계 → 원형(prototype)개발 → 최종설계 등의 순서로 설계가 이루어졌으므로, 가령 마케팅 부문은 제품아이디어를 설계팀과 협의를 거치는 일이 없이 바로 설계팀에게 전달하는 순서로 이루어졌었다.

다음에 설계팀에서는 타 부서와 격리된 채 설계도면을 작성하여 제조팀에게 넘겼다. 이 설계도는 타 부서 사람들의 의견이 전혀 반영되지 않았기에 고객요구를 만족시키는 제품설계와는 거리가 먼 것이었다. 즉 설계팀과 제조팀과의 사이에 소통이 전혀 이루어지지 않은 채 설계가 이루어졌다. 이리하여 제조팀에서 설계의 개선방법을 알고 있어도 그 의견이나 아이디어가 설계도면에 반영되기 어려웠다.

다음에 이 설계도를 검토한 제조팀에서는 이 설계도면을 현장에 넘겨주고, 현장에서는 다시 이 설계도면을 품질팀에게 넘겨주었으므로 제조팀과 현장, 현장과 품질팀 간에 커뮤니케이션이 잘 이루어지지 못한 실정이었다.

1. CE의 정의

베스터필드 등(Besterfield et. al., 1995)에 의하면 "동시공학(CE)이란 신제품을 개발할 때 그 초기단계에서 여러 관계자, 즉 아이디어, 디자인, 설계, 개발, 영업, 부품 등의 팀이 동시에 참여하여 개발을 수행하는 시스템적인 활동기법이다"라고 정의하였다. 또, APICS(American Production and Inventory Control) 사전에서는 CE를 "기업의 모든 부서들을 제품 설계와 활동에 참여시키는 개념"으로 정의하고 있다.

동시병행설계라고도 일컫는 동시공학(CE)은 설계 초기단계부터 제품의 고유기능뿐만 아니라 제조, 조리, 검사, 서비스 용이성 등 설계와 관련된 엔지니어링 지식을 병렬적으로 통합함으로써 개발기간의 단축, 개발비용의 절감, 품질/생산성의 향상 등을 달성하기 위한 활동이다. CE는 기업 내 각 기능의 모든 지식, 자원, 경험 등을 개발의 초기단계부터 가급적 통합하여 고품질 저원가 그리고 고객의 기대를 만족시키는 신제품을 창조하는 기술이다(Shina, 1991). 가끔 이 개념은 외부의 공급업자와 고객까지도 포함시킨다. 즉 CE는 설계에 관련된 모든 부서와 사람들을 처음부터 설계과정에 참여시킴으로써 설계를 보다 효과적으로 수행하고자 하는 개념이라고 할 수 있다.

CE의 장점은 시장에서 빠른 적응, 제품개발의 신속성, 높은 품질, 공정시간의 단축, 엔지니어링의 과정 축소, 생산성의 향상 등을 들 수 있다. 특히 엔지니어링 과정의 축소는 제품개발을 신속하게 하고 품질을 향상시키는 데에 중요하게 작용하며, 노동시간의 감소로 인한 노무비의 절감효과를 기대할 수 있다.

CE기법에 의한 대표적 성공사례는 미국 포드자동차 사의 토러스(Taurus)승용차, 크라이슬러자동차 사의 네온(Neon)승용차 등에서 볼 수 있다.

2. CE와 품질

CE는 완벽한 설계를 통해서 제품의 품질을 보증한다. CE는 어떻게 보면 TQC (Total Quality Control)의 개념과 유사하다. TQC의 기본적인 개념은 품질이 모든 사람들의 책임이라는 것이다. 이러한 관점에서 TQC는 CE의 개념과 유사하다.

CE에서는 설계품질이 모든 부서(팀)의 책임이 되므로 설계품질에 대한 책임이 과거처럼 설계팀에만 한정되지 않고 CE팀에 참여한 모든 팀들의 공동책임인 것이다. 또 TQC의 중요한 개념 중 하나는 처음부터 제품을 잘 만들자는 것이며, 제품을 처음부터 잘 만들어야 비용이 감소되고 제품의 품질이 향상되는 것이다. 제품품질을 검사하는 활동으로 불량품을 찾아낸다면 비용도 많이 소요될 뿐 아니라 품질향상도 기대하기 어렵다.

TQC와 마찬가지로 CE도 처음부터 설계를 잘하자는 것이며, 그래야만 비용도 절감되고 보다 완벽한 설계가 이루어질 수 있다.

3. CE의 효과 및 성공조건(안영진,1999)

(1) CE의 효과

CE는 제품개발과 그 제품을 생산하는 공정, 판매와 유통, 구매과정을 동시에 수행함으로써 처음부터 완전한 설계를 할 수가 있으며, 불필요한 시간낭비를 제거할 수 있다.

CE는 다음과 같은 효과를 기업에게 제공한다.

① CE는 제품을 시장에 신속하게 도입할 수 있다. 이것은 제품설계부터 생산, 판매할 때까지 소요되는 시간을 단축시키기 때문이다.
② CE는 개발비용을 감소시킨다.
③ CE는 팀워크를 증진시킨다. 왜냐하면 CE는 여러 사람들이 모여 함께 의사결정을 하는 일종의 팀제도이기 때문이다. 그래서 CE에서는 서로가 의사를 결정하고 공동으로 책임을 진다.

④ CE는 품질을 향상시킨다. CE가 추구하는 중요한 목적 중 하나는 설계 초기 단계부터 제품에 품질을 집어넣는 것이다. 그래서 품질을 떨어뜨리는 모든 변동들을 미리 검토하고 파악하여 설계단계서부터 제거하는 것이다. 그래서 TQC의 개념처럼 CE에서도 모든 사람들이 품질에 대해 책임을 져야 한다.

⑤ 설계변경의 횟수를 감소시킨다.

⑥ 재공품을 감소시킨다.

(2) CE의 성공조건

CE는 대기업체는 물론이고 중소기업체에게도 많은 혜택을 제공한다. CE의 이론은 비교적 단순하지만, CE를 성공적으로 수행하는 것은 그렇게 쉽지 않다. CE가 성공하기 위해서는 다음과 같은 조건들이 충족되어야 한다.

① 최고경영자의 적극적인 협조가 있어야 한다. 그래서 최고경영자가 CE를 다른 임원진에 이양해서는 안 된다. 그러나 최고경영자가 CE 팀에 너무 간섭해서도 안 된다. 또 예산은 대개 초기단계에 많이 발생하므로 후반보다는 CE의 초기과정에 많은 예산을 배정하도록 하여야 한다.

② 공동으로 사용하는 데이터베이스가 있어야 한다.

③ 팀을 잘 이끌 수 있는 능력 있는 팀 리더가 있어야 한다.

④ 팀에 필요한 권한이 이양되어야 한다. 그리고 권한 내에서의 모든 결정은 팀에 일임하여야 한다.

⑤ 팀의 모든 사람들이 책임을 공동으로 느껴야 한다.

⑥ 팀워크에 대한 교육과 훈련이 필요하다. 그러므로 설계는 어떤 한 부서에 의해 독단적으로 주도되지 말고 모든 부서가 협력하여 최선의 설계를 내도록 하여야 한다.

⑦ 팀이 스스로 의사결정을 할 수 있는 능력을 지니고 있어야 한다. 팀이 이런 능력을 구비하고 있지 않을 때에는 이런 능력을 교육을 통하여 습득하여야 한다. 특히 CE의 교육에서는 QFD, 다구치 기법, DFMA와 같은 기법들을 교육시킨다.

⑧ CE를 받아들이도록 기업의 문화를 바꿔야 한다. 그래서 품질의 중요성과 기업의 목적을 모든 종업원들이 이해하도록 한다.

⑨ 팀에 주요한 공급업자를 참여시킨다. 또 공급업자들에게 CE에 관한 교육을 시킨다.

⑩ 팀은 공식적인 회합을 가져야 한다.

⑪ 팀의 모든 구성원은 고객과 접촉하여 고객의 요구를 스스로 파악하여야 한다. 고객의 요구파악을 단순히 마케팅 사람들에게 일임해서는 안 된다.

제4절 다구치 기법

서구 및 일본의 품질에 대한 접근법은 전통적으로 매우 상이한 행태를 보여 왔다. 서구의 제조업자들은 정해진 규격한계 내에서 제품을 생산하는 것을 목표로 삼았다. 따라서 그들은 공정관리를 통해 생산을 감시·조정한다. 즉 관리도(control chart) 및 통계적 공정관리(statistical process control)기법을 사용한 온라인 품질관리(on-line QC)를 통해 현재 진행 중인 제조공정으로부터 자료를 수집하고, 분석하여 공정에 어떤 변화를 가하려고 한다.

1950년대 이후 일본에서는 다구치(Taguchi)가 개발한 품질공학(quality engineering)을 이용해 왔는데, 이 방법은 품질을 디자인 단계부터 설계하는 것으로 설계생산이나 고객의 상황에서 제품성능에 관한 정보를 제공하기 위해 특별히 고안된 실험을 수행한다.

즉 개발·설계단계의 기술인 오프라인 품질관리(off-line QC)인 이 방법을 통해 파라미터(parameter: 제품성능의 특성치에 영향을 주는 제어 가능한 인자)를 최적으로 결정하고자 한다. 이렇게 제품 및 공정을 설계단계에서 고려함으로써 제조공정에서 발생할 수 있는 나쁜 영향을 최소화시키고 비용을 줄임으로써 품질을 향상시킨다.

이 방법으로 인해 제품/공정의 설계에서 제품품질의 획기적인 향상이 가능하다. 서구식과 일본식 접근법의 차이점은 현저히 적은 검사비용, 소량의 불합격품, 클레임의 감소, 고객만족(CS)에서 명확히 나타난다. 결국 이 방법을 통해 시장에서 더 높은 시장점유율, 더 많은 이익, 그리고 제품의 세계적인 명성을 얻을 수 있는 것이다.

1. 품질과 손실의 개념

(1) 전통적 사고방식

전통적 사고방식에서 따르면 품질관리(QC)는 서구에서 오랫동안 적용되어 온 것으로 설계규격에의 일치, 즉 제품이 규격한계 내에 충족되는 것을 목표로 한다. 부품이 설계단계에서 결정한 제품규격을 준수하면 우수한 품질의 제품으로 판정되고 이러한 제품은 고객의 요구에 부응한다고 보며, 규격한계 밖에 있으면 불량품으로 판정한다. 이러한 전통적 사고방식을 비용의 골포스트 방식(goal-post method)이라고 부른다.

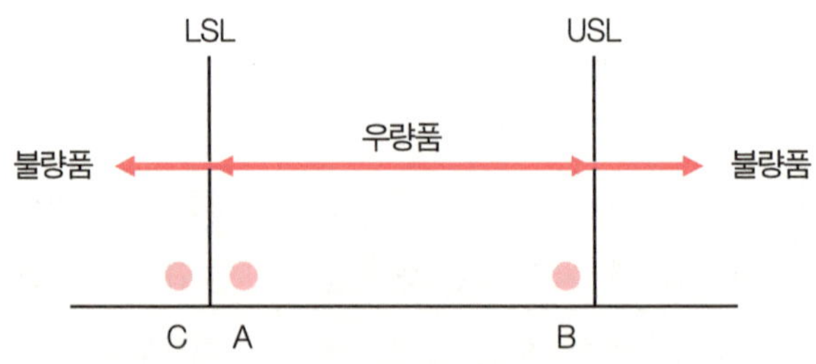

[그림 7-4] 규격한계에 의한 제품의 품질판정

[그림 7-4]는 이러한 방식의 그래프를 나타낸다. 이 방식은 규격한계 내에만 속하면 우수한 품질로 간주하는 문제점이 있으며, 고객만족도도 떨어지게 된다. 즉 [그림 7-4]를 보면, A와 B는 모두 우수한 품질로 판정을 받지만 품질변동이 심하다고 할 수 있다. 또한 A와 C를 비교하여 보면 제품품질의 차이는 아주 미세하다. 하지만 A는 합격으로 C는 불합격으로 판정된다.

이러한 전통적인 골포스트 방식에서는 재작업과 제품폐기 시에 드는 비용에는 적용될 수 있지만, 그렇지 않은 경우에는 적용할 수 없다. 목표치에 정확히 일치하는 부품과 규격한계 내에 겨우 들어오는 제품은 동일한 성능을 발휘할 수 없으며, 또한 부품의 품질특성이 규격한계를 벗어나기만 하면 모두 동일한 비용을 발생시킨다는 것도 불합리하다.

결국 제품품질에 영향을 미치는 것은 규격한계 내에 제품이 포함되도록 하는 것이 아니라 목표치에 접근하는 노력이라고 보는 것이다. 이 같은 노력을 통해 품질변동을 줄일 수 있고 고객의 만족도 높일 수 있는 것이다.

(2) 다구치의 철학

다구치는 전통적인 서구식 품질접근법과는 전혀 다른 새로운 품질개념을 도입하였다. 다구치는 품질을 '제품이 출하된 뒤에 사회에 끼치는 손실'이라고 정의함으로써 품질과 손실의 정도를 연관시키고자 하였다. 여기서 말하는 손실은 제조과정에서의 검사비용, 재작업 및 폐기비용, 고객의 요구에 미치지 못하는 데서 생기는 서비스 비용, 이미지 실추, 간접비용 등이 포함된다.

이러한 정의에 따르면, 목표치로부터 벗어난 모든 제품의 품질특성은 비용 또는 손실을 발생시킨다는 것이다. 즉 모든 제품은 사용에 따라 노후되고 파손되어 결국 수리를 하거나 교환을 해주어야 하는데, 이때 품질의 척도는 회사가 제품이 닳거나 파손되기 전에 얼마나 많은 서비스를 제공하느냐 하는 것이다. 고품질의 제품은 고객이 적합하다고 여기는 동안에는 의도한 기능을 수행하기 때문에 거의 손실이 없다.

반면에, 저품질의 제품은 많은 손실을 발생시킨다. 따라서 제조업자가 완벽한 품질의 제품을 만드는 유일한 방법은 품질변동이 안정되면서 손실이 적도록 제품을 설계하여 이를 목표치로 삼아 생산하는 것이다. 이 같은 새로운 개념은 제품이 규격한계를 벗어나면 그 정도에 상관없이 이 제품은 불량품으로서 일정한 손실을 초래한다는 전통적 접근법과는 커다란 차이점이 있다. 즉 서구식 방법에서 제품의 품질특성은 대부분 규격한계 내에 존재하지만, 품질변동이 크기 때문에 실제로 발생하는 손실과 비용은 일본식 방법에 비해 상대적으로 더 크다.

결론적으로, 다구치 기법은 손실을 적게 하면서 좋은 품질을 확보하는 방법이 될 수 있으며, 목표치대로 제품을 생산하도록 노력하는 것으로 규격한계를 만족시키는지를 검사하여 양·불량품을 구분하는 서구식에 비해 훨씬 경제적인 방법이다.

2. 품질 손실함수

앞에서 설명한 바와 같이 전통적 손실함수에 있어서는 품질특성의 실제 값이 규격한계 내에만 들어오면 그 제품은 양품으로서 아무런 사회적 손실을 발생하지 않지만, 벗어나게 되면 모두 동일한 비용을 발생시킨다고 본다.

다구치의 손실함수는 이와는 달리 품질변동에 따르는 손실로 품질을 계량화하기 위해 품질 손실함수(Quality Loss Function: QLF)를 사용한다. 품질 손실함수는 "목표치에 벗어나는 품질변동이 클수록 손실은 더욱 커진다"는 개념을 도입해 품질개선 내지 관리방법을 정량화한 것이다. 품질 손실함수를 사용함으로써 품질이 목표치를 벗어나는 경우의 손실뿐만 아니라, 개선으로 얻게 되는 이득을 금액으로 나타낼 수 있으므로 제품개발이나 공정에서 발생하는 품질손실을 경영자나 기술자들이 용이하게 평가할 수 있다.

[그림 7-5(b)]에 나타난 바와 같이 손실함수는 2차 함수의 형태를 띠고 있으므로 제품의 성능특성이 목표치로부터 벗어난 수치의 제곱만큼의 손실을 발생하게 됨을 알 수 있다. 예컨대, 만약 목표치로부터 벗어난 수치가 0.02mm라고 하면 20센트의 손실을 유발하며, 0.04mm 벗어나면 1달러 80센트의 손실이 발생하는 것

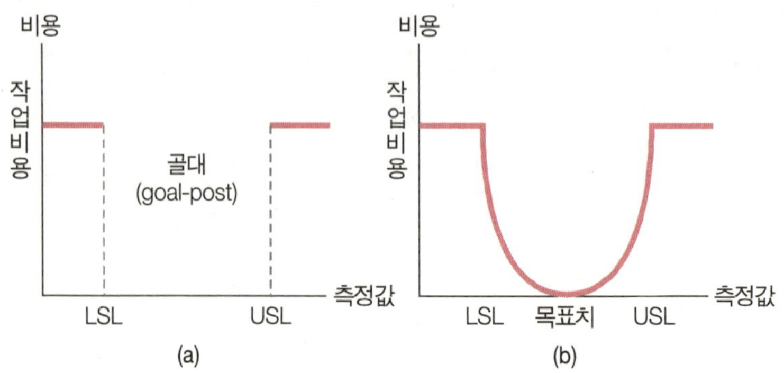

[그림 7-5] 전통적인 골포스트 방식과 다구치의 손실함수

이다.

[그림 7-5(b)]는 [그림 7-5(a)]에 나타난 손실의 골포스트 방식에 대응하는 다구치의 손실함수를 보여주고 있다.

손실함수의 예로 제품특성의 목표치가 $\overline{x}$ 이고, 제품의 실질 품질특성치가 x인 경우에 손실함수는 다음과 같이 정의된다.

$$L(x) = k(x - \overline{x})^2 \quad \text{(단, } k\text{는 적절한 상수)}$$

좋은 품질의 제품은 이 손실함수의 값을 작게 하는 것이다. 품질공학에서는 이 손실함수에 근거하여 만들어진 SN비(signal-to-noise ratio)를 특성치로 하여 인자들의 최적조건을 찾아주는 방법이 주로 이용된다.

■ 보기

어느 제품의 직경에 대한 규격은 30.00mm ± 0.25mm이다. 만약 실제 직경이 명세서와 다르다면 차축은 5,000원의 비용으로 폐기되어야 한다. 이 예에서 손실함수를 구해 보면, 원하는 목표치가 30.00mm이므로 손실함수는 다음과 같은 형태를 갖는다.

$$L(x) = k(x - 30.00)^2$$

식을 적용하기에 앞서 먼저 k의 값을 정해야 하는데, 이를 위해 먼저 목표치로부터 벗어나는 특별한 측정치와 관련된 비용 또는 손실을 알아야 한다. 비용이 5000원으로 주어졌고, 규격 상·하한이 각각 X=29.75 또는 X=30.25이다. 이 비용과 두 개 중 어느 하나의 규격한계를 위의 식에 대입하면,

$$5 = k(30.25 - 30.00)^2$$
$$k = \frac{5}{(30.25 - 30.00)^2} = \frac{5}{(0.25)^2} = 80$$

이제 k값을 구하였으므로, 이 예에 대한 완성된 손실함수를 적어보면 다음과 같다.

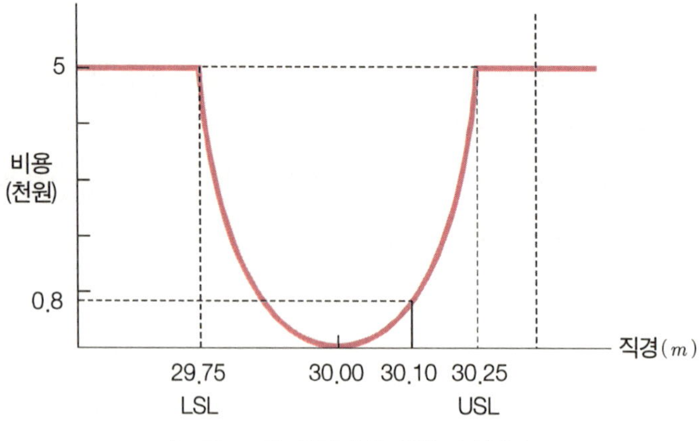

[그림 7-6] 축직경에 대한 손실함수

$$L(x) = 80(x - 30.00)^2$$

어느 측청치에 대한 비용을 구하기 위해서는 위의 손실함수식을 이용하면 된다. 몇몇 측정치에 대한 비용을 손실함수의 그래프에 표시하면 [그림 7-6]과 같다.

이제, 예를 통하여 전통적 골포스트방식과 다구치의 품질 손실함수를 비교해 보자. 한 연구결과, 소비자는 똑같은 소니 제품이더라도 미국에서 만들어진 것보다는 일본에서 만들어진 TV를 선호하는 것을 발견하였다. 이러한 결과는 일본이나 미국 공장에서 동일한 설계와 규격명세서를 사용하기 때문에 더욱 당혹스러웠다. 그 원

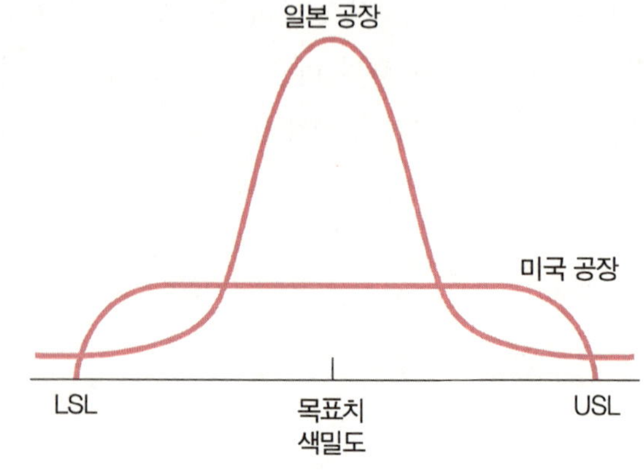

[그림 7-7] 일본과 미국에서 만들어진 TV의 색밀도의 분포

인을 분석하기 위해 TV선호에 영향을 미치는 색밀도를 조사해 보았다. 결과분포는 [그림 7-7]과 같다.

[그림 7-7]을 보면, 미국에서 만들어진 TV의 색밀도 분포는 실제적으로 명세서 안에 모두 있었으나 규격한계에 가까운 수치가 많았다. 반면, 일본에서 만들어진 TV 색밀도의 규격한계 근처의 분포는 매우 적었고, 대부분의 수치가 목표치에 근접했다. 명세서에 근접하도록 제조하는 것과 가능하면 목표치에 가깝게 제조하는 차이가 고객이 일본 TV를 선호하는 원인이었던 것이다.

3. 로버스트 설계

다구치 기법의 핵심은 두 가지로 볼 수 있는데 이것은 손실함수와 로버스트 설계이다(김연성 등, 2010).

로버스트 설계(Robust design)는 제품이 노이즈(noise)에 둔감한, 즉 노이즈에 의한 영향을 받지 않거나 덜 받도록 하는 설계를 말한다. 노이즈란 제품을 생산할 때 제품에 변동을 일으키는 원인, 즉 변동원인을 말한다. 예를 들면 진동, 소음, 기후, 온도, 습도, 먼지, 작업자의 습관 또는 실수, 기계의 노후, 공구의 마모 등이 있다.

다구치의 로버스트 개념에 의하면 노이즈를 발견하게 되었을 때 노이즈를 제거하거나 차단하는 것이 현실적으로 어려운 경우 노이즈에 의한 영향을 없애거나 줄일 방법을 찾는다. 즉 노이즈는 그대로 두고 제품이 그 노이즈에 둔감하도록 설계하는 것이다. 이렇게 할 경우 노이즈를 직접 제거, 차단하는 방법보다 더 적은 비용이 들게 된다.

사례 16 **자동차 문에 대한 품질기능 전개**

도요타자동차는 1960년대 중반에 소형 승용차를 미국에 출시하였는데 문제는 경쟁 차종인 독일의 폴크스바겐(Volkswagen)보다 차체가 더 빨리 녹이 슨다는 것이었다.

소형 트럭은 다른 차종에 비해 크기도 작고 모양이 단순하므로 소형 트럭의 부식 문제 해결에 미쓰비시 조선소에서 개발된 QFD를 적용해 보기로 하였다.

이 과정에서 문짝에 대한 고객의 의견을 물었더니 놀랍게도 미리 알아차리지 못했던 소비자 요구가 쏟아져 나왔다. 예컨대 언덕에서 문을 여닫는 것이 큰 문제로 지적된 것이다. 내리막길에서 차를 세우고 문을 여닫는 것이 특히 여자들에게 힘겨운 일로 지적되었다.

자동차 문에 대한 고객들의 요구사항을 정리한 결과, [그림 7-3]과 같이 가장 많은 요구가 "경사진 곳에서 문이 열린 채로 있을 것"과 "밖에서 닫기가 용이할 것"이었다. 고객들은 손으로 창문을 열려면(그때는 자동문이 없었으므로) 윈도 크랭크를 많이 돌려야 되는 문제에 대해서도 관심을 표명하였다.

도요타는 QFD를 사용하는 과정에서 '고객의 소리'를 들을 수 있게 되었고, 고객들의 선호도를 기술과정과 제작과정에 반영할 수 있었다.

자료: 이순룡, 『생산관리론』(서울: 법문사, 1998), 제8장에서 인용

제8장
통계적 품질관리

 ## 제1절 통계적 품질관리의 개요

1. 통계적 품질관리의 정의

데밍(Deming) 박사는 "통계적 품질관리(Statistical Quality Control: SQC)란 유용하고 시장성 있는 제품을 가장 경제적으로 생산할 수 있도록 생산의 모든 단계에 통계적 원리와 기법을 응용하는 것"이라고 정의하였다. 간단히 SQC를 표현하면 품질관리(QC)의 일부분으로 통계학의 모든 통계적 수법을 사용해 실시하는 품질관리를 말하며, 품질관리의 핵심적인 부분이라 할 수 있다.

여기서 품질관리(Quality Control: QC)란 수요자가 요구하는 모든 품질을 확보, 유지하기 위해 기업이 품질목표를 세우고, 이것을 합리적 · 경제적으로 달성할 수 있도록 수행하는 모든 활동의 체계를 말한다. 제품이나 서비스는 소비자의 욕구를 충족시키기 위해 소비자가 요구하는 조건을 만족시켜야 한다. 그러므로 품질은 제품이나 서비스가 사용되는 목적에 도달된 정도라고 할 수 있다. 또한 품질은 제품이나 서비스가 제공되는 목적에 일치되는 정도라고 할 수 있다. 전자는 소비자의 입장에서 해석된 품질의 개념이고, 후자는 생산자의 관점이다.

제품이나 서비스의 품질을 평가할 수 있는 요소(예를 들면 길이, 무게, 색, 냄새, 신뢰도)를 품질특성이라고 하는데, 이러한 품질특성(quality characteristics)을 숫자로 표현한 것이 품질특성 값이다. 한국공업규격(KSA 3001)에서는 품질관리를 소비자의 요구에 맞는 품질의 제품을 경제적으로 만들어 내기 위한 모든 수단의 체계라고 정의하고 있다.

SQC에서 흔히 사용되는 기법으로는 〈표 8-1〉에서와 같이 ① 도수분포도, ② 파레토도, ③ 관리도, ④ 샘플링 검사 등이 있다. 오늘날 SQC의 내용이 시대의 변화와 함께 늘어남에 따라 검정과 추정, 상관 및 회귀분석, 분산분석과 실험계획법 등을 이용하고 있으며, 최근에 이르러서는 품질보증(QA)의 문제가 중요해지면서 신뢰성 기법이 적용되고 있음을 볼 수 있다.

〈표 8-1〉 통계적 품질관리에서 사용되는 기법

기법	특 징
품질설계용	실험계획법(DOE), 품질기능전개(QFD), 분산분석, 신뢰성 기법, 공정능력지수
검사용	샘플링 검사
공정관리용	도수분포도, 파레토도, 특성요인도, 관리도, 샘플링 검사
공정해석용	도수분포도, 파레토도, 특성요인도, 관리도, 샘플링 검사, 추정/검정, 회귀분석, 상관분석, 실험계획법, 신뢰성 기법 등

SQC는 제품과 서비스의 품질을 향상시키고 지속적으로 공정을 개선하는 데에 반드시 필요한 요소이며, 오늘날 TQM을 도입하려는 기업에서는 샘플링 검사, 통계적 공정관리(SPC), 실험계획법, 회귀분석 등과 같은 통계적인 기법들을 이해하고 활용하도록 노력해야 한다.

2. 통계적 품질관리의 발전과정

통계적 품질관리는 1924년 벨연구소에 근무하던 슈하트(W. A. Shewhart)가 동일한 조건 아래에서 제조된 제품일지라도 품질특성치에는 산포가 존재하며, 이를 관리해야 한다고 주장한 데서 비롯되었다. 그는 품질특성치의 산포관리를 위해 관리도법(control chart method)을 창안하여 생산공정에서 발생하는 문제의 해결에 통계적 방법의 적용을 시도하였다.

1929년에는 벨연구소의 다지(H. F. Dodge)와 로미그(H. G. Romig)가 샘플링검사(Sampling Inspection) 이론을 발표하여 SQC에 획기적인 공헌을 한 바 있다. 그러나 통계적 방법을 사용한 품질관리 활동이 본 궤도에 오른 것은 1939년 제2차 세계대전이 일어나 막대한 군수물자가 필요하게 되고, 이에 수반해 발생되는 군수품의 품질문제를 관리하고자 하는 미국 정부의 노력이 직접적인 발전계기가 되었다고 본다.

 제2절 데이터의 측정 및 유형

1. 데이터의 측정

품질관리(QC)에서는 통계적 방법이 매우 중요한데 그 이유는 품질이 계속해서 변동하기 때문이다. 아무리 동일한 설계, 원자재 및 기계로 만들어진 제품이라고 할지라도 그 품질에는 차이가 생기는 것이 보통이다.

품질을 통계적으로 분석/추리하기 위해서는 수량화된 정보로서 데이터(data)가 마련되어 있어야 한다. 품질에 관한 수량적 내용으로서 데이터는 사실의 관찰/측정에 의해 획득되며, 이들은 분석/처리과정을 거쳐 의사결정에 꼭 필요한 정보가 된다.

결국 의사결정의 신뢰성은 측정을 통해서 얻어지는 데이터에 의해 좌우되기 때문에 올바르게 측정하는 것은 품질관리에 있어서 매우 중요하다. 또한, 정확한 데이터의 측정을 위해서 사용되는 데이터의 측정도구는 정확성 및 정밀성을 유지하도록 정기적으로 점검할 필요가 있다.

2. 데이터의 유형

데이터는 그 성질에 따라 대체로 계량치 데이터와 계수치 데이터의 두 가지로 나뉜다. 통계처리 시에는 이 데이터들의 차이를 분명하게 식별해야 한다. 계량치 데이터란 계량기로 측정이 가능한 연속적인 값을 말하는데 길이, 무게, 습도, 순도, 강도, 두께 등의 값 등이 이에 해당된다. 계수치 데이터는 불량품의 개수나 결점수와 같은 불연속적인 측정치로서 대부분 정수로 표현한다.

품질의 통계적 해석을 위해서 사용하는 수량화된 정보로서의 데이터는 그가 소속된 집단이 있는데, 이러한 집단 전체를 모집단(population)이라 한다. 이 모집단을 이루는 단위체의 수는 매우 크기 때문에 이들 모두를 검사하는 전수조사(100% inspection)는 특별한 경우 이외에는 잘 이용되지 않는 것이 보통이다.

모집단이 가지는 품질특성을 수량적으로 나타내는 모평균 및 모분산과 같은 값들을 모수(parameter)라고 부르며, 샘플에 대한 측정치의 평균값이나 표준편차들의 수치를 통계량(statistics)이라고 한다.

 제3절 관리도의 본질

1. 관리도의 의의 및 구성요소

관리도(control chart)는 품질의 변동이 우연원인에 의한 것인지 아니면 이상원인에 의한 것인지를 추정해 공정의 안정상태 여부를 밝혀주는 역할을 하는 것인데 슈하트(Shewhart)에 의해 개발되었다. 관리도는 통계적 품질관리기법 중에서 가장 기본적인 기법이며, 또 최초로 개발된 기법이라는 점에서 의의가 있다 .

관리도는 공정에서 발생하는 문제들을 신속하게 파악, 진단 및 시정해 주는 기법이다. 즉 관리도는 공장의 과거자료를 토대로 하여 현재의 공정상황이 안정상태인지 아닌지를 객관적으로 판단하려는 효과적인 도구이다. 따라서 공정안정 상태의 여부를 확인하기 위해서 공정의 평균과 표준편차가 시간경과에 따라 어떻게 변하는가를 관찰해야 한다.

관리도는 중심선(Center line: CL)과 관리한계선인 관리상한선(Upper control limit: UCL), 그리고 관리하한선(Lower control limit: LCL)으로 구성되어 있다.

[그림 8-1]은 전형적인 관리도를 나타내고 있다. 관리도에서 중심선(CL)을 기준으로 관리상한선(UCL)과 관리하한선(LCL)을 설정한 후 품질의 측정치를 타점했을 때 관리한계선 내에 있으면 관리상태의 공정, 관리하한선 밖으로 나가는 경우에는 이상상태의 공정으로 판정한다.

이때 UCL은 공정의 안정상태가 존재할 때 최대변동의 우연변동을 나타내고, LCL은 최소허용의 우연변동을 나타낸다. 만약 공정이 정규분포라면 관리한계선 내에 우연변동이 99.73%가 들어가게 된다.

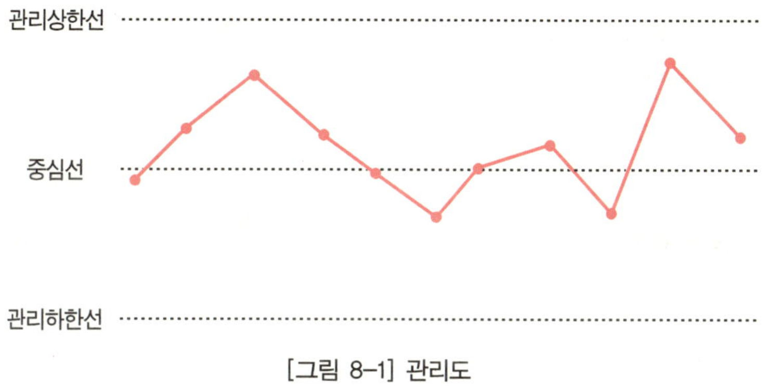

[그림 8-1] 관리도

관리상태(controlled state)는 일반적으로 공정에 우연요인만이 존재하는 경우로 안정상태라고도 한다. 이상상태는 공장이 관리되지 않은 상태로 공정에 우연요인은 물론 이상원인이 존재하는 상태를 말한다. 어떤 생산공정이라도 제품의 품질에는 차이가 있다. 이러한 차이에는 작업환경의 변화 또는 미세한 차이와 같은 우연요인에 의한 차이와 생산설비의 이상 또는 불량 원자재의 사용과 같은 이상요인에 의한 차이가 있다.

이상요인에 의한 차이는 우연요인에 의한 차이보다 차이의 폭이 크다. 이와 같은 사실을 고려하여 이상요인의 발생을 가능한 신속하게 찾아내고 일정한 품질을 유지하게 하기 위해 품질의 변동을 그래프로 나타낸 것이 바로 관리도인 것이다.

2. 관리도의 유형

관리도는 제품의 품질특성에 따라 길이, 중량, 강도 등과 같은 연속적인 수치값을 갖는 계량형과 불량품의 개수, 결점수 등과 같은 이산(discrete)적인 수치값을 갖는 계수형의 두 가지로 분류한다(이순룡, 2010).

(1) 계량치 관리도

무게, 길이, 온도, 습도, 압력, 인장강도 등의 연속적인 계량치를 관리항목으로 하여 작성되는 관리도를 계량치(variables) 관리도라고 하는데, 가장 기본이 되는 $\bar{X}$-R(평균치와 범위)관리도, X-σ(평균치와 표준편차)관리도, $\tilde{X}$-R(중앙치와 범위)관리도 및 x(생데이터)관리도 등이 있다. 이들 관리도는 일반적으로 정규분포 이론에 따른다.

(2) 계수치 관리도

제품의 품질특성치가 불량개수, 불량률, 결점수 및 단위당 결점수 등의 이산적인 계량치를 관리항목으로 하여 작성되는 관리도를 계수치(attributes) 관리도라고 한다. 적용되는 관리도로는 이항분포 이론에 따르는 pn(불량개수)관리도와 p(불량률)관리도가 있고, 품질특성치가 결점수일 때 적용하는 관리도에는 c(결점수)관리도 및 u(단위당 결점수)관리도가 있는데 이 경우 포아송분포 이론에 따른다.

3. 관리도의 작성

(1) $\bar{x}$-R관리도(평균치와 범위의 관리도)

평균치의 변화를 다루는 X관리도와 산포의 변화를 다루는 R관리도의 두 가지로 구성되는 $\bar{x}$-R관리도는 계량치 관리도 중 대표적인 것이다. 주로 무게, 길이, 시간, 강도, 순도, 수율 등과 같은 양을 측정할 때 사용한다.

$\bar{x}$-R관리도는 다음과 같은 순서로 작성된다.

① 자료(데이터)를 수집한다. 일정기간에 발생한 자료 중 샘플크기(n)를 4~5개 정도로 하여 군의 크기(k)는 약 20~25군을 뽑아내 측정한 후 이를 자료시트(data sheet)에 기입한다.

② 각 군의 평균치 $\bar{x}$를 계산한다.

③ 각 군의 범위 R을 계산한다.

$$R = X_{\max} - X_{\min}$$

④ 관리도 용지의 세로축에 $\bar{x}$와 R의 눈금을 매기고 가로축에 샘플군의 번호를 기입한다.

⑤ $\bar{x}$의 총평균치 $\bar{\bar{x}}$를 계산한다($\bar{\bar{x}}$는 관리한계선의 중심선)

$$\bar{\bar{x}} = \frac{\bar{x_1} + \bar{x_2} + \bar{x_3} + \cdots + \bar{x_k}}{k} = \frac{1}{k}\sum_{i=1}^{k}\bar{x_i}$$

⑥ R의 평균치 $\bar{R}$를 계산한다($\bar{R}$는 R관리도의 중심선)

$$\bar{R} = \frac{R_1 + R_2 + R_3 \cdots + R_k}{k} = \frac{1}{k}\sum_{i=1}^{k}R_i$$

⑦ 관리도 용지에 중심선 $\bar{\bar{x}}$와 $\bar{R}$를 실선으로 기입한다.

⑧ 관리한계를 계산한다.

- $\bar{x}$관리도의 경우 :

  관리상한선 UCL $= \bar{\bar{x}} + A_2\bar{R}$

  관리하한선 LCL $= \bar{\bar{x}} - A_2\bar{R}$

  A_2의 계수는 '관리한계 계수표'(생략)에 정해진 값을 샘플 크기 n에 따라 구한다.

  $$UCL = \bar{\bar{x}} + A_2\bar{R}$$

  $$LCL = \bar{\bar{x}} - A_2\bar{R}$$

- R관리도의 경우 :

  관리상한선 UCL $= D_4\bar{R}$

  관리하한선 LCL $= D_3\bar{R}$

  D_3, D_4의 계수는 '관리한계 계수표'에서 샘플 크기 n에 따라 구한다.

  $$UCL = D_4\bar{R}$$

  $$LCL = D_3\bar{R}$$

⑨ $\bar{x}$ 관리도 및 R관리도에 관리상한선(UCL)과 관리하한선(LCL)을 각각 기입한다.

⑩ 각 군의 $\bar{x}$와 R의 값을 관리도(생략)에 군 번호순으로 타점(plot)한다.

⑪ 관리도에 의해 제조공정의 관리상태를 판정하고 조정한다.

⑫ 관리한계 밖으로 나간 점을 제거하고 관리선을 다시 계산한다.

한계를 벗어난 타점의 원인이 밝혀지고 조치되면 이것을 빼고, ⑤부터 ⑩까지의 순서에 따라 관리한계선을 다시 계산하고 조치한다.

(2) X관리도(생 데이터 관리도)

개개의 측정치를 생 데이터(raw data) 그대로 1군 1점씩 기입하는 것을 x관리도라 한다. 보통의 추이그래프와 비슷하나 관리한계선을 갖고 있으며, 1회에 한 개의 측정치만 얻을 수 있거나 데이터의 발생간격이 긴 공정관리에 주로 이용되는데,

x-Rs관리도가 대표적이다.

x-Rs관리도의 작성요령은 $\bar{x}$-R 관리도와 비슷하지만, 서로 인접한 두 개 측정치의 차이 값인 이동범위 Rs를 구하는 것이 다르다.

Rs값은 다음과 같이 산출한다.

Rs = | (i번째의 측정치) − (i+1번째의 측정치) |

x-Rs 관리도의 중심선 및 관리한계선은 다음의 산식으로 구한다.

$$CL = \bar{x} = \frac{\sum x_i}{k} = \frac{1}{k}\sum x_i$$
$$UCL = \bar{x} + E_2 R_s$$
$$LCL = \bar{x} - E_2 R_s$$

Rs관리도의 관리한계선은 R관리도와 같은 원리이다.

$$UCL = D_4 \overline{R_s}$$
$$LCL = D_3 \overline{R_s}$$

(3) p관리도(불량률 관리도)

계수치 관리도인 불량률관리도는 부적합률(불량률)을 품질특성으로 하여 불량률이 통계적으로 안정된 상태에 있는지를 판정하기 위한 관리도로서 보통 p관리도로 불린다.

검사결과에 따라 제품이 양품(적합품)과 불량품(부적합품)으로 구분될 경우, 후자를 불량원인별로 분류해 기록함으로써 관리한계를 벗어나는 불량이 나타났을 때 이상원인을 쉽게 파악할 수 있으며 그에 따른 신속한 조치도 취할 수 있다.

표본(sample)의 크기 n을 정하는 문제도 중요한데, 적어도 한 개 이상의 불량품이 들어가도록 표본의 크기를 정한다.

p관리도의 작성순서는 다음과 같다.

① 불량률로 나타나는 자료를 수집한다. 이때 자료는 불량률 p와 검사개수 n을 알고 있어야 한다.

② 자료를 군으로 구분한다. 군의 크기는 20~100개 정도에서 각 군의 불량개수가 평균 1~5개 정도 들어가도록 잡는다.

③ 각 군의 불량률 p를 계산한다.

$$p = \frac{np}{n}$$

④ 평균불량률 $\bar{p}$를 계산한다.

$$\bar{p} = \frac{\sum pn}{\sum n}$$

⑤ 관리한계를 계산한다.

$$\text{관리상한선 } UCL = \bar{p} + 3\frac{\sqrt{\bar{p}(1-\bar{p})}}{n}$$

$$\text{관리하한선 } LCL = \bar{p} - 3\frac{\sqrt{\bar{p}(1-\bar{p})}}{n}$$

LCL은 계산결과 마이너스가 되는 경우에는 고려하지 않는다.

⑥ 관리도 용지에 평균불량률 $\bar{p}$를 중심선 CL, 관리한계선 UCL과 LCL을 기입한다.

⑦ 관리도상에 불량률 p를 검사순으로 타점한다.

⑧ 관리도에 의해 공정의 관리상태를 판정·조사한다.

⑨ 관리도 밖으로 나간 점을 제외하고, ④부터 ⑨까지 순서대로 관리한계 및 중심선을 다시 계산한다.

(4) pn관리도(불량개수 관리도)

pn관리도는 불량개수를 관리항목으로 하는 경우에 쓰인다(KSA 3201). pn관리도는 p관리도에서 n의 크기가 일정한 경우에 해당하는 것으로 pn관리도의 작성방

법은 관리한계를 구하는 방법을 제외하고는 p관리도의 방식과 같다. 즉, pn관리도
는 샘플의 크기 n이 일정한 경우에 사용되며, 따라서 관리한계선은 일직선이 된다.

pn관리도의 관리선은 다음과 같이 계산한다.

$$\text{중심선} \quad CL = \overline{pn} = \frac{\sum pn}{k}$$

$$\text{관리상한선} \quad UCL = \overline{pn} + 3\sqrt{\overline{pn}(1 - \overline{pn})}$$

$$\text{관리하한선} \quad LCL = \overline{pn} - 3\sqrt{\overline{pn}(1 - \overline{pn})}$$

LCL은 계산 결과 미아너스일 경우에는 고려하지 않는다.

(5) c관리도(결점수 관리도)

결점수 관리도는 일정단위, 예를 들어 철판의 장당 또는 직물 야드당 결점수인
품질특성치로 공정을 관리하려는 경우에 사용되는 관리로서 c관리도라 부른다.
특히 다음과 같은 조건이 충족될 경우에는 c관리도를 적용할 수 있다.

① 생산 단위당 결점이 발생할 기회가 무한정일 때
② 단위당 결점발생 확률이 비교적 낮고 일정할 때
③ 결점발생 기회의 영역이 같을 때

c관리도는 pn관리도와 성격이 비슷하여 작성순서도 거의 같고 데이터 시트 및
관리도 용지를 함께 사용할 수 있다.

c관리도의 관리선은 아래와 같이 계산한다.

$$\text{중심선} \quad CL = \overline{c} = \frac{\sum c}{k} = \frac{\text{결점수의 합계}}{\text{군의 수}}$$

$$\text{관리상한선} \quad UCL = \overline{c} + 3\sqrt{\overline{c}}$$

$$\text{관리하한선} \quad LCL = \overline{c} - 3\sqrt{\overline{c}}$$

(6) u관리도(단위당 결점수 관리도)

단위당 결점수 관리도는 직물의 얼룩 및 에나멜선의 바늘구멍 등과 같은 단위당 결점수를 취급할 때 검사하는 표본의 면적이나 길이가 일정하지 않은 경우에 사용하는 관리도이며, 관리한계선은 대부분 요철(凹凸)형을 나타낸다.

결점수를 관리하는 점에서는 c관리도와 같다. 그 차이점은 c관리도가 주로 검사단위(자동차 10대, 직물 100m^2)의 총결점수를 나타내는 데 비해, u관리도는 생산단위당(자동차 1대당, 직물 1m^{2}당) 평균 결점수를 나타낸다는 점이 다르다.

u관리도의 단위당 결점수(u) 및 관리한계선은 아래와 같이 계산한다.

$$\text{단위당 결점수 } u = \frac{c}{n} = \frac{\text{표본중의 결점 수}}{\text{표본의 크기}}$$

$$\text{중심선 } \quad CL = \bar{u} = \frac{\sum c}{\sum n} = \frac{\text{결점 수 총 합계}}{\text{표본 총 합계}}$$

$$\text{관리상한선 } UCL = \bar{u} + 3\sqrt{\frac{\bar{u}}{n}}$$

$$\text{관리하한선 } LCL = \bar{u} - 3\sqrt{\frac{\bar{u}}{n}}$$

 제4절 지속적 개선을 위한 기본도구

제품변동의 원인을 파악해 관리하기 위해서는 그 변동 상태를 올바르게 파악할 필요가 있다. 품질관리에서 수집되어 처리된 자료(data)는 지속적 개선의 기본도구의 기초가 된다. 이와 같이 자료를 취하는 목적은 그 결과에 따라 행동이나 조치를 취하기 위함이다.

자료를 정리하는 방법에는 도표화와 수량화가 있는데, 전자에 대해 알아보기로 하자. 자료를 도표화하는 도구로는 아래와 같은 QC의 일곱 가지 도구(seven quality control tools)가 있다.

① 도수분포도(히스토그램/막대그래프)

② 체크시트

③ 그래프

④ 산점도

⑤ 파레토 다이어그램

⑥ 흐름도

⑦ 특성요인도

여기서는 그래프 및 흐름도를 제외한 다섯 가지의 도구만을 설명하고자 한다.

1. 도수분포도

자료(data)를 그래프로 정리/요약하는 도수분포도(frequency distribution table)는 품질관리를 위해 흔히 이용되는 가장 간단하면서도 효과적인 통계적 방법 중의 하나이다. 불규칙한 자료를 같은 값끼리 모아서 크기에 따라 그 빈도수를 나열하면 자료의 분포상태를 쉽게 파악할 수 있다. 이를 히스토그램(histogram) 또는 막대그래프(bar graph)라고도 부른다.

자료의 분포상태를 보기 쉽게 막대그래프로 나타낸 것이 히스토그램이며 [그림 8-2]는 정규분포 형태를 나타내고 있음을 보여준다.

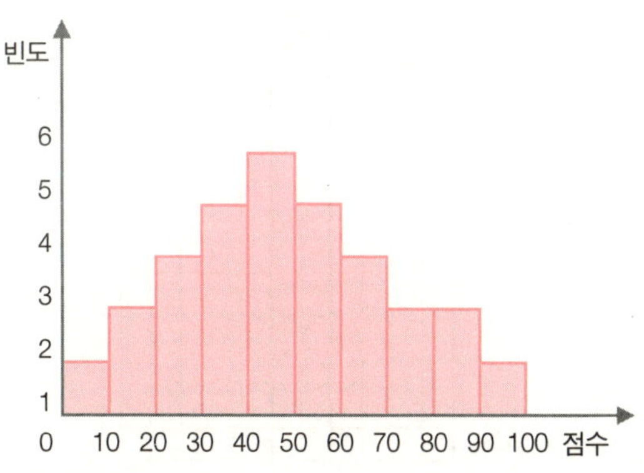

[그림 8-2] 빈도수를 나타내는 히스토그램의 예

도수분포도 내지 히스토그램을 작성하면, 품질이나 자료의 분포상태를 쉽게 알수 있고, 공정능력을 파악할 수 있으며, 공정관리에 이용할 수 있다는 이점이 있다.

2. 체크시트

체크시트(Check sheet)는 [그림 8-3]과 같이 불량수, 결점수 등 셀 수 있는 데이터가 분류항목별의 어디에 집중하고 있는가를 알아보기 쉽게 나타낸 그림이나 표이다. 통계적 공정관리를 수행하는 초기단계에는 현재 조사 중인 공정에 관한 과거 및 현재의 데이터를 수집하는 것이 종종 필요하며, 체크시트는 이 같은 데이터 수집활동 시 매우 유용하게 활용된다.

시간과 연관된 요약(시계열 요약)은 특별한 경향을 보이거나 다른 의미 있는 패턴을 보이는 데 특별히 유용하다. 예를 들어 만약 여름동안 많은 결함이 생겼다면, 한 가지의 가능한 원인은 담당자의 휴가 중에 임시고용자를 채용했기 때문으로 이런 현상이 생긴 것으로 볼 수 있다.

체크시트의 작성 시에, 수집된 데이터를 명확하게 기술해 주어야 한다. 기록이 끝난 다음에는 데이터가 어디에 집중하고 있는지를 한눈에 곧 알 수 있게 해주며,

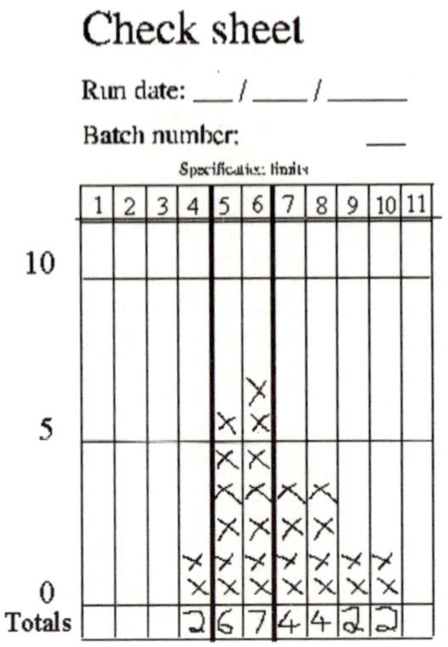

Check sheet

Run date: ___ / ___ / ______

Batch number: ___

Specification limits

Totals

[그림 8-3] 체크시트

따라서 어디에 대책을 취해야 할 것인가도 알게 해준다.

체크시트는 체크하는 목적에 따라 다음과 같이 구분된다.

① 불량항목 조사용 체크시트
② 불량요인 조사용 체크시트
③ 결점위치 조사용 체크시트
④ 점검, 확인용 체크시트
⑤ 공정분포 조사용 체크시트

체크시트의 작성순서와 방법은 다음과 같다.

① 데이터의 분류 항목을 결정한다.
② 기록용지의 형식을 결정한다.
③ 기간을 정해서 데이터를 수집한다.
④ 데이터를 용지에 기입한다.
⑤ 데이터의 기간, 기록자 및 목적 등을 기입한다.

3. 산점도

품질특성에 영향을 주는 요인이 어떤 것인가를 하나의 그림으로 표시하는 데에는 뒤에 설명하는 특성요인도가 매우 효과적이다. 이렇게 파악한 잠재요인들이 실제로 관련성이 있는지는 실제의 데이터를 통해서 조사해야 한다. 예를 들어, 경도(硬度)라는 품질특성에 규소(Si)라는 성분의 함량이 있다면 함량과 경도가 실제 관련이 있는지, 있다면 함량에 따라 경도가 어떻게 달라지는지를 알아야 할 필요가 있다. 이 같은 경우 흔히 알려져 있는 산점도(Scatter plot)를 사용하면 두 변수에 대한 관련성을 쉽게 파악할 수 있다.

산점도는 두 변수 간의 관계를 탐구하는 탐색적 기법의 하나로 x, y 좌표에 변수 쌍을 타점해 작성하는 그림이다([그림 8-4] 참조). 이렇게 작성되는 산점도는 두

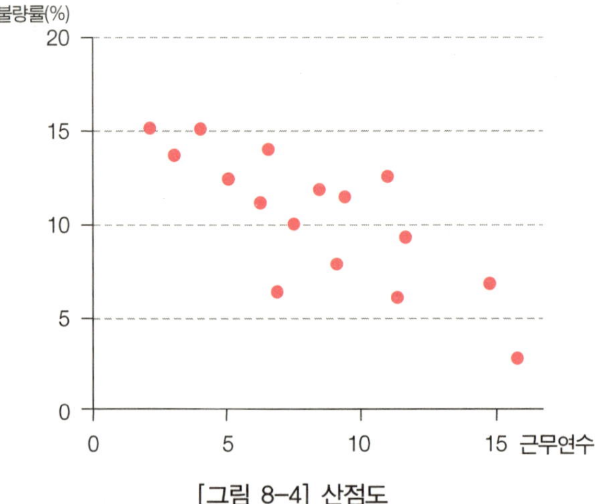

[그림 8-4] 산점도

자료 : 김기영 외, 『품질경영』(서울 : 박영사, 1999)

변수 간의 관계에 대한 전반적인 윤곽을 그림을 통해 보여주기는 하지만 그 관계의 정도가 구체적으로 드러나지는 않는다.

따라서 두 변수 간의 관계를 수량화해 주는 일반적인 도구인 상관계수를 병행하여 사용하면, 두 변수 간의 관계를 좀 더 효과적으로 파악할 수 있게 된다.

4. 파레토도

품질에 대한 문제가 발생했을 때 제조현장에서 원인을 찾아 대책을 세우고 조치를 취해야 한다. 이럴 경우 무엇부터 착수해야 될지 문제의 초점을 알려줄 수 있는 것으로 파레토도(Pareto diagram)가 있다 .

품질문제를 발생시키는 원인을 보면 대부분 일부항목에 편중되는 경우가 많다. 문제에 대한 영향도가 높은 원인부터 대책을 세워 조치를 취하도록 도움을 주는 것이 바로 파레토도이다. 이 도표는 파레토(V. Pareto)가 소득분포의 불균등상태를 나타내는 데 이용한 것으로 주란(J. M. Juran)이 불균등도에 착안하여 불량품 수나 불량손실의 대부분이 매우 적은 수의 불량원인에 의해 발생됨을 밝히는 데 사용한 누적도수분포도의 일종이다.

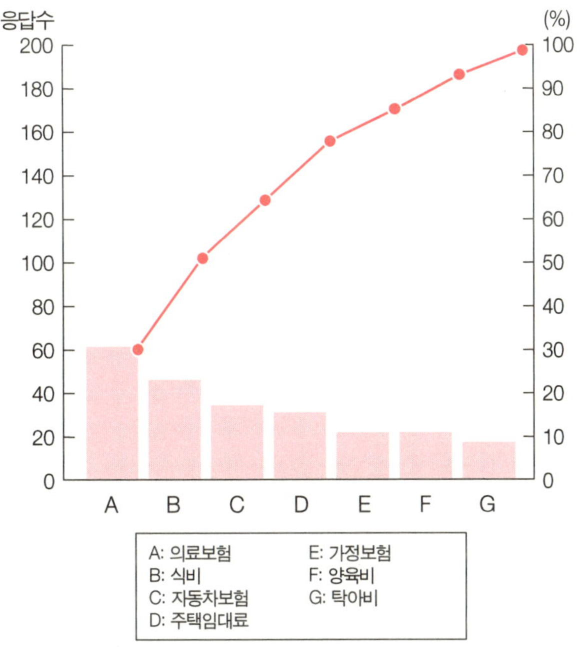

[그림 8-5] 가계비지출의 파레토도의 예

자료: 이순룡, 현대품질경영 강의 PT자료(2010) 참조.

파레토도의 가로 축에는 불량, 로스(loss), 클레임 등의 발생원인이나 상황을, 세로축에는 각 원인별 손실금액, 건수 또는 비율을 취해 막대그림의 기둥이 높은 것부터 차례로 좌로부터 우로 나란히 그린 다음, 이것을 차례로 누적한 기둥의 정점을 연결하는 누적도수곡선을 그리는 것이다([그림 8-5] 참조).

파레토도는 품질관리 활동에서 손실이 적은 '다수의 경미한'(trivial many) 항목보다는 문제가 되는 '소수의 중요'(vital few) 항목에 대해서 집중적으로 관리할 수 있는 것이 특징이다. 이런 까닭에 파레토도는 오늘날 중점관리 기법으로 널리 쓰인다([그림 8-6] 참조). 또한, 파레토도는 불량의 원인이나 결과에 따라 각기 불량원인별 파레토도와 불량상황별 파레토도로 나누어 작성한다. 그것은 원인과 대책을 보다 명확하게 하려는 목적에서이다. 불량항목의 비중이 높은 순서에 따라 A, B, C의 계층으로 층별하여 이들을 중점적으로 관리한다.

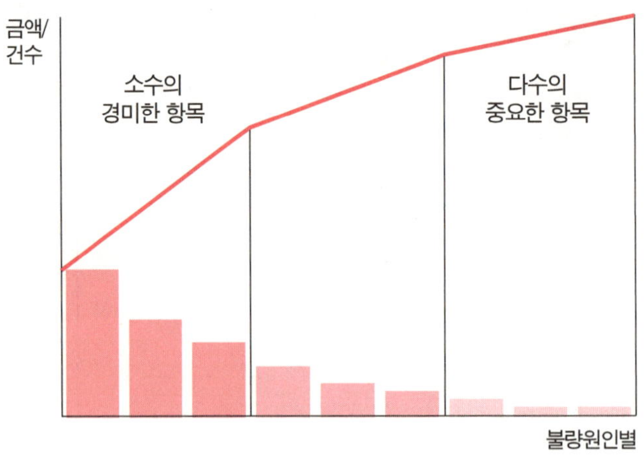

[그림 8-6] 불량 원인별 파레토도의 예

자료: 이순룡, 현대품질경영 강의 PT자료(2010) 참조.

5. 특성요인도

특성요인도(Cause & Effect Diagram)는 일본 이시카와 가오루가 고안한 것으로 결과에 원인이 어떻게 관계되며, 어떤 영향을 미치고 있는가를 일목요연하게 볼 수 있도록 생선뼈와 같이 생긴 그림을 이용해 체계적으로 종합한 것이다. 이것은 생선뼈 도표(Fishbone diagram) 또는 이시카와 도표(Ishikawa diagram) 등으로도 불리운다.

제품의 제조공정에서는 품질특성치에 영향을 미치는 결점, 오류 또는 문제점 등을 발견해 공정에서 제거시켜야 한다. 이때, 이러한 바람직하지 못한 영향을 주는 특성의 원인이 되는 잠재적 원인을 분석할 필요가 있다. 때때로 이러한 요인들이 분명하지 못한 경우가 있으며 이럴 때에 잠재적 요인을 밝혀내는 데 유용하게 사용될 수 있는 도구가 바로 특성요인도인 것이다.

특성요인도는 결과나 문제점에 대한 원인을 계통적으로 나타낼 수 있어서 사고의 대책 및 예방, 불량제거, 작업이나 공정의 관리/개선 등에 위에서 살펴본 히스토그램이나 파레토도 등과 함께 이용되고 있다.

이 도표는 특성으로 표시되는 결과를 오른쪽 화살표의 맨 끝 부분에 표시하고,

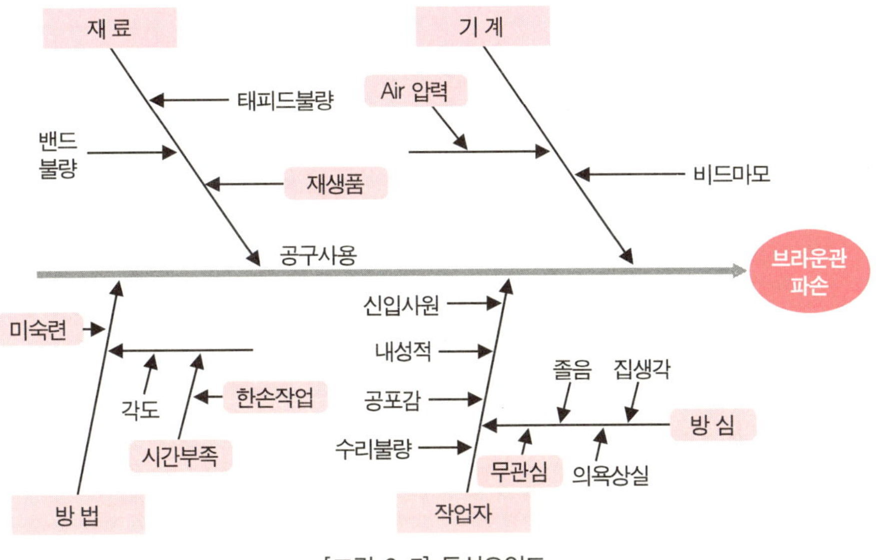

[그림 8-7] 특성요인도

자료: 이순룡(2010), p. 233.

결과를 발생시킨 원인들을 화살표 방향을 거슬러 올라가며 요인에 따라 체계적으로 나타내는데, 이를 간략히 도시한 것이 [그림 8-7]이다.

이때 요인의 분류는 분석하려는 대상목적의 특성, 즉 문제점에 따라 다양하지만 대개 4M(Man, Material, Method, Machine)을 토대로 하여 계통적으로 가지를 쳐서 세부요인까지 추구하는 시스템 접근방법을 따른다.

특성요인도를 효율적으로 활용하려면 우선 문제점으로 나타나는 품질의 특성 또는 결과를 그에 대한 요인 내지 원인에 따라 분석하여 이를 토대로 특성요인도를 작성한 다음에 그 대책을 수립해야 하는바, 위에서 살펴본 파레토도와 함께 이용하면 더욱 효과적이다.

특성요인도 분석은 매우 강력한 도구가 되며, 고도로 잘 묘사된 특성요인도는 효과적인 문제점 해결에 도움을 준다.

지난해 말 우리나라는 아랍에미리트(UAE)에 원자력 발전소를 수출하는 데 성공했다. 이후 원전 기술인력 양성을 위해 대학정원을 늘리고, 기자재와 시공업체들도 원전 특수를 누리고 있다.

우리가 원전 수출에 성공하자 사람들은 우리의 뛰어난 원가경쟁력과 시공능력, 민·관 합동의 수출전략에 주목했다. 하지만 정작 외국의 원전 전문가들은 우리의 최고경쟁력으로 '30여 년 무사고 원자력발전소 운영'을 꼽는다. 이것은 첨단기술력 못지않게 품질관리가 중요하다는 것을 보여주는 좋은 본보기이다.

우리 산업계에는 1990년대 말부터 불량률을 '100만분의 3.4 수준'으로 관리하는 '6 시그마' 품질관리 활동이 자리 잡고 있다. 하지만 올해 초 도요타의 리콜사태는 품질 면에서 정상의 위치에 있는 기업도 한순간의 방심으로 몰락을 자초할 수 있다는 점을 보여준다.

도요타 문제는 해외에서 부품을 조달하는 과정에서 발생했다고 한다. 이제 품질 문제는 기업의 생산공정을 벗어나 글로벌 생산 네트워크의 문제로 확대되고 있는 것이다.

우리 기업들도 해외생산 및 해외부품 사용이 늘고 있다. 글로벌 생산 네트워크에서 품질문제가 불거질 가능성이 그만큼 크다. 이제는 국내 관점에 펼쳐온 품질향상 운동 (Total Quality management: TQM)을 글로벌 품질관리(Global quality Management: GQM)로 확대해야 할 시점이다. 정부도 기업들이 이 같은 상황에 능동적으로 대응할 수 있도록 GQM 기법의 개발 및 보급에 정책의 초점을 맞추어 나갈 계획이다.

최근에는 기업의 사회적 책임이 강조되면서 소비자 안전과 관련된 품질관리가 더욱 중요해지고 있다. 기업들은 제품 생산 단계에서부터 제품의 안전을 고려해 설계와 생산, 유통과정을 관리할 필요가 있다. 안전품질이 바로 기업의 사회적 책임과 직접적으로 연결된다는 인식을 가져야 한다. 소재·부품 등 협력기업의 품질이 대기업이 생산하는 완제품의 품질과 직결된다는 점에서 대·중소기업 간 상생협력은 품질 측면세서도 더는 미룰 수 없는 일이다.

우리 산업계의 새로운 성장동력으로 떠오른 융·복합산업의 경우에도 품질확보가 중요한 과제가 될 것이다. 융·복합 제품은 변화가 빠르다. 하루가 다르게 신제품이 쏟아져 나온다. 이렇게 빠른 속도를 따라가다 보면 기존의 제품에 맞는 새로운 품질기법을 찾아야 한다.

　이번 G20 정상회의에서 보듯이 우리나라는 더 이상 변방의 작은 나라가 아니다. 명실상부하게 세계경제의 중심국가로 부상했다. 지난날 고도성장 과정에서 우리는 선진국의 품질기법을 그대로 가져다 쓰기에 급급했던 적이 있다. 하지만 세계경제의 중심국이 된 만큼 이제는 세계적인 품질 트렌드를 선도하는 '품질강국'으로 자리매김 해야 할 때이다.

자료: 최경환 지식경제부 장관, 조선비즈닷컴, 2010. 11. 22

제9장

각국의 품질경영상

 ## 제1절 품질경영상의 등장 배경

모든 국가와 기업들은 TQM을 기업의 생존에 필요한 중요한 제도로 인식하기 시작하였다. 제품과 서비스의 품질을 향상시키지 않고서는 21세기의 극심한 국제경쟁 속에서 살아남지 못한다는 사실을 정부관료와 많은 기업인들은 절실히 느끼게 되었다. 그래서 많은 국가들은 자국의 기업들에 품질에 대한 인식을 고취시키고, 품질향상에 대한 지침을 수립해주며, 품질인증제도를 수립하고, 또 품질향상에 혁혁한 성과를 달성한 기업들에게 품질상을 수여하고 있다. 특히 이러한 제도는 북미와 유럽, 그리고 일본을 중심으로 발달하게 되었다. 이러한 제도를 일찍부터 시작한 국가들도 있었고, 또 시작한 지 얼마 되지 않는 국가들도 있다. 그러나 TQM 개념은 이러한 제도의 출현을 앞당겼다(안영진, 1999).

품질경영은 제품위주의 원가주도형 품질관리가 경영품질을 경쟁우위 요소로 하는 고객지향적 품질경영으로 전환되면서 크게 확산되었다. 품질이야말로 경쟁우위 확보의 핵심 또는 품질혁명이 곧 경영혁명이라는 인식이 확산되면서 각국은 기업의 경쟁력 회복과 품질경영기법의 도입 및 확산을 위하여 품질경영상을 경쟁적으로 도입하기 시작하였다(김연성 등, 2010).

이 같은 최초의 움직임은 1951년 일본에서 제정된 데밍상(Deming Prize)이며, 그 이후 1987년 미국의 말콤 볼드리지 국가품질상(MB상)이 제정되었고, 1991년에는 유럽 기업들의 품질시스템 확립 및 품질경쟁력 향상을 목표로 한 유럽품질상이 제정되어 민관의 협력체제 아래에서 실시되어 오고 있다.

한국의 경우 1975년부터 국가적 품질 포상제도를 운영해 오고 있다. 이것은 미국의 MB상 보다 13년 앞선 것이지만 사실상 일본과학기술연맹(JUSE)이 1951년부터 시행해온 데밍상을 모방한 것이었다. 그 이후 1993년 우리 정부는 품질경영의 세계경영의 조류 전환에 발맞추어 기존의 제조업과 현장분임조 중심의 품질관리(QC)에서 서비스업을 포함하는 보다 광범위한 경영자주도의 품질경영(QM)으로의 전환을 적극적으로 추진하였다. 이러한 각국의 품질경영상 제정을 비교한 것이 〈표 9-1〉이다.

〈표 9-1〉 각국의 품질경영상

항 목	데밍상	캐나다 품질상	MBN QZ	유럽 품질상	호주 품질상	한국 품질상
제정연도	1951	1984	1987	1992	1998	1975 (품질경영상) 1994 (품질대상)
제정기관	JUSE	NQI	미의회 NIST	EFQM	AQAF	산업자원부
포상종류	본상, 실시상, 사업소 표창	공공 부문, 기업 부문	제조업, 서비스업, 중소기업, 교육, 보건	EQP, EQA	Execllence Medal, Gold/ Sliver/ Bronze/ Finalist Award	종합상(2) 전문상(8)

자료: 안상형 등, 『21세기 품질경영』(서울: 박영사, 2010), p. 425에서 필자 재정리하였음.

 ## 제2절 일본의 품질경영상

1. 일본의 데밍상

데밍상은 제2차 세계대전 후 일본에 통계적 품질관리(SQC)를 보급하고 일본제품의 품질을 세계적 수준으로 격상시킨 윌리엄 E. 데밍(William Edwards Deming) 박사의 업적을 기념하여 1951년에 창설된 종합적 품질관리상이다.

데밍상은 전사적 품질관리(TQC)를 모범적으로 수행하고 있는 기업 및 공공기관에 수여되며, 한 해에 수여되는 기업의 수에는 제한이 없다. 그러나 그 해에 심사대상 조직의 품질수준이 일정수준에 도달되지 못하는 경우에는 시상을 하지 않기도 한다. 데밍상의 수상대상은 개인, 기업, 기업의 사업부 및 중소기업 등이다.

데밍상을 주관하고 있는 일본과학기술연맹(JUSE)은 데밍상의 시상 및 심사 등 모든 업무를 주관하고 있다. 1951년에 데밍상 운영을 위한 데밍상위원회를 최초로 발족시킨 이래 각 포상 부문마다 제조, 본상, 실시상 및 문헌상 소위원회 등 각각의 심사위원회를 두고 있으며, 이 심사위원회의 심사 및 추천을 거쳐 상이 수여된다. 심사위원회는 대학 국공립연구소에 속해 있는 약 60명의 품질전문가들로 이루어진다.

데밍상은 미국의 MB상과는 달리 기업의 경영성과를 중심으로 평가를 하지 않고, 기업의 품질관리 과정에서 통계적 품질관리를 얼마나 효율적으로 응용하는가와 새로운 품질관리 기법을 개발하여 품질관리에 효과적으로 사용하는가를 중점 평가한다. 데밍상 심사위원은 각 기업이 개발한 품질관리 기법을 연구하여 강연이나 기업체 지도를 통해 새로운 기업들을 보급하는 임무도 맡고 있다.

데밍상의 심사기준은 일본식 방침관리와 통계적 품질관리를 중심으로 구성되어 경영실적보다는 품질관리의 과정 및 실행을 중심으로 평가한다. 데밍상 심사기준은 다음과 같다.

① 품질경영에 입각한 경영방침 및 경영방침의 전개

② 신제품 개발/작업 프로세스 혁신

③ 제품유지와 개선, 그리고 운영품질

④ 관리시스템

⑤ IT를 활용한 정보분석

⑥ 인적자원개발

2. 일본경영품질상

고객 중심의 시스템경영 원리에 입각한 미국 MB상 기준이 미래 품질시스템의 표준이 될 것으로 판단한 일본 기업들은 1993년 4월 NTT, 도요타, NEC 등 일본 유수기업의 품질담당 책임자들이 모여 고객만족 회의를 발족시키고, 새로운 품질심사 시스템의 기반을 마련하였다. 1994년에는 사회경제생산성본부에서 "CS포럼 21"을 설치하고 1995년 3월에 고객가치경영상을 제정, 발표하였다. 이 상은 그 후 보완작업을 거쳐 1996년 일본경영품질경영상(Japan Quality Award: JQA)으로 개명되어 정식으로 출범하였다(김연성 등, 2010).

일본경영품질상은 고객가치 추구, 고객관점에서의 품질파악, 정보공개, 환경보전, 품질·속도·비용의 동시개선, 종업원 참여, 거래자와의 상호신뢰 등 일곱 가지를 기본 목적으로 하고 이를 중심으로 심사기준을 마련하였다.

심사기준은 여덟 개 범주 및 20개 항목으로 구성되어 평가하게 된다. 이를 기술하면 다음과 같다.

(1) 8개 범주

① 경영간부의 리더(경영간부의 역할과 리더십 항목)

② 경영에 관한 사회적 책임(사회요청에의 대응 등 2개 항목)

③ 고객 및 시장의 이해와 대응(고객 및 시장의 이해 등 3개 항목)

④ 전략의 책정과 전개(전략의 책정과 형성 등 2개 항목)

⑤ 개인과 조직의 능력 향상(조직적 능력 등 3개 항목)

⑥ 가치창조의 프로세스(기간 프로세스 등 3개 항목)

⑦ 정보관리(경영정보의 선택과 분석 등 2개 항목)
⑧ 활동결과(리더십의 사회적 책임의 결과 등 4개 항목)

(2) 20개 항목

① 경영간부의 역할과 리더십
② 사회요청에의 대응
③ 사회적 공헌
④ 고객 및 시장의 이해
⑤ 고객과의 신뢰관계
⑥ 고객만족의 명확화
⑦ 전략의 책정과 형성
⑧ 전략의 전개
⑨ 조직적 능력
⑩ 사원의 능력 개발
⑪ 사원만족과 직장환경
⑫ 기간 프로세스
⑬ 지원 프로세스
⑭ 사업파트너와의 협력관계
⑮ 경영정보의 선택과 분석
⑯ 정보시스템의 관리
⑰ 리더십과 사회적 책임의 결과
⑱ 개인과 조직의 능력향상의 결과
⑲ 프로세스의 결과
⑳ 종합결과

일본품질경영상은 시상제도는 이상의 여덟 개 범주를 심사기준으로 하여 제조부문, 서비스 부문 및 중소기업 부문으로 나누어 시상된다.
　일본경영품질상의 심사기준 구조는 사실상 MB상과 상당히 유사하나 심사항목

중 리더십과 고객 중심 항목의 배점은 일본경영품질상이 더 높다. 이 점은 통계적 품질관리(SQC)에 중점을 둔 데밍상에 비해 일본경영품질상은 고객만족(CS)을 위한 가치경영에 중점을 두고 있다는 것을 뚜렷이 시사하고 있다.

 제3절 캐나다의 품질경영상

1992년에 창설된 캐나다의 국립품질원(National Quality Institute: NQI)은 캐나다의 품질상이 CAE(Canadian Awards Excellence)를 통해 우수한 업적을 성취한 사기업과 공기업을 시상하고 있다. NQI는 비영리조직으로서 캐나다 내의 기업 및 정부조직과 아울러서 교육과 의료 부문에 걸쳐서 품질혁신을 권장함과 동시에 지원하고 있다.

CABE(Canadian Awards Business Excellence)의 품질기준은 말콤 볼드리지상의 기준과 구조적인 면에서 매우 유사하지만 몇 가지 핵심적인 차이가 있다.

캐나다의 품질상은 종래의 사기업 부문만을 대상으로 해 제정되어 있던 캐나다 품질기준(CQC)을 한층 더 발전시킨 형태의 상으로서 많은 수의 캐나다 조직에 의해 조직차원의 우수성을 이루기 위해 관리적인 모델로서 사용되고 있다. 캐나다의 품질경영상은 규정된 "우수성의 원칙"을 그 근거로 삼고 있다.

캐나다 품질상의 주요 범주 및 각 범주에 속한 항목들은 다음과 같다.

① 리더십 : 전략의 방향, 리더십의 개입과 그로 인한 결과
② 고객 중심 : 고객의 목소리, 고객관계관리(CRM), 측정/결과
③ 개선계획 : 개선계획의 개발과 내용, 평가/결과
④ 인적자원 중심 : 인적자원계획, 참여적인 환경, 지속적인 학습환경, 종업원만족/결과
⑤ 프로세스 최적화 : 프로세스 정의, 프로세스 통제, 프로세스 개선/결과
⑥ 공급자 중시 : 제휴협력과 결과

# 제4절 미국의 품질경영상(말콤 볼드리지상)

1. 말콤 볼드지지상의 탄생 배경

말콤 볼드리지 국가품질상(Malcolm Baldrige National Award: MB상)은 미국이 품질의 중요성에 대한 인식이 약해지고, 미국의 회사들이 전 세계적인 경쟁에서 밀리고 있을 시기에 미국의 산업에 품질의 중요성을 인식시키고 나아가서는 경쟁력 향상을 촉진시켰다(Mark L. Blazey, 1997).

흔히 MB상으로 불리는 이 상은 1987년 8월 20일 당시 로널드 레이건 대통령에 의해 최종적으로 승인된 말콤 볼드리지 국가품질개선법에 따라 제정되었다. 이 상의 명칭은 1981년부터 1987년까지 미국의 상무부장관으로 재직하면서 정부의 장기적 능률 및 효율향상에 큰 기여를 하였던 말콤 볼드리지(Malcolm Baldrige)의 이름을 딴 것이다.

당시 미국의 경제상황은 제2차 세계대전 후 최악의 상태에 빠졌었다. 무역수지 적자는 무려 1,700억 달러로서 사상 최대의 적자폭을 기록했으며, 세계시장에서 미국제품은 설자리를 잃어가고 있었다.

제2차 세계대전 후 30여 년 동안 미국은 수많은 산업과 세계시장을 지배하였다. 1970년대 말까지만 하더라도 미국은 자동차, 라디오, TV, 카메라, 복사기 등과 같은 당시로서는 첨단산업제품에 대한 세계수요의 대부분을 공급하였다. 그러나 1980년대에 접어들면서 미국은 세계적 공급자로서의 지위가 크게 약화되었다.

이처럼 미국은 그 동안 지배해 왔던 세계 주요시장에서 해외경쟁자들에 의해 밀려나게 되자 경쟁력의 약화원인이 고비용 저효율의 구조적 문제라고 생각하였다. 1985년에 미국 근로자의 시간당 평균임금은 12.85달러로서 일본의 6.45달러, 독일의 9.60달러보다 훨씬 높았으나, 1987년 일본의 엔화와 독일의 마르크화가 절상됨으로써 일본과 독일의 시간당 임금은 각각 11.44달러와 16.30달러로 올라갔다. 결국 문제의 진정한 원인은 임금이 아닌 품질 및 생산성에 있었던 것으로 밝혀졌다.

미국이 경제적 위기에 처해 있을 때 이와는 대조적으로 일본의 경제 및 상품경쟁력은 전성기를 구가하고 있었다. 1989년 12월에 발표된 통계에 따르면, 일본은

580억 달러의 무역흑자를 냈고, 이때 록펠러센터, 라디오시티 뮤직홀, 페블비치 골프장, 콜럼비아 영화사 등과 같은 미국의 대표적 부동산 및 기업이 일본에 팔림으로써 미국의 자존심은 크게 상처를 입게 되었다. 이리하여 미국의 학계, 산업계 및 정부 지도자들은 일본의 경쟁력에 대해 다방면에 걸쳐 검토한 결과, 그들 경쟁력의 원천이 품질에 있다는 것을 깨닫고, 미국에서도 일본의 데밍상과 같은 국가적 차원의 품질상이 필요하다고 결론지었다.

MB상은 미국 기업들이 품질의 중요성에 대한 인식을 향상시키고, 품질과 사업성과에 대해 평가하며, 성공을 거둔 기업들의 성과전략을 산업계에 널리 알림으로써 당시 미국의 전국적인 품질운동에 박차를 가하기 위한 목적으로 미 의회가 제정한 것으로 평가받고 있다.

2. 말콤 볼드리지상의 목적 및 효과

말콤 볼드리지상의 목적은 다음과 같다(안상형 등, 2010).

① 경쟁사회에서 점점 더 중요한 요소로 인식되고 있는 품질에 대한 인식고취
② 우수한 성과의 필요성에 대한 산업 전반에 걸친 이해촉진
③ 성공적인 수행을 위한 전략에 있어서 정보공유 및 전략의 실행으로부터 얻어지는 이익의 분배촉진

이러한 것들은 미국 산업에 있어서의 MB상의 목적임과 동시에 모든 국가의 산업에도 적용되는 것이다. MB상의 평가기준은 아주 논리적·체계적이다. MB상의 평가기준을 보면, 가령 고객만족 시스템을 개발하여 시행하고 있을 때 어떠한 과정을 거쳐서 누구의 결정으로 얼마나 신뢰성 있는 정보를 가지고 만들었는가부터 시작하여 그 고객만족 시스템이 효과적·지속적으로 운영되는지도 평가하며, 그에 대한 피드백 시스템은 어떻게 되어 있으며, 이렇게 피드백된 정보들은 어떻게 사용되고 있는가와 이러한 고객만족 시스템은 다른 시스템과 어떠한 연계를 가지고 개선 및 발전하는지를 평가한다.

즉 최초의 개발단계에서부터 실행 후의 영향 및 개선에 이르기까지 모든 것을 평가하는 체계적인 평가기준을 갖고 있다. 따라서 이러한 말콤 볼드리지 평가기준은 회사의 전반적인 시스템을 점검하고 개선하는 데 매우 중요한 정보를 제공하게 된다. 이러한 평가시스템은 결국 산업계 전반을 발전시키려는 목적을 달성하는 밑거름이 될 것이다.

각 나라에서는 매년 또는 정기적으로 그 나라의 우수기업을 선정하여 상을 수상함으로써 경제발전을 촉진시키며 격려를 하고 있다. 그러나 이러한 상들이 모두 같은 수준에 있는 것은 아니다. 어떤 국가의 상은 단순한 격려차원의 상일 수도 있고, 또 어떤 상은 우수한 성과를 달성한 기업을 격려하는 것은 물론, 기업의 장단점을 파악하여 그것을 지적해 주고 개선방향을 알려주는 상일 수도 있다. 이러한 면에서 본다면 미국의 MB상은 후자에 속한다고 할 것이다.

오늘날 미국의 40개 주와 세계 12개국은 기업, 학교, 병원, 보건소 및 정부기관들에서 사업의 성과가 우수한 기관을 선정하기 위해 MB상 기준을 사용한다. 이러한 기관들이 MB상의 우수성과 기준을 사용하는 이유는 이 MB상의 우수성과 기준이 사업 중에 힘든 경영상의 결정을 현명하게 내리는 데 도움을 준다는 것을 알기 때문이다. 이러한 예를 들어보면 1991년에 MB상을 수상한 솔렉트론 코퍼레이션 사는 5년간 판매액이 1억 3,000만 달러에서 15억 달러로 증가하였는데, 이는 1,021%가 증가한 것이다. 통신망 이익은 400만 달러에서 5,600만 달러로 증가하였는데 이는 1,300%가 증가한 것이다. 주가는 매년 평균 82% 증가하였다.

그리고 1989년에 MB상을 수상한 패더럴 익스프레스(FedEx) 사는 화물당 비용이 40% 이상 감소하였고, 1989년 MB상을 수상한 모토로라 사는 지난 7년 동안 생산성이 126% 이상 증가하였다. 1988년에 MB상을 수상한 글로브금속 사는 수익이 60% 증가하였고, 1992년 이래 이익은 40% 증가하였다. 또한 경영에 MB상의 우수성과 표준을 사용한 세계 여러 나라의 회사에서 위와 비슷한 결과를 얻었다(Mark L. Blazey, 1997).

MB상 수상업체들의 품질에 대한 투자가 거의 대부분 탁월한 성과로 이어지고 있다는 것은 말콤 볼드리지 기준이 '경영의 질'을 상당히 잘 평가하고 있다는 객관적 증거가 된다.

MB상으로 인하여 기대할 수 있는 효과들을 구체적으로 나열하면 다음과 같다.

① 궁극적 목표를 설정하고 향상을 꾀함으로써 직원들에게 동기부여를 주는 기
　회가 된다.
② 외부로부터의 평가를 받는 기회를 갖는다.
③ 적어도 6명의 전문가들로부터 300~1,000여 시간의 검토를 받는다.
④ 전문가들로부터 검토 후 그에 대한 50여 쪽의 장단점 및 개선사항에 대한 피
　드백을 받게 된다.
⑤ 말콤 볼드리지 수상기준을 학습할 수 있으며 그 과정을 배우게 된다.
⑥ 신청과정을 통하여 전략을 수립하고 과정을 개선하게 된다.
⑦ 신청과정은 수상이 목적이 아니라 하나의 미래성공에 대한 투자이다.
⑧ 선정기업에 대한 일반 공개는 비밀을 공개하는 것이 아니라 개선된 결과, 새
　로운 고객, 벤치마킹 파트너, 인지도 향상, 타 기업으로부터의 학습, 내부 동
　기유발 등 지속적인 향상의 발판이 된다.

3. 말콤 볼드지지상의 평가항목

(1) 말콤 볼드리지상 기준의 구조

MB상의 평가기준은 수상업체를 선정하고 피드백 리포트를 작성하기 위한 토대
가 되지만, MB상의 운영자체와는 직접 관계가 없는 다른 중요한 역할이 있다. 그
것은 기업의 성과와 실행능력을 높일 수 있도록 도와주고, 자국 내 모든 유형의 조
직들이 최고의 경영관행에 관한 정보를 공유할 수 있도록 지원해 줌으로써 궁극적
으로 국가경쟁력을 높이자는 것이다.

MB 평가기준은 다음과 같은 두 가지 성과 중심의 목표에 초점을 맞춤으로써 기
업의 경쟁력 강화에 도움이 될 수 있도록 설계되어 있다. 첫째는 고객에게 항상 보
다 개선된 가치를 제공해 주는 것이 당연한 귀결로서 시장에서 성공한다. 두 번째
는 기업의 전반적인 성과와 능력을 개선시킨다. 이 기준은 일단의 핵심가치와 개념
을 기반으로 하고 있는데, 이들은 성과 중심적 평가기준의 구조 내에서 사업의 중

요한 요구사항들을 통합시킬 수 있는 토대가 되고 있다.

MB상의 시상기준은 핵심가치와 개념에 기초해서 만들어지며 이들에 대하여 설명하면 다음과 같다(안상형 등, 2010).

❶ 고객주도형 품질

품질은 고객에 의해 판정된다. 따라서 품질은 가치를 고객에게 주고, 고객만족과 고객의 선호와 고객을 유지하는 제품 및 서비스의 형태 및 특성을 고려해야 한다. 고객에 의해 주도된 품질은 기본적인 소비자 요구사항을 충족시키는 제품 및 서비스 특성뿐만 아니라 제품을 경쟁상품들과 구별지어 주는 특성까지도 포함한다. 그와 같은 차이점은 새롭게 수정된 제품, 제품과 서비스를 같이 묶어 파는 판매, 단골고객화, 빠른 대응이나 특별한 관계 형성에 근거한다.

이런 점에서 고객에 의해 주도된 품질은 전략적인 개념이며, 이는 고객의 유지와 시장점유율의 증가 및 시장의 성장을 가져오며, 이것은 변화하고 새로이 나타나는 고객과 시장의 요구사항과 고객만족 유지를 좌우하는 요소들에 민감하기를 요구한다. 이는 또한 기술의 발전과 경쟁사의 제품을 잘 파악하고 고객 및 시장의 요구사항에 빠르고 유연하게 대처하기를 요구한다.

❷ 리더십

조직의 고참 리더들은 방향을 설정하고 고객지향적이면서 명확하고 가시적인 가치관, 높은 기대감을 창출할 필요가 있으며, 가치, 방향 및 기대감은 모든 이해당사자들을 고려해야 한다. 리더는 전략과 시스템, 우수성을 확보하는 방법을 만들고 지식과 능력을 키울 필요가 있다.

전략 및 가치는 회사의 의사결정과 활동을 정하는 데 지침이 되어야 한다. 고참 리더들은 전체의 업무인력을 개발하는 데 책임을 져야 하며 사원의 참여, 학습, 창조력을 권장하도록 해야 한다. 기획, 의사소통, 성과에 대한 검토 등에서 자신들의 역할을 통해 고참 리더들은 가치와 기대감을 보완하고 지도력과 독창력을 창출하는 데 솔선수범해야 한다.

❸ 지속적 개선 및 학습

최고의 성과를 달성하기 위해서는 지속적인 개선과 학습을 잘하는 방법이 요구된다. 지속적인 개선이라는 용어는 나아진다는 것과, 개선의 전기를 만든다는 두 가지를 말한다. 학습이라는 용어는 변화에 적응하는 것을 말하는데 이는 새로운 목표와 접근방법으로 이끄는 것이다.

개선과 학습은 조직이 운영되는 방식에 맞춰 정해져야 한다. 이 말의 의미는 개선과 학습이 ① 매일 일과의 일정한 부분이고, ② 문제의 근원에서부터 문제를 제거하고자 하는 것이며, ③ 시정되어야 하는 문제뿐만 아니라 더 잘 할 수 있는 기회로부터 추진되어야 한다. 개선과 학습의 근원은 사원의 아이디어, 연구 및 개발, 고객의 소리, 벤치마킹을 포함한다.

개선과 학습은 ① 새롭고 발전된 제품과 서비스를 통해 더 좋은 가치를 고객에게 주는 것, ② 새로운 사업기회를 개발하는 것, ③ 불량, 실수, 폐기물, 이와 관련된 비용을 줄이는 것, ④ 대응과 사이클 타임 성과, ⑤ 모든 자원사용에서의 생산성과 효용성, ⑥ 공공책임을 수행하는 것과 우수 사회구성원으로서 서비스하는 데 있어서 회사의 성과를 포함한다. 이렇게 개선과 학습은 더 좋은 제품과 서비스로뿐만 아니라 더 대응적이고 잘 적응하고 효율적인 것을 말하는데, 이는 회사에게 추가적인 시장공간과 성과이익을 가져다준다.

❹ 사원의 참여와 개발

조직의 성공은 업무인력의 동기부여, 기술, 지식에 많이 의존한다. 사원의 성공은 새로운 기술을 습득하고 사용하는 데 달려 있다. 조직은 교육, 훈련, 성장기회 제공을 통해 업무상의 인력을 발전시키는 데 투자할 필요가 있다.

기회는 강의실과 현장교육(on-the-job training: OJT), 일자리 순환, 지식과 기술에 대한 보상을 포함한다. 현장교육은 훈련을 하고, 훈련을 업무 프로세스와 연계하는 데 매우 비용 효과적인 훈련방법이다. 업무상의 인력교육 및 훈련 프로그램은 예를 들어 컴퓨터와 위성방송 등의 발전된 기술을 이용할 필요가 있다.

인력의 개발영역에 있어서 주요 해결사항은 ① 인력자원 활용의 통합-선택, 성과, 고과, 훈련, 경력개발과 같은 것, ② 전략적 프로세스 변화에 따른 인력자원 관리의 조정을 포함한다. 이런 도전사항을 다루는 것은 지식, 기술, 만족도, 동기부여, 안전, 복지에 관계된 사원 데이터를 요구한다.

이와 같은 데이터는 고객만족, 고객유지, 생산성과 같은 회사나 회사 부문의 성과지표와 연계되어야 한다. 이러한 방법을 통하여 인력자원 관리는 잘 통합되고 사업방향에 맞게 조율된다.

❺ 신속한 대응

경쟁시장에서의 성공은 신제품이거나 개선된 제품 및 서비스 소개를 자주 하는 것을 요구한다. 또한 고객에 대한 더 빠르고 유연한 대응은 더 중요한 요구사항이다. 대응시간에 있어서 주요 개선점은 업무단위와 프로세스의 단순화를 요구한다. 이를 이루기 위해서는 작업 프로세스에서의 시간성과는 주요 프로세스 척도이어야 한다.

이와 같은 시간에 대한 관점으로부터 중요한 반사이익이 있다. 즉 시간의 개선은 동시에 조직, 품질, 생산성에서의 개선을 가져온다. 그러므로 대응시간, 품질 및 생산성 목적을 통합하는 것은 매우 이롭다.

고객에 의해 유도된 품질은 결함을 줄이거나 생각을 충족시키는 것이나 불평을 줄이는 것 이상의 의미를 지닌다. 그럼에도 불구하고 결함을 줄이는 것이나 불만족의 원인을 제거하는 것은 품질에 대한 고객의 안목에 기여하며, 고객에 의해 유도된 품질에 중요한 부분을 차지하고 있다. 뿐만 아니라 결함이나 실수로부터 회복하는 것은 고객과의 관계 구축과 보유에 결정적이다.

❻ 설계품질과 원류관리

내부적인 협력은 노동관리 협력, 예를 들어 노사 간의 합의 같은 것을 의미한다. 합의 후에 사원의 개발, 상호훈련, 고도의 성과 팀과 같은 새로운 일 조직을 가져온다. 내부적인 협력은 또한 유연성, 대응능력 및 지식공유를 위해 네트워크관계 형성을 의미한다.

외부와의 협력관계는 교육과 훈련을 포함한 다양한 목적을 위한 교육기관, 외주 및 협력업체, 고객과의 관계가 있다. 점차 중요해지는 외부와의 협력의 형태는 전략적인 협력 및 제휴이다. 그와 같은 협력은 회사가 새로운 시장진입과 새로운 제품 및 서비스를 위한 기초를 제공한다.

협력은 또한 핵심 잠재력 또는 리더십능력을 협력업체의 강점 및 능력과 접합을 가능하게 하여 속도 및 유연성 등과 같은 능력을 향상시키는 결과를 가져온다. 내외부와의 협력은 상호 간의 투자를 창출하면서 긴 기간의 목표를 발전시켜야 한다.

회사는 설계품질을 강조할 필요가 있다. 품질을 제품과 서비스에 부여하고 생산 및 인도 프로세스에 효율을 부여함으로써 문제 및 낭비를 예방한다. 이에 덧붙여 불량 및 실수(고객을 위해 고치는 것)로부터 회복할 수 있는 능력은 고객을 유지하고 고객과의 좋은 유대관계를 갖는 데 매우 중요하다. 설계단계에서 문제발생을 막는 비용은 하위단계에서 발생된 문제를 시정하는 데 드는 비용보다 작다.

설계품질은 결함을 견디고 실패에 저항할 수 있는 프로세스와 제품을 만드는 것을 포함한다. 경쟁에서의 주요 성공요소는 설계에서 소개까지의 사이클 타임이다. 빠르게 변화하는 시장의 요구를 수용하기 위해서는 기초조사에서부터 상용화까지의 단계의 활동을 통합(동시공학: concurrent engineering)할 필요가 있다.

점차적으로 설계품질은 고객의 기호, 경쟁력 있는 제품, 가격, 시장변화, 외부연구 등의 여러 정보원과 데이터베이스에서의 정보를 잘 이용하는 능력에 달려 있으며, 다른 설계 프로젝트로부터 배우는 것이 점점 더 강조되고 있다.

❼ 미래를 생각하는 장기적 관점

시장주도력을 추구하는 것은 강한 미래지향 및 주요 이해당사자(고객, 사원, 공급자, 주주, 공중, 사회 등) 에게 오랜 기간에 걸쳐 상대하려는 의지를 요구한다. 기획은 많은 변화, 예를 들어 고객의 기대감, 새로운 사업기회, 기술발전, 새로운 고객집단, 변화하는 규제 요구사항, 그리고 지역사회의 기대노력을 예상할 필요가 있다. 계획, 전략 및 자원분배는 변화와 약속을 반영할 필요가 있다. 긴 기간의 약속의 주요 부분은 사원, 공급자 개발 및 사회적 책임을 다하는 것이다.

❽ 사실에 근거한 관리

현대의 사업은 성과의 측정 및 분석에 달려 있다. 측정은 회사의 전략으로부터 나와야 하며, 주요 프로세스, 산출물 및 결과에 관한 매우 중요한 데이터 및 정보를 제공해야 한다. 성과측정과 개선을 위해서는 많은 유형의 데이터 및 정보가 필요하며, 고객, 제품과 서비스 성과, 운영, 시장, 경쟁사와의 비교, 공급자, 사원 관련, 비용 및 재정적인 성과를 포함한다.

분석은 평가와 의사 및 업무개선을 지원할 수 있는 정보와 데이터로부터 더 큰 의미를 추출하는 것을 말한다. 분석에 있어서 경향, 예측, 원인과 결과를 결정하기 위해 데이터를 이용하게 된다. 데이터와 분석은 기획, 성과 검토, 운영개선, 경쟁사나 최고 수준과의 비교 같은 다양한 회사의 목적을 지원한다.

성과개선에서 주된 고려사항은 성과척도나 지표의 선택과 사용을 포함한다. 척도와 지표는 개선된 고객, 운영, 재정성과로 이끌어지는 요소를 가장 잘 대변할 수 있는 것으로 선택되어야 한다. 고객과 회사성과의 요구사항에 연결된 척도와 지표는 회사의 목표에 따라 모든 활동을 조정하기 위한 기초를 의미한다.

➒ 협력관계의 구축

조직은 더 나은 목표를 달성하기 위해서 대내외적인 협력관계를 구축할 필요가 있다. 조직의 성공은 더욱 더 종업원 및 협력업체의 지식, 기술, 창의력, 그리고 동기유발에 의존하게 된다.

성공적인 내부-외부의 협력관계는 보다 장기적인 목표를 개발함으로써 상호투자·상호존중의 기초를 제공해 준다. 협력의 상대는 성공을 위한 핵심 필요사항과 일상적인 의사소통 수단, 평가진행에 대한 접근, 변화하는 환경에 대한 적응수단 등을 갖추어야 한다.

➓ 기업책임과 시민의식

기업의 리더십은 사회에 대한 책임감과 함께 훌륭한 사회구성원으로서의 정신을 강조한다. 이 같은 책임감은 회사의 기본적인 기대감(사업윤리, 대중건강, 안전 및 환경보호)을 의미한다. 건강과 안전, 환경보호는 제품/서비스의 수명 및 기업운영을 포함한다.

기업은 자원보존뿐만 아니라 폐기물을 줄여야 한다. 사업계획은 제품의 설비, 생산, 분배, 운송, 이용 및 처분으로부터 생겨나는 역효과도 고려해야 한다. 계획에는 문제가 발생했을 때의 적절한 대응을 제공하고 대중의 의식, 안전, 자신감을 유지하기 위해 필요한 지원이나 정보를 이용하기 위하여 문제의 예방에도 노력해야 한다.

기업은 지역사회, 각 주 및 국가의 법과 요구사항만을 충족시켜서는 안 된다. 이같이 관계된 요구사항을 단순히 충족시킬 것이 아니라, 지속적인 사항을 위한 영역으로 다루어야 한다. 이는 성과관리에 적절한 척도를 이용할 것을 요구한다.

우수 시민정신의 실행은 회사의 자원 안에서 공중에 대한 책임감을 포함한 사회적으로 중요한 목적의 지원과 이에 대한 리더십을 보이는 것을 말한다. 그러한 목적은 교육개선, 지역사회 의료개선, 환경보호, 자연보호, 지역 서비스, 산업 및 사업방법의 개선, 정보의 공유를 포함한다. 사회구성원으로서의 기업의 리더십은 다른 조직, 개인 및 사회에서 협력업체에 이르기까지 영향을 미친다. 예를 들면, 사기업은 사회에 대한 그들의 의무를 정의하는 노력에 앞장설 수 있다.

⑪ 시스템적 관점

MB상 시상기준은 기업이 우수한 경영성과를 달성하는 데 있어 필요한 시스템적인 관점을 제공하고 있다. 핵심가치와 일곱 가지 카테고리는 시스템을 구성하는 요소로서 통합구조를 제공한다. 시스템적 관점은 성공을 위해 조직의 각 부분뿐만 아니라 조직 전체를 관리 운영하는 것을 뜻한다.

사업성과 이러한 범주들을 연결하고 통합하는 구조는 [그림 9-1]과 같다. 이 구

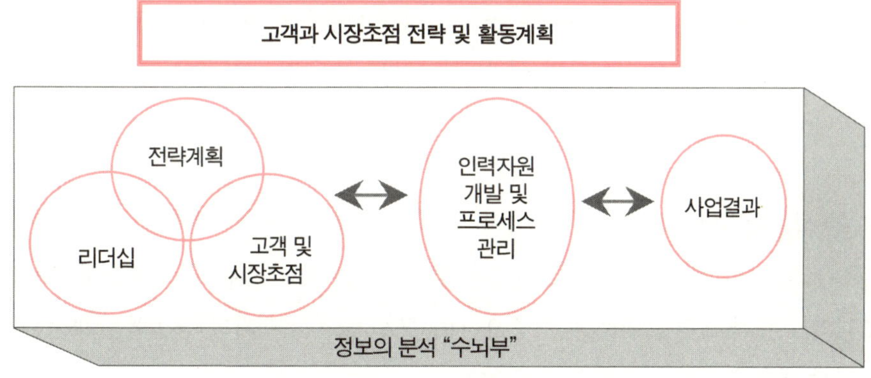

[그림 9-1] 일곱 가지 카테고리의 구성도

조는 다음과 같은 세 가지의 기본요소로 구성된다.

❶ 추진인자

추진인자는 삼각의 추진인자로 구성되는데 리더십, 전략 계획, 그리고 고객과 시장초점의 세 가지 카테고리이다. 이러한 세 개의 카테고리를 만드는 프로세스는 리더들로 하여금 조직이 고객과 시장의 요구를 맞출 수 있는 방향과 기대치를 정할 것을 요구한다(카테고리 1). 또한 고객과 시장초점(카테고리 3) 프로세스는 리더들이 현재와 잠재적 고객이 원하는 것을 결정하는 데 사용하는 정보를 생산한다. 전략계획과 목표결정(카테고리 2)은 성공을 위한 장·단기 전략을 결정하게 하고, 조직이 일을 일관성 있게 하고 전달하는 데 필요한 수단을 제공한다. 리더들은 이 정보를 방향과 목표를 정하고 진행사항을 모니터하고 자원분배 결정을 내리고 계획을 세우고 변경하는 데 사용한다.

❷ 작업핵심

작업핵심은 조직의 핵심작업이 일어나는 프로세스를 기술한다. 작업핵심은 인력자원개발과 경영(카테고리 5)과 프로세스 관리(카테고리 6), 사업결과(카테고리 7)로 구성된다. 이러한 카테고리들은 조직의 사람들이 작업을 행하는 데 책임이 있다는 것을 보여준다.

성과 우수성을 이루기 위해서 이런 사람들은 합당한 능력을 가지고 있어야 하며, 주도권을 갖고 스스로 방향을 정할 수 있도록 환경이 조성되어야 한다. 사업결과는 성공에 관련된 주요한 용어로 조직의 실제 성공을 나타낸다. 이것들은 고객만족, 재정 및 시장성과, 인력자원 성과, 협력업체 성과 및 내부운용 효용도 등을 포함한다.

❸ 정보와 분석

정보와 분석은 전체 경영시스템을 위한 기초가 된다. 정보 및 분석 프로세스는 조직의 효과적 경영을 위해 매우 중요하며, 또한 조직의 성과와 경쟁력을 개선하기 위해서 매우 중요하다.

(2) 말콤 볼드리지 기준의 구성

MB상의 2008년도 평가기준은 모두 7가지 범주, 18가지 항목, 29가지 평가세부
영역으로 구성되어 있는데(김연성 등, 2010), 내용과 배점은 〈표 9-2〉와 같다.

〈표 9-2〉 MB상의 평가 세부내역(2002)

범주	항목	세부평가 영역
1. 리더십 (120점)	1.1 조직의 리더십(70점) 1.2 사회적 책임과 시민의식(50점)	1.1a 비전과 가치 1.1b 커뮤니케이션과 조직성과 1.2a 조직의 지배구조 1.2b 법적/윤리적 행위 1.2c 핵심공동체 지원
2. 전략기획 (85점)	2.1 전략개발(40점) 2.2 전략전개(45점)	2.1a 전략개발 과정 2.1b 전략적 목표 2.2a 실행계획 개발과 전개 2.2.b 성과추정
3. 고객 및 시장 중시(85점)	3.1 고객과 시장지식(40점) 3.2 고객만족과 고객관계(45점)	3.1a 고객과 시장지식 3.2a 고객관계 구축 3.2b 고객만족도 결정
4. 측정, 분석 및 지식경영(90점)	4.1 조직성과의 측정, 분석과 개선(45점) 4.2 정보, 정보기술과 지식의 경영(45점)	4.1a 조직성과의 측정 4.1b 성과 분석, 검토와 개선 4.2a 정보자원 관리 4.2b 데이터, 정보와 지식의 경영
5. 인력 중시 (85점)	5.1 인력 참여(45점) 5.2 인력 환경(40점)	5.1a 인력 활성화 5.2a 종업원교육, 훈련 및 개발 5.3a 업무환경 5.3b 종업원 지원 분위기 5.3c 종업원만족
6. 프로세스 관리 (85점)	6.1 작업시스템 설계(35점) 6.2 작업 프로세스 관리와 개선(50점)	6.1a 설계 프로세스 6.1b 생산/운송 프로세스 6.2a 지원 프로세스 6.3a 공급업체와 협력업체 프로세스
7. 결과(450점)	7.1 제품/서비스 결과(100점) 7.2 고객중시 결과(70점) 7.3 재무 및 시장 성과(70점) 7.4 인력중시 결과(70점) 7.5 프로세스 효과성 결과(70점) 7.6 리더십 결과(70점)	7.1a 제품/서비스 결과 7.2a 고객중시 결과 7.3a 재무 및 시장 결과 7.4a 인력 결과 7.5a 프로세스 효과성 결과 7.6 리더십 빛
총 1,000점	18개 항목	32개 세부평가영역

(3) 말콤 볼드리지 기준의 채점방식

MB상의 채점방식을 간략히 설명하면 다음과 같다. 심사항목별 채점에는 세 가지 차원(접근방법, 전개, 성과)의 평가가 포함되며, 채점 시 각각의 세부영역은 동일한 비중으로 채점에 반영되는 것이 아니라, 심사대상 업체의 사업에 얼마나 중요한 것인가가 고려된다. 심사항목별 채점에 포함되는 세 가지 차원은 다음과 같다.

❶ 접근방법

접근방법은 심사항목별 요구사항을 실행하기 위하여 사용하는 방법들을 가리킨다. 접근방법을 평가하는 데 사용되는 요소들은 다음과 같다.

① 사용되는 방법들의 적합성
② 사용되는 방법들의 유효성
③ 얼마나 체계적이고 일관성 있게 적용되고 있는가?
④ 평가/개선/학습 사이클이 어느 정도까지 구체적으로 반영되고 있는가?
⑤ 토대가 된 데이터나 정보의 신뢰성은 어느 정도인가?
⑥ 혁신의 증거 및/또는 다른 기업 또는 분야에서 사용되는 접근방법들을 자사에 맞도록 창조적으로 모방하였는가?

❷ 전개

전개는 위 심사항목의 접근방법이 적용되고 있는 범위(정도)를 말한다. 전개를 평가하는 데 사용되는 요소들은 다음과 같다.

① 사업과 항목별 요구사항을 다루는 데 있어서 접근방법의 활용
② 관련된 모든 조직 부서에서 접근방법의 활용

❸ 결과

결과(results)란 심사항목의 목적을 성취한 결과를 지칭한다. 이를 평가하는 데 사용되는 요소들은 다음과 같다.

① 현재의 성과

② 경쟁상대 및/또는 벤치마크와 비교한 상대적 성과

③ 성과개선의 속도, 폭 및 중요도

④ 지속될 수 있는 개선의 입증 및/또는 지속될 수 있는 높은 성과

MB 평가기준의 일곱 가지 심사범주 중 여섯 가지(범주 1∼6)는 접근방법과 전개를 함께 다루고 있는데, 이것은 접근방법이 조직의 필요한 부분에 반드시 전개되어야 한다는 것을 강조하고 있다. 마지막 일곱 번째 심사범주인 결과는 이러한 접근방법과 전개의 실질적인 효과를 평가하기 위한 것이다.

이상에서 기술한 접근방법, 전개 및 성과의 세 가지 평가차원은 모두 평가 및 피드백에 있어서 매우 중요한 요소이지만, 어떤 사항들의 개선이 평가대상 업체의 사업에 특히 중요한 것인지를 채점 시 반영해야 한다.

제5절 유럽의 품질경영상

품질향상을 통한 경쟁력 확보가 미래의 기업 생존에 필수적이라는 인식하에 유럽의 대표적인 다국적 기업 14업체가 모여 1988년에 유럽 품질경영재단(European Foundation for Quality Management: EFQM)재단을 설립하였다. 이후 EFQM은 1957년에 설립된 유럽품질기구(European Organization for Quality: EOQ)와 EC의 후원을 받아 1991년 유럽품질상(European Quality Award: EQA)을 제정, 운영해 오고 있다(김연성 등, 2010).

유럽품질상은 유럽공동체 전역에 걸쳐서 특히 기업에 대하여 점차 확대되어 가는 글로벌 시장에서 품질이 갖는 경쟁력으로서의 중요성을 일깨우기 위하여 보완된 것이다. TQM에서 최고의 성과를 거둔 유럽기업에 수여되는 품질상으로서 조직의 경쟁력 확보를 위해서는 제품품질의 확보가 최우선이라는 인식하에 제정된

것이다.

유럽품질상의 목적은 고객만족, 종업원만족과 사업결과에 있어 "Business Excellence"를 추구하며 글로벌 경쟁우위에 대한 결정적인 요인을 촉진시키기 위하여 능력 있는 경영자를 지원하는 것이다. 일본의 데밍상(1951), 미국의 MB상(1987)에 비해 최근의 것이고, 유럽인들의 자부심이 집약되어 평가범위가 상당히 포괄적이며 진보적이라는 평을 받고 있다(안상영 등, 2010).

1. 유럽품질상(EQA)의 근본 개념

유럽품질경영재단(EFQM)은 '지속가능한 우수성'을 성취하기 위한 접근방법으로서 EQA를 제정하였다. 여기서 말하는 우수성이란 8가지의 근본적인 개념에 근거하여 조직을 관리하고 업적을 성취하는 데에 있어서 뛰어남을 보이는 것을 의미한다.

각 개념에 대하여 보다 구체적으로 살펴보면 다음과 같다.

(1) 결과 중심

우수성(excellence)은 모든 이해관계자의 필요의 균형을 맞추고 만족시키는 것에 달려 있다. 여기서 이해관계자는 조직의 재무적인 이해를 가진 자뿐만 아니라 고용된 종업원, 고객, 공급자, 그리고 사회 또한 포함하는 의미이다.

(2) 고객중시

고객은 제품 및 서비스의 질과 고객충성도를 결정짓는 자이며 시장점유율을 유지하고 확장하는 것은 현재 및 잠재적인 고객의 필요에 초점을 맞추는 것을 통해 최적화할 수 있다.

(3) 리더십과 목표의 일관성

조직 리더의 행동은 조직 내에서 목표를 명확하게 하고 통일되게 하는 역할을 하여 조직과 그 구성원들이 남보다 탁월해질 수 있는 환경을 만들어낸다.

(4) 프로세스와 사실에 의한 관리

모든 상호 연관된 행동을 이해하고 체계적으로 관리할 때 조직의 성과가 보다 효과적으로 될 수 있다.

(5) 인력개발과 참여

조직구성원의 역량은 전 구성원의 참여를 격려하는 신뢰와 권한 위임의 문화, 가치공유를 통해 완전하게 발휘될 수 있다.

(6) 지속적 학습, 혁신과 개선

조직의 성과는 지속적인 학습, 혁신과 개선의 문화 속에서 지식을 공유하고 지식을 관리함으로써 극대화될 수 있다.

(7) 파트너십 개발

조직의 업무는 파트너와 신뢰, 지식공유, 지식통합이 이루어지는 상호유익한 관계가 가능할 때 보다 효과적으로 이루어질 수 있다.

(8) 공공에 대한 책임

조직과 그 조직에 속한 구성원의 장기적인 이익은 윤리적인 방법을 택함으로써, 그리고 지역사회의 기대와 규제를 넘어섬으로써 극대화될 수 있다.

2. EEA의 포상 부문 및 심사기준

2008년에 EFQM은 유럽품질상의 공식명칭을 EQA에서 EEA(EFQM Excellence Award)로 변경하였다. 유럽품질상(EEA)에 대한 제반 업무는 EFQM에서 매년 시행하고 있다. 대기업, 사업부, 공공기관 및 중소기업(250명 미만의 종업원 보유기업)의 네 부문으로 나누어 신청할 수 있으며, 심사기준인 EFQM Execllence 모델을 최종 통과한 조직이 EEA의 수상자가 된다. 이들 중에서 최고의 성과를 거둔 한 개 조직만을 선발하여 '유럽품질대상'을 수여한다. 유럽품질상(EEA)은 1996년까지는 기업의 규모에 상관없이 수여했으나 1997년부터는 대기업 부문과 중소기업 부문으로 구분하여 수여하고 있다.

유럽품질상의 기본구조는 미국 MB상과 크게 다를 바가 없다. 유럽품질상의 심사기준(2008년)은 모두 아홉 개의 범주로 형성된 평가모델(EFQM Excellence Model)에 기인한다. 이 심사기준의 특징 중 하나는 결과지표에서 사회공헌이라는 독립적 범주를 두고 기업의 사회활동과 지역사회에서의 해당 기업 이미지 등을 포괄하여 심사하고 있다는 점이다. 유럽품질상(EEA)의 심사기준 또한 총 1,000점으로 구성되어 있으며, 아홉 개의 범주마다 해당되는 세부심사항목을 포함하고 있다.

① 리더십(5개 항목 100점)
② 방침과 전략(4개 항목 80점)
③ 인적자원관리(5개 항목 90점)
④ 파트너십과 자원(5개 항목 90점)
⑤ 프로세스(5개 항목 140점)
⑥ 고객성과(2개 항목 200점)
⑦ 인적자원성과(2개 항목 90점)
⑧ 사회적 성과(2개 항목 60점)
⑨ 주요 사업 성과(2개 항목 150점)

TQM이 능률성과 효율성, 그리고 경쟁력의 우위를 제공한다고 믿는 유럽의 기업들이 점차적으로 증가하고 있는 추세이다. 따라서 TQM을 도입함으로써 고객과 종업원, 그리고 사회의 욕구를 장기적으로 만족시킬 수 있다고 많은 기업들이 확신하고 있기 때문에 EEA를 추진하고 신청하는 기업들이 점차적으로 증가할 것으로 본다.

 # 제6절 한국의 품질경영상

1. 국가품질상의 제정

우리나라의 국가품질상은 품질경영 및 공산품안전관리법 시행령 제5조의 규정을 법적 근거로 하고 있으며, 1975년 당시 전국품질관리대회를 시작으로 하여 품질관리대상과 분임조상을 국무총리 명의로 포상하였다. 1992년에 국무총리상을 대통령상으로 격상하여 포상하였으며, 8년 후인 2000년에는 명칭을 '국가품질상'으로 변경하였다.

국가품질상은 최고경영자(CEO)의 리더십과 경영시스템을 바탕으로 고객만족, 비용절감 등 기업경영의 질을 향상시킴으로써 탁월한 경영성과를 거두어 기업, 국가경쟁력 강화에 공헌한 우수업체, 기관 및 유공자에 대한 상이다. 이처럼 기업의 체질개선, 품질경영활동 촉진, 품질향상 및 경쟁력 향상에 기여하도록 노력을 기울임에도 불구하고 국내기업은 지속적인 품질경영체제를 유지하지 못하고 개선활동이 퇴보하는 경우가 적지 않았다. 이 같은 퇴보를 막고 실질적인 도약을 촉진시키기 위해 1993년 '품질경영촉진법'을 제정하면서 제조업 중심의 TQC(Total Quality Control) 활동에 중점을 두었던 '품질관리대상'을 기업경영 전체의 품질을 중시하는 선진 TQM(Total Quality Management)에 초점을 둔 '품질경영상'으로 그 명칭을 바꾸었으며, 1994년에는 '한국품질대상'을 신설하였다.

2. 국가품질상의 구성 및 배점

한국의 품질상은 기업체, 유공자 부문, 단체 및 개인 부문의 세 개 부문으로 나뉘어져 있고, 기업체 부문에서는 구체적으로 종합상과 전문상으로 구분되어 있다. 종합상에는 한국품질대상 및 품질경영상으로 구분되고, 전문상으로서 생산혁신상, 가치혁신상, 설비경영상, 6시그마 혁신상, 소비자 만족, 서비스 혁신상 및 제품안전경영상 등이 있다.

유공자 부문에는 훈·포장 및 표창(훈·포장, 대통령표창, 국무총리표창, 지식경제부장관 표창, 중소기업청장표창, 한국표준협회장표창)이 있고, 단체 및 개인부문에는 우수분임조상, 품질경영 우수추진본부상, 품질명장 및 제안상 등이 있다

국가품질상의 대표적인 상으로 볼 수 있는 종합상(한국품질대상, 품질경영상)의 심사항목의 구성과 배점을 보면 다음과 같다.

① 리더십(조직의 리더십, 사회적 책임과 공헌 2개 항목 110점)
② 전략 기획(전략의 개발, 전략의 전개 2개 항목 85점)
③ 고객과 시장중시(고객과 시장정보, 고객관계와 고객만족 2개 항목 85점)
④ 정보와 분석(성과정보의 수집과 측정, 분석과 활용, 정보와 지식경영 3개 항목 85점)
⑤ 인적자원 중시(업무시스템, 교육훈련과 동기부여, 종업원복지와 만족 3개 항목 85점)
⑥ 프로세스관리(제품/서비스 개발 프로세스, 생산/인도 프로세스, 지원프로세스, 구매/협력 프로세스, 자주개선활동 프로세스 5개 항목 110점)
⑦ 경영성과(고객만족성과, 재무와 마케팅 성과, 인적자원 성과, 프로세스운영 성과, 조직특유의 성과 5개 항목 450점)

이상 일곱 개 범주에 총 24개 항목의 총점은 1,000점으로 되어 있다(안상형 등, 2010).

3. 국가품질상의 심사주체 및 전망

한국표준협회(KSA)가 신청업체에 대한 세부심사 계획수립 및 시행을 주관하고 있으며, 국가품질상 부문별 심사위원은 정부, 학계, 산업계, 그리고 관련단체의 품질경영 및 환경경영분야 전문가로 구성된다. 신청기업에 대한 심사는 자사의 특성에 맞는 전사적 품질경영 체제가 이루어져 있고 효율적인 품질경영 활동을 통해 많은 성과를 얻고 있는지를 해당 부문별 심사위원들이 심사기준에 의거해 심사기간

동안 서류심사 및 현장심사를 통해 평가한다. 특히, 중소기업의 품질경영 확산을 위해 1998년부터는 중소기업 포상을 우대하기로 하였으며 서류심사, 현장심사, 종합심사 등 미국식의 3단계에 걸친 엄격한 심사를 거치도록 하여 심사의 공정성 및 투명성을 높이고 있다.

우리나라는 과거 제조업 중심의 수출주도형 경제정책으로 고도의 경제성장을 이룬 결과 품질경영상 수상에서도 제조업이 절대적인 비중을 차지하고 있는 것이 사실이다. 그러나 향후에는 대외경쟁력 강화의 측면에서도 서비스 부문, 의료 및 교육 부문, 나아가 공공 부문에 이르기까지 국가적 차원에서 품질경영(QM)에 대한 인식제고와 함께 정부의 대폭적인 지원노력이 매우 필요할 것으로 보인다.

사례 18 **[국가품질경영대회] 품질은 1등 기업도 긴장하게 합니다**

글로벌 시장 주도하려는 기업 · 단체들
품질 경영 바탕으로 탁월한 성과 창출, 국가 전체 산업 경쟁력 강화에도 기여

"앞으로 1등의 위기, 자만의 위기와 힘겨운 싸움을 해야 한다." 이건희 삼성전자 회장은 올 6월 임직원에게 전한 '신경영 20주년 기념' 메시지에서 "개인과 조직, 기업을 둘러싼 모든 벽이 사라지고 경쟁과 협력이 자유로운 사회, 발상 하나로 세상이 바뀌는 시대가 됐다"고 진단하며 이렇게 강조했다. 주력 계열사 삼성전자의 분기 영업이익만 10조 원을 돌파할 정도로 글로벌 초일류 기업으로 우뚝 섰지만, 긴장의 끈을 늦춰서는 안 된다는 강력한 주문이자 다짐이었다. "'마누라와 자식만 빼고 다 바꾸라'는 신경영 선언에 담긴 질적 대전환을 넘어 제품과 서비스, 사업의 품격과 가치를 높여 나가야 한다"고도 했다.

지난 9월 '현대제철 당진제철소 제3고로 화입식' 현장. 7년여의 대장정 끝에 고(故) 정주영 명예회장의 오랜 숙원이었던 일관제철소를 완성한 자리에서 정몽구 현대자동차 회장은 "세계 최고의 철강회사를 향한 끝없는 도전을 계속해 나갈 것"이라고 강조했다. 신형 제네시스 출시를 앞둔 23일에도 당진제철소를 방문, 신형 제네시스에 공급되는 초고장력 강판 생산라인 등을 직접 점검하며 "최고 품질의 강판 생산에 매진해 달라"고 주문했다.

구본무 LG그룹 회장 역시 올해 경영 화두로 "스스로 시장을 창출하는 상품을 많이 만들어내야 한다"며 틈날 때 마다 임원들에게 시장 선도 의지를 강조했다.

역사적인 순간을 기념하며, 또는 바로 그 현장에서 재계 총수들이 강조한 것은 '품질'과 '혁신'이다. 삼성전자가 세계 스마트폰 시장점유율 1위를 차지하고, 현대차가 글로벌 100대 브랜드 조사에서 사상 처음 50위권 내에 진입한 쾌거는 '품질 경영'을 바탕으로 끊임없는 혁신을 추구해 온 덕분이다.

산업통상자원부 기술표준원이 주최하고 한국표준협회가 주관하는 '국가품질경영대회'는 선도적인 품질 경영으로 탁월한 성과를 창출한 우수 기업 사례를 전파하고 새 정부의 최우선 국정과제인 '창조경제' 실현 및 산업경쟁력 강화에 기여한 단체를 표창하기 위해 마련됐다.

올해 국가품질상은 서류심사와 현지 확인 심사 등을 거쳐 선정됐다. 표준협회는 올 3월 포상운영계획을 공고하고 심사를 했다. 표준협회는 심사를 하면서 매출액과 영업이익, 고객만족도 등 단순히 결과(지표)만 보는 것이 아니라 과정도 중요하게 평가했다고 설명했다. 리더의 역할과 전략 수립 과정, 인재 육성 방안, 업무 프로세스 등도 종합적으로 반영했다.

올해 국가품질상을 받은 기업과 기관의 사례를 들여다보면 모두 품질을 제1의 가치로 놓고 성장 전략을 세우고 있다는 공통점이 있다. 특히 올해 신설된 품질경쟁력 혁신 부문 수상의 영예를 안은 삼성전자 무선사업부는 품질 최우선 경영 문화를 정착시킨 뒤 제품(Product)·프로세스(Process)·사람(Personnel)을 기반으로 한 '3P 혁신 활동'을 지속적으로 추진 중이다.

신원이 명품창출 부문에서 수상한 데에는 창업주인 박성철 회장의 몫이 컸다. 박 회장은 수출 및 내수 전체 부분에 직접 관여, 브랜드 론칭부터 전개에 이르기까지 비전과 전략 설정 및 전개 과정을 이끌었다.

품질유공자 부문 최고 영예인 은탑산업훈장 수상자로 선정된 김량 삼양홀딩스 부회장은 품질 경영과 차별화된 혁신활동으로 연간 700억 원가량의 원가를 절감했다.

표준협회 관계자는 "품질 경영과 인재 경영 등은 기업의 경영 성과 창출의 바탕이 되는 가장 기초적인 과제이지만 그만큼 핵심적인 요소"라며 "경제위기 속에서 갈수록 치열해지는 글로벌 경쟁에서 생존하려면 결국 품질을 통해 시장을 선도해야 한다"고 강조했다.

자료: 조선일보, 2013. 11. 29

사례 19

[품질만족대상] 소비자가 원하는 곳에 딱 품질은 적재적소다

'뛰어난 성능'은 기본… 소비자의 일상을 파고들어라

전국 1만 1,659만 명 온라인 설문조사에 소비자 투표·산학전문가 심사 거쳐 품질 만족도 우수 34개 브랜드 선정

기업의 경영 화두가 '고객과의 소통', '소비자 가치'가 된 요즘, 품질에 대한 관심은 줄어든 것처럼 보인다. 20년 전만 해도 '품질 혁신'은 경영인들이 강조하는 단골 이슈였다. 많은 기업들은 튼튼하고 오래 쓸 수 있는 제품을 만들기 위해 사례를 연구하고 모방하기도 했다.

그렇다면 품질의 중요성이 예전보다 낮아진 것일까. 그렇지 않다. 일본에는 100년 이상 생존한 '장수 기업'이 2만 2,000개가 넘는데, 이들 기업의 공통점은 품질에 사활을 건다는 것이다. 따라서 품질의 가치가 낮아진 것이 아니라, 품질의 개념이 예전에 비해 확장됐다고 보는 것이 옳을 듯하다. 기존에는 제품의 기능과 내구성이 품질을 구성했다면, 이제는 고객의 즐겁고 편리한 경험을 바탕으로 한 가치가 더해진 것이다.

획기적인 품질 개선으로 성공한 사례가 있다. 일본 미쓰비시연필의 샤프 '쿠루토가'는 2008년 출시 직후 300만 개를 판매하고 지금도 꾸준히 애용되는 스테디셀러다. 손으로 글 쓰는 일이 줄어드는 요즘, 그것도 레드오션인 문구 시장에서 이 샤프가 히트를 친 이유는 무엇일까. 바로 '품질 아이디어'였다. 이 샤프는 내부에 엔진을 장착해 샤프심을 회전시킨다. 한 획을 쓸 때 심이 9도씩 회전해 40획을 쓰면 한 바퀴를 도는 원리다. 심이 한쪽으로만 닳지 않아 글씨가 굵어지거나 심이 부러지는 현상을 방지하는 것이다. 쿠루토가는 청소년들에게 예쁘고 정확하게 글씨를 쓰는 기쁨을 제공했다. 8년의 연구 끝에 탄생한 품질이 진부한 샤프 시장에 새 바람을 불어넣은 것이다.

인터넷·SNS가 활성화되면서 품질은 점점 투명하게 공개되고 있다. 소비자들은 제품 정보와 경험 후기를 손쉽게 공유한다.

먼저 온라인에서 품평을 읽어보고 마지막에 오프라인 매장에서 물건을 본 후 구매를 최종 결정하는 경우도 늘고 있다. 이로써 사용자에게 더 적합한 상품을 추천하는 서비스, 고객의 요구사항을 빠르게 접수하고 해결하는 제도, 제품을 통해 얻는 즐거움 모두가 품질의 포괄적인 개념이 되었다. (후략)

자료: 조선일보, 2013. 5. 30

제10장

6시그마 경영

 ## 제1절 6시그마 기법의 이해

1. 6시그마의 등장 및 도입배경

오늘날 전 세계 글로벌 기업들의 주요 경쟁무기는 품질이다. 따라서 기업의 경쟁우위 요소로서의 품질수준을 향상시키는 일이 당면한 과제가 되고 있다. 이미 미국 GE사 등에서 6시그마기법의 적용효과는 탁월한 것으로 나타났다. 21세기형 경영기법으로 불리는 6시그마가 무한경쟁 시대의 강력한 경쟁무기로 부상하고 있다.

경제적 국경이 철폐되고 무한경쟁 시대가 도래한 글로벌 경쟁체제하에서 기업의 당면과제는 세계에서 으뜸가는 품질수준의 제품을 생산, 제공하는 것이다. 21세기는 품질경쟁 시대이므로 정교한 품질경영기법으로서의 6시그마 기법에 대한 기업들의 관심은 매우 높을 수밖에 없다.

최근 경영혁신 활동 가운데 주목할 만한 성과를 보이는 활동이 바로 6시그마이다. 6시그마는 일본은 물론, 국내에서도 많은 기업들이 도입했으며, 대기업들을 중심으로 활발하게 추진되고 있다. 그리고 비교적 규모가 큰 중소기업에서도 현재 6

시그마를 도입하고 있다. 6시그마는 과거의 품질혁신 기법과는 달리 엄청난 수익성을 기업에게 가져다줌으로써 세계의 많은 초우량기업들로부터 큰 관심을 끌고 있다.

6시그마 경영은 기업과 고객과 프로세스, 그리고 지식까지도 포함하는 전사적 혁신운동이라고 할 수 있다. 이러한 6시그마는 크로스비(Crosby)가 처음으로 소개한 무결점의 개념을 1987년 모토로라(Motorola)의 해리(Mikel Harry) 박사가 6시그마라는 새로운 이름으로 소개하였다. 당시 정보용 전자기기 사업부에서 일하던 해리는 어떻게 하면 품질을 획기적으로 개선시킬 수 있는가를 생각하였다. 그래서 나온 결론이 통계지식을 적극적으로 활용하는 것이었다.

'무결점(zero defects)'이라는 용어는 1961년 크로스비가 처음으로 사용했는데, 이 용어를 사용하게 된 이유는 그 동안 만연해 왔던 대량검사 방식을 탈피하기 위한 목적이었다. 그렇게 하기 위해서는 초기부터 결점이 없는 제품을 만들어야 했으므로 크로스비는 무결점을 경영목표로 삼았던 것이다.

그러나 무결점의 목표를 실제로 달성하기에는 너무나 장벽들이 많았다. 그러므로 실제 이 무결점이라는 목표는 단순히 하나의 꿈이었고, 현실적인 목표는 되지 못하였다. 그럼에도 불구하고 무결점운동은 1960년대 미국에서 상당히 활발하게 실행되었다.

무결점운동을 실행하지 않는 업자와의 계약을 체결하지 않는 미국 국무부의 방침 때문에 무결점운동은 군수업자들을 중심으로 미국 전역에 급속도로 전파되기 시작하였다. 이렇게 한 때 무결점운동은 많이 유행했지만, 그리 큰 성과를 거두지 못하고 미국에서조차 시들시들해져 유명무실하게 되었다. 1987년 모토로라 사의 해리 박사가 처음으로 6시그마라는 용어를 사용하였다고 위에서 설명하였다. 그러나 6시그마의 불씨는 이보다 8년 전인 1979년 모토로라 사의 아트 선드리(Art Sundry)가 지폈다. 어느 날 모토로라 사의 문제점을 해결하기 위한 회의에서 선드리는 모토로라 사의 진짜 문제는 다른 무엇보다도 모토로라 사에서 생산하는 제품들의 형편없는 품질이라고 말하였다. 당시의 모토로라 사는 품질에 대해서만큼은 상당히 자신감이 있었다고 여겼던 것이다.

처음 모토로라 사의 직원들은 그의 말에 반신반의했지만, 결국 선드리의 말에 귀를 기울이기로 결정하였다. 이것이 모토로라에서 6시그마가 나오게 된 계기가 되었으며, 이후 모토로라 사에서는 품질에 깊은 관심을 가지고 많은 연구를 하였다.

　모토로라 사는 마침내 1987년 6시그마로 품질관리 운동의 열매를 맺었다. 6시그마를 통해 강력한 품질경쟁력을 확보하게 된 모토로라 사는 1988년 제1회 말콤 볼드리지 미국품질상(MB상)을 수상했다. 6시그마는 그 후 GE 사, IBM 사, 얼라이드시그널 사, 텍사스 인스트루먼트(TI) 사, ABB 사, Sony 사, 폴라로이드 사 등 미국 주요 기업들에게 전파되면서 미국을 대표하는 경영혁신 운동으로 정착되었다. 특히 GE 사가 강력하게 추진한 '6시그마 혁신전략'은 월스트리트의 재무분석가들이 높이 평가함으로써 확산속도가 급속히 빨라졌던 것이다. 1987년 당시 레이건 대통령이 제정한 말콤 볼드리지상과 더불어 미국이 일본을 추월하는 엔진역할을 수행하게 된다(안상형 등, 2010).

2. 6시그마의 정의

　시그마는 통계적인 측정단위로 이 개념은 프로세스품질을 설명하는 데 사용된다(Helrigel et al.,1999). 시그마는 원래 고대 알파벳 24개 글자 중 18번째 글자의 이름으로 문자로 쓸 때는 σ로 표기한다. 그리스 문자 σ는 통계학에서는 표준편차를 말하며, 산포를 표시하는 여러 측정치 중의 하나이다. 그래서 6시그마는 정규분포에서 평균을 중심으로 양품의 수를 여섯 배의 표준편차 이내에 생산할 수 있는 공정능력을 말한다.

　즉, 6시그마는 생산되는 제품 100만 개당 결함을 0.002개 이하로 생산할 수 있는 공정능력을 말한다. 이렇게 6시그마에서 시그마는 공정의 능력을 정량화한 값이다. 그런데 왜 시그마라는 개념을 사용하게 되었을까? 1980년대 초 복잡성이나 특성에 상관없이 다양한 제품들의 품질을 보편적으로 측정하는 통계적인 측정치가 필요하게 되었다. 이러한 필요성에 의해 창안된 개념이 시그마이다.

　그래서 시그마는 결점의 발생가능성을 제공해 주며, 모든 경영활동을 객관적인 통계수치로 나타낸다. 따라서 제품이나 업종 및 프로세스가 다르더라도 시그마를 이용하여 각 업종을 비교할 수 있다. 그리고 고객만족의 달성 정도와 방향 및 위치 등을 정확히 알 수 있게 해 준다. 이렇게 시그마는 제품과 서비스 프로세스의 적합성을 측정하는 탁월한 척도이다(Harry, 1998).

제품의 유형에 관계없이 시그마 값이 높아질수록 품질이 우수하고, 반대로 시그마 값이 낮아질수록 좋지 않은 품질을 나타낸다. 또 시그마가 한 단계씩 향상될 때마다 결함의 수는 정비례로 감소되지 않고 기하급수적으로 감소된다.

이렇게 시그마의 값이 올라가게 되면, 제품의 신뢰성이 급속도로 향상되고, 테스트와 검사의 필요성이 급격하게 감소된다. 이것은 다시 비용과 사이클 타임(cycle time)을 감소시켜 고객만족도를 크게 증가시킨다.

여기서 하나 주의할 점은 6시그마가 제품 또는 서비스 전체가 아닌 제품이나 서비스에 내재된 개개 주요 품질특성인 CTQ(critical to quality)에 적용하는 성과목표라는 것이다. 이것은 무슨 말인가? 이제 6시그마 자동차를 하나의 예로 들어보자. 이것은 100만 대의 자동차 중 0.002대가 불량이라는 것이 아니고, 한 대의 자동차에서 CTQ의 평균 결함가능성이 100만 번 중 0.002번뿐이라는 것을 의미한다. 그래서 어떤 제품이 6시그마라고 하기보다는 어떤 한 제품 내의 평균 불량가능성이 6시그마라고 말하는 것이 바람직하다.

이제 6시그마에 대하여 여러 관점에서 본 정의를 살펴보자.

(1) 해리와 슈뢰더

해리와 슈뢰더(M. Harry & Schroeder)는 “6시그마(six sigma)란 조직으로 하여금 자원의 낭비를 최소화하는 동시에 고객만족을 최대화하는 방법으로 조직활동을 설계, 운영하여 결과적으로 조직의 수익성을 향상시키는 비즈니스 프로세스(business process)”라고 정의한다.

(2) 제럴드 스미스

제럴드 스미스(Gerald Smith)는 “품질특성 값의 분포를 정규분포로 가정할 때 양품률 99.9999998%, 불량률 0.002ppm(또는 2ppb: parts per billion) 수준을 확보할 수 있는 무결점을 추구하는 것과 동일한 개념이 6시그마”라고 정의하였다.

(3) 맥파든

맥파든(McFadden)은 "6시그마는 경영품질의 전반적인 기반을 제공하는 고객 지향적인 접근방법"이라고 정의하였다.

(4) 스니와 폰티놋

스니(Snee, 1999)와 폰티놋(Fontenot, 1994)은 6시그마를 "무결점을 달성하려고 하는 프로세스 능력과 100만 개 중에서 단지 3.4개의 불량제품과 서비스를 생산하는 능력, 즉 초일류의 공정능력을 측정하는 통계적 단위"라고 정의하고 있다.

(5) 블레이크슬리

블레이크슬리(Blakeslee)는 6시그마를 "기업에서 발생하는 문제의 근원을 분석하고, 그 문제를 해결하기 위해 데이터에 의존하고, 높은 성과를 제공하는 기법"이라고 정의하고 있다.

(6) 팬드 등

팬드 등(Pande et al., 2000)은 6시그마의 창시자인 해리와 슈뢰더의 정의를 사용하여 6시그마를 다음처럼 정의하였다. "6시그마란 자원의 낭비를 극소화하는 동시에 고객만족을 증대시키는 방법으로 일상적인 기업활동을 설계하고 관리하여 수익성을 엄청나게 향상시키는 비즈니스 프로세스이다."

(7) 일마즈와 채터지

일마즈와 채터지(Yilmaz & Chatterjee)는 6시그마는 "고도의 로버스트(Robust) 품질을 창출하는 생산 프로세스"라고 하였다.

(8) 한국능률협회 컨설팅

한국능률협회 컨설팅에서는 6시그마를 "경영의 과학화(계량경영의 실현), 기업의 생존전략 및 경영철학으로서 비즈니스 프로세스 개선을 통해 기업의 핵심역량을 강화하고 글로벌 표준에 대응함으로써 세계적인 경쟁력을 배양할 수 있는 전략 과제"라고 정의하였다.

3. 6시그마의 목표 및 효과

6시그마 목표는 협의와 광의로 생각할 수 있다. 먼저 협의로 보았을 때 6시그마의 목표는 프로세스의 편차를 감소하는 것이다. 그래서 블레이크슬리는 6시그마의 목표를 편차를 감소시켜 제품과 서비스를 지속적으로 고객의 요구 안에 두는 것이라고 하였다([그림 10-1] 참조). 그래서 고객에게 불량품을 주는 B곡선을 A곡선의 위치로 이동시켜야 한다고 하였다. 알마즈와 채터지도 6시그마의 목표는 결함이 발생하기 전에 품질문제의 원인을 제거하는 것이라고 하였다.

그러나 광의로 보았을 때 6시그마의 목표는 6시그마 품질수준을 달성하는 것이 아니고, 수익성을 향상시키는 것이다. 그리고 품질과 능률의 향상은 6시그마의 부산물이다. 그래서 해리와 슈뢰더는 6시그마 혁신전략을 품질전략 프로그램이 아닌 경영프로그램이라고 하였다.

해리는 6시그마의 장기적인 목표가 기업 전체에서 6시그마 수준을 달성하기 위해 전 계층에 걸쳐 전사적으로 시스템을 통합하고 표준화하는 것이라고 하였다.

6시그마를 활용하는 프로젝트들은 단지 지속적 개선이라는 모호한 개념이 아닌, 고객의 피드백과 달성 가능한 원가절감의 효과를 제공하기 때문에 그 효과가

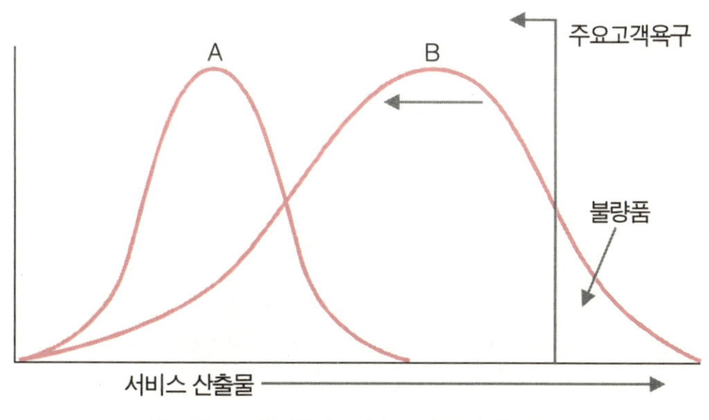

[그림 10-1] 협의로 본 6시그마의 목표

실로 크다. 6시그마는 고객에게 가장 큰 영향을 미치고, 궁극적으로 수익성에 가장 많이 영향을 주는 개선을 가장 중요시한다.

6시그마는 기존의 다른 품질 프로그램들과는 달리 단지 품질자체를 위해 품질을 추구하지 않고, 고객과 기업의 가치를 증가시키는 경우에 한하여 품질을 향상시킨다.

야스히코(1998)는 6시그마의 효과를 주로 전략적인 관점에서 보고 있다. 그래서 체크리스트의 공유화, 전략수립과 전략실행의 일체화, '올바른 전략수립' 요건의 일체화 등 세 가지를 6시그마의 효과로 들고 있다. 이러한 효과는 어떤 개별적인 기법에 의해서 달성되는 것이 아니고 기법, 관점, 추진시스템, 데이터베이스, 경쟁 차별화, 그리고 세부전개와 같은 여섯 가지 원천의 복합적인 사용에 의해 발생한다고 하였다([그림 10-2] 참조).

6시그마 효과는 매우 다양하다. 보통 6시그마를 달성하기 위해 노력하는 회사는 매년 20억 달러의 수익향상, 12~18%의 생산능력 증대, 12%의 종업원수 감소, 그리고 10~30%의 자본지출감소의 효과를 볼 수 있다. 6시그마의 가장 두드러진 가시적 효과는 기업의 수익성을 즉각 향상시킨다는 점이다. 하나의 예로, 스위스의 ABB사는 6시그마 혁신전략을 적용하여 불량률을 68%, 제품원가를 30% 감소하여 2년 동안 연평균 8억 9,800만 달러의 비용을 절감했다.

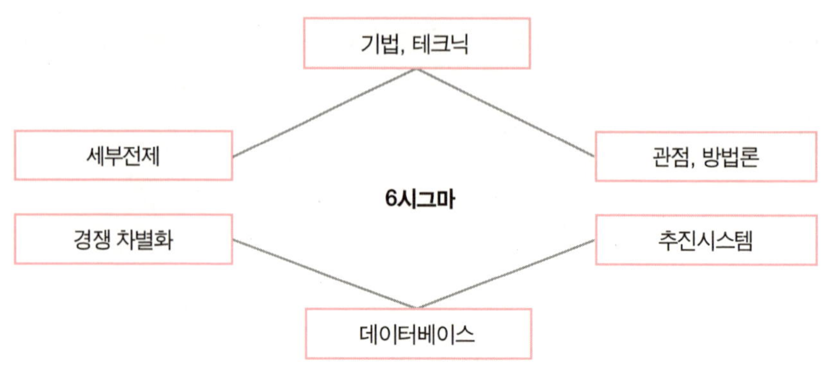

[그림 10-2] 6시그마 효과의 원천

자료: 아오키 야스히코 외, 『6시그마 도입전략』(서울: 21세기북스, 1998), p. 57.

6시그마는 또 품질비용을 극적으로 감소시킨다. 3시그마에서 품질비용은 매출액의 25~40% 정도이지만, 6시그마에서는 품질비용이 매출액의 10% 이하로 떨어진다. 이것은 매출액의 20~30%만큼 수익을 증가시켜 막대한 비용절감과 함께 극적인 수익의 증가를 가져온다. GE사가 품질비용을 20%에서 10% 이하로 줄였을 때 역시 전반적 시그마 수준이 4시그마에서 5시그마로 올랐다. 단 2년 만에 순이익이 10억 달러 이상 증가되었다.

4. 6시그마 품질수준 및 품질비용

6시그마에 대한 모토로라 사의 개념은 불량품이 수율, 신뢰성, 사이클 타임, 재고, 그리고 생산계획 등에 영향을 끼친다는 사실에 기인한다. 일반적으로 불량품은 표준규격의 범위를 벗어남으로써 발생한다. 표준규격은 USL(upper specification limit), T(target), 그리고 LSL(lower specification limit)의 세 가지 요소로 구성되어 있다. 그래서 품질 특성치가 이 범위를 벗어나게 되면 불량으로 판정된다. 그리고 USL과 LSL을 사용하는 곳은 정규분포를 기반으로 하고 있다(안영진, 2002).

모토로라 사는 한 때 결함을 1,000개 기준으로 측정하였다. 그러나 이 기준은 시대의 흐름에 맞지도 않았고, 또 품질의 중요성 때문에 폐지되었다. 그래서 다음으로 모토로라 사가 사용한 기준이 불량품을 100만 개 기준으로 측정하는 ppm(parts per million)이었다. 그리고 가까운 미래에 모토로라 사는 결함을 10억 개 기준, 즉 ppb(parts per billion)로 측정할 계획을 가지고 있다. 물론 어떤 분야에서는 이미 ppb기준으로 불량품을 측정하고 있다.

1992년 모토로라의 목표는 6시그마였다. 6시그마는 통계적인 용어로서 99.99966%의 양질의 품질을 의미한다. 6시그마 수준에서 생산되는 제품의 정의상으로 100만 번 기회 중 결점 수(defect per million opportunities: DPMO)가 0.002이다. 그러므로 6시그마는 0.002ppm을 의미한다.

과거의 대표적인 표준이었던 4시그마는 DPMO가 63개이고, 5시그마는 0.57개이다. 〈표 10-1〉는 각 시그마 품질수준에 해당되는 1,000번 기회 중의 결점수와 DPMO를 보여주고 있다. 여기에서 결점 기회는 모든 CTQ의 합을 말한다.

〈표 10-1〉 각각의 시그마 품질수준과 결점수

품질수준	1000번 중의 결점수	DPMO
1시그마	317	317,310
2시그마	45	45,500
3시그마	2.7	2,700
3.5시그마	0.465	465
4시그마	0.063	63
4.5시그마	0.0068	6.8
5시그마	0.00057	0.57
6시그마	0.000002	0.002

〈표 10-2〉에서 보는 바와 같이 6시그마란 10억 개의 제품 중 오직 두 개의 불량품만을 생산하는 프로세스를 말하는 것이다. 보다 이해를 돕기 위해서 〈표 10-2〉을 참조하면, 6시그마는 소규모 도서관 전체 책 중에서 오자가 단 한 개인 경우이다.

〈표 10-2〉 시그마 수준과 결점률

시그마 수준	정전시간/1개월	오자의 수
1	228.5시간	159개/쪽
2	32.8시간	23개/쪽
3	1.94시간	1.35개/쪽
4	2.72시간	1개/31쪽
5	1.48시간	1개/몇 권의 쪽
6	0.005시간	1개/소규모 도서관
7	0.00001초	1개/대규모 도서관

자료: 안영진, 전게서, p. 344.

6시그마는 품질비용을 감소시킨다. 6시그마에서는 산포를 품질불량 때문에 발생하는 비용이라고 보고 있다. 그래서 더피오(DeFeo, 2001)는 6시그마 프로젝트

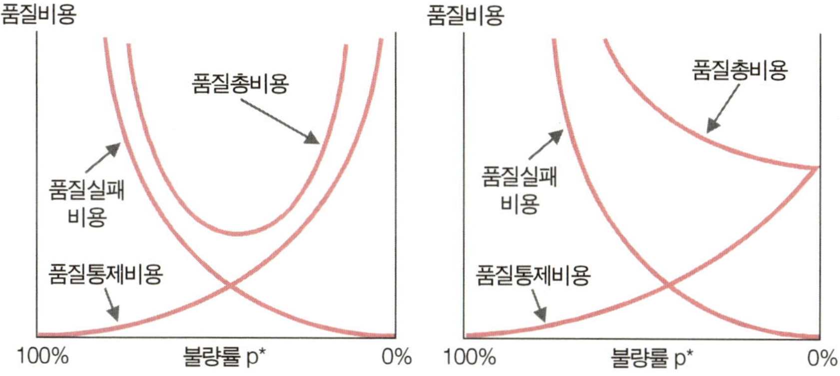

[그림 10-3] 전통적인 품질총비용곡선   [그림 10-4] 새로운 품질총비용곡선

자료: James A. Belohiav, "Quality, Strategy, and Competitiveness," *California Management Review* (1993), p. 61.

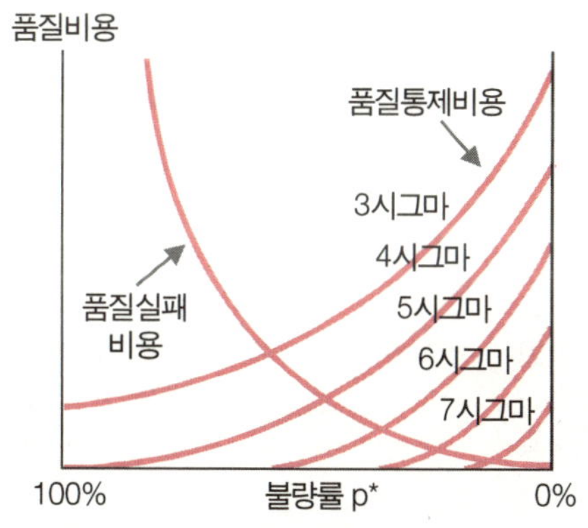

[그림 10-5] 새로운 품질과 비용의 관계

자료: Juran and Gryna, *Quality Planning and Analysis* (McGraw-Hill, 1993), p. 25.

를 선정할 때 품질비용을 중요한 기준으로 삼아야 한다고 하였다([그림 10-3], [그림 10-4] 및 [그림 10-5] 참조).

1994년에 6시그마를 도입한 하니웰(Honeywell)은 20억 달러의 품질비용을 감소시켰다. 그런데 실제로 기업에서 측정하는 품질비용은 빙산의 일각에 불과하다. 일반적으로 빙산에서 보이는 부분은 기업에서 실제 측정하는 비용이지만, 매출액의 5∼8%밖에 되지 않는 극히 작은 부분이다.

문제는 물밑, 즉 미처 인식하지 못하면 보이지 않는 오류에 원인이 있는 비용이다. 이렇게 물에 잠긴 빙산의 아래 부분은 전체 품질비용의 대부분을 차지하고 있

다. 그러므로 6시그마를 도입하는 기업에서는 숨겨진 비용까지 측정하여 개선하여
야 한다.

5. 6시그마 품질 프로그램

맥파든(1993)은 전형적인 6시그마 프로그램의 주요한 요소를 [그림 10-6]처럼
네 가지를 들었다. 프로세스 개선, 품질측정, 품질정신, 그리고 개선도구이다. 그림
의 왼쪽에 있는 프로세스 개선과 품질측정의 두 요소는 6시그마의 기본적인 요소
들이고 오른쪽에 있는 품질정신과 개선도구의 두 요소는 6시그마와 별개로 사용될
수도 있지만 6시그마 프로그램과 연계되어 자주 사용되는 요소들이다.

먼저 프로세스 개선은 6단계로 이루어진다.

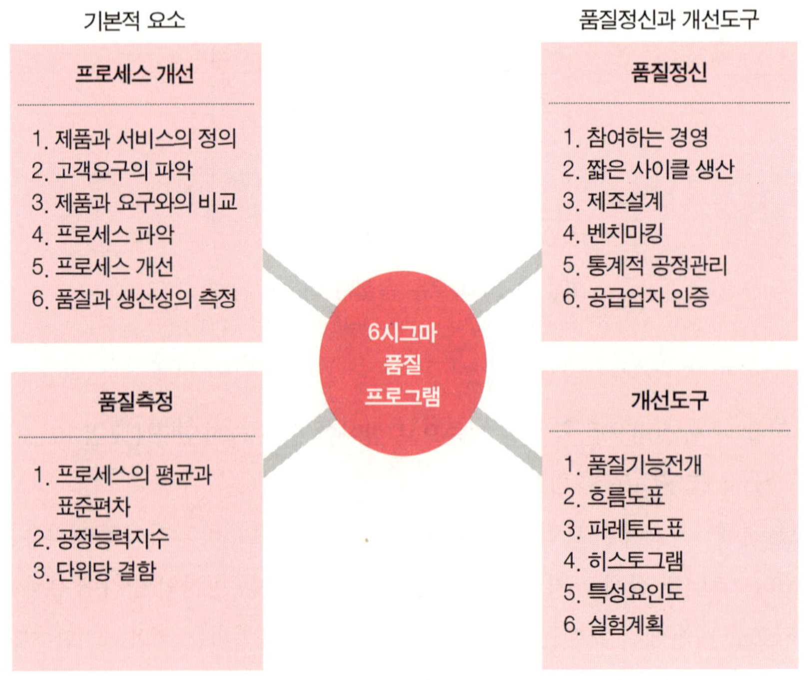

[그림 10-6] 6시그마 품질 프로그램 요소

자료: Fred R. McFadden, "Six-Sigma Quality Programs," *Quality Progress* (1993), p. 37.

① 제품과 서비스를 정의한다. 즉, 내부고객과 외부고객에게 제공하는 제품, 보조 서비스, 정보, 컨설팅 등을 기술한다.

② 고객의 요구를 파악한다. 각각의 내부 및 외부고객을 파악하고, 각 제품 및 서비스에 대한 그들의 요구를 파악한다. 그리고 요구는 반드시 계량적으로 표시되어야 한다.

③ 제품을 고객의 요구와 비교한다. 즉, 고객의 요구와 실제의 차이를 비교한다. 그리고 고객의 요구에 대해 우선순위를 정한다.

④ 프로세스를 파악한다. 즉, 흐름도표 등을 이용해 각 프로세스를 상세하게 기술한다.

⑤ 프로세스를 개선한다. 먼저 가치와 다른 프로세스와의 관계를 고려하여 각 프로세스를 평가한다. 그리고 프로세스를 단순화하고, 실패를 예방하도록 프로세스를 개선한다.

⑥ 품질과 생산성을 측정한다. 벤치마킹 등을 이용해 품질과 생산성의 목표를 수립하고, 달성여부를 확인한다.

6. 6시그마와 품질경영

6시그마 경영은 기존의 품질관리(QC)나 전사적 품질관리(TQC)와는 큰 차이가 있다. 기본적으로 기존의 품질운동은 공정 중심의 운동이었다. 하지만 6시그마 경영은 특정 부문에 한정된 개선이 아니라 경영 전반에 걸친 혁신운동이다.

우선 불량을 정의하는 개념에서 차이가 난다. 6시그마 경영은 불량을 고객의 입장에서 설정하고, 불량이 발생할 수 있는 원인을 근본적으로 제거하는 데 활동의 초점을 둔다. 이는 회사 내 전체에 대한 시스템 자체를 개선의 대상으로 삼는 것으로 결과적으로 품질비용을 줄이고 고객에게는 한결같은 높은 수준의 품질을 제공할 수 있는 기반을 조성한다는 획기적인 의미를 지닌다. 〈표 10-3〉은 6시그마 경영과 기존의 품질경영과의 차이점을 비교·정리한 것이다.

구 분	과거의 품질경영	6시그마 경영
방침결정	하의상달	상의하달
목표설정	추상적, 정성적	구체적, 정량적
문제의식	겉으로 드러난 문제 중시	잠재적 문제까지 포함
성공요인	감각과 경험	감각, 경험 및 객관적 데이터 분석 중시
개혁대상	문제점이 발생한 곳	모든 프로세스
활동기간	제약이 없음	제약 있음(일반적으로 6개월 이내)
담당자	자발적 참여중시	전임요원
교육	자발적 참여중시	체계적이고 의무적
기본수법	PDCA 계획(Plan) → 실행(Do) → 확인(Check) → 조치(Action)	MAIC 측정(Measure) → 분석(Analyze) → 개선(Improve) → 관리(Control)
적용수법	QC 7가지 도구 및 통계적 기법	광범위한 기법 및 통계적 분석방법
평가방법	노력을 중요시	가시화된 이익으로 평가

자료: 고두균 외, 『6시그마 경영, 이해와 적용』(한국생산성본부, 1999), p. 22.

 제2절 6시그마 혁신전략 및 추진자

1. 해리와 슈뢰더의 6시그마 혁신전략

해리와 슈뢰더(2000)는 6시그마 목표를 달성하기 위한 6시그마 혁신전략을 〈표 10-4〉처럼 여덟 단계로 분류하였다. 인식(Recognize), 정의(Define), 측정(Measure), 분석(Analyze), 개선(Improve), 관리(Control), 표준화(Standardize), 그리고 통합(Integrate)이다. 또 혁신전략의 8단계를 그림에서처럼 확인, 특성화, 최적화, 그리고 제도화의 네 가지 범주로 묶었다.

<표 10-4> 6시그마 혁신전략의 8단계

범주	단계	목표
확인	인식, 정의	주요 비즈니스 문제 확인
특성화	측정, 분석	현재 수준 이해, 블랙벨트
최적화	개선, 관리	혁신적 개선 달성, 프로젝트
제도화	표준화, 통합	일상적 경영방법 바꿈

자료: 안영진 옮김, 『6시그마 혁신전략』(서울: 김영사, 2000), p. 112.

2. 팬드 등의 6시그마 혁신전략

팬드 등(2000)은 6시그마 혁신전략을 다음처럼 다섯 개의 단계로 분류하였다.

① 핵심 프로세스와 주요고객을 파악한다.
② 고객의 요구를 정의한다.
③ 현재성과를 측정한다.
④ 우선순위에 의해 분석하고 개선을 추구한다.
⑤ 6시그마 시스템을 확대하고 통합한다.

조직의 성공여부가 그 조직원에게 달려 있듯이 6시그마 활동의 성패는 전적으로 적절히 훈련받은 프로젝트 수행자에게 달려 있다. 6시그마 활동을 도입한 기업들은 기업에 따라 약간의 차이는 있으나, 일반적으로 <표 10-5>와 같이 구분된 인력을 양성하고 있다. 이 중 화이트 벨트(white belt)는 전체 임직원이 이수해야 할 과정이고 그린벨트(green belt) 이상의 자격을 보유해야만 간부로 승진할 수 있도록 인사고과에 반영하기도 한다.

블랙벨트(black belt)로 알려진 추진자 그룹은 6시그마 활동의 전문가로서 회사 내의 모든 문제해결 및 프로젝트에 전념한다. 훈련받은 블랙벨트는 회사의 목표달성을 위하여 필요한 지식과 기술적 기초를 제공한다.

블랙벨트는 다음과 같은 임무를 수행한다.

<표 10-5> 6시그마 참여인력

구분	지위와 역할	프로젝트 수행
챔피언 (Champion)	6시그마 전략수립과 실행에 대한 책임자	
마스터 블랙벨트 (Master Black Belt)	블랙벨트 지도 및 확인	
블랙벨트 (Black Belt)	6시그마의 전문가로서 프로젝트 해결의 전담자	연간 효과 금액 3,000만 원 이상
그린벨트 (Green Belt)	개선 프로젝트의 해결과 담당업무를 병행하는 문제해결의 전담자	연간 효과 금액 2,000만 원 이상
화이트벨트 (White Belt)	전체 임직원의 의무자격	

① 현장에서 프로젝트를 수행하는 개개인의 지도
② 새로운 전략 및 개선기법의 교육
③ 워크숍 개최, 사례연구, 또는 지역 심포지엄을 통한 6시그마 활동결과 발표
④ 다른 부서와의 협력활동을 통하여 사업기회 발견 및 개선
⑤ 6시그마 전략 및 기법의 사용을 조직원에게 독려

보통 블랙벨트는 과제당 20만 달러의 절감이 있는 프로젝트를 수행한다. 다른 업무는 수행하지 않고, 프로젝트 해결업무만 전담하는 블랙벨트는 12개월 동안 5~6개의 프로젝트를 수행할 수 있고, 따라서 약 100만 달러의 연간 수익을 가져다준다.

종업원 중 블랙벨트 비율은 기업에 따라 차이가 있는데, 6시그마 아카데미에서는 100명의 종업원당 한 명의 블랙벨트를 추천하고 있다. 또한 100명의 블랙벨트당 마스터 블랙벨트 한 명을 권하고 있다. 그러나 GE사, 얼라이드시그널 사, 그리고 삼성전관 등의 경우 블랙벨트의 비율은 그보다 약간 높다. 챔피언은 6시그마 전략수립과 실행책임자로서 일반적으로 대표이사나 임원급이 그 역할을 한다.

위에서 설명한 화이트벨트, 그린벨트, 블랙벨트, 그리고 마스터 블랙벨트의 계급체계는 기존의 직책과는 독립성을 갖는 것이 일반적이다. 예를 들어 대리급의 사

원이 블랙벨트인 반면, 부장급 간부사원은 그린벨트가 될 수 있다. 이 경우 부장급은 대리급 사원의 지도하에 개선활동을 수행하게 된다. 즉 6시그마 활동 관련 계급체계는 개선활동의 능력 및 결과에 따라 새로 설정하게 된다.

 제3절 6시그마의 특성 및 성공요인

1. 6시그마의 특성

① 수익성 향상이 목적
② 무결점을 지향하지만 무결점 개념과는 다름
③ 통계의 집중적인 사용
④ 벨트제도의 활용
⑤ 혁신전략
⑥ 통합적으로 업무를 개선
⑦ 명백한 책임소재
⑧ 프로젝트 중심
⑨ 철저한 보상체제
⑩ 측정
⑪ 혁신

2. 6시그마와 TQM의 공통점

① 경영철학
② 프로세스의 개선
③ 최고경영자의 강력한 리더십
④ 협력업체의 중요성

⑤ 조직 전체의 불량을 초기에 감소
⑥ 엄청난 교육과 훈련
⑦ 불량감소가 아닌 변동감소

3. 6시그마의 성공요인

아오키 야스히코(1998)는 6시그마가 성공하기 위한 요소로 블랙벨트의 전임화와 최고인재로 블랙벨트의 후보자를 들었다. 이렇게 야스히코는 블랙벨트의 중요성을 강조하였다.

고도균 등(1999)은 6시그마의 성공요소로 최고경영자의 강력한 리더십, 정확한 데이터에 의한 관리, 직원들에 대한 교육과 훈련, 시스템구축, 일정기간의 준비 등의 다섯 가지를 들었다. 해리와 슈뢰더는 6시그마 성공요인으로 최고경영자의 리더십, 조직 내 모든 종업원에 대한 교육, 블랙벨트 제도운영, 재무성과에 대한 평가, 그리고 성과에 대한 보상 등 다섯 가지를 들었다. 또 블레이크슬리는 최고경영자의 리더십, 기업의 통합전략, 프로세스 개선, 프로세스적 사고방식, 고객 및 시장 정보수집, 수익성, 훈련, 그리고 보상 등 일곱 가지를 들었다. 이 중에서 가장 많이 언급되는 요소가 최고경영자의 강력한 리더십이다.

사례 20 **LG전자 미래지향적 혁신활동: 품질혁신 6시그마 품질활동**

LG전자는 도요타 사태 이후 품질혁신 활동을 한층 강화하고 있다.

이 회사의 품질혁신 방향은 누가 봐도 세계 최고의 품질을 갖겠다는 것이다. 이 비전을 실현하기 위한 큰 축은 최고의 품질 실현, 차별화된 품질 실현과 함께 고객의 감동 추구를 다른 한 축으로 하고 있다. 품질혁신을 구체적으로 실행하기 위해 QFS(Quality Fundamental Score) 매니지먼트와 CS 7대 원칙을 실제 업무에 적용하고 있다.

LG전자의 품질혁신 역사를 살펴보면 지난 1989년 TQC 개념에서 제조현장 위주로 품질활동을 진행하기 시작했고, 1998년부터는 TQM 개념에서 6시그마 툴의 활용을 본격화했다. 2005년부터는 궁극적으로 고객만족(CS)을 실현한다는 개념에서 출발해 NPS(고객추천지수), 스피드를 중시하는 6시그마 툴인 린(lean) 6시그마를 활용해 품질혁신을 했다. 또 품질이 개발단계부터 잘 이뤄지고 있는지 살피고, 완성도가 떨어진 부분을 찾아 개선한 후 다음 단계로 넘기는 NPI(New Product Introduction) 활동을 본격화해 개발 단계부터 품질혁신을 도모했다.

1. 개발단계부터 품질 확보

이런 품질 활동을 해오던 가운데 2009년 말 도요타자동차에서 대량리콜사태가 발생했다. 품질로 탁월한 성과를 거뒀던 도요타의 자존심이 처참하게 무너지는 것을 목격했다.

도요타 사태를 보면서 품질문제에 대한 신속한 대응, 과도한 글로벌화와 지나친 원가절감의 부작용, 해외 협력업체 관리역량 등이 모여 일어난 문제임을 알 수 있었다.

LG전자에서는 도요타 사태에 대한 영상을 공유하고 시사점을 찾는 워크숍을 전사 차원에서 진행했다. 품질에 대한 전략을 재수립하고 정신무장을 다시 해야 하겠다는 결론을 얻을 수 있었다.

품질강화 방안으로는 개발단계 품질 향상에 더욱 노력하고, 고객만족과 품질 차별화에 더욱 매진해야 한다는 점이다. 개발단계가 아닌 뒷단으로 넘어갈수록 품질문제 해결에 자원 투입이 눈덩이처럼 불어나기 때문에 NPI를 강화해야 했다. 치프(chief) 엔지니어들이 개발단계에서 품질에 필요한 것을 찾고, 신기능에 대한 점검, 과도한 원가에 대한 검토 등을 해나가는 것이다.

2. 글로벌 협력사 품질관리 강화

또 도요타 사태 이후 해외법인의 QFS 매니지먼트 내재화와 고도화에도 주력하게 됐다. 품질 항목들을 체크해서 즉각 피드백하는 글로벌 퀄리티 오디티(Global Quality Audit: GQA) 활동을 강화했다.

품질 항목을 두고 리뷰와 코칭을 지속하는 것으로 우려가 되는 사항을 나열해보고 어떤 것을 해야 할 지를 찾아낸다.

지난 2007년부터 조금 시들해졌던 6시그마 품질활동도 도요타 사태 이후 다시 강화하고 있다. 또 제품 신뢰성 부분, 환경과 법적규제 등도 적극 대응하고, 협력업체의 신뢰성을 높이기 위한 활동도 강화하고 있다.

고객만족지수를 실제 품질에 활용하는 것은 지속 강화하고 있다. 제품을 고객의 기준으로 바라보고 모든 기준은 고객에서 찾는 것이다. 제품가치는 물론 서비스 가치와 감성품질을 발견해 냄으로써 고객만족을 높이고 차별화된 품질 실현에도 노력하고 있다.

품질혁신 활동은 지속적이고 꾸준히 해나가야 완성도가 높아진다. 꾸준한 활동이 최고의 품질 도전에 기본인 것이다.

자료: 대한민국 이노스킬 컨퍼런스, 서울교육문화회관, 2010. 7. 15

사례 21 대·중소기업 상생협력 모범사례 6시그마 기법

전경련중소기업협력센터는 중소기업중앙회와 공동으로 11월 6일 중소기업중앙회 대회의실에서 '대·중소기업 상생협력 모범사례 설명회'를 개최하였다. 이번 설명회는 대기업과 중소기업간 협력 우수기업의 지식과 노하우를 공유하고 우수한 상생협력 모델을 기업들에 확산하고자 마련되었다.

이날 설명회에는 지난 11월 4일 제5회 대·중소기업협력대상에서 금탑산업훈장을 수상한 삼성전기, 대통령 표창을 수상한 롯데건설과 성진이앤아이(포스코 협력업체), 국무총리표창을 수상한 토판포토마스크(삼성전자 협력업체)의 협력사례가 소개되었다.

이날 우수 모범사례로 소개되는 삼성전기(대표이사 강호문)는 대·중소기업 상생협력 전담 조직을 신설하고, 협력공간인 윈-윈 프라자 마련, 국산화·공동기술협업 등 다양한 상생협력 활동을 추진해왔으며 이로써 협력사 매출증대와 수입대체효과를 달성하였다.

롯데건설(대표이사 이창배)은 과거 건설업의 하도급관행을 타파하기 위해 건설사 최초로 성과공유제를 도입하고, 전자조달시스템을 구축하여 계약의 투명성을 제고하는 등 건설업의 모범적인 상생협력기업이 되기 위한 노력을 기울여 왔다.

성진E & I(대표이사 박흥원)는 모기업인 포스코와 6시그마(Six sigma)기법을 활용한 성과공유제도를 도입하여, 성과를 공유하고 경영혁신 기법을 전수받음으로써 대·중소기업간 상생경영활동을 극대화하여 지속적인 윈윈 전략을 추진해왔다. 특히 제안·개선을 통해 제품 내구성이 개선될 경우, 오히려 부품의 수명향상으로 이익이 감소될 수 있다는 우려로 협력업체들이 부품개선을 꺼리는 경향이 있었으나, 포스코는 개선의 성과를 공유하여 이 같은 문제를 해결하는 데 성공하였다.

토판포토마스크(대표이사 박근원)는 모기업인 삼성전자와 협력하여 자율적 상생협력 문화 확산, ERP 시스템 구축, 기술인력 양성 등을 통해 반도체 산업의 경쟁력 제고에 기여하고 모기업과의 협조체제를 2~3차 협력업체에까지 확대하였다.

자료: 전경련중소기업협력센터(연합뉴스 보도자료, 2008.11.6)

사례 22 모토로라의 6시그마

1928년 시카고 시의 해리슨(Harrison)가 847번지의 작은 빌딩에 세 든 갤빈 매뉴팩처링(Galvin Manufacturing)이라는 회사가 있었다. 이 당시 종업원은 겨우 다섯 명밖에 되지 않았다. 모토로라로 이름을 바꾼 이 회사는 지금 10만여 명의 종업원과 매출 80억 달러의 미국 150대 기업에 속하는 대기업으로 성장하였다. 모토로라(www.mot.com)는 1980년대 초 일본의 무선호출기 시장에서 품질로 고전을 면치 못하고 있었다. 이 문제점을 제거하기 위해 **6시그마를 개발**하였다. 그 이후 1987년 모토로라가 6시그마를 도입한 목적은 단순히 불량품의 수를 감소하는 데에만 있는 것이 아니라, 조직 전체에서 발생하는 모든 결함을 완전히 제거하는 데 있었다. 여기서 모토로라가 말하는 결함은 고객의 불만을 야기하는 모든 것으로 해석한다. 그리고 기업의 모든 활동요소를 계량화하였다. 모토로라는 6시그마의 목표를 달성하기 위해 고객만족에 중점을 두었다. 그래서 조직을 수평적인 조직으로 변화시켰고, 수평적인 조직은 팀워크를 촉진시켰다. 또 팀워크는 고객의 요구를 충족시키기 위해 각 부서 간의 협조를 촉진시켰다. 특히, 설계의 초기단계에서부터 이러한 협조는 실행되었다. 그리고 계량화한 기업의 모든 활동을 고객의 관점에서 평가하였다.

모토로라는 6시그마의 목표달성을 위해 다음과 같은 과정을 사용하였다.

① 창출하고자 하는 제품과 서비스를 파악한다.
② 창출한 제품과 서비스를 공급할 고객을 파악한다. 그리고 고객이 주요시하는 요소들이 무엇인지 파악한다.

③ 고객을 만족시키기 위하여 어떻게 하여야 할 것인가를 파악한다.

④ 제품과 서비스를 생산하는 프로세스 또는 과정을 정의한다.

⑤ 프로세스의 실패를 방지하는 장치를 개발하고, 필요 없는 업무를 제거한다.

⑥ 개선된 프로세스나 과정을 측정하고, 분석하고, 통제하여 지속적인 개선을 추구한다.

1992년 모토로라는 모든 분야에서 6시그마 목표를 전부 달성하지는 못하고, 일부 분야에서만 달성하였다. 이렇게 결함이 감소되고 제조시간이 단축되면서 모토로라에서는 6시그마로 인한 재무성과가 나타나기 시작했다. 다시 말해 모토로라는 보다 우수한 품질의 제품을 생산하고, 고객들은 보다 저렴한 비용으로 더 큰 만족을 누리게 되었다. 모토로라는 4년 동안 6시그마로 22억 달러를 절감하였고, 6시그마 설계자들은 대다수 회사들이 불가능하다고 생각했던 성과들을 달성했다. 1993년 모토로라는 이미 많은 제조공정에 있어서 거의 6시그마 수준에 도달했다. 그리고 짧은 기간에 다른 산업으로, 즉 제조 사업부 이외의 분야로 산불처럼 번지기 시작했다. 여기에서 그치지 않고 모토로라는 계속 목표를 상향조정하였다. 그래서 2년마다 열 배씩 목표를 증가하였다. 그 결과 6시그마 운동을 도입한 지 10년 후인 1998년에 모토로라는 거의 전사업장에서 6시그마 수준을 달성하였다. 즉, 불량품 99.7% 감소, 제품단위당 품질비용 84% 감소, 생산성 20% 향상, 매출 17% 증가, 그리고 주가가 6.6배 증가되었다.

또 모토로라가 개발한 무선호출기인 배딧 페이저는 우수한 설계와 제조공정으로 평균 기대수명이 150년이나 되었다. 너무나도 이 제품의 품질이 우수해, 모토로라에서는 이 제품에 대한 검사를 완전히 없애버렸다. 왜냐하면 시간과 비용을 들여 거의 무결점의 제품을 검사하는 것보다는, 차라리 발견된 불량품을 교환해 주는 것이 훨씬 경제적이기 때문이었다. 또 본사에 사내 대학을 설치하여 전체 종업원들로 하여금 매년 40시간 이상의 6시그마 교육을 받도록 하고 있으며, 더 나아가 협력업체 들도 이 대학에서 일정 시간 이상의 교육을 의무화하고 있다.

삼성전관의 6시그마

삼성전관(주)은 1996년 신정보 시스템인 SAP/R3을 도입하여 수주에서 출하까지의 전 프로세스 혁신(process innovation: PI)을 추진해오고 있다. 시스템의 안정과 프로세스 혁신의 완성도가 점차 높아 가고는 있으나, 한편으로는 프로세스 내에 여전히 문제가 잔존하고 있어 프로세스 혁신의 저해요소로 작용하고 있었다. 게다가 새로운 프로세서와 정보시스템이 도입되었으나 사람의 자질이 이에 부합하지 못하여 프로세스와 시스템의 발전 수준에 상응하는 사람의 생산성 향상이 뒤따르지 못하였다.

제품의 품질 또한 높아만 가는 고객의 품질요구수준을 제대로 맞추지 못하고, 처음부터 제대로 만들지 못해 발생하는 재작업, 폐품으로 인한 손실비용의 증가로 가격 경쟁력에 문제가 발생하고 있었다. 이러한 상황에서 삼성전관은 선진업체들을 누르고 세계 최우량기업으로 발돋움하기 위하여 경쟁력의 원천을 사람, 프로세스, 제품의 질을 높이는 것이라고 판단하고 사람, 프로세스, 제품은 6시그마 수준으로 높이기 위하여 **6시그마 품질경영 활동**을 도입하게 되었다.

삼성전관은 제조 부문에서 6시그마 활동인 표준품질 생산방식(standard quality management: SQM)을 1996년 10월부터 미국인 컨설턴트 해컷(Hecht)의 지도로 이론적으로 정립하였으며, 1997년 7월부터 세 차례에 걸쳐 미국인 컨설턴트인 바제리아(Bajaria) 박사로부터 전체 임원의 6시그마 교육 및 100여 명이 블랙벨트 교육과정을 수료하였다. 1997년 12월부터 품질자격제도를 전사에 시행하였으며, 1998년 초부터 전 사업장의 6시그마 전진대회를 실시하였으며, 현재 전 직원이 품질의 기본과정인 화이트 벨트를 취득하였으며, 1500명의 품질전문가를 양성하고 있다.

삼성전관의 6시그마 활동이란 프로세스의 산포를 줄여나가는 즉, 프로세스 능력을 키워서 프로세스가 구성되지만, 동일한 프로세스에도 산포가 존재하기 마련이다. 프로세스의 산포를 줄여나가게 되면 결점수가 6시그마 수준 즉, 3.4ppm을 넘어서 무결점까지 도달할 수 있다.

제조 부문의 경우 표준서, 작업지도서, QC 공정도, 관리항목시트 등 구체적인 표준이 존재하고, 제조현장에서 측정된 다양한 데이터를 이용하여 시그마 수준을 산출한다. 사무 간접 부문의 경우 시그마 수준(또는 프로세스 능력)을 파악하기 어려운 것은 정해진 표준과 이에 따른 실측치를 얻기 어렵기 때문이다. 따라서 해당 프로세스에 대하여 구체적인 표준인 업무 매뉴얼을 제작하고, 업무를 수행하는 가운데 품질에 중요한 특성치를 측정하여 기록하는 일이 우선되어야 한다.

프로세스 능력을 나타내는 지수로서 분포의 치우침을 고려하여 중심치가 규격에 중심에 일치하는 정도에 따라 결정되는데 시그마 수준을 높이기 위해서는 프로세스의 산포를 줄여나가는 활동 이외에도 중심치 이탈, 불안정 등의 문제를 해결해야 한다.

이와 같은 문제의 증상을 파악하기 위해서는 측정된 데이터를 가시화해야 하는데, 가장 효과적인 방법은 시간 흐름에 따라 점을 찍어 나가는 관리도를 사용하는 것이다. 따라서 SPC 활동은 전 부문의 통계적 사고를 바탕으로 프로세스의 통계적 관리를 위한 도구로써 '통계적 프로세스 관리'를 의미한다.

통계적 프로세스 관리를 통해 산포, 중심치 이탈, 불안정 문제 등의 증상을 정의하고 이를 프로젝트로 선정하여 프로젝트 해결모델을 통한 통계적 해결책을 실질적 해결책으로 바꾸어 관리한다. 자신의 업무 프로세스에의 문제점을 해결하여 관리하기 위하여 6시그마 교육을 단계별로 진행 중이다. 이상의 6시그마 추진을 통한 품질, 비용, 납기, 서비스 등의 향상은 고객만족으로 이어진다.

삼성전관의 6시그마 활동에 대한 인과관계의 고리는 다음과 같이 나타낼 수 있다.

① 우리의 생존은 기업의 발전과 성장에 달려 있다.

② 기업의 성장은 고객만족에 의하여 좌우된다.

③ 고객만족은 품질, 가격, 납기, 서비스에 결정된다.

④ 품질, 비용, 납기, 서비스 등은 프로세스 능력에 의하여 좌우된다.

⑤ 프로세스 능력은 모든 프로세스에 존재하는 산포 때문에 달라진다.

⑥ 프로세스의 산포를 줄이기 위해서는 올바른 지식을 적용해야 한다.

⑦ 올바른 지식이란 통계적 사고로 출발해야 한다.

⑧ 통계적 사고는 산포를 연구하는 통계학을 알아야 한다.

⑨ 통계적 기법은 사실에 대한 수치화가 되어야 한다.

⑩ 사실에 대한 측정된 데이터는 도표화되어야 한다.

⑪ 도표화되면 문제를 정의하여 문제를 선정하여 해결해야 한다.

⑫ 문제의 해결은 산포를 관리할 수 있다는 것이다.

⑬ 산포를 제대로 관리할 수 없다면 우리는 불쌍한 신세가 된다.

품질보증 및 제조물책임

제1절 품질보증(QA)의 개요

품질의 보증문제는 소비자와 생산자 또는 구매자와 판매자 간의 문제이던 것이 상거래 범위가 확대되고 기술이 발전되면서 품질에 영향력이 사회적 문제로 파급됨에 따라 계약당사자는 물론 보험회사, 소비자단체, 기업, 산업국가들의 주요 관심사가 되었다(이순룡, 2010).

품질보증(Quality Assurance: QA)은 간단히 말해서 소비자의 요구에 맞는 품질을 보증하는 것으로 품질경영(QM)의 요체가 된다. 여기서 소비자라 함은 회사 외에서 볼 때는 제품의 사용자 내지 구매자를 말하며, 회사 내에서는 다음 공정을 가리킨다.

품질보증의 효과로서는 ① 소비자안전의 확보, ② 소비자의 경제적 부담 감소, ③ 소비자불만/피해 축소를 위한 제도적 장치, ④ 구매경험 없는 소비자의 불안감 감소, ⑤ 제품에 대한 올바른 지식/정보의 제공, ⑥ 소비자의 안심 구매 및 사용 후 만족감 획득 등의 소비자 측면의 효과를 들 수 있다. 그리고 생산자/공급자 측면의 효과로서는 ① 품질불량으로 인한 손실의 감소, ② 품질의 개선/혁신으로 경쟁력

증대, ③ 소비자의 불량제품/서비스에 대한 불만 및 사용 정보를 제품정책/품질개선에 신속히 반영 등이 있다.

1. 품질보증(QA)의 정의, 목적 및 기능

(1) 품질보증(QA)의 정의

① ISO 9000-2000 : QA는 "품질경영의 일부로서 품질 요구사항이 충족될 것이라는 신뢰를 제공하는 데 초점을 맞추는 것"이라고 정의하고 있다.

② KSA 3001-2006 : QA는 "제품 또는 서비스가 제시된 품질 요구사항을 만족시키고 있다는 것을 적절히 신뢰감을 주기 위하여 필요한 모든 계획적이고 체계적인 활동"이라고 정의한다.

③ 캐나다 표준협회 : 캐나다 표준협회(CSA)는 QA를 "제품이나 서비스가 계약 및 법률적인 요구를 충족시키며 서비스가 만족스럽게 이루어질 것이라는 적절한 신뢰를 주도록 입안된 모든 수단 및 활동에 관한 계획적이며 조직적인 패턴이다. 품질보증(QA)에는 품질관리(QC)가 망라된다"고 정의하였다.

④ 이순룡 교수 : "품질보증(QA)이란 간단히 말해서 고객(제품 소비자/구매자, 경영자 및 구성원, 공급자)의 요구에 맞는 품질을 보증하는 것으로 품질경영의 요체"가 되는 것으로 정의한다.

요컨대, 품질보증(QA)은 고객이 안심하고 만족하게 구입하고, 그것을 사용한 결과 안도감과 만족감을 가지며, 더구나 오래 사용할 수 있는 품질을 보증하는 것이라고 정리할 수 있다.

(2) 품질보증(QA)의 기능

품질보증(QA)의 목적은 조직에서 모든 사람으로 하여금 자기가 책임지고 있는 프로세스의 품질에 대하여 개인적 책임을 지도록 하는 것이다. 이것은 다음 프로세스를 고객으로 취급하여 적합한 제품, 서비스, 자재 및 서류를 넘겨주려고 노력하는 것, 품질성과를 감독하는 것, 부족한 데이터를 분석하는 것, 잘못을 반복하지 않도록 수정활동을 취하는 것, 데이터를 피드백하고 피드백 과정을 제어하는 것 등을 포함한다. 특히 품질보증의 주목적은 상류단계로 거슬러 올라가 프로세스의 설계와 계획수립 단계에서 제품이나 서비스의 품질을 확립하는 것이다(김기영, 1999).

(3) 품질보증(QA)의 기능

품질보증의 주요 기능은 다음과 같다(이순룡, 2010 및 김기영, 1999).

① 품질방침의 설정과 전개
② 품질보증을 위한 방침과 보증기준의 설정
③ 품질보증 시스템의 구축과 운영
④ 각 단계에서의 품질보증 업무의 명확화
⑤ 각 단계에서의 품질평가
⑥ 설계품질의 확보
⑦ 주요 품질문제의 등록과 해석
⑧ 생산 및 생산 후 단계에서의 주요 품질보증 기능
⑨ 제조 시의 품질보증 활동의 총괄
⑩ 품질조사와 클레임 처리
⑪ 표시 및 설명서의 관리
⑫ 애프터서비스(A/S)
⑬ 제품품질 감사 및 품질보증시스템 감사
⑭ 품질정보의 수집, 해석, 활용

2. 품질보증(QA) 활동

품질보증(QA) 활동은 제품기획, 설계, 생산준비, 생산, 판매 및 서비스 등의 품질보증 업무의 단계별로 전개하는 것이 일반적이다. 이 경우 품질보증 업무는 해당 업무부서 중심으로 수행되므로 소비자가 요구하는 품질의 확보 및 관리를 효율적으로 이루려면 기능별 품질보증 활동이 필요하다. 이 경우 품질보증 활동은 품질평가, 품질감사, 검사, 신뢰성 시험, 제조물책임(PL), 표준화, 설비관리, 계측관리, 공정능력 조사, QC교육 및 공정관리 등으로 나누어 전개된다. 이들 품질보증 활동에서 중요한 것은 품질평가와 품질감사의 두 가지이다.

결과적으로, 품질보증 활동을 올바로 행하려면 검사와 공정관리를 철저하게 함으로써 이루어지는 것이 아니라, 최고경영자(CEO)가 품질보증에 대한 확고한 방침을 제시함과 동시에 조사, 기획, 연구 및 설계 부문에서 구매, 자재, 제조, 판매, 서비스 부문에 이르는 모든 부서와 공급업체 등 여러 시스템의 전 구성원이 품질보증 활동에 적극적으로 참여하여야 한다.

기업에서의 품질보증(QA) 활동은 제품의 기획에서부터 사용과 애프터서비스(A/S)에 이르는 라이프 사이클의 모든 단계에 걸쳐서 행해진다. 따라서 품질보증 활동은 라이프 사이클의 모든 단계에서 품질확보를 위한 활동, 즉 품질기능을 명확히 하고 이를 올바로 실시하여 그 결과의 검토로부터 활동의 수정에 이르기까지 품질관리 기능 모두에 관계된다.

(1) 품질평가

생산·판매할 제품의 품질평가 없이 품질경영을 하는 것은 마치 캄캄한 밤길을 헤드라이트 없이 차를 운전하는 것과 같다. 품질평가의 주목적은 제품품질이 소비자(시장)의 요구를 어느 정도로 만족시키고 있는가를 파악하는 것인데, 중요한 것은 공정한 평가를 하는 것이다. 따라서 품질평가는 현장책임자가 행하는 것을 피해야 하며, 가급적 라인과 독립된 조직에서 행하는 것이 바람직하다(이순룡, 2010)

품질평가란 품질을 측정해서 그의 목적에 대한 가치를 결정하는 것이다. 품질평가의 목적은 제품이 잘 팔리는지, 소비자 및 사회에 대해서 유효성이 있는지, 공해가 없는지 등을 파악하고, 내적으로는 관리, 해석 및 감사의 단계를 추진해 나가는 데에 있다.

품질보증(QA)의 각 단계, 즉 조사, 기획, 설계, 시작, 생산, 출하, 판매 및 서비스 등에서의 품질을 측정해서 얻어진 결과를 관리용·해석용·감사용으로 활용함으로써 QA활동을 원활히 추진해 나갈 때에 품질평가의 목적은 달성된다고 본다.

제품설계의 목적은 제품의 기능적 요건에 관한 시방을 결정하는 것으로서 이때의 품질평가는 고객이 요구하는 참 품질특성이 평가대상이 된다. 그러나 실제는 참 특성의 측정과 해석이 기술적으로 곤란하기 때문에 대용특성을 이용하는 경우가 보통이다. 이때 유의할 점은 문제가 되는 참 특성과 여러 가지 대용특성과의 관계를 올바르게 파악하는 것이다.

품질평가의 기본 사명은 그들이 제공한 제품을 통해서 품질에 대한 소비자/사회의 요구를 충족시키는 것이며, 이를 위해서는 소비자 요구를 올바로 파악하여 그 요구에 알맞은 품질의 제품을 개발/생산함과 동시에 그 제품이 소비자에게 구매되어 사용 단계에서 소비자 요구를 충분히 만족시키도록 해야 한다.

이상에서 설명한 바와 같이 종합적인 품질보증의 과정으로서 제품개발, 제조 및 시장의 각 단계에서 그들의 품질가치를 올바로 평가하는 것이 중요하다.

(2) 품질감사

품질감사(quality audit)는 시스템의 품질성과를 수행표준과 비교하여 품질보증에 필요한 정보를 톱매니지먼트에 제공하기 위해 독립적으로 행해지는 심사이다. 일본에서는 품질감사를 사장이 주관하여 행하는 경우가 많아서 사장감사라고 하기도 한다.

품질감사는 감사주체에 따라서 다음과 같이 대별할 수 있다.

① 생산기업에 의한 자체 품질감사(CEO의 품질감사)
② 하청기업(외주기업)에 대한 구매자 품질감사
③ 감사기관에 의한 품질감사

품질감사의 대상이 되는 것은 제품의 품질로서 품질감사의 대상이 되는 단계는 개발단계, 제조단계, 출하단계, 유통단계, 사용단계이지만 주목적은 사용단계의 품질상태를 파악하는 것이다.

3. 품질보증(QA)시스템

QA활동은 제품개발로 시작해서 제품수명이 끝나는 전체의 제품수명주기(product life cycle) 상에서 이루어지므로, 각 부문의 참여 없이는 이들 업무가 제대로 수행될 수 없다. 그러나 품질확보를 위해서 행하는 업무와 그의 관리방법을 명확히 하기 위해서는 기능별 품질보증 활동이 요구된다.

QA활동을 기능별로 보면 품질평가, 품질감사, 검사, 신뢰성 시험, 고장해석, 제조물책임, 표준화, 설비관리, 계측관리, 공정능력조사, QC교육 및 공정관리 등으로 나눌 수 있다.

품질보증 시스템에서 품질평가 시스템은 매우 중요한 역할을 한다. 그러나 QA활동은 품질정보 없이는 올바로 전개될 수 없다. 제품품질에 대한 소비자의 요구 및 시장정보를 비롯해서 각 단계에서 실시되는 품질보증 업무의 관리 역시 품질정보를 토대로 하므로 품질보증 시스템에서 품질정보 시스템은 중요하다.

품질보증 시스템 구축 시에 유의할 사항들은 다음과 같다.

① 피드백(feedback)의 과정이 명확할 것
② 체계도의 세로축에는 업무단계를 기입하고, 가로축에는 부서를 기입해 책임자가 명확히 나타나도록 할 것
③ 시스템운영을 위한 수단, 용구 및 운영규정(표준)이 정해질 것
④ 다음 단계로의 진행여부를 결정하기 위한 평가항목/평가방법이 명확히 제시될 것
⑤ 시스템운영 결과를 반성해서 시스템개정을 행할 것

4. 신뢰성 관리

통계적 품질관리(SQC)가 한동안 유행하고 있는 사이에 다른 한편에서는 확률론이 응용된 품질관리(QC)의 또 다른 분야가 등장했는데, 이것이 바로 신뢰성 공학(reliability engineering)이다. 신뢰성 공학이란 제품성능을 향상시키고 고장률

을 감소시키기 위한 일련의 수단과 방법을 체계적으로 정리한 기술을 말한다.

제품품질은 제품이 수명은 길되 고장은 발생하지 않는 것이 바람직하다. 그런데 제품구성이 복잡해질수록 사용기간의 경과에 따라 고장률은 점차 높아지기 시작한다. 전통적인 설계기술만으로는 높은 성능과 낮은 고장률을 함께 달성하는 데에 한계가 있었으며, 이러한 문제를 해결하기 위해서 신뢰성 공학이 탄생하게 되었다(박우동, 1996).

오늘날 품질문제는 개개의 부품/제품의 좋고 나쁜 것에 그치지 않고 집단으로서의 제품이 본래 기대했던 기능에 대해 어느 정도 신뢰할 수 있는가 하는 문제로 확대되었다. 따라서 QA활동에서 신뢰성 관리는 중요하다. 품질보증적 동기에서 신뢰성을 정량적·수량적으로 측정할 수 있는 척도를 설정해서 이들 수치들을 토대로 신뢰성을 확보/향상시키려고 체계화 한 것이 이른바 신뢰성 관리인 것이다.

신뢰성이란 부품, 장치, 기기 또는 시스템이 주어진 어떤 조건 아래서 일정기간 중에 의도했던 기능을 수행하는 확률이다. 신뢰성의 양적 표시인 신뢰도는 임무기간 중 일어나는 단위시간당 고장횟수로 나타내는 것이 일반적이다.

품질경영적 관점에서 볼 때 신뢰성은 하나의 품질특성인 동시에 품질보증의 기능이다. 따라서 신뢰성 관리는 품질경영(QM)과 함께 상호유기적인 관계에서 전개되어야 한다.

효과적인 신뢰성 관리를 위해서는 다음과 같은 단계를 포함해야 한다(Evans et al., 1996).

① 고객이 요구하는 성능을 정의한다.
② 중요한 경제적 요인을 결정하고, 신뢰성 요구와 그들 간의 관계를 평가한다.
③ 제품이 사용될 환경과 조건을 정의한다.
④ 비용기준은 물론 신뢰성을 만족시키는 부품, 설계 및 공급자를 선정한다.
⑤ 제조하는 동안 제품 신뢰성에 대한 기계와 장비의 영향은 물론 그들에 대한 신뢰성 요구를 결정한다.
⑥ 품질향상을 위한 방법으로 현장 신뢰성 자료를 분석한다.

이상 신뢰성은 생산시스템의 많은 분야와 관련이 있으며 구매, 서비스 및 유지와 같은 지원기능은 물론 설계, 제조, 저장 및 수송 분야에서 중요하게 고려되어야 한다.

 제2절 제조물책임(PL)

근대 이후 산업혁명으로 제품은 복잡한 설계와 고도의 과학기술로 대량생산됨에 따라 대량의 결함제품이 유통될 가능성이 높아졌고, 제품의 소비에 있어서 제조업자와 소비자에게 제품의 결함에 대한 정보에 불균형이 나타나게 되었다. 이에 따라 사회적, 경제적, 법률적 환경의 변화로 인한 제조물책임 또는 제품책임(PL)이라는 개념이 커다란 이슈로 나타나게 되었다(박헌준, 2000).

1. 제조물책임의 정의

(1) 애덤스와 브라우닝(Adams & Browning)

"제조물책임(Product Liability)이란 제품으로 인해 야기된 상해에 대한 제조업자 및 판매업자의 책임"이라고 정의하였다.

(2) 헨더슨과 피어슨(Henderson & Pearson)

"제조물책임이란 상품의 결함에 의하여 야기된 생명, 신체, 재산 및 기타 권리에 대한 침해로부터 생기는 손해를 제조자가 최종소비자나 이용자 또는 제3자에 대해 배상할 의무를 부담하는 것"이라고 정의하였다.

(3) JIS Z8101

"설계, 제조 혹은 표시에 결함이 있는 제품을 사용한 것 또는 제3자가 그 결함 때문에 받은 손해에 대해 제조업자나 판매업자가 져야 할 배상책임"이라고 정의한다.

(4) ISO 8042(품질-용어)

"제품 또는 서비스에 의한 인적 상해, 재산상의 손해, 기타 손해에 대한 대상에 관해 생산자 또는 다른 사람의 부담에 대해 서술할 경우에 사용되는 일반적인 용어"라고 정의한다.

(5) 삼성경제연구소(1994)

"일반적으로 결함제품, 즉 안전성이 결여된 위험한 제품으로 인해 소비자가 인적, 물적 손해를 입었을 경우 제품공급자가 부담해야 할 손해배상 책임"이라고 정의한다.

(6) 연기영(1996)

"책임주체를 제조자에 국한시키지 않고 수입업자, 상표사용자, 부품사용자 및 설계자 등 결함생산물에 관련된 모든 사람들이라고 보아서 '생산물책임' 또는 '제조물책임'이다"라고 정의한다.

이상 여러 관점에서 PL의 정의에 대해 살펴본 바와 같이 그 개념은 정확하게 통일되어 있지는 않지만, 일반적으로 PL이라고 함은 "결함 있는 제품에 의하여 그 제품에 소비자나 이용자 또는 제3자의 생명, 신체 또는 재산에 생긴 손해에 대해 제조업자, 판매자 등 그 제품의 제조, 유통, 판매 등 일련의 과정에 관여한 자가 부담해야 할 민사법적 손해배상책임"이라고(홍천용, 1993) 할 수 있다.

제조물 결함은 슈워츠(Schwarts, 1979)에 따르면, 첫째 설계상의 결함은 제품의 설계·계획과정에서 생긴 결함으로 그 설계에 의해 제조된 모든 제품에 발생되는 결함이고, 둘째 제조상의 결함은 제조물의 제조·관리과정에서 본래의 설계와 다르게 제품이 제조됨으로써 발생하는 결함이며, 셋째는 설명·경고상의 결함은 제조업자가 엄격한 설계와 제조기준을 만족시켰다 해도 사용에 따라 위험이 수반될 수 있는 제품의 경우에는 안전한 사용방법을 설명하고 부적당한 사용에서 생기는 위험을 경고해야 하는데, 이를 소홀히 한 데서 발생하는 결함을 말한다. 이 가운데 오늘날에는 설명·경고상의 결함에 의한 제조물책임(PL)의 비중이 점차 증가하고 있다. 설계상의 결함 및 제조상의 결함은 기술적인 문제가 수반되지만, 설명·경고상의 결함은 결함의 입증에 비용이 많이 들지 않으며, 비전문가들도 매우 알기 쉽다는 특징이 있어서 제조업자/판매업자들의 입장에서는 특히 신경 써야 할 부분이라고 할 수 있다.

또한, 제조물책임(PL)은 과실책임, 보증(담보)책임 및 불법행위상의 엄격책임 등의 세 가지로 구분되며, 제조물책임(PL) 대책은 소송에 지지 않기 위한 방어(product liability defence: PLD)와 결함제품을 만들지 않기 위한 예방(product liability prevention: PLP) 대책으로 두 가지로 구분된다.

제품의 설계에서 판매에 이르기까지 전사적인 품질보증(QA) 활동은 기업에서 매우 중요한 책무이다. 제조기업에서 제품의 품질이나 그의 책임과 관계있는 부서는 설계, 기술, 구매, 생산, 품질관리, 판매 등의 여러 부서들로서 이들은 기업 전체적인 입장에서 제조물책임예방(PLP) 활동을 전개할 필요가 있다.

2. 제조물책임(PL)과 제품안전(PS)

제품안전(product safety: PS)이란 "제품이 관련되어 발생될 위험성(hazard)이 없는 것을 말한다. 안전성은 제품, 기구, 부품이나 재료가 갖고 있는 기본적인 품질 특성의 하나이다. 제품에 내재 또는 사용 중 고장 시, 폐기 시에 발생되는 위험성의 배제와 안전성의 확보를 위한 관리 및 직접·간접적인 기술상의 사항에 대한 개념 (사고방식), 수법 등을 다룰 경우에 사용하는 용어로서 자연환경에 대한 악영향(위험성)에 대한 대응문제를 포함한다."

제조업자의 결함 있는 제품에 대한 책임문제는 바로 제품의 품질(quality)과 안전(safety)에 가장 관심이 집중되고 있다. 제품의 안전문제는 우선 소비자의 신체 및 재산상의 피해로 인해서 기업의 경제적 손실뿐만 아니라 기업의 이미지에도 많은 영향을 미친다.

PL에 있어서의 소비자 안전문제는 제품안전(PS)과 인간의 존엄성 등 기업의 사회적 차원에서 PL문제에 중요성을 두고 추진되어야 한다(최성용, 2005).

3. PL과 리콜(Recall)제도

리콜제도는 결함상품에 대한 공개회수제도이며, 리콜에는 결함상품의 회수뿐만 아니라 교환, 환불, 수리 등도 포함된다. 본래 리콜제도는 결함상품에 대한 정부의 행정조치에 앞서서 사업자가 자발적으로 결함상품을 시장에서 회수하여 위험을 제거한 데에서 비롯된다. 이 경우를 자발적 리콜이라고 한다. 그러나 오늘날에 와서는 사업자가 자발적으로 결함상품을 리콜하지 않는 경우에는 정부가 강제적으로 리콜명령을 발하고 있는데 이를 강제적 리콜이라고 한다.

우리가 흔히 말하는 리콜(Recall)은 자발적 리콜이며, 이는 결함상품으로 인해 소비자의 생명, 신체 그리고 재산상에 커다란 위해(危害)를 끼칠 가능성이 높다고 판단되는 경우 해당기업(제조자, 수입자, 유통업자 등)이 유통 중에 있는 결함상품을 공개적으로 수거 또는 회수하여 위해예방을 위한 조치(교환, 환불, 수리 등)를 하는 제도이다.

리콜은 선진국에서는 일반화된 소비자보호제도이다. 특히 자동차처럼 인체나 재산에 엄청난 피해를 줄 수 있는 제품일수록 리콜이 일반화되어 있다(이순룡, 2010). 최근 세계적인 리콜사태 발생은 〈사례 11-1〉에서 보는 바와 같다.

리콜제도는 [그림 11-1]에서와 같이 제조물책임(PL)제도와 더불어 중요한 소비

[그림 11-1] 제품책임의 대책

자 안전정책의 하나이다. PL제도는 소비자 피해가 발생한 후 그 피해의 손쉬운 배상을 위한 손해배상 제도인 반면, 리콜제도는 결함상품으로 인한 소비자의 위해를 사전에 차단하기 위한 제도라는 점에서 각기 다르다.

리콜제도의 기능은 소비자와 기업의 두 가지 입장에서 말할 수 있다. 소비자의 입장에서 보면, 리콜제도는 결함상품에 의한 피해의 확산을 방지하여 안정된 소비생활을 영위할 수 있게 한다. 기업의 경우에는 안전사고의 미연방지로 소비자피해에 대한 손해배상의 부담을 줄일 수 있게 되고, 기업은 자기가 만든 상품에 대해 끝까지 책임을 진다는 것을 소비자에게 보여줌으로써 기업의 이미지 제고에 적지 않은 도움을 준다.

리콜제도는 국민생활의 안정차원에서 시급히 정착되어야 할 제도이며, 기업의 입장에서도 이 제도를 적극적으로 활용한다면, 고객만족(CS)을 위한 경영의 견인차 역할을 할 수 있다. 리콜제도는 제조물책임제도의 구체적인 행동인 것이며, 이 두 가지 제도 모두 소비자를 위하는 면에서는 취지가 같지만, 두 가지 제도는 분명히 차이가 있다. 그 차이는 〈표 11-1〉에서 보는 바와 같다.

〈표 11-1〉 제조물책임제도와 리콜제도의 차이 비교

구 분	제조물책임(PL) 제도	리콜(Recall) 제도
성격	민사적 책임 원칙의 변경	행정적 규제
기능	사후적 손해배상책임을 통한 간접적인 안전확보	사전적 회수를 통해 예방적, 직접적 안전확보
근거법	제조물책임법	소비자보호법, 자동차관리법, 식품위생법, 대기환경보전법
요건	• 제조물의 결함 • 손해의 발생 • 결함과 손해와의 인과관계	제조물의 결함으로 인한 위해 발생 또는 발생할 우려가 있을 때

도요타 차 리콜사태의 교훈

고장 없는 차의 대명사, 최고품질의 명성을 상징하는 도요타자동차는 초유의 대량 리콜사태로 인해 '도요타의 품질신화' 붕괴라는 창사 이래 최대의 위기를 맞고 경영전략의 수정마저 초래하는 상황에 처해 있다.

2008년 GM자동차를 제치고 세계 판매량 1위 자리에 등극한 도요타자동차가 대량리콜이라는 악재를 만나 도요타신화에 치명상을 입게 된 것은 아이러니가 아닐 수 없다.

도요타의 그 동안 느슨하고 오만한 대고객 서비스, 품질관리시스템의 오류와 허점으로 인한 절체절명의 위기봉착은 이미 예견된 일이다.

미 WSJ는 도요타의 2010회계연도에 안전성 등 브랜드 신뢰붕괴에 따른 판매 인센티브, 마케팅비용과 개인·집단소송비용 등을 합해 50억 달러 이상의 추가비용을 예측하고 있다.

이 같은 도요타차 사태는 미국, 한국 등의 경쟁회사들에게 호재이며 좋은 기회의 빌미를 제공할 수 있다. 최근 현대차가 미국 중고차 평가기관과 미국 자동차 평가업체의 두 기관에서 실시한 '브랜드 충성도 조사'와 '고객 충성도 조사'에서 도요타와 혼다를 제치고 1위에 오른 것은 도요타의 대량 리콜사태와 전혀 무관하지 않다.

그러나 도요타 차의 리콜사태는 여타 국가의 자동차업체들에게 기회인 동시에 위협의 계기도 된다는 사실을 인지하고 이 사태를 타산지석의 교훈으로 삼고 우리기업들은 PL과 리콜의 중요성을 재인식해야 할 것이다.

현실적으로 자동차업체의 리콜현상은 흔히 생길 수 있는 일이다. 도요타 차는 안전문제에 적극 대응을 회피하고 소극적으로 대응함으로써 고객의 기대와 신뢰를 상실했다. 그러나 현대차는 최근 일부 차종에 대해 자발적 리콜을 실시해 좋은 대조를 보인다.

PL(제조물책임)제도는 제조물결함에 의해 소비자의 생명, 신체, 재산상의 손해가 생겼을 경우 제조자가 자신의 과실여부와 상관없이 손해배상 책임을 지는 제도로서 종국적으로는 소비자의 권익향상을 위한 것이다.

한편, 리콜(recall)제도는 PL제도와 더불어 중요한 소비자 안전정책인데, PL제도가 소비자피해발생 후의 손해배상제도인 반면, 리콜제도는 결함상품으로 인한 소비자의 위해를 사전에 차단하기 위한 제도라는 점에서 차이가 난다.

리콜제도의 기능은 결함상품에 의한 피해의 확산을 방지하여 안정된 소비생활을 영위할 수 있게 하고, 안전사고의 미연방지로 기업은 자기가 만든 상품에 대해 끝까지 책임을 진다는 것을 소비자에게 보여줌으로써 기업의 이미지 제고는 물론 고객만족에도 적지 않은 도움을 준다.

리콜제도는 국민생활의 안정차원에서 시급히 정착되어야 할 제도이며, 기업의 입장에서도 이 제도를 적극적으로 활용한다면 고객만족(CS)을 위한 경영의 견인차 역할을 할 수 있다.

마침내 대규모 리콜조치와 미 의회 청문회로 곤욕을 치른 도요타가 '글로벌품질관리특별위원회'를 가동하여 판매보다는 품질 위주로 회사 경영전략을 변경할 방침을 발표한 것은 사태의 심각성을 깨달은 고육지계인 것으로 분석된다.

제품책임제 또는 제조물책임(PL)제도의 구체적인 행동으로서 리콜제도는 이제 모든 기업들이 관심을 가져야 할 중차대한 경영상의 핵심과제로 부상하고 기업운명을 가르는 중요한 변수가 되고 있다.

따라서 한국을 비롯한 글로벌 자동차업체들은 도요타의 리콜사태 교훈을 잘 되새겨 앞으로 같은 실수를 반복하지 말아야 한다. 특히 도요타의 이번 리콜사태는 글로벌 자동차시장에서 경쟁력을 높이고 승승장구하고 있는 한국 자동차업체들이 명심해야 할 좋은 본보기사례가 될 것이다.

자료: 중소기업 News, 2010. 4. 21

 **사례 25**
정몽구 회장의 칼날 같은 현장경영

공장장이 제품파악 못한다 곧바로 교체
차 문짝 200번 열고 닫으면서 품질 확인
수출차 소음 잡아라 출고 40일 늦추기도

정몽구 현대 · 기아차그룹 회장의 현장 제일주의 경영이 화제다.

간부 직원들이 현장 파악을 게을리 하거나 품질 관리에 소홀하면 불호령을 넘어 즉각 인사조치도 마다하지 않는 것이다.

최근 미국 출상실에 오른 성 회상이 앨라배마공상상을 전격 교체했나. 6일 연내사는 "지난 4일자로 미국 앨라배마공장장이던 신 모 부사장을 해임하고 임영득 현지 생산기술 담당 전무를 후임으로 발령했다"며 "전임이 기획 출신이었던 데 비해 신임 공장장은 베이징, 체코, 슬로바키아 생산시설을 두루 거친 현장 전문가"라고 밝혔다.

현재 쏘나타와 싼타페 등 미국 시장 인기모델 주문을 대느라 풀가동 중인 앨라배마공장은 불과 6개월 전 공장장을 교체했다. 차에 관한 한 전문가 못지않은 식견을 갖췄다고 평가받는 정 회장 눈에 전임 공장장의 제품 파악 능력이 썩 탐탁지 않았다는 후문이다.

72세 고령인 정 회장은 지난 3년간 20차례 이상 국외 공장을 방문해 작업복을 입고 생산라인을 둘러보고 있다. 최근 준공한 당진제철소에는 준공식 전 일주일에 두세 번씩 건설현장을 방문해 직접 현장을 챙겨 직원들이 혀를 내두를 정도였다.

2007년에는 제철소 공사현장을 둘러보다 안전 관리감독이 철저하게 되지 않고 있다는 이유로 즉각 임원을 인사조치하기도 했다.

2000년 초 외신들이 "현대차는 문짝이 안 맞고 차체는 덜거덕거리며 엔진은 힘이 없다"고 비하하자 동유럽 공장에서 처음 생산한 차 문짝을 200번이나 세게 여닫는 '문짝 퍼포먼스'를 벌인 것은 유명한 일화다.

2003년에는 남양연구소 주행시험장에서 수출용 오피러스를 직접 몰고 몇 바퀴나 돈 뒤 "소음이 거슬리니 시정하라"고 지시해 수출 날짜를 40여 일이나 늦춘 사례도 있다.

정 회장의 현장 중심 경영 스타일은 선대 정주영 회장 때부터 내려온 현대가(家) 특유의 경영 DNA라고 입을 모은다. 그는 2007년 '현대모비스 30년사' 발간 기념 인터뷰에서 좌우명 '일근천하무난사'(一勤天下無難事, 부지런하면 세상에 어려울 것이 없다)를 언급하면서 "'현장에서 보고 배우고, 현장에서 느끼고, 현장에서 해결한 뒤 확인까지 한다'는 삼현주의(三現主義) 실천이 현장 경영의 요체"라고 말했다.

자료: 매일경제, 2010. 8. 6

제12장

벤치마킹

기업의 품질은 전략적 차원에서 고려되어야 하며, 품질을 전략적으로 한 단계 높이는 다양한 기법 중의 하나가 바로 벤치마킹(Benchmarking)이다. 기업 간 경쟁이 치열해지고 기업환경이 불리해지면서 벤치마킹이 경영혁신 기법의 하나로 크게 부각되고 있다. 오늘날 벤치마킹은 품질문제에만 한정되는 것이 아닌 경영 전반에 걸쳐 적용되는 기법이다.

치열한 글로벌 경쟁에서 기업이 살아남을 수 있는 경쟁력을 갖추기 위해서는 초일류기업의 실무를 파악하는 벤치마킹이 절대적으로 유리하다. 벤치마킹은 더 나은 경쟁력을 추구하고 세계수준의 성과를 위하여 노력하는 기업들이 가장 널리 사용하고 있는 기법이다. 특히 벤치마킹은 종합적 품질경영(TQM)과 관련하여 최근 크게 부각된 경영혁신 기법으로서 오랫동안 실무에서 보편화된 기업활동에 뿌리를 두고 있다(김기영, 1999).

손자병법에 "적을 알고 나를 알면 백전백승"이라는 말이 있다. 벤치마킹의 사고는 여기서 출발한다고 보아도 과언이 아니다. 벤치마킹은 경쟁사만을 상대로 하는 것이 아니라 우수성을 상대로 하는 것이며, 또한 단순히 안다는 것[知]보다는 배워서[學] 최고를 지향한다는 것을 핵심으로 하기 때문이다.

벤치마킹은 어떤 조직의 운영이나 내부적 프로세스(process)를 산업 내부적으로나 외부적으로 초일류의 성과를 내는 조직의 그것들과 비교하고 측정하는 프로세스이다. 즉 벤치마킹은 어느 특정분야에서 우수한 상대를 표적으로 삼아 자기 기업과의 성과 차이를 분석하고 이를 극복하기 위해 상대의 뛰어난 운영이나 프로세스를 배우고 이를 향상시켜 성공비결을 찾아내는 끊임없는 자기 혁신을 추구하고자 한다.

벤치마킹은 1980년대 초반 이래 제록스(Xerox) 사 및 모토로라(Motorola) 사의 성공 후 1990년대에 들어서 포춘(Fortune)지 선정 500대 기업의 절반이 이 기법을 채택하고 있는 것으로 나타났다. 또한, 오늘날 대부분의 우량기업들이 고객만족의 실천수단으로 종합적 품질경영을 강조하기 시작함으로써 그 실천수단의 하나인 벤치마킹이 중요한 현상의 하나로 대두되고 있다.

제1절 벤치마킹의 정의 및 유형

벤치마크(Benchmark)란 용어는 원래 측량할 때 사용하는 가시점이나 또는 다른 것들을 상대적으로 비교하여 측정할 수 있는 표준점이다. 벤치마크의 사전적인 정의는 "고도 또는 거리 등을 측정하기 위하여 지표 위에 움직이지 못하게 고정시킨 돌이나 금속물질로 된 표적"이라고 할 수 있다(김연성 등, 2010).

벤치마킹(Benchmarking)의 개념이 비즈니스(business) 분야에 도입되어 "비교를 목적으로 한 측정과정"을 나타내게 되었는데, 벤치마킹이라는 용어가 나오게 된 이유는 단순히 국내기업과의 경쟁을 전제로 한 기업의 경쟁력을 강화시키는 것만으로는 세계 초일류기업들과 경쟁하는 데에는 한계가 있었기 때문이었다.

미국의 기업들은 벤치마킹이야말로 세계시장에서 강한 경쟁력을 유지하게 하는 지속적인 개선을 추구하는 원동력이 된다고 생각하였으며, 이 같은 벤치마킹은 단순히 상대를 모방한다는 것을 의미하지는 않는다. 데밍(Deming) 박사는 "단순한 모방은 위험하다. 근본적으로 기업이 달성하고자 하는 것에 관련된 이론을 이해할 필요가 있다"라고 지적한 바 있는데, 이런 점에서 벤치마킹은 단순한 모방 이상인 것이기에 '창조적인 모방'으로 불리며, 배우면서 자기혁신을 추구하고 새로운 방식을 재창조하는 경영기법을 일컫는 것이다.

벤치마킹은 특정 분야에서 뛰어난 업체나 상품, 기술, 경영 방식 등을 배워 자사의 경영과 생산에 합법적으로 응용하는 것이며, 단순한 모방과는 달리 우수한 기업이나 성공한 상품, 기술, 경영 방식 등의 장점을 충분히 배우고 익힌 후 자사의 환경에 맞추어 재창조하는 것이다. 벤치마킹은 대체로 쉽게 아이디어를 얻어 신상품을 개발하거나 조직개선을 위한 새로운 출발점의 기법으로 많이 이용된다.

1. 벤치마킹의 정의

(1) 미국 생산성 및 품질센터(APQC)

미국 생산성 및 품질센터(American Productivity & Quality Center: APQC)는 "벤치마킹(Bench marking)은 조직의 성과를 향상시키기 위하여 세계의 어느 장소에 있든지 불문하고 우수한 조직의 실무와 절차를 파악하고 이해하고 적응하는 과정"이라고 정의하고 있다.

(2) 국제벤치마킹협회(IBC)

국제벤치마킹협회(International Benchmarking Clearinghouse: IBC)는 "벤치마킹은 체계적이고 지속적인 프로세스이다. 자사의 성과를 향상시키기 위해 세계의 선도적 기업들의 프로세스와 자사의 프로세스를 지속적으로 측정하고 비교하는 프로세스를 말한다. 이러한 벤치마킹을 통해 얻은 정보는 성과향상을 위한 자사의 업무개선 수행에 도움을 줄 수 있다"고 정의한다.

(3) 데이비드 컨스(David Kearns)

제록스(Xerox) 사의 CEO 컨스(Kearns, 1992)는 "벤치마킹이란 힘든 경쟁 상대나 혹은 우수업체라고 인정되는 기업들과 비교하여 생산, 서비스, 업무 등을 평가하는 지속적인 과정"이라고 정의한다.

⑷ 스펜돌리니(M. J. Spendolini)

스펜돌리니(1992)는 "벤치마킹은 조직의 향상을 위해 최상을 대표하는 것으로 인정된 조직의 제품, 서비스, 그리고 작업과정을 검토하는 지속적이고 체계적인 과정"이라고 정의하고 있다.

⑸ 밀리컨(Milliken)

밀리컨은 "벤치마킹이란 전혀 부끄러움을 느끼지 않고 훔치는 것"이라고 정의하였다. 벤치마킹은 속임수도 아니고 불법적이거나 부도덕한 것도 아니며(김기영, 1999),이런 점에서 혹자는 벤치마킹을 '합법적인 도둑질'이라고까지 부르기도 한다.

이상에서 벤치마킹의 정의에 대한 여러 가지 견해를 살펴보았는바 한마디로 벤치마킹이란 지속적인 개선을 달성하기 위한 내부 활동 및 기능, 혹은 관리능력을 외부적인 비교시각을 통해 평가하고 판단하는 것이다. 기업 내에 존재하는 제반활동이나 업무의 분석에서부터 출발해서 현재의 여러 과정이나 활동을 이해하고, 각각의 활동을 평가하거나 판단할 수 있는 대외적인 기준을 확인하는 것이 목표이다. 결국 벤치마킹의 목표는 최고가 되기 위한 끊임없는 노력을 경주하는 것(안상형 등, 2010)이라고 할 수 있겠다.

그렇다면, 오늘날 기업들은 왜 벤치마킹을 하고 있는가? 그 이유는 아마도 지속적인 개선을 지향하려고 하기 때문일 것이다. 기업에서 생산하는 제품과 공정을 지속적으로 개선하고자 하는 것은 모든 기업이 달성하고자 하는 욕구이며, 벤치마킹은 바로 이러한 기업의 욕구를 충족시켜 주는 하나의 효과적인 기법이 된다고 볼 수 있다.

벤치마킹이라는 용어가 나오게 된 이유는 단순히 국내기업과의 경쟁을 전제로 기업의 경쟁력을 강화시키는 것으로는 세계 일류의 기업들과 경쟁하는 데에는 역부족이기 때문이었다. 벤치마킹이라는 용어는 미국에서 1980년대에 발생하였다. 1980년대 미국의 많은 기업들은 미국 내에서는 경쟁력이 있었지만 세계시장에서는 경쟁력이 다른 국가들에 비하여 떨어진다는 사실을 인식하게 되었다.

그래서 그들의 경쟁목표를 미국 외의 다른 국가들의 세계 최고수준의 기업들로 전향하게 되었다. 더구나 목표를 동종의 기업들에 국한하지 않고, 업종에 관계없이 세계 최고의 모든 기업들로 확장시키게 되었다. 이렇게 미국 기업들은 벤치마킹이야말로 세계시장에서 강한 경쟁력을 유지하게 하는 지속적 개선을 추구하는 원동력이 된다고 생각하였다.

미국의 기업들 중에서 벤치마킹을 가장 일찍 채택한 대표적인 기업들은 제록스(Xerox) 사와 모토로라(Motorola) 사였다. 이들 기업은 1980년대 초부터 벤치마킹 기법을 채택하여 제품의 품질과 신뢰성을 급진적으로 향상시켰으며, 고객 서비스 수준도 상당히 향상시켰다.

제록스 사는 미국에서 생산한 제록스 복사기의 비용과 일본 제휴자인 후지제록스 사에서 생산한 복사기의 비용을 비교한 결과, 제록스 사는 후지제록스 사가 미국의 공장보다 복사기를 훨씬 저렴하게 생산한다는 사실을 발견했다. 이리하여 후지제록스 사와 경쟁자인 일본의 리코(Ricoh) 사에서 사용하는 기법을 미국의 공장에 도입한 결과 비용을 상당히 감소시킬 수 있었던 것이다.

제록스 사는 이외에도 여러 분야에서 세계 최우수기업들을 벤치마크로 삼았으며, 벤치마킹을 "기업의 강력한 경쟁자 또는 산업의 리더 기업의 제품이나 서비스, 그리고 관습을 측정하는 지속적인 프로세스"라고 하였다. 이 결과 제록스 사는 1989년에 말콤 볼드리지상을 받은 바 있다.

또, 포드(Ford) 사에서도 토러스(Taurus) 모델 자동차를 개발할 때 벤치마킹 기법을 적극적으로 활용하였다. 포드는 세계의 우수한 모든 자동차를 전부 조사하여, 각 자동차의 우수한 품질특성을 벤치마킹하였다. 인간에게 가장 안락한 좌석을 만들기 위해 포드는 다섯 개의 수입차로부터 여러 종류의 무게와 크기를 가진 좌석을 개발하였다. 또, 고객들이 자주 말하는 불평 중 하나는 태양빛을 차단하는 가리개가 하나밖에 없어서 옆에서 태양이 비칠 때에 번거롭다는 지적이 있었는데, 포드 사에서는 토러스 승용차에 태양가리개를 앞과 옆의 두 곳에 설치함으로써 고객의 호평을 받았다.

2. 벤치마킹의 유형

우리가 흔히 말하는 벤치마킹에는 〈표 12-1〉과 같이 세 가지 유형이 있다. 첫 번째 내부(internal) 벤치마킹은 성과가 우수한 조직 내의 서로 다른 사업부에서 벤치마킹을 하는 것이다. 이 방법은 프로세스 개선 가능성에 대한 가장 자세한 정보를 얻을 수 있고 수행하기 간단하나 대폭적인 개선의 여지는 낮을 수 있으며, 다양한 사업단위로 구성된 기업에 유용한 벤치마킹이라고 할 수 있다.

두 번째 벤치마킹 유형은 경쟁회사를 벤치마킹하는 것인데, 그 효과가 비록 클

〈표 12-1〉 벤치마킹의 유형

유형	정의	장점	단점	사례
내부 벤치마킹	동일 조직 내의 서로 다른 지역(국가), 사업부, 부서 등에서 수행하는 유사한 활동을 대상으로 함	• 데이터 수집이 상대적으로 용이함 • 계열화된 초우량 기업에 효과가 큼	• 관점의 한계 • 내부적인 편견	• 제록스 사의 미국 일본 제조활동 비교 • 사업부별 마케팅, 전략비교
경쟁사 벤치마킹	동일 고객을 상대로 판매하는 경쟁업체를 대상으로 함	• 사업실적과 관련된 정보 획득 • 업무 및 기술비교 가능 • 정보 획득과정의 기술 및 경험 축적	• 데이터 수집의 어려움 • 윤리적인 문제 • 상반된 태도	• 캐논 • 코닥 • 샤프
기능적 벤치마킹	최상(최신) 제품/서비스/프로세스를 갖춘 조직을 대상으로 함	• 혁신적인 업무 발견, 잠재력이 큼 • 기술 및 업무의 이식 용이성 • 전문성 정보교환망 구축 • 관련 데이터베이스 접속 용이 • 고무적인 결과	• 환경차이에 따른 적용상에 어려움 • 적용 불가능한 정보 • 적용 시 장시간 소요	• 창고관리 • 배송관리 (페더럴 익스프레스) • 고객 서비스 (아메리칸 익스프레스)

자료: 황태로 옮김, 『벤치마킹과 기업경쟁력』(서울: 김영사, 1992), p. 64.

지라도 실제로 수행하기는 결코 쉽지는 어렵다. 특히 경쟁이 치열한 업종일수록 상대방 기업의 경영정보 및 자료를 입수하기가 매우 어렵다. 이는 비교 가능한 정보를 얻어 직접 대비가 가능하지만, 자료 수집이 어렵고 산업 외부의 지식을 얻지 못한다는 단점이 있다. 경쟁사 벤치마킹은 논란이 별로 없는 프로세스, 설비관리, 교육훈련, 복지후생, 안전 및 위생관리 등에서 경쟁사와 같이 수행하는 경우가 대부분이다.

마지막으로, 기능적 벤치마킹은 모든 산업 부문에서 경영관리, 고객 서비스, 종업원훈련 및 영업활동 등 여러 활동 분야에서 가장 뛰어난 기업들을 대상으로 하며, 프로세스 벤치마킹이라고도 한다. 그러나 이러한 기법들은 다른 산업, 다른 환경으로 이전시키기가 어렵고 상당히 많은 시간이 소요되는 것이 특징이다.

이상 벤치마킹의 유형을 설명했는데, 벤치마킹이 효과적이기 위해서는 사업의 모든 면에 적용되어야 하고, 또한 모든 벤치마킹은 그 유형을 불문하고 지속적 개선의 장기적인 프로그램이 필요한 상황에 가장 적합하다(안영진, 1999).

제2절 벤치마킹의 대상

무엇을 벤치마킹할 것인가 하는 것은 기업의 경영목표, 경영환경, 경쟁력 등을 종합적으로 고려하여 구체적으로 결정해야 한다. 벤치마킹의 기본목적은 경쟁력 향상이며 경쟁력의 관점에서는 제품과 프로세스의 벤치마킹이 필수적이라 할 수 있다. 제품의 관점에서는 제품설계와 관련된 제품특성과 제품의 비용이 주요 벤치마킹 대상이 될 수 있으며, 프로세스의 관점에서는 업무수행 방식 및 업무수행 절차 등이 주요 벤치마킹 대상이라고 할 수 있다.

1. 제품특성 벤치마킹

벤치마킹의 대상이 제품일 경우는 제품에 대한 비교분석이 경쟁사 제품 위주로 이루어져야 한다. 이 경우 국내외의 경쟁관계에 있는 모든 기업들의 제품이 포함된다고 할 수 있다. 예를 들어 자동차 회사의 경우는 국내외의 경쟁사 자동차들의 기능을 분석하고 각 부품들의 제조비용, 납품비용, 품질수준 등을 조사하여 자사 자동차의 부품설계, 하도급업체 관리 등에 활용할 수 있다.

2. 제품원가 벤치마킹

경쟁사의 제품원가를 벤치마킹하는 것은 제품특성 및 기능을 벤치마킹하는 것에 비해 훨씬 어려운 것이라고 할 수 있다. 왜냐하면 자사 제품의 원가가 항목별로 노출될 경우 기업의 가격전략이 상대방 경쟁사에게 노출될 위험이 있다.

경우에 따라서는 정부에 의해 독점적 행위로 제재를 받거나 불공정행위로 판정을 받아 무역에 있어 심각한 위험을 초래할 수 있어 대부분의 기업들이 자사 제품의 항목별 제조원가를 정확히 밝히지 않고 있기 때문이다.

따라서 경쟁사의 원가항목별 비용을 정확히 파악하기 어려운 경우는 산업별 평균을 계산해 볼 수도 있으며, 컨설팅회사로부터의 도움을 받을 수도 있다. 이러한 제품원가 벤치마킹의 또 다른 문제점은 각 기업들의 원가항목들이 서로 상이하여 이들을 분류하는 기준도 다를 수 있다는 것이다.

이 같은 경우 한 가지 해결책은 보편적인 비용발생 요소항목들을 분류하여 이를 위주로 원가를 비교해 보는 것이다. 공통적인 비용발생 요소항목들은 다음과 같다.

① 재료비(원부자재, 운송비, 관세 등)
② 직접노무비(근로자 임금, 보조비, 지원금 등)
③ 간접노무비(경영자들의 연봉, 지원금 등)
④ 판매경비
⑤ 일반관리비(연구개발 비용 등)
⑥ 자본비용(재고비용, 금융비용 등)

제품원가가 항목별로 분석되지 않을 경우 제품의 시중가격으로부터 제조원가를 역추적하여 자사의 수준과 경쟁사의 수준을 비교해 볼 수 있다. 예를 들어 1990년대 중반 벤츠 등의 고급승용차를 생산하는 독일의 메르세데스사가 도요타 등 일본 자동차 회사들의 고급승용차 시장진입에 의해 심각한 경영위기를 겪고 있었다.

이를 타개하기 위해 메르세데스사의 최고경영진은 자사 제품과 동등한 수준의 일제차의 판매가격을 분석하여 제조원가를 역추산하였으며, 이를 목표로 자사의 원가목표를 설정하였다. 이 목표를 달성하기 위해 하도급업체 활용 등의 아웃소싱, 경영혁신 등을 수행하였으며 일제차와 경쟁하여 가격경쟁력을 가질 수 있는 차를 생산하기 시작하여 경영위기를 해소할 수 있었다.

전통적으로 기술의 독일이란 이미지를 모토로 기술 위주로의 제품가격을 형성하였던 메르세데스사가 가격경쟁력과 같은 마케팅적 요소에 의해 제품가격을 형성하기 시작한 것은 국경 없는 경쟁시장에서의 필연적인 흐름이라고 할 수 있다.

3. 프로세스 벤치마킹

제록스 사 등에 의해 공동개발된 벤치마킹 프로세스 도표(그림 12-1)는 자사에서 수행해야 할 것과 벤치마킹 대상기업에서 획득해야 할 정보를 일목요연하게 보

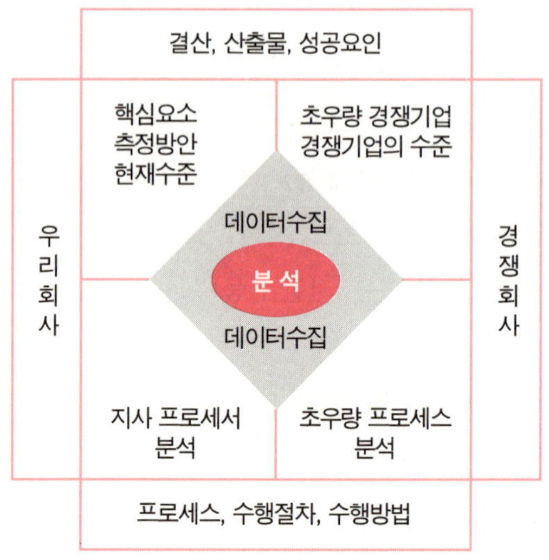

[그림 12-1] 벤치마킹 프로세스 도표(보잉, 디지털, 모토로라, 제록스 공동개발)

여주고 있다. 그림에서 보듯이 벤치마킹의 대상은 기업의 성과와 프로세스 관점에서 파악할 수 있으며, 기업의 성과관점에서는 성과를 어떻게 측정할 것이며, 어느 기업이 이 분야에서의 초우량 기업인가를 파악해야 한다. 또한 프로세스 분야에서는 우리 기업의 프로세스가 어떤 것이 있으며, 세계에서의 초우량 프로세스는 어떠한가를 파악하여야 한다.

 ## 제3절 벤치마킹의 절차

여기서는 데밍(Deming)이 주창한 벤치마킹 프로세스 모델에서 프로세스 관리를 위한 4단계 발전 절차를 활용하여 구성하고자 한다.

[그림 12-2]는 데밍의 4단계 모델 안으로 벤치마킹 프로세스가 어떻게 통합되는지를 보여주는 그림이다. 벤치마킹 4단계 절차는 다음과 같이 요약할 수 있다(김연성 등, 2010).

(1) 1단계 : 계획 단계(벤치마킹 프로젝트 계획 단계)

벤치마킹 프로세스 모델의 계획 단계에서는 다음의 세 가지 사항을 고려해야 한

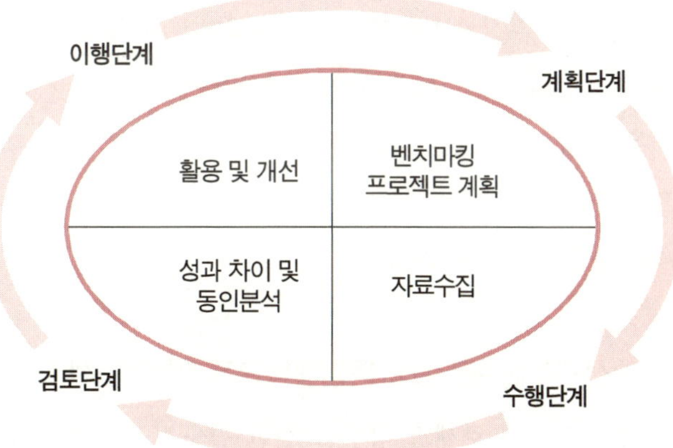

[그림 12-2] 벤치마킹 4단계 절차

다. 첫째, 기업은 반드시 자사의 핵심성공요인, 핵심 프로세스, 핵심역량 등을 파악해야 한다. 둘째, 벤치마킹되어야 할 중요한 프로세스는 반드시 문서화되어야 하고 그 프로세스의 특성이 정확히 기술되어야 한다. 마지막으로, 벤치마킹 파트너 선정을 위해 필요한 요구조건도 반드시 작성되어야 한다.

(2) 2단계 : 자료수집 단계(필요정보 및 데이터 수집 단계)

벤치마킹 프로세스의 자료수집 단계에서는 내부 데이터 수집, 자료 및 문헌조사, 외부 데이터 수집이 포함된다. 내부 데이터 수집단계에서는 자사 프로세스의 절차 및 성과 등을 프로세스 맵(map) 등을 통해 분석한다.

내부적 자료수집이 끝나면 가능한 벤치마킹 대상기업을 선정하고 2차로 자료 및 문헌조사를 실시한다. 이 단계에서는 관련 잡지, 학술지나 언론매체, 컨설팅 기관 등을 통하여 초우량 프로세스에 관한 연구조사를 실시한다.

대상기업이 선정되면 외부 데이터 수집을 수행하여야 한다. 외부 데이터 수집방법은 전화인터뷰, 설문지 작성, 면접, 인터뷰 등이 사용될 수 있다. 궁극적으로는 현장을 방문하여 실무감각을 느끼고 프로세스의 형태, 성과 등을 관찰해 보는 것이 필요하다.

(3) 3단계 : 분석 단계(성과차이 및 동인 분석 단계)

벤치마킹 프로세스 모델의 분석 단계에서는 데이터 분석, 근본원인 분석, 결과예측, 동인판단 등의 업무를 수행해야 한다. 분석단계의 목적은 벤치마킹 수행을 위해 개선 가능한 프로세스 동인들을 확인하기 위한 것이다.

이 단계에서는 경쟁회사의 프로세스 성과차이에 대한 분석을 수행해야 하며, 어떤 프로세스 또는 프로세스 내의 어떤 활동들이 성과차이에 영향을 미치는가를 분석하기 위한 심층연구를 하여야 한다.

(4) 4단계 : 개선 단계(프로세스 동인채택으로 인한 개선 단계)

올바른 목표의 설정은 프로세스 향상을 위한 필수적인 요소이다. 기업은 개선단계에서의 목표를 단기목표(short-term goal), 등가목표(parity goal), 리더십목표

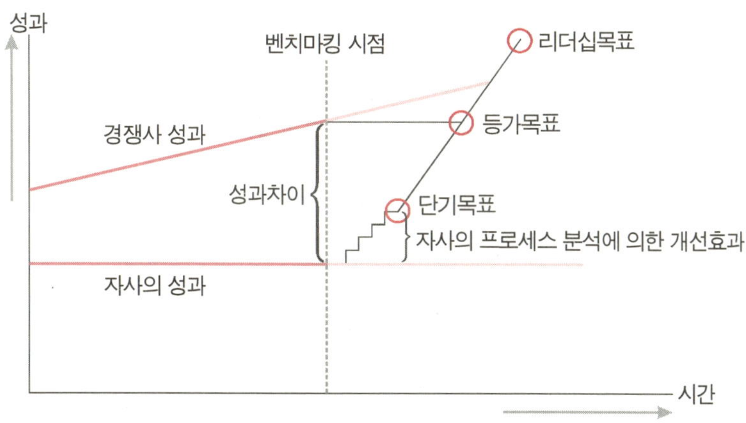

[그림 12-3] 벤치마킹에 의한 성과차이 분석

(leadership goal)의 세 단계로 설정할 수 있다.

단기목표는 벤치마킹 활동을 하지 않을 경우에도 자사업무의 분석으로 얻을 수 있는 개선목표를 말한다. 등가목표는 벤치마킹 파트너의 프로세스 및 동인을 분석하여 적용함으로써 얻을 수 있는 목표를 말하고, 리더십목표는 여러 회사를 벤치마킹한 장점의 효과를 살리고 시너지 효과를 올려서 경영자가 경쟁사의 성과 이상으로 책정한 성과목표를 말한다. 세 종류의 성과목표는 [그림 12-3]에 나타나 있다.

개선 단계의 궁극적인 목표는 자사의 핵심 프로세스를 개선함으로써 벤치마킹 결과를 현실화하자는 것이다. 이 단계에서는 벤치마킹 연구를 통해 얻은 정보를 활용함으로써 향상된 프로세스를 조직에 적응시켜 지속적인 향상을 유도해야 한다.

 제4절 벤치마킹의 성공조건

벤치마킹의 성공열쇠를 설명하기에 앞서 벤치마킹에 대한 그릇된 통념을 열거해 보기로 한다.

① 벤치마킹은 상당히 비싸다.

② 최상의 것만 벤치마킹해야 한다.

③ 우리산업에서는 우리와 비슷한 공정이 없어서 벤치마킹을 할 수 없다.

④ 벤치마킹은 규모가 큰 기업에서나 하는 것이다.

⑤ 벤치마킹은 일회성 행사가 아니다.

⑥ 벤치마킹은 복제나 모방이다.

스펜돌리니(Spendolini, 1992)는 벤치마킹이 성공하기 위한 조건으로 다음과 같은 여섯 가지를 지적하였다.

(1) 변화를 추구하고 행동지향적으로 추진하라

벤치마킹은 수동적인 훈련이 아니며, 변화를 선택하였다는 결정을 하지 않으면서 아이디어만을 낚으려는 사람들을 위해 차려 있는 밥상같은 프로세스가 아니다. 벤치마킹은 행동을 지적하며, 벤치마킹의 정보는 그 프로세스가 최고의 가치를 가지고 있는 계획된 변화 속에 있다.

(2) 새로운 아이디어에 대해 문호를 개방하라

벤치마킹은 새로운 아이디어로부터 무엇인가를 추구하는 것이다. 벤치마킹은 안주해 있던 '상자 밖으로' 조직이 나가도록 자극을 부여하는 것이다. 만약 여러분이 자기 합리화와 정당화 속에서 새로운 아이디어나 대안의 존재를 부정한다면 벤치마킹은 자신의 것이 될 수 없다.

(3) 다른 사람들이나 조직들을 알려고 하기 전에 너 자신을 알라

벤치마킹은 조직의 제품과 프로세스를 철저히 이해함으로써 시작된다. 그런데 자신을 이해하지 않고 다른 조직을 벤치마킹하는 것은 시간만 낭비할 뿐이다. 그래서 자기 자신과 다른 사람을 비교하고 싶다면 먼저 자신의 능력부터 잘 파악하고 있어야 한다.

⑷ 실적 향상에 초점을 맞추어라

실적의 측정에 초점을 두지 말고, 또 수치들에 너무 고정되지 말라. 그리고 생산품에 초점을 두지 말고 프로세스에 초점을 두어라. 상품은 정적인 반면에 프로세스는 동적이다.

⑸ 훈련을 도입하고 운영하라

벤치마킹 프로세스를 고안해 내고, 벤치마킹 팀에게 충분한 편의를 제공하라. 프로세스의 초기단계에서부터 빨리 하겠다는 생각을 버린다.

⑹ 일을 제대로 하기 위해 자원을 제 위치에 배치하라

① 변화와 행동에 동조하지 않는 사람들은 벤치마킹에서 제외한다.
② 일을 수행하기 위해 충분한 시간을 할당했는지를 검토한다.
③ 예산편성이 잘 되었는지를 검토한다.
④ 가장 똑똑하고 유능한 사람들을 프로세스에 포함시킨다.
⑤ 프로세스에 참가한 사람들에게 적절한 보상을 실시한다.
⑥ 조직이 벤치마킹 프로세스의 목적, 방법, 그리고 결과에 대하여 충분한 의사
　 소통을 제공하였는지를 확인한다.

제5절 벤치마킹과 경영자의 역할

벤치마킹 프로세스에서 경영자(CEO)의 역할을 지대하다. 실제로 CEO의 승인과 관련 없이 벤치마킹은 불가능하다. 벤치마킹은 경영자의 직접적 관여하지 않고 일반 대중으로부터 발생할 수 있는 성격의 것이 아니며, 몇 가지 벤치마킹 고려사항에 대한 CEO의 승인이 있어야 한다.

(1) 변화의 실행

벤치마킹은 파트너 기업 각각에게 모두 중요한 과업이다. 변화에 대해 기업이 참가하지 않는다면, 즉 조직이 초일류 표준이 되기 위해 그 프로세스를 근본적으로 개선하려고 노력하지 않는다면 벤치마킹은 바람직하지 않다.

(2) 자금의 조달

오직 CEO만이 벤치마킹 채택을 위한 자금을 지출할 수 있는 권한을 갖고 있다.

(3) 인적자원

자금조달과 유사하게 경영자는 벤치마킹 과업을 위해 활용 가능하고 필요한 인적자원을 보유하여야 한다.

(4) 노출

벤치마킹을 하는 기업과 파트너 양쪽 다 그들의 프로세스와 실무에 대한 정보가 노출된다. 경영자는 그 같은 정보를 경쟁자에게 노출하는 것을 꺼릴 수도 있다. 경쟁자가 아닌 벤치마킹 파트너의 경우일지라도 비경쟁자에게 정보가 누설되지 않도록 확실한 보장이 없다면 경영자는 마음이 내키지 않을 수도 있다.

(5) 참여

경영자는 벤치마킹 프로세스의 모든 면에서 적극적이고 솔선해서 참여해야 한다. 경영자는 어떤 프로세스가 벤치마크가 되는지, 그리고 벤치마킹 파트너 후보는 누구인지를 결정하는 데 참여해야 한다.

사례 26 LG전자 최고경영진, 포스코 혁신사례 벤치마킹 나선다

LG전자 최고경영진들이 26일 포스코 광양제철소를 찾았다. 포스코의 혁신사례를 벤치마킹하기 위해서다. LG전자는 이날 남용 부회장을 비롯해 MC · HA · AC · BS 사업본부장, 생산성연구원장, 각 사업본부 생산담당 등 최고경영진 10명이 포스코 현장 견학에 나섰다고 밝혔다.

이번 광양제철소 방문은 지난 8월 포스코 최고경영진이 LG전자 휴대폰 생산라인과 생산성연구원을 찾은 것에 대한 답방 형식으로 이뤄졌다.

LG전자의 이번 벤치마킹은 포스코 고유의 일하는 방식에 초점을 뒀다.

구체적인 벤치마킹 사례로는 ▲업무 프로세스를 투명하게 개방하는 '비주얼 플래닝(VP)' ▲공장 단위로 24시간 개선활동을 추진하는 '학습 동아리활동' ▲설비의 성능 및 효율을 극대화하는 '퀵 식스시그마(QSS)' ▲세계 최초, 세계 최고의 기술개발 추진사례 등이다.

LG전자 관계자는 "포스코는 전 임직원이 '일-혁신-학습'이라는 일체화를 통해 개인의 보람, 높은 조직성 모두를 실현하고 있다는 평가를 받고 있다"며 "양 사는 혁신활동 성과를 서로 공유하고 벤치마킹하기 위해 최고경영진 상호방문을 지속 전개해 오고 있다"고 말했다.

자료: 아주경제, 2009. 11. 26

사례 27 벤치마킹 실패사례

텔레마케팅을 주로 하는 홈쇼핑 회사의 벤치마킹의 실패사례이다. 이 회사에서 전화는 매우 중요한 고객과의 커뮤니케이션 수단이다. 그런데 경쟁회사의 급속한 매출 신장의 성공비결로 콜센터의 직원들이 전화에 신속하게 응답하는 것을 알아낸 CEO는 벤치마킹을 통해서 콜센터의 직원들에게 고객들로부터의 전화에 신속하게 응답하는 것을 강조하기로 하였다. 그래서 CEO는 전화벨이 네 번 울리기 전까지는 반드시 전화에 응답할 것을 콜센터 직원들에게 요구했고, 이를 콜센터 직원들이 성과평가 항목 중의 하나로 계산해서 그 평가 결과에 따라서 차등적으로 성과급을 지급했다.

성과평가 결과를 보면 콜센터의 직원들의 성과는 매우 좋게 나왔다. 거의 모든 직원들이 항상 벨이 4회 이상 울리기 전에 전화를 받은 것으로 기록 되었다. 그러나 고객들에게 전화 서베이를 통해서 얻은 고객만족도 지표는 콜센터 직원들의 성과평가 지표와는 매우 차이가 나는 것으로 나타났다. 고객들은 콜센터에 거는 전화가 자주 끊어져 전화를 다시 걸어야 하는 경우가 많았다는 불만을 토로 했다. 왜 이러한 결과가 나타났는가 살펴보았더니 콜센터 직원들은 전화벨이 3회 이상 울리면 전화를 받는 대신 단지 수화기를 한 번 들었다가 그대로 놓았다고 한다. 그렇게 함으로써 콜센터 직원들은 전화 통화 기록상에서 4회 이상 전화가 울리지 않았다는 기록을 남길 수 있었다.

이처럼 기업들은 벤치마킹을 위하여 많은 노력을 기울이지만 결국에는 성공하지 못하는 경우가 많다. 그 원인을 살펴보면, 고객을 최우선으로 생각하는 고객만족경영 마인드가 정립되지 않은 상태에서 평가와 보상 시스템만을 바꾸었기 때문이다. 다시 말해서, 베스트 프렉티스 제도에 담겨 있는 기본사상과 맥락을 이해하지 못하고 벤치마킹을 하는 경우에 벤치마킹은 실패를 면할 수가 없다.

자료: 이우용 · 서창적 · 박영석, 『경영학의 원론적 이슈와 경영학의 본질』(서울: 형설출판사, 2003)

 **사례 28** **"웅진코웨이 – 팔지 않고 대여" 연매출 1조 원**

2005년 말 정규직원 1,300명인 웅진코웨이(사장 박용선, 홍준기)의 총매출이 1조 원을 돌파했다.

웅진코웨이는 200여 개 정수기 업체들이 난립해 있는 국내 정수기 시장에서 50% 이상의 점유율로 출발부터 부동의 1위를 지키고 있는 업계 최강자이다. 이 기업은 제품을 팔지 않고 대여하는 회사이다. 그리고 코디라고 부르는 30~40대 여성 기술요원이 두 달에 한 번씩 제품관리, 필터교체 등 관리 서비스 요금으로 받는 월 2만~3만 원이 회사의 매출이 된다.

코웨이는 2006년 말 전국 410여만 명의 회원을 보유하고 있으며 1998년 4월 업계 최초로 도입한 렌털 마케팅으로 최근 7년간 10배를 넘는 고도성장을 이룰 수 있었다. 이러한 원동력에는 코디들을 항공사 여승무원 수준의 철저하고 꾸준한 교육을 통해 고객의 신뢰를 구축한 결과라 할 수 있다.

웅진코웨이의 기술 서비스를 겸한 렌털 시스템은 대학 경영학과 성공사례로 또는 해외기업들의 벤치마킹 대상이 되고 있으며 사무기기 등 다른 업계, 다른 업종들까지 렌털 마케팅의 바람을 일으켰다.

미국산 아쿠아텍 정수기를 수입해 팔던 시절에 지은 회사명 코웨이(coway)는 '함께'(co-), '길'(way)를 합쳐 만든 조어이다. "고객과 함께 가야 한다"는 윤회장의 경영철학을 담은 것이라고 한다. 코웨이는 서울과 공주 두 곳 연구소의 240명의 연구인력으로 국내 최고의 제품들을 만들어내고 있다. 또한 고객과의 꾸준한 접촉, 신뢰구축이 코디들에 의해 실현되었다. 공기청정기, 비데 등 다른 제품도 코디들의 소개로 20～25%의 매출을 올렸다.

웅진코웨이의 1조 원의 성공신화는 고객들과의 인간적 관계 구축과 빈틈없는 관리로 국내 인구 10%에 이르는 렌털 고객을 확보하여 이루어낸 결과라 할 수 있다.

자료: 국민일보, 2007. 1. 30

 **사례 29** ## 동양제과

오리온그룹의 과거는 그룹의 모태인 동양제과의 과거이다. 제과가 설립되던 당시의 국내 제과업계는 구식 설비와 시장의 영세성 등으로 가내수공업 형태를 벗어나지 못하고 있었다. 게다가 1950년 발발한 한국전쟁은 이마저도 파괴시켜 그야말로 제과업계를 초토화시키기에 이르렀다. 그러나 먹는 것이 귀하던 시절이라 제과산업은 요즘의 정보통신 산업처럼 이른바 '황금알을 낳는 산업'으로 여겨지며 수많은 업체들이 제과사업에 뛰어드는 계기를 만들게 되었다. 이 시기 동양그룹의 창업자이자 선대회장인 고 이양구 회장은 설탕 및 유통산업 등에서의 성공과 제과산업에 대한 그 동안의 노하우를 발판으로 1956년 동양제과를 설립, 한국제과업계에 새로운 바람을 불어넣었으며, 이후 동양제과는 반세기에 가까운 기간을 한결같이 '정직과 신용'을 기업이념으로, '정이 있는 회사' '깨끗한 회사'를 추구하며 소비자의 사랑을 받아오고 있다.

회사설립과 함께 동양제과는 현대식 제조시설을 확충하여 1957년 국내 최초로 캔디제조시설을 도입했다. 신기술의 도입으로 그간 국내 제일을 자랑해오던 캐러멜, 웨하스, 건빵 등과 함께 오리온드롭스를 출시하며, 국내 캔디 제조기술의 새로운 장을 열게 된다. 이 시기 동양제과의 시장점유율은 약 60% 정도로 국내 제과산업을 이끌어 가고 있었다.

1960년대 동양제과는 제조기술에 대한 과학적인 연구와 생산능력 확대, 판매조직에 대한 새로운 조직체계를 구축하게 된다. 빠다볼, 소프트캔디, 마미비스킷 등이 이 시기에 출시되었으며, 소비자의 사랑을 한 몸에 받았던 'No.1' 초콜릿과 '님에게' 초콜릿 등 판 초콜릿을 우리의 기술로 만들게 된 것도 이 시기이다.

1970년대 동양제과는 껌 제품을 본격적으로 생산하는 것은 물론, 중동지역에 껌을 수출하며 제과산업에도 수출시대를 열었다. 또한 이 시기 동양제과는 제과업계의 새로운 역사를 쓴 '오리온 초코파이'를 세계 최초로 우리의 기술로 개발하게 된다. 이후 최근까지 오리온 초코파이는 수십 년간 2,000여 종에 달하는 제과제품 중 단일품목으로 최대의 판매를 올리며 매년 그 기록을 갱신하기도 했으며, 현재 러시아, 중국, 베트남을 비롯해 세계 50여 개국에 수출되는 글로벌 제품으로 세계인의 입맛을 사로잡고 있다.

1980년대 동양제과는 시설현대화와 신기술 도입을 강화하게 되고 이를 위해 전북 익산에 두 개의 공장을 건설하는 것은 물론, 업계 처음으로 마케팅부를 신설하며 제과업계에 마케팅 개념을 도입하게 된다. 그 결과 이 시기 동양제과는 많은 히트제품을 쏟아내며 비약적인 성장을 하게 되었다. 1987년에는 미국 펩시사와 합작으로 스낵제조전문회사인 오리온프리토레이(OFL)를 설립해 과자제조의 전문화를 시작했으며, 오리온초코파이 '情광고 캠페인', '책걸상 교체캠페인'을 통해서는 따뜻한 마음을 전하는 情전령사로서 국민들의 사랑을 한 몸에 받았다.

이와 함께 업계 최초로 진열프로그램인 OMP(Orion Merchandising Program)를 실시하며 점포유통의 혁명을 가져왔으며, 아직까지 소비자의 끝없는 사랑을 받고 있는 후라보노, 센스민트, 치토스, 포카칩 등 히트제품을 연이어 출시하며 히트제품 제조기라는 별칭까지 얻게 되었다. 1989년 동양제과는 현재 오리온그룹의 회장인 담철곤 대표이사를 중심으로 '스마트한 회사'로 분위기를 일신하며 제2기 발전을 도모하게 된다.

이에 따라 '식품업계 최고의 회사'를 비전으로 설정하고 격변하는 경영환경에 능동적으로 대처하기 위한 품질위주의 고품질경영을 추구하는 경영혁신을 지속적으로 실천하기 시작하였다. 이를 위해 업무재설계 프로그램인 BPR(Business Process Reengineering)를 도입, 그 동안의 프로세스를 전면적으로 바꾸어 업무를 효율적으로 할 수 있는 체제를 구축하며, 본부제로의 조직개편, 신인사제도 및 ABB회계관리시스템을 도입했으며, 업계 최초로 영업의 과학화를 위한 HHC(Hand Held Computer)를 도입해 생산 및 판매의 예측을 가능하게 함으로써 업무의 합리성과 효율성을 대폭적으로 개선하였다.

이러한 혁신적인 경영을 바탕으로 1992년 국내 최초로 개발한 젤리성 캔디인 '마이구미'는 출시하자마자 월 20억 원이 넘는 공전의 대히트를 기록하여, 그 해 전체 산업계를 망라하는 히트제품으로 선정되기도 했으며 경쟁사로 하여금 유사제품 출시 붐을 일게 하였다.

코어브랜드(Core-Brand) 전략을 통해 제품을 과감히 정리하며, 150여 종의 제품을 절반수준인 80여 종으로 줄여 영업의 효율성을 한층 더 높인 것도 이 시기이다. 동양제과의 코어브랜드 전략은 1997년 한국의 경제위기시 그 진가를 유감없이 발휘하며 타사의 벤치마킹 사례가 되기도 하였다.

자료: http://www.orionworld.co.kr/

제13장

품질교육 및 훈련

> 품질은 사람을 만든다. 도배하는 사람이 도배의 품질을 결정하고, 배달하는 사람
> 이 배달 서비스의 품질을 결정한다.
> 설령 자동화를 한다고 하더라도 그 자동화의 질은 사람에 의해 결정된다. 다라서
> 좋은 품질을 만들려면 우선 좋은 사람을 만들어야 한다.
>
> – 청개구리 기업문화

품질경영에 있어서 품질에 대한 교육 및 훈련은 필수적인 코스라고 할 수 있다.
TQM이 성공적으로 추진되려면 품질담당자의 뛰어난 리더십과 적절한 권한위임
(임파워먼트)이 뒤따라야 한다.

이하에서 리더십, 임파워먼트 및 품질교육에 대해 각각 설명하기로 한다.

 # 제1절 리더십(leadership)

1. 리더십의 정의와 중요성

우리는 일상생활에서 리더십(leadership)이란 용어를 많이 사용하고 있으며, 이러한 리더십은 구성원들에게 미치는 영향력이라고 이해되어 일상적으로 사용되고 있다. 그러나 리더십에 대한 정의는 매우 다양해서 리더십을 연구하는 사람마다 각자의 독특한 정의를 가지고 있다.

쿤츠(Koontz)는 리더십이란 공통의 목표달성에 이르도록 사람들에게 영향력을 주는 것이라고 정의하였으며, 테리(Terry)는 리더십이란 모든 사람들이 집단목표를 위해 자진해서 노력하도록 사람들에게 영향력을 주는 활동이라고 말하고 있다. 또한, 베니스(Bennis)는 리더십이란 조직으로 하여금 자기의 비전을 갖게 하고 자기의 능력을 모두 쏟아 그 비전을 실현하게 하는 것이라고 정의를 하고, 결국 구성원들로 하여금 맡은 일을 열성적으로 실현하도록 이끄는 기술이라고 하였다.

지금까지 학자들의 리더십에 대한 여러 정의를 요약하면, 리더십이란 집단의 목표달성을 촉진하도록 구성원의 행동에 영향을 주는 리더의 행동이라고 할 수 있다. 리더십은 실질적인 결과를 초래하는 무형의 자산이다(김기영, 1999). 모토로라 사의 전 사장 갤빈(Bob Galvin)은 "품질이 보장되면 재무적인 성과는 자연히 뒤따른다"고 주장하면서 모든 중역회의의 첫 번째 의제로 '품질'을 정례화 할 것을 지시했고, 그의 이 같은 품질리더십 덕분에 모토로라 사는 MB상을 수상하였다(Dean et al., 1994).

일본 품질관리(QC)의 아버지로 불리는 데밍(W. E. Deming) 박사는 품질개선의 철학을 14가지의 실행항목으로 정리하였는데, 제일 마지막인 14번째 실행항목에서 앞의 13가지 실행항목에 나타난 변화를 달성할 수 있도록 리더가 리더십을 발휘하여 변혁을 위한 조치를 취할 것을 강조하고 있고, MB상도 리더십을 성공적인 품질시스템의 기본요소로 간주하여 평가의 첫 번째 범주로 넣고 있다.

품질에 대해 설명하는 많은 학자들은 "리더십이 없으면 종합적 품질경영(TQM)

의 아무 것도 얻을 수 없으며, 리더십을 관리하지 않으면 품질과 생산성은 얻을 수 없다"고 말하고 있으며, 괴체 등(Goetsch et al., 1996)은 훌륭한 리더십을 발휘한 조직은 ① 높은 수준의 생산성, ② 긍정적이고 성취감이 풍만한 태도, ③ 조직의 목표달성을 위해 헌신, ④ 자원의 효과적·효율적인 사용, ⑤ 높은 수준의 품질, ⑥ 업무에 대해 상호협동하는 팀워크 등의 특성을 나타낸다고 말한 바 있다.

경영자의 임무는 감독이 아니라 리더십을 실행하는 것이다. 리더십은 품질향상이 필수적인 요소이며, 리더십은 새로운 기회를 창출하기 위해 자원의 역량을 집중시키는 활동이다. 그래서 리더는 어떤 일을 성취하기 위해 가지고 있는 모든 자원을 총동원해야 한다.

리더는 조직의 분위기를 변화시키는 강력한 촉매제이며, 품질문화를 창출하기 위해 CEO의 강력한 리더십이 절대적으로 필요하다. TQM에서의 리더십을 주란(Juran, 1993) 박사는 품질경쟁력을 강화하기 위해 CEO가 수행할 역할이라고 하였다. 기업 내 품질위원회 조직, 품질목표 설정 및 기업목표에 반영, 조직 구성원들에게 품질교육/훈련, 품질목표의 달성에 대한 측정방법 개발, 정기적인 목표와 결과의 비교, 그리고 우수한 품질 달성자의 인식, 시상제도를 급변하는 환경에 맞도록 개발하는 것 등이다.

2. 품질경영에서의 리더의 역할

품질경영에 대한 경영자의 역할은 다음과 같다.

① 높은 품질가치를 조직이 창출할 수 있도록 리더십을 발휘한다.
② 회사 전체가 지켜야 할 품질방침과 목표를 경영방침과 목표를 토대로 결정한다.
③ 경영목표와 품질목표 간의 조화, 생산목표 간의 조화, 각 부문 간의 조화를 도모한다.
④ 전사적이면서 효율적으로 전개될 수 있는 품질경영시스템을 확립한다.
⑤ 품질개선 및 품질경영 활동에 필요한 자원과 인력을 지원한다.
⑥ 품질경영의 효과적인 전개를 위해서 필요한 교육/훈련방침을 정한다.

⑦ 구성원들의 품질혁신 및 개선에 대한 동기부여를 한다.

⑧ 품질관리와 품질보증 활동이 방침대로 행하여지고 있는가를 감독ㆍ평가한다.

⑨ 구성원들이 이룬 품질성과에 대해 인정과 보상을 한다.

전사적인 품질경영을 추진하는 데 있어 기본이 되는 것은 경영자가 솔선해서 품질경영 추진에 앞장서는 것이다. 그렇게 하기 위해서는 경영자 자신이 품질경영의 필요성을 인식하는 것이 무엇보다 중요하고, 이에는 벤치마킹에 의한 경쟁업체와의 품질비교나 품질 불량에 의한 손실을 금액으로 제시하여 경영자와 구성원들을 자극시키는 것도 좋은 방법인데, 이 경우 품질 코스트(quality cost)의 개념이 활용될 수 있다.

품질의 혁신 및 개선은 경영자 혼자만이 할 수 있는 것이 아니므로, 구성원 모두가 품질개선을 위해 노력하도록 이끌기 위해서는 경영자의 품질리더십(quality leadership)이 필요하다.

리더는 조직의 미래를 관리하는 공상가라고 볼 수 있으며, 기업의 구성원, 공급자, 고객들에게 불확실한 변화에 대한 비전을 제시하여 구성원들과 공유한다. 즉, 리더가 제시하는 비전은 환경변화가 불투명한 시기에 등대와 같은 역할을 한다.

3. 품질리더의 특성

슈미트 등(Schmidt et al., 1992)은 성공적인 리더가 보여주는 12가지 특성을 다음과 같이 설명하고 있다.

① 그들은 외부고객과 내부고객, 그리고 그들의 욕구에 최우선적인 관심을 가진다. 리더는 그들 스스로를 고객의 발아래 위치한다고 여기며, 이런 관점에서 고객의 욕구에 대한 서비스를 높인다. 그들은 끊임없이 고객의 변화하는 욕구를 평가하고 있다.

② 그들은 부하직원을 통제하기보다는 권한을 부여한다. 리더는 부하직원들의 업적을 신뢰한다. 그들은 부하직원들이 직무를 수행할 수 있도록 자원을 제

공하고 교육시키며 업무환경을 제고해 준다.

③ 그들은 현상유지보다는 개선을 강조한다. 아무리 작더라도 개선의 여지는 항상 있다. 때때로 실패도 발생하지만 지속적인 공정개선의 궤도라는 관점에서 보면 하찮은 것이다.

④ 그들은 예방을 강조한다. "1온스의 예방은 1파운드의 치료만큼 가치가 있다"라는 속담은 확실한 진리이다. 완벽함은 창조성의 적이 되는 것도 진리다. 문제를 미연에 방지하는 것과 더 나은 공정을 개발하는 것 사이의 균형을 이루어야 한다.

⑤ 그들은 경쟁보다는 협동을 조장한다. 기능영역별, 부서별 또는 작업들이 경쟁관계에 있게 되면 교묘하게 상호 간에 해가 되는 방향으로 작업하게 되며 정보를 독점하게 된다. 그러므로 부서 내에서나 부서 간의 협동이 이루어져야 한다.

⑥ 그들은 감독하고 명령하기보다는 교육시키고 훈련시킨다. 리더들은 인적자원의 개발이 필수요소임을 잘 알고 있다. 그들은 코치가 되어 부하직원들이 더 나은 직무를 할 수 있도록 가르친다.

⑦ 그들은 문제점을 통해 배운다. 문제가 발생했을 경우 그 문제를 최소화하거나 덮어두기보다는 오히려 기회로 여긴다. "무엇이 그 문제를 야기했는가?"와 "앞으로 어떻게 예방할 수 있는가?"가 리더가 가져야 하는 물음이다.

⑧ 그들은 끊임없이 의사소통을 향상시키려고 노력한다. 리더는 항상 TQM노력에 관한 정보를 전파시킨다. 그들은 TQM이 단순한 슬로건이 아님을 명확히 보여준다. 커뮤니케이션은 양방향이다. 리더가 새로운 아이디어를 장려하고 또 그 아이디어를 실행에 옮기면 사람들이 좋은 아이디어들을 다투어 낼 것이다.

⑨ 그들은 끊임없이 품질에 대해 몰입한다. 리더는 말보다는 행동으로 그들의 참여수준을 보여주는 것이다. 그들은 품질기술서를 그들의 의사결정 지침으로 삼아야 한다.

⑩ 그들은 공급업자를 가격기준이 아니라 품질기준으로 선택한다. 공급업자들도 프로젝트팀에 참여하도록 권유를 받고 또 실제 포함된다. 리더는 품질은

원자재로부터 시작되고, 진정한 척도는 라이프 사이클 원가임을 알고 있어야
한다.

⑪ 그들은 조직체계를 품질노력을 뒷받침할 수 있도록 정비한다. 최고경영층
수준에서 품질위원회가 만들어지고, 일선감독자, 작업집단과 프로젝트팀은
공정을 개선할 수 있도록 조직된다.

⑫ 그들은 팀 노력을 조장하고 인식한다. 그들은 격려하고, 인식시키고, 개인과
팀에 대해 보상한다. 리더는 사람들이 자신들의 공헌이 중요하다는 사실을
알고 싶어 한다는 점을 알아야 한다. 이러한 행동은 리더의 가장 강력한 도구
중의 하나이다.

4. 계층별 기능

(1) 최고경영층

최고경영층이 수행하여야 할 기능은 다음과 같이 제시할 수 있다.

① 장기적 안목을 바탕으로 명백한 목표의 설정과 조직관리상의 이데올로기 확립
② 유능한 인재의 발굴, 육성과 변화대응 능력의 유지
③ 위기관리적 의사결정 능력
④ 외부환경과의 관계 형성, 조정

CEO는 내·외부 환경에 영향을 미침은 물론, 전략형성과 같은 직접적 방법과
상징조작과 같은 간접적 방법을 통해 조직성과에 중대한 영향을 미친다.

(2) 중간경영층

중간경영층은 일반적으로 직무에 대한 전문적인 기술 및 지식과 함께 부하들과
의 관계개선 능력, 구성원으로부터의 안정적 분위기의 유지능력 등이 요구된다. 전
문적 지식과 기술을 바탕으로 최고경영층에게 각종 정보와 자료를 제공하여 그들
의 정책형성에 기여하는 것이 가장 우선되는 역할이라 할 수 있다.

(3) 하위경영층

하위경영층에서는 다음과 같은 일들이 요구된다.

① 하위경영층은 조직 구성원들의 의견이나 요구가 조직목표에 반영될 수 있도록 모든 노력을 기울이는 일
② 구성원들로 하여금 설정된 집단목표 달성에 기여하도록 그들을 지도·지원·통제하는 일, 구성원들을 상호 협조시키는 일
③ 구성원들을 집단에 적응시키고 나아가 자신보다 조직을 우선하게 만드는 일
④ 구성원들과 인간적인 정을 나누는 일

5. 리더십의 유형

리더십의 유형은 지도자와 구성원 간의 상호작용 방법에 따라 달라지며, 사람에 따라 많은 다양한 유형들로 나뉘지만 대개는 [그림 13-1]과 같은 다섯 가지 유형의

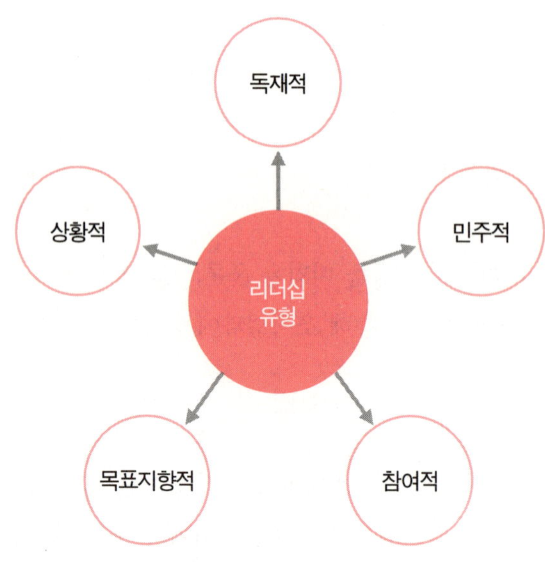

[그림 13-1] 리더십의 유형
자료: 괴체 등(Goetsch et al., 1996), p. 222.

범주에 속한다.

(1) 독재적 리더십

독재적 리더십을 가진 리더는 그에 의해 영향을 받거나 실제 작업을 수행하는 구성원들과 의논과정을 거치지 않고 독자적인 의사결정을 행하는 사람이다. 그는 다른 사람들에게 어떤 일을 행할 것을 지시하고 그대로 복종하기를 기대한다.

이러한 유형의 리더에 대해 비판하는 사람은 이러한 유형이 단기적이거나 고립된 상황에서는 좋은 성과를 거둘 수 있지만, 장기적인 관점에서 보면 효과적이지 못하다고 비판한다. 독재적 리더십은 종합적 품질경영(TQM)이라는 배경에는 부적절하다.

(2) 민주적 리더십

민주적 리더십을 가진 리더는 의사결정 과정에 구성원들을 참여시킨다. 물론 최종적인 의사결정은 리더가 하지만, 팀 구성원들의 의견과 추천을 수렴한 이후라야만 의사결정을 하게 된다.

이러한 유형에 대한 비판은 가장 대중적인 의사결정이 항상 최선의 의사결정이지는 않다는 점이다. 민주적 리더십은 그 본질상 올바른 의사결정보다는 대중적인 의사결정의 결과를 초래하게 된다. 이러한 유형은 결국 바람직한 결과보다는 타협에 의한 결과를 낳게 된다.

(3) 참여적 리더십

참여적 리더십의 리더는 의사결정 과정을 거의 통제하지 않는다. 그는 어떤 문제에 대해 정보를 제공하고 팀의 구성원들이 전략을 개발하고 해결책을 제시하도록 한다. 리더의 직무는 팀 전체가 의견일치 쪽으로 움직이도록 하는 것이다.

이러한 유형에 내재되어 있는 가정 내지 전제는 구성원들이 구체화시킨 해결책, 목표 및 전략에 대해 용이하게 책임감을 가지게 될 것이라는 점이다. 이러한 접근법의 비판은 의견일치의 과정이 시간 소모적이고, 또 참여한 모든 구성원들의 조직에 대한 지대한 관심을 가질 때만 제대로 작용할 수 있다는 점이다.

(4) 목표지향적 리더십

목표지향적 리더십은 결과(results)에 기초한 리더십이라고도 한다. 이러한 접근법의 리더는 팀 구성원들에게 당장의 목표에만 초점을 맞추도록 요구한다. 조직목표를 달성하는 데 있어서 명확하고 측정 가능한 전략만 논의된다.

그러므로 조직의 특정목표와 관련이 없는 인간성이나 다른 요소들의 영향력은 최소화되는 것이다. 이 접근법의 단점은 팀 구성원들이 특정목표에만 집착하게 되므로 그들이 좁은 초점 이외의 기회나 가능성을 간과하게 되기 쉽다는 점이다.

(5) 상황적 리더십

상황적 리더십은 유동적 또는 컨틴전시 리더십(contingency leadership)이라고도 한다. 이러한 유형의 리더는 주어진 시간에 존재하는 상황에 근거하여 적절하다고 여겨지는 리더십 유형을 선택하게 된다.

이러한 상황을 확인하는 데 있어서 리더는 다음과 같은 요인들, 즉 ① 경영자와 팀 구성원들 간의 관계, ② 의사결정이 특정의 지침과 얼마나 일치해야 하는가의 정도 및 ③ 리더가 실제적으로 가지는 권한의 양 등을 고려하게 된다.

상황이 달라지면, 꼭 같은 리더라도 독재적·민주적·참여적 또는 목표지향적인 리더 중 어떤 유형의 리더도 될 수가 있는 것이다. 종합적 품질경영을 주장하는 사람들은 이러한 상황적 리더십에 거부감을 보이고 있는데, 그 이유는 이러한 접근법이 장기적인 문제의 해결보다는 단기적인 이해에 근거하고 있기 때문이다.

(6) 변혁적 리더십

리더십 유형은 위의 다섯 가지 외에도 '80년대 들어서 새로운 유형의 리더십으로 거론되고 있는 변혁적 리더십이 있다. 리더는 그 이상의 역할을 할 수 있어야 한다는 주장이 제기되고 있다. 지금과 같이 변화가 심한 기업의 경영환경 하에서는 조직이나 집단의 끊임없는 변화 노력이 필요하며, 이런 노력이 성공을 거두기 위해서는 리더가 부하 구성원들의 의식과 행동을 완전히 탈바꿈시킬 수 있는 능력을 갖추어야 한다는 것이다. 이와 같은 주장을 변혁적 리더십 이론(transformational leadership theory)이라고 하는데, 구성원들이 자신의 이해보다는 조직목표 달성을 위해 행동하도록 커다란 변혁을 이끌어 낼 수 있는 능력을 강조하고 있다(최성용, 2007).

변혁적 리더십은 새로운 비전을 제시하고 구성원들이 그 비전을 향한 혼신의 노력을 쏟도록 커다란 변화를 창조해 내는 영향력을 말하며, 흔히 카리스마적 리더십(charismatic leadership)이라고 부르기도 한다.

변혁적 리더는 구성원들과의 관계에서 다음과 같은 네 가지의 자질을 갖추어야 한다.

첫째, 비전을 통한 단결능력이다. 구성원들에게 미래의 비전을 제시하며 주도권을 쥐고 부하들을 자극하는 능력이 있어야 한다. 미래의 분명한 목표인 비전을 제시함으로써 현재와 미래를 연결해주는 구성원의 사기와 가치관을 자극시켜 조직 내에 꿈과 용기를 불어넣는다.

둘째, 높은 성과목표를 설정한다. 변혁적 리더는 목표가 갖는 동기유발 능력을 충분히 인식하고 있다. 따라서 전체 구성원들과의 성과에 대해 높은 수준의 목표를 제시하고, 그것을 기필코 달성하겠다는 구성원들의 의욕을 끊임없이 고무시킬 수 있는 능력을 갖고 있어야 한다.

셋째, 구성원들의 능력에 대한 강한 믿음을 보여야 한다. 목표는 그것을 이룰 수 있다는 강한 믿음이 있을 때 비로소 달성될 수 있다. 변혁적 리더는 구성원들의 능력에 대해 높은 신뢰를 표시함으로써 구성원들 스스로가 해낼 수 있다는 강한 믿음을 갖게 한다.

넷째, 솔선수범해야 한다. 변혁적 리더는 스스로가 좋은 본보기 역할을 한다. 비전을 실현하는 데 필요한 행동을 남보다 앞서 실천한다. 그리고 비전에서 제시된 가치와 강한 신념을 몸소 보여 줌으로써 구성원들이 조직의 가치를 적극적으로 수용하고 건전한 신념을 가질 수 있도록 본보기 역할을 하여야 한다.

6. TQM에 적합한 리더십 유형

종합적 품질경영(TQM)에 적합한 리더십 유형은 앞부분에서 언급한 참여적 리더십보다는 높은 차원의 참여적 리더십이다. 이러한 리더십과 전통적인 참여적 리

더십의 공통점은 구성원들로부터 모든 투입물(의견, 정보, 전략, 기술 등)을 얻어
낸다는 점이지만 종합적 품질경영에서의 구성원들은 열정적으로 투입물을 내놓고,
거기에 따라 실행하며 그들의 투입에 대한 결과, 즉 개선에 대해서는 보상을 받게
된다. 물론 이러한 보상은 종합적 품질경영체제에서는 지극히 정상적인 과정이다.

 ## 제2절 임파워먼트

1. 임파워먼트의 개념

임파워먼트(empowerment)는 '파워(power)를 부여하는 것'이라고 할 수 있다.
파워는 또 '권한'과 '능력'이라는 의미가 포함되어 있다. 영영사전에서 보면, 'empower'
의 의미를 '권한(권력)을 부여하다', '능력(기능)을 부여하다' 등으로 표현하고 있다.
따라서 임파워먼트란 실무자들의 업무수행 능력을 제고시키고, 관리자들이 지
니고 있는 권한을 실무자에게 이양하여 그들의 책임범위를 확대함으로써 종업원들
이 보유하고 있는 잠재 능력 및 창의력을 최대한 발휘하도록 하는 방법이라고 말할
수 있다. 경쟁환경이 급변하는 현 상황에서는 변화를 신속하게 인지하고, 여기에
적절하게 대응하는 구성원의 능력이 기업성공의 가장 중요한 핵심역량으로 부각되
고 있다. 따라서 임파워먼트에 대한 관심도가 점차 높아져가고 있는 것이다.
종업원들의 의사결정과정에 참여할 뿐만 아니라 그 결과에 대해 책임을 지기도
하기 때문에 이는 또한 조직의 급격한 변화를 수반한다([그림 13-2] 참조).

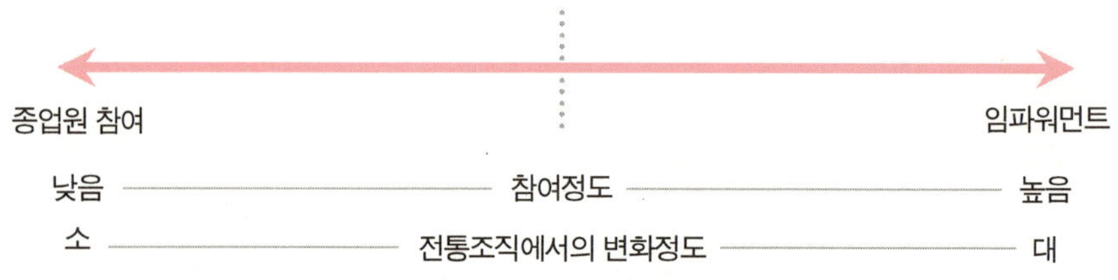

[그림 13-2] 임파워먼트와 종업원 참여

자료: 딘 등(Dean et al., 1994), p. 198.

2. 임파워먼트 실행의 효과

기업에서 임파워먼트를 실행할 경우 다음과 같은 효과를 기대할 수 있다.

① 구성원의 보유능력을 최대한 발휘하게 하고 그들의 직무몰입을 극대화할 수
   있다.
② 업무 수행상의 문제점과 그 해결방안을 가장 잘 알고 있는 실무자들이 고객
   들에게 적절한 대응을 하게 됨으로써 품질과 서비스 수준을 제고할 수 있게
   된다.
③ 고객접점에서의 시장대응이 보다 신속하고 탄력적으로 이루어진다.
④ 지시 · 점검 · 감독 · 감시 · 연락 · 조정 등에 필요한 노력과 비용이 줄어들기
   때문에 코스트가 절감된다.

3. 임파워먼트의 장애요인

임파워먼트의 취지와 효과가 아무리 바람직하다고 할지라도 이를 실행에 옮기
지 못하면 아무런 의미가 없다. 실제로 임파워먼트를 추진하고 있는 많은 기업들이
겪고 있는 주된 이유를 구체적으로 살펴보자(김기영 등, 1999).

(1) 종업원 및 노조의 저항

새로운 제도나 개념이 도입되면 경영자들이 처음에만 열성을 보이다가 시간이
흐를수록 시들해져 버리는 경우를 종업원들은 종종 경험해왔기 때문에 임파워먼트
도 시간이 흐를수록 제대로 지켜지지 않을 것이라는 회의를 갖고 있다. 여기에 타
성의 문제까지 겹쳐지면 변화에 대한 저항은 불가피한 현상이다. 아무리 긍정적인
변화라고 할지라도 종업원들은 그것이 새롭고 친숙하지 못한 탓에 불편하게 느끼
는 것이다.

노동조합도 임파워먼트의 실행에 저항을 보이고 있다. 전통적으로 노동조합과
경영자는 대립적인 관계를 형성하고 있기 때문에 노동조합은 임파워먼트를 실행하

려는 경영자의 의도를 좋게 보지 않는다. 또한, 그들은 그런 아이디어가 그들 자신들에 의해 제안되지 않았음을 불만으로 생각한다. 사실 노동조합의 가장 큰 관심사는 임파워먼트가 그들의 장래에 불리한 영향을 미치게 될지도 모른다는 불안감을 가진다는 점이다. 노조 지도자가 임파워먼트를 그들 조직의 필요성을 감퇴시키는 장애물이라고 판단하면 그들은 거센 저항을 보일 것이다.

(2) 경영자의 저항

비록 종업원들과 노조가 임파워먼트를 찬성하더라도, 경영자가 충분한 이해와 적극적인 참여를 보이지 않는다면 성공하기 어렵다. 대부분의 기업들이 임파워먼트를 시행하고자 할 때 처음부터 조직구조나 경영스타일에 있어서 필요한 혁신적인 변화를 실천하지 않는 무성한 태도를 보이기 쉽다. 임파워먼트는 경영자가 참여하는 것이 전제조건이다. 종업원들은 무엇이 중한 것인지, 기업이 무엇을 하고자 하는지, 그들이 어떻게 행동해야 하는지, 또한 직무에 관한 모든 측면에 이르기까지 경영자의 태도를 보고 단서를 얻는다.

그래지어(Grazier, 1989)는 임파워먼트에 대한 경영자의 저항에 내재되어 있는 이유를 다섯 가지로 제시하고 있는데 ① 불안감, ② 개인적 가치, ③ 에고(ego), ④ 관리자 훈련, ⑤ 인격적 특성, ⑥ 관리자의 배제, ⑦ 조직구조 및 경영방침 등이 그것이다.

❶ 불안감

관리자들은 정보에의 접근뿐만 아니라 매일 매일의 정보의 흐름까지 통제함으로써 종업원들 위에 존재한다는 생각을 갖기도 한다. 작업장을 종업원과 관리자 간의 대항의 장으로 여기는 관리자들은 종업원들의 독창성을 오히려 관리자의 힘을 약화시키는 것으로 여겨 불안해하는 경향이 없지 않다.

관리자들이 불안감을 느끼게 되는 또 다른 원천은 책임감이다. 작업장 개선을 위해 종업원들의 마음을 합치는 것은 문제점 및 장애요인들을 깨닫는 가장 확실한 방법이 되지만, 어떤 관리자들은 그러한 과정에서 자신의 책임이 드러날 것을 우려한다. 그러기에 이들은 자연적으로 그러한 두려움의 원천에 대해 저항을 보이는 것이다. 그래지어(Grazier, 1989)는 임파워먼트에 대해 불안감을 느끼는 관리자들의 전형적인 반응을 '교묘한 사보타주(sabotage)'라고 표현하고 있다.

❷ 개인적 가치

오늘날 대부분의 관리자들은 종업원들과 함께 작업을 시행함에 있어서 독단적인 사고방식을 갖고 있다. 즉 관리자들은 종업원들이 명령받은 것만을 명령받은 때에 지시된 방법대로 해야 한다고 생각하고 있음을 뜻한다. 이 같은 가치체계는 임파워먼트의 장애요소가 되며, 이렇게 느끼는 관리자들은 임파워먼트를 오히려 부당한 것으로 생각해 저항을 보이기도 한다. 그들은 모두 "이 곳에서 보스는 한 사람이며, 그 보스가 바로 나"라고 생각하는 경향이 있다.

❸ 에고

관리자들은 자신의 지위에 자만하고 그 지위에 수반하는 특권을 누리고자 한다. 지위는 인간의 에고(ego)를 작동시키고, 에고 중심적인 관리자들은 자기가 최고라는 태도를 형성하게 될 수도 있다. 이러한 관리자들은 그들이 에고를 통제하지 못해 그들이 침범해서는 안 되는 영역까지 침범함으로써 효과적인 참여를 이끌어내지 못하게 된다.

❹ 관리자 훈련

오늘날 대부분의 관리자들은 '과학적 관리법'(Scientific Management)의 아버지인 테일러(F. W. Taylor) 식의 교육훈련을 받았다. 테일러의 추종자들은 대학교수이건 전문적인 관리자 훈련가이건 공정이나 기술의 개선에 과학적 원리를 적용하는 것에 초점을 맞추는 경향이 있다. 이리하여 인간지향적인 개선에는 별로 관심을 두지 않고 있는 것이다.

물론 작업장에서의 개선에 과학적 관리법을 적용하는 것은 종합적 품질경영 시대의 도래와 함께 새로운 각광을 받고 있는 것은 사실이며, 과학적 방법의 적용 시에 종업원들을 참여시켜야 하는 것이다. 여전히 관리자들은 '생각하는 사람', 종업원들은 실제 '행하는 사람'으로 여기는 철학을 바탕으로 교육을 받아 졸업하는 사람들은 임파워먼트에 저항감을 느끼기 쉬운 것이다.

❺ 인격적 특성 및 배제된 관리자

전통적인 경영교육을 받은 관리자들은 인간 지향적이라기보다는 업무 지향적이기 쉽다. 그들은 업무 그 자체에 초점을 맞추며, 실제로 그 업무를 담당하는 인간의 측면은 소홀히 다루는 경향이 없지 않다.

그들은 종업원들과의 상호의존성, 상호관련성을 최소화하며, 그 결과 업무 지향적인 인격을 형성하게 된다. 이런 사람들은 종업원들의 아이디어를 종합하고, 업무와 인간적 측면 사이에 균형을 가져야 하는 임파워먼트에 당연히 저항감을 가지는 것이다.

❻ 관리자의 배제

임파워먼트는 특정의 아이디어나 의사결정에 영향을 받게 될 모든 사람들을 총체적으로 참여시키는 것이다. 여기에는 현장감독자도 포함되고 중간관리자, 고급관리자들도 포함된다. 임파워먼트의 과정에서 제외되는 관리자들은 자연스레 저항감을 갖게 될 것임은 쉽게 예측할 수 있다.

CEO로부터 종업원에 이르기까지 모두 열성적으로 임파워먼트에 참여하더라도 중간관리자나 현장감독들이 배제된다면 임파워먼트는 성공할 수 없다. 제외된 사람들은 개념적으로는 임파워먼트에 동의하더라도 단지 그들이 제외되었다는 이유만으로 임파워먼트에 반발을 보일 것이다.

❼ 조직구조 및 경영방침

지금까지 살펴본 것처럼 임파워먼트에 저항요소가 되는 것들의 대부분은 태도와 관련된 것들이다. 하지만 기업의 조직구조 및 경영방침도 역시 임파워먼트의 성공적인 수행을 막는 요소가 될 수 있다.

그러므로 임파워먼트를 실행하기 전에 다음과 같은 질문들을 먼저 행해야 한다.

① 작업자와 CEO 사이에 얼마나 많은 관리자층이 존재하는가?

② 종업원들의 성과 평가체계가 창의적인 사고나 위험감수의 측면을 조장시키
고 있는가? 아니면 위축시키고 있는가?
③ 경영방침이 품질 및 생산성을 저해시키는 정책과 절차에 대해 종업원들이 직
설적으로 표현하는 것을 허용하고 있는가?

종업원들은 자신들의 제안이 의사결정자에 이르기 전에 중간에서 막혀버리면
좌절감을 느끼게 될 것은 뻔하다. 개선에 대한 제안의 신속한 피드백은 임파워먼트
의 성공에 필수적이다. 종업원들과 의사결정자 사이에 너무 많은 관리자층이 존재
하게 되면 창의적·모험적인 종업원들의 생각은 사장되고 말 것이다.

4. 임파워먼트 실행을 위한 환경조성

(1) 명확한 비전 및 원칙의 제시

임파워먼트의 성공적인 실행을 위해서는 기업의 비전 및 전략방향이 명확하게
제시되고 아울러 구성원들에게 임파워먼트의 의미를 명확하게 이해시켜야 한다.
조직 구성원들은 이 같은 이해를 바탕으로 상사의 허락이나 지침을 기다리지 않고
스스로 업무를 수행하며, 조직성과 및 개인능력을 향상시킬 수 있다.

동시에 구성원들이 가지고 있는 재량권의 한계가 어디까지인가를 확실하게 인
식시켜야 하는데, 이러한 가이드라인이 없다면 구성원들은 임파워먼트 되기보다
는 오히려 혼란을 느끼게 될 수도 있다.

리츠-칼튼(Ritz-Carlton) 호텔은 고객만족을 자사의 가장 중요한 전략과제로 제
시하고 있으며, 모든 종업원들은 불만을 갖는 손님들을 만족시키기 위해 온갖 노력
과 정성을 기울여야 한다. 하지만, 거기에 소요되는 비용이 2,500달러를 초과하지
못하도록 한계를 두고 있다. 메리어트(Marriott) 호텔은 '안전 구역'(Safe Zones)이
라는 것을 제시하고, 이에 근거해 종업원들은 스스로 의사결정을 내려야 할 상황과
그렇지 않은 상황을 명확하게 인식하고 있다.

(2) 인적자산 중시의 기업문화 구축

기업은 구성원들로 하여금 회사가 자신들을 임파워먼트 시키기 위해 노력하고 있음을 느낄 수 있도록 인적자산을 중시하는 문화를 구축해야 한다. 예를 들어, 리바이 스트라우스(Levi Strauss)사의 경우를 보면, 기업의 사명에서 "우리는 우리의 구성원들이 존경받고 있으며, 정당하게 대우받고, 자신들의 의견이 존중되고 있으며, 기업의 일원이라고 느끼기를 원한다. 우리는 우리의 종업원들이 회사에 공헌하고, 새로운 것을 학습하고, 성장할 수 있는 기회를 가질 수 있기 때문에 자부심을 갖고 회사에 남아 있으려 하는 기업이 되기를 원한다"라고 명시함으로써 인적자산의 중요성을 강조하고 있다.

구성원들은 자신의 직업과 회사에 대해서 긍지를 느껴야 하며, 다른 구성원들과 문제를 해결하기 위해 함께 일하고 있다는 동료애를 느껴야 한다. 또한 구성원들은 자신들이 존중받고 있으며, 자신들의 의견이 경청되고 있다는 것을 느낄 수 있어야 한다. 이런 감정을 느낄 수 있어야 개인은 자신이 맡은 일에 주인의식을 갖고 성과 향상을 위해 열성을 다해 노력하게 된다.

(3) 실패에 대한 격려

임파워먼트는 새로운 아이디어를 생각해 내고 과거의 관행에 얽매이지 않고 새로운 행동방식을 실험해 나가는 것을 권장한다. 따라서 이에는 위험이 따르게 마련이다. 기업은 구성원들이 이러한 위험을 감수하고 업무를 주도적으로 추진하는 동안 발생하는 실패에 대해서는 그것을 인정하고 격려하는 문화를 가져야 한다. 만약 업무수행 시 발생한 실수에 대해 강력한 제재가 가해진다면, 대부분의 조직구성원들은 상사의 허락을 받기 전에는 새로운 업무를 수행하려고 하지 않을 것이다.

(4) 공정한 보상

임파워먼트 된 종업원들은 그들의 책임감의 증가에 따라 보상이 이루어져야 한다. 성공에 대한 적절한 보상은 생산성을 향상시키고, 조직에 대한 관심도 및 몰입도를 제고시킬 수 있는 방법이다. 공정하고 적절한 보상을 통해 기업은 구성원 모두가 자신의 능력개발을 위해 열심히 노력하고, 신바람 나게 일할 수 있는 조직풍

토를 구축할 수 있다.

모든 관리자들은 조직문화의 일부로서 이러한 환경이 확립될 수 있도록 해야 한다. 만약 이러한 환경이 조직의 기본으로 확립될 수 있다면 임파워먼트 실행의 성공가능성은 매우 높을 것이다.

(5) 역할 재정립의 마인드 개발

기업이 아무리 훌륭한 관리방식이나 시스템 구축을 통해 임파워먼트를 지원하는 환경을 구축한다고 해도 구성원들 스스로 임파워먼트 되기를 원하지 않는다면 아무런 소용이 없다. 결국 임파워먼트의 핵심은 조직의 구성원들이 얼마나 능동적으로 조직 내에서 자신의 역할수준을 재정립하고 이를 실행해 나가려고 하는 마인드를 확립하느냐 하는 데 있다.

아직도 많은 조직구성원들은 스스로 주도권을 쥐고 업무를 수행하기보다는 현실에 안주하는 위험회피적인 태도를 갖고 있는 경우가 대부분이다. 따라서 기업은 교육 등 다양한 방법을 통해 개인들이 다음과 같은 특성을 갖도록 하여야 한다.

① 전체적인 전략방향이 제시되면 조직구성원들은 업무 목표달성 방법선택의 재량권을 갖고 의사결정을 할 수 있어야 한다.
② 조직구성원들이 자신이 하는 일에 주인의식을 갖고 열정을 바치도록 해야 한다.
③ 담당과업을 제대로 수행할 수 있는 능력을 보유하고 있으며, 또한 자신들의 능력을 통해 업무목표를 달성할 수 있다는 자신감을 가질 수 있도록 하여야 한다.
④ 구성원들이 자신의 수행과업에 대해 영향력을 가지고 있으며, 상급자나 동료들이 자신의 의견을 존중하고 있다고 느낄 수 있어야 한다.

(6) 능력과 리더십의 조화

임파워먼트가 성공적으로 실행되기 위해서는 구성원들의 능력 정도에 따라 적절한 리더십이 발휘되어야 한다. 만약 구성원들이 임파워먼트를 실행할 수 있는 능력이 전혀 갖추어지지 않는 상황이라고 판단되면 명령/지시위주의 통제형 리더십이 성과를 달성하는 데에는 더 바람직하다.

능력이 부족한 구성원들에게는 교육과 보다 밀접한 통제가 필요하다. 따라서 리더는 부하들에게 전체 과업을 분담해 수행하도록 하며 업무조정과 통제를 수행하여야 한다. 동시에 지속적인 교육을 통해 과업에 대한 주인의식과 고난이도의 과업을 수행할 수 있는 능력을 개발시켜 나가야 한다.

반면, 어느 정도 능력이 갖추어진 구성원들에게는 재량권을 일부 부여하는 대신 구성원들이 취약한 부분에 대해서는 어느 정도의 의사결정권을 유지하는 참여적 리더십이 적절하다. 마지막으로 임파워먼트를 실행할 수 있는 충분한 능력을 구비하고 있는 구성원들에게는 조언과 폭넓은 가이드라인만 제공하고 모든 과업에 대한 재량권을 업무 수행자에게 부여하는 코치형 리더십이 적절하다.

임파워먼트에 대한 준비가 전혀 되지 않은 구성원들에게 코치형 리더십을 적용한다면 효과보다는 오히려 부작용이 더 클 것이다. 마찬가지로 구성원들의 능력이 아무리 높다 할지라도 통제형 리더십을 적용한다면 임파워먼트가 발생될 수 없다.

기업은 구성원들의 능력에 따라 책임감의 정도를 적절하게 조정하고, 동시에 능력 개발을 도모함으로써 결과적으로 구성원들이 임파워먼트 되어 스스로 업무를 처리할 수 있도록 만들어야 한다.

이제 임파워먼트는 시대의 흐름이 되고 있다. 결국 조직의 구성원이 스스로 임파워먼트 되어 자신의 능력을 향상시켜 자신의 가치를 높이지 못한다면, 조직에서 도태될 수밖에 없다는 것을 인식해야 한다. 또한, 경영자는 자신이 먼저 임파워먼트 되지 못한다면 남을 임파워먼트 시킨다는 것이 불가능하다는 것을 인식하고 솔선수범해 자기 자신을 임파워먼트 시키기 위해 노력하여야 하며, 동시에 구성원들을 임파워먼트 시킬 수 있는 환경을 조성해야 한다.

5. 팀워크

팀워크(team work)는 임파워먼트 과정에서 꼭 필요한 부분이다. 팀워크는 한 가지 전문직에 종사하는 종업원들이 결코 충족시킬 수 없는 고객욕구 부분을 조직 내 여러 부서의 구성원들이 공동으로 작업함으로써 이를 가능하게 하는 것이다.

TQM철학은 기업 내의 여러 부문의 상호의존성을 인식하고 있고 작업을 조정하는 방법으로 팀을 이용하고 있다(김기영 등, 1999).

(1) 팀의 유형

TQM에서는 서로 다른 많은 유형의 팀이 존재하고 있어서 이 팀들을 구분하기는 어렵지만, 본질적으로 세 가지 유형의 팀이 보편적으로 많이 이용되며, 이는 운영위원회, 문제해결 팀 및 자율경영 팀 등이 이들을 구분해 설명한다.

❶ 운영위원회

TQM을 적용하고 있는 대부분의 기업들은 운영위원회를 두고 있는데, 이는 주란(Juran)의 표현에 의하면 '품질평의회'이고, 크로스비(Crosby)는 '품질개선 팀'이라 표현하고 있다.

운영위원회는 TQM의 정책을 설정하고 실행의 가이드 역할을 하며, TQM이 전체조직에 파급되도록 하는 역할을 한다. 운영위원회에는 대부분 기업의 최고경영자가 포함되어 있다.

운영위원회는 TQM 시행의 초기에는 자주 회의를 갖지만 시행 중에는 한 달에 한 번이나, 1년에 네 번 정도의 모임을 갖는 것이 대부분이다. 이 팀은 품질을 어떻게 측정할 것인가, 품질을 향상시키기 위해 어떤 조직구조와 프로그램이 사용되어야 할 것인가 등과 같은 품질프로그램에 대한 결정적인 의사결정을 행한다. 또한, 운영위원회는 정기적으로 TQM의 상태를 검토하고 고객만족과 지속적 개선을 확보하는 데 필요한 조정을 하기도 한다. 일반적으로 운영위원회는 TQM의 성공에 대한 전반적인 책임을 지는 팀이다.

❷ 문제해결 팀

TQM에서 가장 일반적으로 이용되고 있는 팀이 문제해결 팀이다. 그 이름에서 알 수 있듯 문제해결 팀은 기업이 직면한 특정 품질관련 문제들을 파악하고 해결함으로써 품질을 개선해 나가는 팀이다.

이러한 팀은 많은 기업에서 나름대로의 명칭들을 가지고 있지만 흔히 교정팀,

품질서클로 많이 언급되고 있으며, 이는 두 가지 기본적인 유형인 부서 내 문제해결 팀과 부서 간 문제해결 팀의 두 가지로 구분된다.

① 부서 내 문제해결 팀(departmental problem-solving team) : 이 팀은 특정 부서의 종업원들로 그 구성원이 제한되고, 다루어지는 문제들도 그 부서 내의 특정문제들로 영역이 제한되어 있다. 이러한 팀은 흔히 1주일에 한 번, 한두 시간 정도의 회합을 통해 표준화된 문제해결 방법들을 대상으로 계속 연구한다. 그런 다음, 그 문제의 원인에 관한 자료들을 수집하여 그것을 해결할 수 있는 최상의 방법을 결정하는 과정을 반복하게 되는 것이다.
② 부서 간 문제해결 팀(cross-functional team) : 부서 간 문제해결 팀은 TQM에만 있는 독특한 팀의 형태는 아니며 — 예를 들어, 신제품 개발 분야 등 — 요즘 들어 품질프로그램의 주류로 확산되어 가고 있는 팀의 형태이다. 이 팀은 여러 가지 측면에서 부서 내 문제해결 팀과 유사한 면이 많은데, 문제해결을 위한 훈련을 받는다는 점, 문제를 파악하고 해결한다는 점, 다양한 부서가 포함된 문제점들을 다룬다는 점, 그리고 문제가 해결되면 팀이 해체된다는 점 등이다.

❸ 자율관리 팀

자율관리 팀(Self-Managed Team: SMT)은 '자율감독 팀', '자율작업 팀' 또는 간단하게 '팀'이라고 한다. 자율관리 팀은 몇십 년 동안 사용되었지만 보편화된 것은 TQM이 널리 보급된 최근의 일이다.

웰린스(Wellins, 1991) 등은 미국기업 중 26% 정도가 자율관리 팀을 이용하고 있지만, 그것을 심도 있게 이용하고 있는 기업은 그보다 훨씬 적은 수치라는 점을 보고하고 있다.

자율관리 팀은 문제해결 팀과는 달리 전통적인 작업조직을 보완하는 것이 아니라 대체하는 것이다. 현장감독자와 좁게 정의된 직무를 가진 종업원집단 대신에 그들 자신을 관리하는 책임까지 포함하는 광범위한 책임을 가지는 '동료집단'이 형성되며, 감독자 없이 자율관리 팀은 예산, 일정계획, 목표설정과 자재주문까지 취급하며, 심지어는 상호 간의 성과를 평가하고 팀을 떠나는 구성원의 보충, 채용도 스스로 하는 팀도 있다.

자율관리 팀에 속하는 사람들은 전문지식보다는 광범위한 지식을 가져야 하고 전문적인 기술뿐만 아니라 대인관계의 기술까지도 가지고 있어야 한다.

(2) 효과적인 팀워크

TQM이 성공하기 위해서는 효과적인 팀워크가 중요한 역할을 한다. 사실상 많은 TQM조직의 주된 구조가 팀이기 때문에 팀들이 효과적이지 못하면 TQM도 효과적이지 못할 것이고, 운영위원회는 방향설정, 정책설정을 적절히 하지 못하게 되며, 부서 내, 부서 간 문제해결 팀은 부적절한 문제에 매달리거나 파악하는 문제를 제대로 해결하지 못하게 되고, 자율관리 팀은 임파워먼트 된 창의적 노동력을 갖추지 못하게 될 것이다.

이 부분에서는 효과적인 팀워크가 이루어지려면 어떤 점이 필요한지를 기술하려고 한다.

❶ 팀 효과성의 기준

팀워크는 "공통의 목표에 도달하기 위해 공동으로 작업하는 개인들의 집단"이라고 정의할 수 있다(Tenner et al., 1992). 팀의 효과성 기준은 여러 가지이지만 다음의 네 가지로 요약할 수 있다.

첫째, 팀은 품질개선이라는 목표를 달성해야 한다. 운영위원회는 TQM노력을 선두 지휘해야 하고 문제해결 팀은 중요한 문제점을 인식, 해결해야 하며, 자율관리 팀은 생산공정, 서비스 공정들을 운영 및 개선해야 한다. 바로 이 점이 팀 효과성의 기본 요소이다.

둘째, 품질성과를 빠른 시간 내에 개선시키는 팀이 장기간이 소요되는 팀보다 효과적이다. 팀조직의 강점 중의 하나는 변화하는 상황에 기민하게 적응할 수 있는 잠재력이다. 어떤 일을 성취하는 데 오랜 시간이 걸리는 팀은 문제가 신속히 해결되었을 때의 잠재적 이득을 상실하는 것이며, 필요한 자원보다 훨씬 많은 자원을 소비하게 되며 이런 점에서 비효율적인 것이다.

셋째, 팀은 사업단위로서의 강점을 유지 또는 증가시켜야 한다. 팀에 속해 있는 개개 구성원들의 인적자원의 합보다 훨씬 많은 인적자원을 과시하는 팀을 생각해 보자. 이러한 부가적인 인적자원은 서로서로의 작업스타일을 이해 · 조정하는 능력과 효과적인 업무처리의 개발, 상호 간의 신뢰증가 등등으로 생겨나는 것이다. 오랜 기간 지속되는 팀은 이러한 인적자원을 유지할 수가 있다.

넷째, 팀은 조직의 다른 부분과의 관계를 지속 또는 강화해야 한다. TQM환경 하에서는 어떠한 팀도 고립되어서는 안 된다. 조직 내의 다른 부서를 고립시켜 가면서 목표를 달성하는 팀은 팀워크라는 TQM정신을 해치는 것이다.

효과적인 팀은 적당한 시간 내에 품질을 개선해야 하고 팀의 내부와 외부와의 관련성을 동시에 강화해야 한다.

❷ 팀의 구성원

다른 시스템들과 마찬가지로 팀도 고품질의 투입물이 없다면 효과적으로 기능할 수 없다. 팀 프로세스의 가장 중요한 요소는 팀 구성원들 자체이다. 팀이 효과적이려면 팀 구성원들이 문제와 연관이 있는 부서들의 대표자들이어야 한다. 특히 부서 간 문제해결 팀의 경우는 더욱 그렇다. 이들은 ① 팀의 구성원들은 문제를 해결할 수 있는 필요한 전문적 지식을 가지고 있어야 하고, ② 효과적인 팀이 되려면 문제해결 기술을 가진 구성원들을 소유해야 하며, ③ 팀은 강한 대인관계 기술을 갖춘 구성원이 있어야 함을 필요로 한다.

 제3절 품질교육 훈련

TQM에 있어서 가장 근본적이 요소 중의 하나는 종업원들의 끊임없는 개발이다. 이것은 종업원들을 끊임없이 교육 · 훈련시켜야 함을 의미하는 것이다. 교육 · 훈련은 구성원들에게 재작업과 관련된 지식, 기술을 부여하기 위해, 또 동기 유발을 시키기 위해 고안된 조직적 · 체계적인 일련의 행동들이라고 정의할 수 있다(Goestsch et al., 1996).

1. 품질관리(QC)교육의 중요성

교육과 훈련은 조직의 모든 사람들에게 전부 실시하여야 한다. 교육과 훈련의 내용에는 품질전략과 방침, 기업의 목적 및 방침, 최고경영자의 가치관을 전부 포함하여야 한다. 또 문제를 스스로 발견하고 해결하는 기법들에 대한 교육과 훈련도 시켜야 한다. 교육과 훈련은 기업 전체 내에 품질문화를 창출한다. 그리고 동질성을 유발시켜 품질향상을 촉진한다(안영진, 1999).

전사적인 교육과 훈련을 시키기 위해서는 CEO의 적극적인 관심이 절대적으로 필요하다. CEO는 품질에 대한 전사적인 교육과 훈련이 품질을 향상시키고, 기업의 경쟁력을 향상시키는 데 중요한 수단인 것을 분명하게 인식하고, 품질에 대한 전략을 수립해야 한다. 품질에 대한 교육과 훈련은 조직의 일부 계층 사람들에게만 실시되어서는 안 되고, 기업의 모든 사람들에게 대해 실시되어야 한다. 그래서 CEO로부터 작업자에 이르기까지 모두 품질에 대한 정기적인 교육과 훈련을 받는 것이 바람직하다.

품질에 대한 교육과 훈련의 내용은 상당히 광범위하다. 품질향상에 대한 기법뿐만 아니라 기술능력 향상기법, 동기부여 기법, 커뮤니케이션 기법, 과학적인 의사결정 기법 등에 대해서도 모든 사람들이 교육과 훈련을 받아야 한다. 모든 종업원들은 과업을 수행할 수 있는 기술을 지니고 있어야 한다. 그리고 더 나아가 현재의 기술을 개선해 보다 나은 기술을 개발할 수 있는 능력까지도 지니도록 해야 한다. 지식과 기술은 그냥 생기는 것이 아니며, 이것들은 체계적인 교육과 훈련프로그램에 의해서 가능해진다.

제품 및 서비스의 품질은 이들의 생산에 참여하는 구성원들의 기술, 생산관리능력의 발휘와 관련이 깊다. 이들의 능력발휘는 구성원들의 적극적인 참여와 계속적인 능력함양의 노력 없이는 이루어질 수 없다. 즉 전체 구성원의 품질개선 능력 및 품질의식을 높이기 위해서는 무엇보다 품질관리(QC) 교육 및 품질 모티베이션이 필요하다.

QC는 교육으로 시작해서 교육으로 끝난다고 할 수 있을 정도로 품질관리를 도입하고 추진하는 데 있어 구성원들에 대한 교육과 훈련은 매우 중요하다. 품질관리 교육은 경영 간부를 포함한 전체 구성원이 좋은 제품을 고객에게 서비스하지 않으면 안 된다고 하는 품질의식을 갖게 할 뿐만 아니라 품질개선 활동이 업무수행에 필요한 지식, 기능 및 사기향상을 도모하고 그들 구성원에 대한 능력개발과 인재육성의 수단이 된다.

최근의 교육방침은 종래의 직무수행 능력의 개발지향에서 문제해결 능력, 창조성 교육 및 인간형성의 교육으로 중점이 옮겨지고 있다. 요즘과 같은 변혁의 시대에 대응하기 위해서는 직무수행의 근본이 되는 인간성을 전인적으로 하며, 이를 높이려는 인간성개발 교육이 필요하다.

교육을 통해 구성원 각자의 능력개발 및 인간성 개발을 이루었을 때 개인의 성장은 물론 기업이 성장·발전하며 나아가 사회에 공헌할 수 있기 때문이다. 기업에서 실시하는 품질관리 교육은 다른 전문적인 교육과 마찬가지로 기업의 발전을 위해 장기적인 안목에서 체계적으로 실시되어야 한다. 일반적으로 교육효과를 높이기 위해 그 기업에 적합한 형태로 조직적·계속적으로 실시하는 것이 중요하다.

교육·훈련의 중요성을 증대시키는 중요한 요인 다섯 가지를 설명하면 다음과 같다(김기영 등, 1999).

(1) 기존 가용노동력의 자질

가용노동력은 현재 고용되어 있는 사람과 고용하고자 하는 사람들을 함께 의미한다. 새로운 직무들은 가용노동력에서 충당된다. 이러한 이유 때문에 가용노동력의 자질은 중요하다. 자질이란 용어는 이미 갖추고 있는 것과 잠재적인 것 모두를 의미한다.

높은 자질의 가용노동력이란 책읽기, 글쓰기, 사고, 대화, 문제해결 등과 같은 기초가 잘 되어 있어서 직무에 배치되었을 때 빨리 배우고 적응할 수 있는 충분한 잠재력을 가진 사람들이다. 기본적인 지식과 기술의 중요성은 아무리 강조해도 지나치지 않다.

(2) 전 세계적인 경쟁

아무리 작은 기업이라도 요즘은 세계시장에서 세계적인 경쟁을 하고 있으며 그 경쟁은 점점 심화되고 있다. 한국에 있는 조그만 자동차 부품제조업체도 한국 내의 다른 부품 제조업체뿐만 아니라 일본, 대만, 유럽, 미국 등의 기업들과 경쟁을 하고 있다. 이 조그만 기업이 경쟁에서 이기기 위해서는 경쟁업체들보다 더 좋고, 더 싼 제품을 만들어야 한다.

대기업들도 똑같은 전 세계적 경쟁상황에 직면해 있다. 그 결과 시장을 이끌어 나가는 기업들은 첨단의 교육훈련 과정과 방법을 통해 생산성과 품질을 향상시켜 나가는 기업들이다. 전 세계적인 경쟁현장에서 가장 강력한 무기는 종업원들의 교육훈련이다.

(3) 급격한 변화

변화는 이제 생활의 일부분이다. 변화는 빠르고 지속적으로 발생한다. 현재 첨단을 달리고 있는 지식과 기술도 얼마 못가 진부화되어 버린다. 이런 환경에서 종업원들이 끊임없이 최신화되어야 함은 필수적이다. 종업원들을 최신화하기 위해서는 직장에서의 교육훈련이 필요하며, 교육·훈련을 실시하지 않는 기업들은 급격한 변화에 보조를 맞추어 나가는 일이 불가능할 것이다.

(4) 기술이전의 문제

기술이전은 한 장소에서 다른 장소로 기술을 이동시키는 것인데, 이 과정은 두 단계로 이루어진다. 첫 번째 단계는 연구실험실이나 개인발명가에 의해 개발된 새로운 기술을 상업화하는 단계인데, 이는 사업의 발전문제이며 교육훈련이 포함되지 않는 단계이다. 두 번째 단계는 기술확산의 시기인데 이 단계는 교육·훈련에 의존하는 단계이다.

기술확산은 새로이 상업화된 기술을 생산성, 품질 및 경쟁력을 높이기 위해 사용될 수 있도록 작업장으로 이동하는 과정이다. 이 단계는 그 기술을 사용할 작업자들이 그 기술을 효과적·효율적으로 사용할 수 있도록 잘 훈련되지 않으면 제동이 걸리게 된다. 이것은 신기술 자체가 생산성을 증가시키는 것이 아니기 때문에 중요하다. 훈련받지 않은 전통적인 비서에게 주어진 워드프로세스 시스템은 화면이 있는 값비싼 타이프라이터(type writer) 이상의 것은 될 수 없을 것이다.

신기술의 잠재된 효능을 최대한 이용하기 위해서는 작업자들은 당연히 그 신기술을 효과적으로 사용할 수 있는 방법을 알아야 한다. 그 방법을 아는 것은 교육·훈련이 있어야 가능하다. 효과적인 기술이전의 걸림돌이 되는 주된 요소 두 가지는 변화에 대한 두려움과 노하우(know-how)의 부족이며 이는 교육·훈련에 의해 극복될 수 있다.

(5) 인구통계학적 변화

작업장의 인구통계학적 데이터는 교육훈련을 과거보다 더욱 중요한 것으로 여기게 하는 방향으로 변하고 있다. 〈표 13-1〉은 미국의 작업장에서의 인구통계학적 변화를 보여주고 있는데, 한마디로 요약하면 다양성이며 정확한 자료는 없지만 한국의 경우도 최근 들어 이와 유사한 양상의 변화를 겪고 있는 것처럼 보인다. TQM에 있어서 팀워크는 근본적인 요소이기 때문에 서로 다른 배경을 가진 종업원들을 조화롭게 공동작업을 할 수 있도록 가르치는 교육·훈련은 더욱 필요한 것이다.

경험이 많은 종업원들은 다양한 사람들이 새로 들어오는 것을 꺼린다. 이런 문화적, 사회적 그리고 성의 차이를 극복하기 위해서는 교육·훈련과 끊임없는 관심이 필요하다.

〈표 13-1〉 미국 내 작업장에서의 인구통계학적 변화

- 작업장에 새로 들어오는 사람의 80% 이상이 여성, 소수인종 또는 이민자들이다.
- 고용된 사람들의 평균연령이 점점 증가하고 있다.
- 작업장에 새로 들어오는 사람의 20% 이상이 영어를 제대로 할 줄 모르는 이민자들이다.

자료: Goetsch et al.(1996), p. 342.

2. 교육훈련의 방법

기업의 교육훈련은 다음과 같은 네 가지 차원에서 이루어지는 것이 보통이다.

① 내부교육은 흔히 일반적인 교육으로 언급되며, 산업과 기업의 필요에 부응하기 위해 최근에 더욱 빈번히 이용되고 있다.
② 기업에 의해 소유되고 운영되는 교육·훈련시설이 보편화되고 있다. 모토로라 사, 제록스 사, RCA 사 등은 모두 그 자신의 교육·훈련시설을 갖추고 있다.
③ 기업이 소유 및 운영하고 공립이나 사립대학들이 공인하여 학위를 수여하는 기관들이 보편화되고 있다. 많은 대학들이 기업과 협력하여 산학협동 교육 프로그램을 운영하며 학위를 수여하고 있다.
④ 강의가 위성을 통해 이루어지는 위성통신대학도 보편화 추세에 있다. 미국 콜로라도 주의 NTU(National Technological University)는 전국에 걸쳐 위성으로 강의를 하고, 강의를 받는 기업의 종업원들에게 석사학위를 수여하고 있다(Goestsh et al., 1996).

많은 기업들이 교육·훈련의 가치를 알게 되었고 그 결과 막대한 이득을 얻고 있다. IBM 사의 종업원들은 매년 40시간 이상의 교육훈련을 이수해야 한다. 요즘 들어 IBM 사가 외국 경쟁자들로부터 치열한 경쟁에 직면하면서 이러한 도전에 대응하기 위해 교육훈련이 그 전략이 되고 있다. 모토로라 사는 반도체 사업 분야에서 연간 매출액의 2.5%를 교육훈련에 투자하여 경쟁력을 유지하고 있으며, 이 교육훈련은 종업원뿐만 아니라 공급업자에게도 행해진다.

(1) 내부교육

내부교육·훈련은 기업시설 내의 현장에서 이루어진다. 이 교육·훈련은 일 대 일 교육, 컴퓨터 중심 교육·훈련, 공식적인 집단강의, 그리고 미디어 중심 강의 등으로 구성된다.

① 일대일 교육(one-on-one training) : 미숙련의 경험이 적은 종업원에게 숙련된 경험이 많은 종업원이 교육·훈련을 담당하는 것이며, 흔히 신입 작업자가 고용되었을 때 이용된다. 이 방법은 또한 은퇴를 앞둔 높은 수준의 종업원을 대체하기 위한 효과적인 교육방법이기도 하다.

② 컴퓨터 중심 교육(Computer-Based Training: CBT) : 효과적인 내부교육 방법이다. 이 방법은 스스로 진도를 맞출 수 있고, 개별화되며 수강생에게 즉각적·계속적인 피드백을 제공할 수 있다는 장점이 있다. 이 방법은 기업고유의 직무기술개발보다는 일반적인 지식을 개발하는 데 더 효율적이다.

③ 공식적 집단강의(formal group instruction) : 공통의 교육·훈련 필요성을 공유하는 많은 사람들을 함께 교육시킬 때 많이 쓰이는 방법이다. 이 방법은 강의, 전시. 멀티미디어 이용, 역할연기, 시뮬레이션 등을 포함하고 있다.

④ 미디어 중심 강의(media-based instruction) : 널리 쓰이는 내부교육 방법이다. 사설교육·훈련 기업과 규모가 큰 출판회사들은 끊임없는 턴키(turn-key)방식의 미디어 중심 교육·훈련프로그램 목록을 만들어 내고 있다. 이 방법의 가장 간단한 형태는 오디오나 비디오테이프이다.

(2) 외부교육·훈련 방법

외부교육·훈련 방법은 종업원들을 공공기관, 사설기관, 전문적인 조직체 등에서 제공하는 프로그램에 등록시켜 교육하는 것이다. 가장 흔하게 사용되는 이 두 가지 방법은 ① 종업원들을 근무시간 동안 단기적 교육(몇 시간에서 몇 주까지)에 등록시키는 것과, ② 대학과정 등과 같은 장기적 교육에 등록시켜 비용일체(등록금, 책값 등)를 기업에서 지불하는 것이다. 외부교육 방법은 전형적으로 광범위하게 총체적인 기술을 개발하기 위해 사용된다.

(3) 협동교육

최근에는 대학이나 전문학교들이 사용자들과 협력하여 고객화된 교육훈련을 제공하는 것을 적극적으로 추구하고 있다. 이 협동교육은 앞의 두 가지 방법의 특성들을 결합한 것이다. 대학과 사설회사들이 협동하여 제공하는 고객화된 현장교육·훈련은 아주 보편화되고 있는 추세이다. 많은 대학과 전문학교들이 기업이나 산업을 위해 전문화된 교육·훈련을 제공하는 평생교육이나 기업의 교육 부서들을 마련하고 있다.

3. 품질교육 커리큘럼

관리자가 TQM환경하에서 리더역할을 하기 위해서는 최소한 주란의 품질삼분법(Juran Trilogy 또는 Quality Trilogy)이라는 품질관리 및 품질개선에 대해 충분한 교육을 받아야 한다(Juran, 1989). 이 세 분야 각각에 대한 품질교육 커리큘럼의 개관은 다음과 같다(Goestch et al., 1996).

(1) 품질계획 교육

주란(1988)에 의하면 품질계획은 다음의 주제들을 포함해야 한다.

① 품질에 대한 전략적 관리
② 품질정책과 그 정책의 과제
③ 전략적 품질목표와 그 전개
④ 주란의 품질삼분법(Quality Trilogy)
⑤ Big Q와 Little Q
⑥ 삼중역할의 개념
⑦ 품질계획 도로지도
⑧ 내부 및 외부고객
⑨ 고객파악
⑩ 거시적 공정계획
⑪ 미시적 공정계획
⑫ 제품디자인
⑬ 공정관리에 대한 계획
⑭ 생산으로의 전이

⑮ Santayana review 계획도구

(2) 품질관리 교육

품질관리는 품질삼분법의 삼위일체의 두 번째 요소이며, 주란에 의하면 품질관리 교육은 다음의 주제들을 포함해야 한다.

① 품질에 대한 전략적 관리
② 품질관리에 있어서의 피드백 루프(feedback loop)
③ 통제가능성(자기통제)
④ 관리계획
⑤ 관리대상
⑥ 관리책임
⑦ 성과측정방법
⑧ 유의성 있는 통계적ㆍ경제적 자료의 해석
⑨ 의사결정
⑩ 교정행동
⑪ 품질보증 감사
⑫ 관리도구

(3) 품질개선 교육

품질개선은 품질삼분법의 세 번째 구성요소이며, 주란에 의하면 품질개선 교육은 다음의 주제들을 포함해야 한다.

① 품질에 대한 전략적 관리
② 주란의 품질삼분법
③ 품질평의회와 그 책임
④ 열악한 품질의 비용과 그 측정방법
⑤ 프로젝트 바이 프로젝트(project by project))의 개념

⑥ 투자수익률(ROI)의 추정

⑦ 프로젝트의 지명, 심사 및 선택

⑧ 품질개선의 하부구조

⑨ 거시적 공정개선 프로젝트

⑩ 진단여정

⑪ 치유여정

⑫ 진행검토

⑬ 동기유발에 대한 인식 및 보상

⑭ 품질개선도구 및 기법

여기에 제시된 커리큘럼을 표준화하고 모든 관리자들이 품질의 세 가지 광범한 영역에 대한 교육을 이수함으로써 기업은 성과의 일관성을 성취하는 데에 더욱 접근할 수 있고 성과의 일관성은 성과를 더욱 쉽게 측정하고 향상시키게 하기 때문에 TQM환경에서는 중요한 역할을 한다.

U-17팀의 '온화한 아버지' 최덕주 감독의 빛나는 리더십

"담영아, 수비할 때는 안정이 제일 중요해. 우리가 약속한 대로 해야 실점하지 않겠지."

머리가 희끗한 감독은 말투도 할아버지처럼 느리고 차분하다. 큰 소리는 좀처럼 들리지 않는다. 비가 주룩주룩 내리던 8월의 어느 오후 파주 국가대표트레이닝센터(NFC)에서 여자월드컵을 대비해 훈련 중인 U-17 여자팀 최덕주(50) 감독은 선수 한명 한명의 등을 두드리며 "비 오는데 수고 많이 했다. 얼른 들어가 샤워해야 감기 안 걸리지"라는 말을 반복했다.

여자 축구 지도자들은 U-17팀이 결승까지 오른 비결로 최 감독의 리더십을 꼽는다. 지난해 4월 여자팀 사령탑에 오른 그는 부임 7개월 뒤 16세 이하 아시아선수권대회(태국 방콕)에서 우승컵을 들어 올려 일찌감치 '명장'으로 인정을 받았다.

선수들이 그에게 붙여준 별명은 '온화한 아버지'다. 그는 "지도자가 윽박을 지르고, 선수들이 공포심을 가진 상태에서 나오는 플레이는 결코 창조적일 수 없다"는 지론을 갖고 있다. 그의 '온화한 리더십'은 즐거운 축구를 추구하는 그의 지도 철칙에서도 엿보인다. 그는 2008년 8월 대한축구협회 기술 보고서인 'KFA 리포트'에 "유소년 연령대에서는 축구에 흥미를 느끼면서 재미있게 공을 차야 기본기를 잘 다질 수 있다. 그런데 그 나이에 승부에 연연하는 경기를 하게 되면, 승리를 위한 임기응변에 강한 선수들로 성장할 수밖에 없게 된다"고 따끔하게 지적한 바 있다. "체벌과 욕설이 난무하는 그라운드에서는 재미있는 축구가 나올 수 없다"고 잘라 말한다.

이번 대회를 앞두고 그는 대표 팀에 수비수를 3명만 발탁했다. 대신 소속팀에서 공격수로 활약하던 신담영(17·동부고)·장슬기(16·충남인터넷고)·오다혜(17·포항여전)를 수비로 돌렸다. 체격이나 기술면에서 수비에 어울린다는 판단에서다. 신담영은 "솔직히 처음엔 굉장히 답답하셨을 만도 한데, 감독님은 우리를 크게 나무라지 않으셨다. 그래서 좀 더 자신감 있게 수비를 볼 수 있었다"고 귀띔했다.

결승에서 일본을 만난 건 한국 팀으로선 호재다. 최 감독은 국내가 아닌 일본에서 지도자 생활을 시작한 특이한 이력의 소유자다. 중앙대를 나와 한일은행-포항제철을 거치며 두각을 보이지 못했던 그는 일본 마쓰시타 전기에서 2년간 선수로 활약한 뒤 지도자로 변신했다. 2004년까지 오사카 선발팀의 수석코치를 맡는 등 1987년부터 무려 14년 동안 일본 축구를 경험한 '일본통'이다.

자료: 일간스포츠, 온누리 기자, 2010. 9. 23

 **사례 31** 직원 만족도 높아야 고객 만족 · 이윤 낳는다 – 임파워먼트

창업자의 경영철학 확고
마이클 해그스트롬 SAS 사장

지난 20년간 SAS에 근무한 마이클 해그스트롬 사장은 '일하고 싶은 1위 기업' 비밀을 어디에서 찾고 있을까.

그는 "직원만족도 향상이 고객만족과 이윤창출을 낳는다는 창업자 짐 굿나이트의 확고한 경영철학에서 비롯됐다"고 말했다. 한마디로 회사 경영의 모든 초점이 직원에게 맞춰져 있다. 항상 고객은 2순위로 밀린다.

이를 위해 SAS는 권한위임(empowerment), 창조적 문화(creative culture), 학습(learning) 등 세 가지 관점에서 회사를 경영하고 있다.

해그스트롬 사장은 "SAS는 어떤 비즈니스에 문제가 생기면 직원 스스로 해결하도록 놓아두지 않고 적임자들이 나서서 이를 해결할 수 있도록 도와준다"고 말했다. 팀워크를 중시하는 것이다.

직원에 대한 권한위임은 상상을 초월한다. 모든 직원이 '1인 CEO'처럼 행동한다. 그도 그럴 것이 모든 직원이 정직원이고 특별한 문제가 없는 한 해고도 없다.

운전기사와 정원사도 정직원이다

해그스트롬 사장은 "직원 스스로 회사 가치를 최대로 끌어올릴 수 있는 방법으로 행동할 수 있도록 트레이닝돼 있다"며 "회사는 직원이 고객을 가장 잘 응대할 수 있도록 문화를 만들어 실천하고 있다"고 말했다.

중국은 물론 한국 현지 기업들도 중앙집권적으로 업무를 처리하지 않는다. 현지 사정에 맞도록 직원 스스로 알아서 할 수 있도록 모든 권한을 지역 헤드에게 부여하고 있다.

학습도 중요한 부분이다. 회사를 아예 'SAS캠퍼스'라고 부른다. 해그스트롬 사장은 "이는 대학 캠퍼스처럼 혁신적이고 창의적인 정신이 샘솟도록 하겠다는 취지"라며 "캠퍼스 안에는 예술작품이 약 4,000개 설치돼 있어 직원들 창의력과 혁신 정신을 북돋우고 있다"고 말했다.

이 때문에 회사 이름에 인스티튜트(institute)를 고집하고 있다. 그는 "혁신적인 연구개발(R&D)이 SAS 생명력이자 성장동력으로 생각해 해마다 전체 매출 중 23∼26%를 R&D에 투자하고 있다"고 말했다.

자료: 매일경제, 최은수 기자, 2010.5.14

사례 32   동기부여와 임파워먼트

우리는 능력 있는 사람을 우대하고 부러워한다. 어떤 사람은 악기를 참 잘 다루고, 어떤 사람은 그 어려운 외국어도 척척 해 낸다. 그리고 기계를 다루고 컴퓨터를 조작하는 데 있어서도 능력의 차이는 크다. 그래서 기업체에서는 가능한 한 능력 있는 사람을 뽑으려고 하고, 또 능력 있는 사람에게 월급도 많이 주려고 한다. 그런데 능력보다 더 중요한 문제가 있다. 바로 의욕이 문제인 것이다. 능력이 없어서 문제가 되는 경우도 있지만 능력이 있는데도 그 능력을 발휘하지 않는 경우가 더 많은 것이다.

그래서 심리학자들은 $P=f(A \times M)$라는 공식을 쓴다. 즉 성과(P: Performance)는 능력(A: Ability)과 의욕(M: Motivation)의 곱의 함수라는 것이다. 그러니까, 능력이 아무리 높더라도 의욕이 없으면 성과가 나오지 않고, 의욕이 아무리 높더라도 능력이 낮으면 역시 성과가 떨어지게 된다. 그런데, 능력을 향상시킬 것인가, 의욕을 북돋울 것인가. 물론 둘 다를 위해 노력해야 하지만, 당장 능력을 높이는 것보다는 의욕을 높이는 것이 쉽다. 그리고 능력을 높이기 위해 교육을 한다고 하더라도 학습에 대한 동기가 부여되지 않으면 안 될 것이다.

그래서 의욕 북돋우기 또는 동기부여는 사람관리 이론에서 가장 중요하게 다루어지는 부분이다. 능력, 성격, 태도 이런 것도 중요하지만, 동기부여야말로 이런 것에 선행하는 관리변수가 된다. 우선 의욕이 높고 노력을 많이 기울인다면 다른 것들은 보완이 되고 뒤따르게 마련이다.

그러면 어떻게 동기를 부여할 것인가. 동기부여 이론에는 크게 두 가지 부류가 있다. 하나는 욕구이론이고, 다른 하나는 과정이론이다. 욕구이론은 인간에게 기본적으로 채워져야 하는 욕구가 있어, 그 욕구를 충족시켜주면 의욕이 생긴다는 이론이고, 과정이론은 인간에게 어떤 욕구가 있는지 모르지만 의욕이 생기는 과정(절차)은 이렇다는 것을 밝히는 이론이다.

욕구이론 중에서 대표적인 이론이 매슬로(Maslow)의 욕구 5단계론이다. 매슬로는 인간에게는 다섯 종류의 욕구가 있고 이들은 서로 계층을 이루고 있다는 것이다. 생리적 욕구, 안전욕구, 사회적 욕구, 존경욕구, 자아실현욕구가 그것이다. 따라서 매슬로에 의하면, 생리적 욕구가 결핍되어 있는 사람에게는 이를 충족시킬 수 있게 해 주면, 의욕이 솟는 것이고, 존경욕구가 결핍되어 있는 경우는 또 이를 채워주면 동기가 유발된다. 그리고 또 하위 욕구가 채워지면 그 다음에는 상위욕구를 충족시켜 주어야 의욕이 솟는다.

과정이론에서 대표적인 것은 브룸(Vroom)과 포터(Porter)등이 개발한 기대이론(Expectancy theory)이다. 기대이론은 인간이 노력을 기울이게 될 때에는 미래 사건을 예측해 보고 확률을 계산하여 결정을 한다는 것이다. 노력을 기울이면 성과를 낼 수 있는가. 성과를 낼 수 있는 확률이 어느 정도인가. 성과가 나면 내가 좋아하는 보상이 따라오는가 하는 것을 추론해 본다는 것이다.

매슬로의 욕구이론과 기대이론을 종합하면 의욕을 북돋을 수 있는 종합적인 처방이 나온다. 개인이 어떤 것을 요구하고 있는가를 알아내고 일을 열심히 하면 그 요구가 충족될 수 있도록 하면 되는 것이다. 말하자면 생리적 욕구나 안전욕구가 결핍되어 있는 사람은 금전을 강하게 요구할 것이고, 이들에게는 성과급제를 도입하면 의욕이 높아질 것이다.

그런데, 1980년대 후반부터 선진국에서는 임파워먼트(Empowerment)라는 개념이 등장하여 조직관리에 새로운 바람을 일으키고 있다. 임파워먼트는 능력과 의욕을 분리시키지 말고 이 양자를 한꺼번에 높여주자는 개념으로 이해하는 것이 좋다. 높은 의욕이 있을 뿐만 아니라, 조직에서 일을 처리할 수 있는 실질적인 권능이 주어져 있다는 것이다.

종래의 동기부여 이론은 능력과 의욕을 분리한 나머지 능력 부분을 다소 경시하였으며, 성실하게 일하는 모범 사원을 만드는데 초점이 모아졌다고 할 수 있다. 이에 비해 임파워먼트 이론은 거친 세파를 헤쳐 나가는 투사를 만드는 이론이라고 할 수 있다. 임파워된 사원들은 일에 있어 열정을 가지고 있을 뿐만 아니라, 성공에 대한 자신감을 가지고 있고, 스스로 결정을 하여 집행할 수 있는 힘을 가지고 있다.

따라서 임파워먼트는 실력+자신감+권한+의욕이라고 할 수 있고, 우리말로 옮긴다면, 개인의 역량강화 또는 기 살리기 정도 될 것 같다.

그러면, 구체적으로 어떻게 임파워시킬 수 있는가. 필자는 여러 이론을 종합하여 네 가지 임파워먼트 방안을 제시하고자 한다.

첫째는 정보화를 통한 임파워먼트이다. 이는 사원들이 정보 소스에 쉽게 접근할 수 있고 정보를 효과적으로 처리할 수 있게 함으로써 실력을 높이는 것이다. 컴퓨터를 사용하는 것과 손으로 작업하는 것 사이에는 엄청난 역량의 차이가 존재한다. 마찬가지로 인테넷을 자유로 이용할 수 있는 것과 그렇지 않는 것 사이에는 실력 차가 하늘과 땅이다. 사원들의 역량은 곧 정보화에 비례하는 것이다.

필자의 경험에 비추어 보면 워드프로세서로 작업을 한 후로 원고를 집필하는 데 3배 정도의 생산성이 올라간 것 같다. 종래에 3시간 정도 하는 일을 컴퓨터로는 1시간 이내에 끝낼 수 있기 때문이다. 요즘 인터넷을 이용하면, 경우에 따라서는 수십 배의 능률이 오른다.

둘째는 비전의 공유를 통해 임파워먼트를 꾀하는 것이다. 정보를 제공하고, 지식을 늘리는 것도 중요하지만, 미래관을 갖고 장기적인 목표와 삶의 의미를 깨우치는 것도 임파워먼트의 필수 요소이다. 꿈을 갖고 장래에 믿음이 있을 때 진정한 자신감이 생기기 때문이다.

큰 기업은 큰 기업에 걸맞은 목표를 세우고, 작은 기업은 또 그 나름대로 장기 목표를 설정해야 한다. 사원 50명이 80억 원의 매출액을 올리고 있는 정보통신 회사는 최근 매년 50%의 성장을 하여 2,002년에는 매출액 1,000억 원의 회사가 되고, 사원을 억만장자화하겠다는 목표를 세웠다. 2,000년대에 들어서면 연봉이 억대 되는 사원을 내고, 우리사주를 통해 주식보유액으로 억대 재산을 형성하도록 한다는 것이다. 이런 목표가 있을 때, 사원들의 기(氣)가 사는 것이고 자신감이 높아진다.

셋째는 권한위양을 통한 임파워먼트를 추구해야 한다. 사원들이 일일이 결재를 받지 않고도 일을 할 수 있는 재량권을 높여주어야 한다. 호텔의 청소원이 자신의 판단으로 작은 수리를 할 수 있고, A/S 요원이 웬만한 부품 교체는 상급자의 허락 없이 할 수 있어야 한다.

현재의 조직체제 내에서도 권한을 위양하고 실무자의 기를 살릴 수 있는 방법이 얼마든지 있다. 그러나 거기에는 한계가 있다. 보다 적극적으로 실무자의 권한을 확대시키려면 조직구조 개편이 필요하다. 본사 스태프를 과감히 줄이고 현업 부서를 키울 수도 있고, 팀제 도입으로 팀의 권한과 책임을 확대시킬 수도 있다. 또 사내 벤처제도를 도입하여 사업아이디어를 제시한 사원에게 소사장이 되게 하는 방법도 있다.

넷째는 인정과 보상을 통한 임파워먼트가 있다. 이는 전통적인 동기부여 이론에서 많이 얘기되고 있는 것인데, 노력이나 결과에 대해 피드백을 주고, 적절한 보상이 따라야 한다는 것이다. 성과에 따라 급여를 주고, 성취에 따라 승진도 시켜 주고 해야 한다. 그러나 결과에 대한 보상 못지않게 중요한 것이 일의 과정에 대한 인정이다. 이를 격려라고 부르는데 비록 결과가 탐탁하지 않더라도 수고한 정성을 인정해 주는 것이 필요하다.

경쟁이 치열해지고 환경의 변화가 가속화되고 있는 지금에 이르러서는 의욕을 북돋우는 것만으로는 부족하다. 의욕이 높아지면 능력도 향상될 것이라고 생각하고 기다릴 시간이 없다. 의욕을 높이는 것을 넘어서 사원들의 역량을 강화하고 氣를 살려야 한다. 능력과 의욕을 동시에 높여 사원 모두를 종업원이 아닌 작은 사장이 되게 해야 한다. 정보화를 하고, 목표를 공유하고, 권한을 위양하며, 적극적으로 보상을 실시하는 임파워먼트 문화를 만들어야 한다.

자료: http://cafe.daum.net/kms00a/AJn8/25

제14장

표준화와 ISO 인증시리즈

제1절 표준화의 개념

표준화(standardization)의 개념을 바르게 파악하기 위해서 먼저 표준(stand-ard)의 의의, 특성 및 기능에 대해서 알아보기로 한다.

1. 표준의 의의

국어사전에는 표준(standard)을 '사물의 정도를 정하는 기준이나 목표', 또는 '다른 것의 규범이 되는 준칙이나 규칙'이라고 정의하고 있다. 그러나 표준이란 다음과 같이 정의하는 것이 더욱 일반적이다(이순룡, 2010).

즉, 표준이란 관계되는 사람들의 이익이나 편리를 공정히 도모할 수 있도록 물체, 성능, 능력, 배치, 상태, 동작, 순서, 방법, 절차, 책임, 의무, 권한, 개념, 구상 등을 통일 내지 규격화하여 설정한 것이다. 이들 표준 가운데는 부분품, 재료, 제품, 기계, 공구 등과 같이 주로 유형물에 대해 설정한 기술표준(규격), 그리고 순서, 방법, 절차, 책임, 의무, 권한, 개념 등과 같이 추상적·관념적인 관리표준(규정) 등이 포함된다.

2. 표준의 특성

표준화에 의해 품질은 향상되고, 경제적 생산과 거래의 공정화가 실현되며, 산업사회의 이익이 증진된다. 이것은 표준에는 다음과 같은 성질이 있기 때문이다 (이순룡, 2010).

(1) 호환성

표준의 가장 중요한 특성은 호환성이다. 부품을 서로 바꿔 끼울 수 있는 것은 치수상의 호환성이 있기 때문이다. 표준은 제품, 부분품, 재료 등의 품질호환성을 지키기 위해서 제정된다.

(2) 기준성

품질, 방법, 행동, 사고에 호환성이 있다는 것은 이들의 공통성이 있기 때문이다. 여러 가지 사물을 많은 사람이 다루고 판단하고 행동할 때의 기준이 표준의 기준성인데, 기업이나 공장에서 표준은 관리활동의 기준이 된다.

(3) 통일성

표준에는 물품이나 행동을 정해진 대로 통일하는 힘이 있다. 표준을 지킨다는 것은 물품의 성질, 작업방법, 사고방식을 표준이라는 틀에 맞추는 것을 뜻한다.

(4) 반복성

표준이 대량생산체제에서 경제적 효과를 나타내는 것은 표준을 반복해서 사용하기 때문이다. 단 한 번의 사용은 효과가 적으므로 표준은 되도록 널리, 그리고 반복적으로 사용되어야 효과가 크다.

(5) 객관성

표준에 의해서 물품의 호환성이 있도록 하고 행동을 하더라도 표준내용에 대한 판단이 사람에 따라 다르면 기준으로서의 가치가 없다. 표준에 있어 객관성은 필요조건으로서 표준은 합리적인 수치나 수식, 정확한 용어, 명확한 도표로 표현되어야 한다.

(6) 고정성과 진보성

표준을 정하는 것은 치수, 시험방법 등을 일정수준에서 고정하는 것으로, 이로써 호환성과 기준성 등이 확보된다. 그렇지만 기술은 한편 진보하므로 기술진보에 따라 기술표준은 개정되지 않으면 안 된다. 표준에는 고정성과 진보성의 상반되는 두 가지 성질이 있기 때문에 양자를 조화시켜 나가는 것이 표준화 추진에 긴요하다.

(7) 경제성

표준을 정해서 지켜나가는 이유는 그것이 효과가 있기 때문이다. 산업에서 표준을 정하여 이를 준수하는 것은 경제적인 효과가 고려되는 것으로 무엇을 표준화하고 어떤 항목을 어느 정도까지 표준으로서 정할 것인가 할 때 경제성은 중요한 요소가 된다.

3. 표준의 기능

(1) 상호이해의 촉진

관계자 간의 의사소통을 제대로 하려면 상대방이 표현하는 몸짓, 언어, 문자, 기호, 도표 등을 올바로 이해할 수 있어야 한다. 즉, 관계자가 의사소통에 사용하는 수단들(언어, 문자, 기호, 색, 도표, 행동 등)을 표준으로 정하여 상호이해를 촉진하는 것이다.

(2) 다양성의 조정

개성을 달리하는 인간의 욕구를 바탕으로 전개되는 소비자의 요구는 다양하다. 표준은 사회의 다양성과 무질서화를 줄이고 이들을 예방하는 역할을 한다.

(3) 호환성/인터페이스의 확보

호환성(interchangeability)은 형체가 있는 물체에 대해서 언급된 것으로, 무형의 소프트웨어(software)에는 인터페이스(interface)라는 용어가 해당된다. 즉, 전화선을 이용하여 데이터(data)를 전송하는 데 모뎀(MODEM)을 이용하는 것 등으로 이는 표준으로 호환성이나 인터페이스를 확보할 수 있기 때문이다.

(4) 사용목적의 적합성 확보

관계자의 합의로 정해진 표준은 소비자 측에서 보면 요구사항을 충족시키는 일정수준의 품질 내지 성능이며, 생산자 측에서 볼 때는 생산/공급할 목표 내지 보증수준을 정하는 것이다.

이에는 생산자 스스로 행하는 품질보증(QA)과 제3자가 행하는 제3자 인증이 있는데, 후자의 경우 KS마크나 ISO 9000 인증을 예로 들 수 있다.

(5) 사용자 및 소비자의 이익보호

상품을 개발하고 생산함은 이들 상품을 사용함으로써 사회경제 내지 일상생활의 향상을 도모하기 위함이다. 이와 같은 취지에서 표준이 제정되는 것으로 표준의 내용이 생산자와 소비자 쌍방에 공평하게 이익이 되는 경우는 문제가 없지만, 양자의 이해가 대립되거나 문제가 발생할 경우에는 소비자의 이익이 우선되어야 한다.

(6) 안전의 확보와 환경의 보호

인간이 이용하는 모든 사물들은 인명의 안전이 중요시되어야 한다. 가령, 자동차, 가스, 전기기구, 장난감 등은 안전하게 이용할 수 있도록 설계하여 제조되고 사용 중 부주의나 오동작이 있더라도 사고를 예방할 수 있도록 안전장치(fail safe) 내지 과실방지장치(fool proof)의 설계로 만드는 것이다.

4. 표준화의 의의 및 목적

표준화(satandardization) 개념을 국어사전에서 찾아보면, "표준에 맞도록 함" 또는 "관리의 능률 증진을 꾀하기 위하여 자재 따위의 종류나 규격을 제한·통일하는 일"이라고 정의되어 있다. 간단히 말하면, 표준화란 '표준을 정하여 이를 활용하는 조직적 행위'라고 정의할 수 있다.

보다 현실적인 입장에서 현대의 표준화가 추구해야 될 목적을 구체적으로 제시한 ISO/STACO(STAndingCOmmittee)의 『표준화의 목적과 원리』(*The Aims and Principles of Standardization*, 1972)에 따르면, 표준화의 목적은 다섯 가지로 열거된다(이순룡, 2010).

① 관계자 간의 의사소통
② 제품의 단순화와 인간생활에 있어서 행위의 단순화
③ 전체적인 경제
④ 안전, 건강 및 생명의 보호
⑤ 무역장벽의 제거

5. 사내표준화의 역할과 요건

(1) 사내표준과 사내표준화

공장이나 회사에서 사내표준이 미비되었거나, 제대로 이행되지 못함으로 말미암아 야기되는 문제점들은 다음과 같다.

① 열심히 일하는 데도 불량이 나온다.
② 능률이 오르지 않는다.
③ 납기를 지키기가 어렵다.

④ 제품에 대한 소비자의 불만이 끊이지 않는다.

⑤ 검사를 하는 데도 불량이 나온다.

⑥ 품질보증에 자신이 없다.

⑦ 사람이 바뀔 때마다 교육·훈련에 많은 시간이 소요된다.

(2) 표준화의 국면별 분류체계

표준화의 국면, 즉 사내표준의 규정항목별로 분류하는 체계로서 이에 따른 사내표준의 체계를 예시하면 다음과 같다.

① 기본표준(용어, 계량단위, 코드 등의 표준)

② 품질표준(재료규격, 제품규격 등)

③ 방법표준(제조표준, 작업표준, 검사규정 등)

④ 업무표준(조직관리 규정, 인사규정, 구매업무 규정 등)

(3) 사내표준화의 기능

사내표준화로서 기대되는 중요한 기능(역할)들을 열거하면 다음과 같다.

① **경영방침의 구체화** : 간략하게 기술된 경영방침을 구체적으로 실행하게 하는 역할

② **책임과 권한의 명확화** : 직무내용 또는 책임과 권한관계를 명확히 함.

③ **관리의 기준** : 경영활동의 목표치와 같은 관리기준이 되며, 통계적 기법 활용의 바탕

④ **기술의 보전** : 오랜 경영활동에서 얻어진 구성원의 지식/기술을 문서화해 보존

⑤ **업무의 효율화** : 업무가 보다 효율적으로 수행

⑥ **교육훈련의 용이성** : 선임자가 자리를 옮겨도 후임자는 표준을 통해 기술/기능을 쉽게 터득

(4) 사내표준화의 요건

① 사내표준은 실행 가능한 것이어야 함.

② 사내표준의 내용은 구체적 · 객관적으로 규정되어야 함.

③ 사내표준은 이해관계자들의 합의에 의해 결정되어야 함.

④ 사내표준은 준수되어야 함.

⑤ 사내표준은 다른 표준과 서로 모순이 없어야 됨.

⑥ 필요한 때에 사내표준은 개정되어야 함.

6. 세계표준화(글로벌 스탠더드)

(1) 글로벌 스탠더드의 등장 및 중요성

20세기 초반 전구나 레코드 등의 표준(규격)이 제정될 때까지만 해도 표준은 신기술의 실용성이나 경제성을 높이기 위한 수단에 불과했으며, 세계표준(global standard)이 기업경쟁의 강력한 전략적 수단으로 떠오르기 시작한 것은 VTR, PC, 이동통신, 인터넷 등이 등장한 1980년대 이후부터라고 할 수 있다. VTR개발에서 한발 뒤졌던 일본 빅터(Victor)의 VHS방식이 소니(Sony) 사의 베타방식을 누르고 세계 VTR시장을 석권하게 된 것은 바로 표준화 전략의 실천에 있었던 것이다.

'1980년대 초 IBM 사는 애플(Apple) 사를 꺾기 위해 PC를 생산했을 무렵 소규모의 소프트웨어 개발회사로 출발한 MS(Micro Soft) 사는 IBM PC의 운영시스템(OS)으로 MS-DOS를 납품함으로써 비약적인 발전을 할 수 있었다. MS 사의 가장 큰 성과는 PC의 운영시스템 표준을 MS-DOS로 만들고, 이를 발전시킨 윈도우즈 시스템(Windows System)을 세계표준화, 즉 글로벌 스탠더드로 만들어 세계 제일이 되었다는 데에 있다.

(2) 글로벌 스탠더드 전략

미래에는 표준(standard)에서 앞서는 개인이나 기업이 세계시장을 제패할 수 있다. 인간의 활동무대가 확장되고 제품/서비스 시장이 글로벌화 되면서 세계표준이 중요한 경쟁요인이 되기 때문이다. 글로벌 스탠더드(global standard)는 기업에 엄청난 파급효과를 초래한다. 이리하여 최근 세계의 기업들은 자사의 제품/기술을 세계표준화 하고자 치열한 경쟁을 벌이고 있다.

소위 글로벌 스탠더드의 필요성 및 중요성이 과거 어느 때보다 더욱 절실해진 최근의 여건 변화들로는 교통발달 및 생활권의 확대, 인터넷 중심의 시간/공간을 초월한 상거래(e-commerce)활동, WTO체제 출범에 따른 국가경제장벽의 붕괴, 국제거래를 위한 공정한 기준의 요구, 기업/국가의 경쟁력 확보를 위한 표준화전략의 필요성 등으로 요약된다.

글로벌 스탠더드에 대한 대응책을 들면 다음과 같다.

① 국가표준 체계를 재정비할 것(지식경제부 산하 기술표준원을 중심으로)
② 기업의 '사실상 표준'(de facto standard) 및 국제표준화 전략의 필요
③ 변화에 유연한 대응을 위해 복합표준보다는 요소표준에 치중
④ 국제표준화기구(ISO)를 통한 국제표준화 활동에 적극적인 참여
⑤ 시스템표준/관리표준의 국제화(예를 들면, ISO 9000/14000, WTO체제 등)

 제2절 ISO 9000 시리즈와 품질경영

1. ISO 9000 시리즈의 배경 및 탄생

최근 국내의 제조업계는 밖으로는 가격경쟁력과 더불어 품질경쟁력이 더욱 약화되어 감에 따라 대만, 홍콩, 싱가포르 등의 주요 경쟁국에 비해 수출 및 경쟁력이 뒤떨어지고 미국, 일본, 유럽 등의 주요국 시장에서의 시장점유율도 점차 하락해 가고 있는 실정이다. 또한, 안으로는 고객만족(customer satisfaction) 경영이라든지 품질경영(quality management) 등과 같은 새로운 관리기법의 등장이 요구되고 있다. 이는 앞으로 우리 기업이 치열한 국제경쟁에서 우위를 차지하기 위해서는 생산성과 품질을 주요한 경쟁전략변수로 삼아야 한다는 것을 의미한다(최성용, 1991).

지난 1987년 국제표준화기구(ISO)가 EC통합에 대비하여 역내 소비자를 보호하고자 채택한 ISO 9000 시리즈는 명실상부한 국제규격으로 자리를 굳혀가고 있다. 이리하여 EC, 미국, 캐나다, 호주 등 세계 각국에 한국 상품을 수출하거나 건설, 대형플랜트 등의 국제입찰에 한국 기업이 참여하고자 할 경우 이들 바이어로부터 ISO가 제정한 국제품질보증규격에 따라 인증획득을 자격조건으로 요구하고 있는 형편이므로 ISO 규격이 무역상의 새로운 기술장벽, 비관세장벽으로 작용할 것으로 우려된다.

국제표준화를 조직적으로 추진하려는 시도가 처음으로 나타난 것은 1870년대 프랑스 정부의 제안으로 계량표준에 관한 미터계를 국제단위계로 채용하기 위해 국제회의가 파리에서 개최된 후이다. 1875년 '미터조약'이 발효되었으나 미국, 영국 등 공업국이 이 조약을 채용하지 않아 국제적으로 계량기준이 통일되지 않고 제품에 대해 호환성을 잃었다. 그 뒤에 국제표준화는 전기기술 분야에서 급속히 발전되면서 그 필요성과 함께 국제전기표준회의(International Electrotechnical Commission: IEC)가 1908년에 창설되었으며, 전기 이외의 분야에서 표준화의 선구적인 업무는 1926년에 창설된 ISA(만국규격통일협회)에 의해서 실시되었으며, 기계 분야에 중점을 두었다.

ISA는 1930년대 말기에 전쟁위협의 증대와 더불어 수 개국의 회원이 탈퇴하고, 1942년에 이르러서는 공식활동이 정지되고 말았으며, 1944년에는 연합국의 19개국 국가표준화 단체로 구성된 국제연합 규격조정위원회(UNSCC)가 ISA의 업무를 인계받아 전시기관으로서 활동하였다. UNSCC 위원회는 1946년 10월 14일 런던에서 회의를 개최하고 "공업규격의 국제적 통일과 조정의 촉진을 목적"으로 하는 새로운 국제기관 설립을 토의하였다. 그 결과로서 국제표준화기구(International Organization for Standardization: ISO)가 설치되고, 제1회 임시총회가 그해 런던에서 개최되었으며, 1947년 2월 23일 정식기구로 발족하였다.

1970년대에 이르러 품질이 기업의 국제경쟁력의 주요 요소로 인식됨에 따라 품질시스템에 대한 인증제도의 보급이 확산되었다. 그러나 각국이 실시하는 품질시스템 인증제도는 동일한 목표를 가지고 있음에도 불구하고 인증절차, 용어 및 평가방법 등이 달랐다. 이러한 문제를 해소하기 위하여 국제표준화기구인 ISO는 1979

년에 TC(Technical Committee) 176이라는 품질보증 시스템의 표준화를 범위로 하는 기술위원회를 구성하였다. 이것이 ISO 9000 시리즈 탄생의 시발점이다. 이러한 것을 달성하기 위하여 ISO는 다음과 같은 목적을 정하고 추진하였다.

① 각국 규격의 조정과 통일을 촉진하고,
② 국제규격을 작성·발행하고 국제적 규모에서의 실시를 촉진하며,
③ 각 회원단체가 실행하는 표준화활동 및 ISO의 각 기술위원회가 실시하는 업무에 관한 정보의 상호교환을 촉진하고,
④ 표준화와 관련되는 활동을 하고 있는 다른 국제기관의 요청을 받아 표준화에 관한 조사, 연구를 실시하고 또 이들 기관과의 협력활동을 전개한다.

그 후 ISO는 품질보증에 관한 각국의 규격을 통합 조정하여 1987년에 ISO 9000 시리즈라는 품질경영과 품질보증에 관한 국제규격 시리즈를 제정하였다.

ISO는 91개국의 국제표준화기구의 대표로 구성된 강력한 조직이다. 여기서 문서화한 표준을 ISO 시리즈라고 하며, 대표적인 것이 ISO 9000 시리즈 및 ISO 14000 시리즈이다. ISO 9000 시리즈는 품질경영(QM)에 관한 표준인 반면에 ISO 14000 시리즈는 오늘날 중요시되고 있는 환경경영(EM)에 대한 인증표준이다(김기영, 1999).

2. ISO 9000 시리즈의 추세와 구성

ISO 9000 시리즈는 ISO에서 제정한 품질경영에 관한 국제규격으로 기업이나 어떤 조직에서 품질경영을 위해 구비해야 할 최소한의 요구사항을 정한 것이다. 즉 ISO 9000 시리즈는 1987년 ISO가 제정한 품질보증규격을 말한다. ISO 9000 시리즈는 수출입 등 거래 시에 체결하는 품질계약에 단지 제품의 품질규격만을 표시할 것이 아니라 그 제품의 제조방법과 품질관리 방법까지도 요구사항으로서 계약서에 포함시키도록 하고 있다.

제품이나 서비스를 설계·제조하는 생산시스템에 결함이 있다면 그 품질규격

만으로는 고객의 요구를 완전히 만족시킨다는 보증이 없다는 뜻이다. 다시 말하면 기업의 품질시스템과 품질경영을 확립하고 그것을 유지하여 계약조건을 만족시키도록 하는 일련의 국제품질보증규격인 것이다. 이미 전 세계적으로 100개 이상의 국가들이 ISO 9000 시리즈를 자국의 국가규격으로 채택하여 시행하고 있으며 앞으로도 더욱 확대될 전망으로 명실공히 품질경영에 관한 가장 적절한 규격으로 인정받고 있다.

세계적으로 1994년 5월 말까지 4만 개의 회사가 ISO 9000 시리즈 인증을 받았으며, 한국도 1992년도 말까지 ISO 9000 시리즈를 획득한 업체가 24곳에 불과하였으나, 현재는 대기업, 중소기업을 막론하고 상당수의 기업체들이 ISO 9000 시리즈를 인증받고 있다. 인증획득 업종도 컴퓨터, 전자, 반도체에서 건설, 정유, 선박, 엔지니어링, 철강, 석재가공 등의 제조분야를 포함해 각종 서비스 분야 업체들에 이르기까지 다양화되는 추세이다. 이같이 기업들의 ISO 9000 인증획득이 활발한 것은 선진국들이 ISO 9000 시리즈를 기술적인 무역장벽으로 활용하면서 ISO 9000 인증을 얻지 못한 제품에 대해서는 수입을 제한하려는 움직임을 보이고 있기 때문이다.

〈표 14–1〉 ISO 9000 시리즈의 기본내용과 특징

구분	내용		특징
ISO 9000	품질경영과 품질보증규격 ―선택과 사용에 대한 지침		9001-9003 중 어떤 것을 적용해야 하는가의 규격부분 사용방법의 안내
ISO 9001	품질 시스템	설계/개발, 제조, 설치 및 서비스의 품질보증설계	• 구입자가 공급자에게 요구하는 품질시스템 • 특정고객 대상 • 계약형 상품 • 구매자 위주의 규격
ISO 9002		제조와 설치의 품질보증모델	
ISO 9003		최종검사 및 시험의 품질보증모델	
ISO 9004	품질경영과 품질시스템 요소-지침		• 내부 품질경영이 목적 • 불특정다수의 고객이 대상 • 시장형 상품 • 공급자(생산자) 위주의 규격

구 분	적용 분야
ISO 9001	• 설계/개발, 생산, 설치, 서비스 등을 모두 포함하고 있는 사업장(제조자) • 제약에서 특히 설계를 요구하며, 요구사항이 주로 성능 조항인 경우
ISO 9002	• 제품에 대한 규정요건이 이미 확정된 디자인 또는 규격에 의해 제품을 생산하고 있는 사업장(제조자) • 기본설계는 외부에서 도입하고 OEM방식의 생산형태를 취하고 있는 경우
ISO 9003	• 자체 생산시설을 보유하지 않고 대부분의 부품을 외부로부터 들여와 단순 조립만 하는 사업장(제조자) • 시험, 검사만으로 품질을 확인할 수 있는 경우 • 생산공정이 거의 자동화된 사업장

ISO 9000 시리즈의 제정목적은 각국별로 또한 산업분야별로 달리 정해져 있는 품질보증에 대한 요구사항을 통일시킴은 물론 궁극적으로는 품질경영과 품질보증 시스템의 질적 향상에 있다. 앞의 〈표 14-1〉에서 ISO 9000 시리즈 기본내용과 그 특징을 종합하여 설명하였으며, 〈표 14-2〉에서는 ISO 9001-9003의 적용 분야를 보여주고 있다.

(1) ISO 9000(품질경영과 품질보증 규격-선택과 사용에 관한 지침)

ISO 9000은 통상 9000 시리즈를 지칭하기로 하는 규격으로 자문의 성격을 갖는 문서이다. 품질보증에 대한 기본이념과 개념 및 공급자와 구입자의 2자 간 계약을 할 경우에 표준선택법과 적용시의 주의사항 등이 기술되어 있다. 즉 ISO 9001-9004 규격 시리즈의 선택과 사용에 대한 지침을 제공하는 것이다.

(2) ISO 9001(품질시스템-설계/개발, 제조, 설치, 부대 서비스에서의 품질 보증모델)

ISO 9001은 고객으로부터의 품질요구가 없거나 포괄적인 성능요구는 있어도 명확한 품질규격은 아니기 때문에 제조자가 설계에 의해 제품의 품질규격을 확정하고 아울러 품질적합성을 인증하기 위해 설계, 제조, 출하, 설치 그리고 서비스에 이르기까지의 모든 활동을 제조자가 하는 경우에 적용되는 규격으로 가장 광범위한 품질보증모델이다.

(3) ISO 9002(품질시스템-제조와 설치 및 부대 서비스에 있어서의 품질보증 모델)

ISO 9002는 고객으로부터 품질규격이 명확히 제시되어 있거나 제품규격이 널리 알려져 있기 때문에 제조자에 의한 설계는 불필요하며, 제조-출하-설치만을 생산자가 하는 경우에 적용하는 규격이다. ISO 9002는 ISO 9001의 것과 거의 동일하지만 설계와 서비스 두 가지 품질시스템 요소가 배제되어 있다.

(4) ISO 9003(품질시스템-최종검사 및 시험에 있어서의 품질보증모델)

ISO 9003은 제품의 품질규격에 대한 적합성이 제조자의 최종시험, 최종검사기능으로만 입증할 수 있는 경우로서 설계나 제조기능이 없거나 고려하지 않아도 되는 경우에 적용되는 규격이다. 물론 규격은 경영방침과 조직에 관하여 품질계획을 세울 필요가 있으며, 따라야 할 절차는 문서화시키고 종업원들을 교육시켜야 한다. 검사 및 시험장비는 교정 · 관리되어야 하고 검사 및 시험상태를 지정할 시스템과 아울러 부적합제품을 관리하는 시스템이 전개되어야 한다. 품질기록을 유지하고 필요하다면 통계적 기법을 확립해야 한다.

(5) ISO 9004(품질경영과 품질시스템 요소-지침)

ISO 9004는 시리즈 중에서 두 번째 자문성격의 문서이다. ISO 9001-9003이 구입자를 위한 규격인데 비하여 ISO 9004는 공급자를 위한 규격이라 할 수 있다. 이 규격은 공급자가 실시해야 할 전반적인 품질경영과 품질시스템 요소에 관한 지침이 기술되어 있다. 계약문서로 이용되는 세 규격의 요건과 관련된 정보 이외에도 ISO 9004는 그 밖의 마케팅, 제품안전과 책임, 품질비용 등과 같은 분야에 관한 지침을 제공한다. ISO 9001, 9002, 9003의 시스템 요건을 이행할 필요는 없지만, 효율적인 품질경영시스템을 시행하고자 하는 회사들에 의해 이 규격은 매우 성공적으로 이용되어 왔다.

3. ISO 9000 : 1994와 ISO 9001 : 2000 개정판의 차이점

ISO에서는 5~6년마다 개정검토를 하도록 되어 있어, 1994년 1차 개정판 발행 이후 점차 드러나는 기존규격(1994년판)의 한계점을 극복하고 고객의 요구사항에 부응하고자 2000년 12월 15일 2차 개정판이 공표되었다. 이후 2003년 12월 14일까지는 1994년판과 2000년판이 한시적으로 병용되고 있고, 2003년 12월 15일부터는 2000년판만이 유효하게 사용되므로 1994년판으로 인증받은 고객은 2003년 12월 14일 이전에 2000년 규격에 따라 인증을 변경해야 인증서가 유효하게 지속된다 (김연성 등, 2010).

ISO 9000 시리즈 2000년 개정판은 다음과 같은 점에서 차이가 난다.

① 점차 서비스 산업의 중요성이 강조되며, 정보화 및 세계화 추세에 맞추어 제조업에서 서비스, 건설, 통신, 인터넷, 공공기관으로 활용범위를 확대하여 모든 제품 카테고리, 산업 분야 및 조직에 적용가능하다.

② 기존의 ISO 9002 및 9003을 제거하면서 요건 서류를 단일화하여 문서화 요구사항을 완화하였다.

③ ISO 9000 시리즈 간의 일관된 사용을 돕는 데 초점이 맞춰졌을 뿐 아니라, 고객이 구매하는 제품과 서비스를 생산하는 프로세스로서 조직을 보는 확대된 개념에 바탕을 두고 상호 연관된 일련의 프로세스를 정의하여 경영시스템을 조직 프로세스에 연계하였다.

④ 조직이 PDCA(Plan-Do-Check-Act) 원리 및 프로세스 경영을 적용하는 융통성을 허용하여 성과(performance) 중심의 지속적 개선(continuous improvement)을 도모한다.

⑤ 사용자의 다양한 의견을 반영하여 작성되었으며, 고객만족 실현을 강조하며 최고경영층의 역할을 강조한다.

⑥ 품질시스템을 운영하는 데 있어 "절차에 초점을 둔 접근방식"(업무활동을 어떻게 하는가를 기술한)으로부터 "프로세스 접근방법"(무엇을 하는가에 더욱 초점)으로 전환되었다. 이러한 프로세스 접근방법은 조직으로 하여금 사업

효과성과 사업목표를 직접적으로 연계하여 관리할 수 있도록 하는데, 이를 통해 기존의 20개 조항을 다섯 개의 프로세스로 재조정하였다.

⑦ ISO 14001 등 기타 경영시스템과의 호환성이 증대되었다.

[그림 14-1]은 양자의 차이를 간략히 구분하여 정리한 것이다.

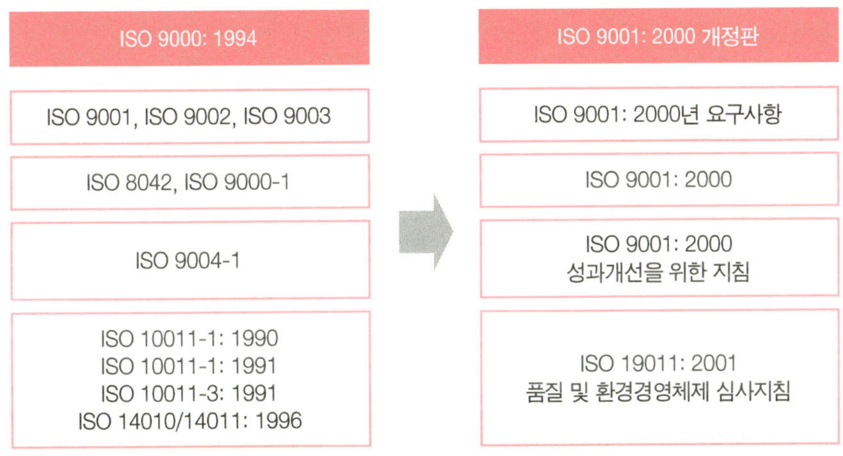

[그림 14-1] ISO 9000: 1994와 ISO 9001: 2000 개정판의 차이점

4. ISO 9000 시리즈 획득의 필요성

앞에서 ISO 9000 시리즈란 무엇이며 기본내용과 그 특성을 설명하였고, ISO 9000 시리즈에 필요한 사항 등에 대하여 설명하였다. 다음은 왜 ISO 9000 시리즈를 획득하여야 되는가에 대하여 살펴보기로 한다.

(1) 수출조건

EC(유럽공동체)의 12개 국가와 EFTA(유럽자유무역연합) 7개국은 ISO 9000에 의거한 인증제도를 실시하도록 인증받지 않은 기업의 제품이나 서비스를 유통되는 것을 제한시키고 있으며, 미국, 캐나다, 호주 등 EC지역 외 국가들도 구매의 전제조건으로 생산자가 ISO 9000 품질시스템을 갖출 것을 요구하고 있다. 그러므로 수출을 하기 위하여 ISO 9000 품질시스템을 갖추어야 한다.

(2) 품질을 신뢰할 수 있다는 객관적인 입증수단

기업은 상품의 품질을 높이는 것 못지않게 품질이 체계적·조직적으로 관리되고 있다는 것을 객관적으로 입증해야 구매자의 요구사항을 완전히 충족시킬 수 있을 상품의 대외 이미지도 높일 수 있으며 이러한 체계와 조직을 갖추는 데 유용한 수단은 국제적으로 인정받고 있는 ISO 9000 품질시스템에 대한 인증을 받는 것이다.

(3) 업무관리의 기초

기업이 전략적으로 채택하는 품질향상, 코스트 다운, 생산성 향상 등의 기업방침은 모든 업무가 관리상태에 있은 경우에만 효과적으로 달성가능하며, ISO 9000의 요건충족은 기업이 관리상태 하에 있도록 유도하여 결과적으로 기업이 모든 일을 효과적으로 할 수 있도록 함으로써 기업방침이 달성되도록 해 준다.

(4) 효율적인 생산관리의 척도

상품이나 서비스의 품질이 보증되기 위해서는 그 상품이나 서비스에 관련되어 투입된 사람, 설비, 업무처리 방법, 자재 등 생산자원이 적절하게 관리된다는 것을 확신시켜 주어야 한다.

(5) 실질적인 관리

ISO 9000은 제품이나 서비스의 품질보증에 관한 가장 기본적인 소비자의 요구사항을 규정하고 있고, 또 인증심사의 사후관리의 엄격성 등으로 기업활동을 형식적인 것에서 실질적인 것으로 변화시켜 준다.

5. ISO 9000의 인증절차

ISO 9000 시리즈 인증은 크게 신청서, 품질 매뉴얼 등의 서류심사, 예비진단을

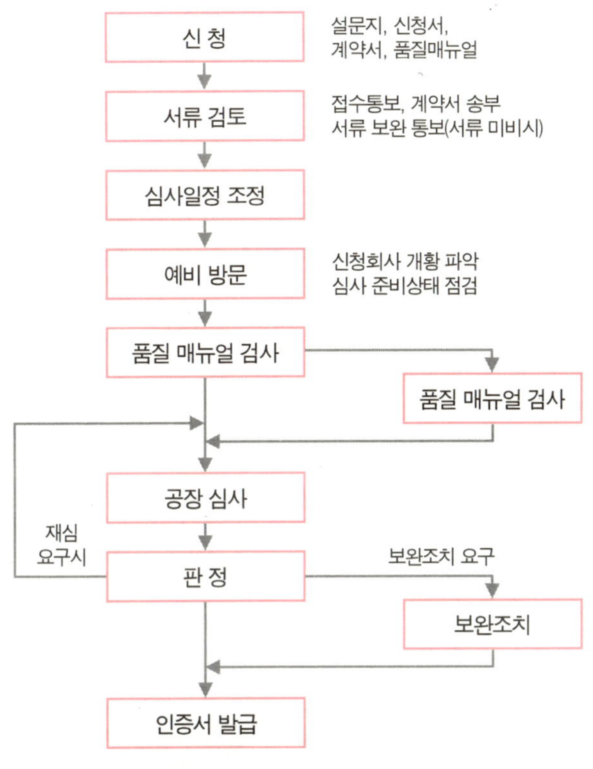

[그림 14-2] ISO 9000 인증절차

자료 : 원중호·김병태·최성용, 『NEW 품질경영론』(대전 : 도서출판 대경, 2007)

위한 예비심사, 본심사(공장심사) 등으로 구성되며, 인증신청 후 심사까지는 시설의 크기, 제품과 서비스의 범위 그리고 자동화수준 등 기업의 환경에 따라 다르나 통상 6~8개월이 소요된다. 인증절차는 [그림 14-2]와 같다.

서류심사는 일반적으로 본심사에 3~4개월 앞서 실시하며, 품질매뉴얼이 ISO 9000의 요구사항에 맞게 정리되어 있는지를 심사하는 것으로 중대한 결점이 발견되지 않는 한 무리 없이 통과된다. 서류심사에 소요되는 기간은 통상 1~2일이며 내용이 불충분한 경우 본심사 일정이 연기될 수 있다. 예비심사는 기업이 선택적으로 받는 것으로 본 심사 전에 자사의 품질시스템을 최종적으로 확인해 보기 위한 수단의 하나로 사용될 수 있다.

흔히 예비심사를 컨설팅으로 착각하는 경우가 있는데, 예비심사에서는 단순히 잘못된 점만 지적할 뿐 개선방법에 대해서는 언급하지 않으므로 주의해야 한다. 본

심사는 인증 대상업체의 품질시스템이 ISO 9000 시리즈에서 규정한 요건에 작업이 수행되고 있는지를 심사하는 것으로 심사에 소요되는 일수는 사업장의 크기, 심사 도중 발견되는 모든 지적사항을 중대한 사항과 경미한 사항으로 분류되어 중대한 사항이 하나 이상 발견될 경우 통상 인증서 발급이 허용되지 않는다. 중대한 사항이란 품질시스템의 한 요소라도 전반적으로 잘 이행되지 않는 경우를 뜻하며 전체적인 평가를 거쳐 재심사 또는 서류를 통한 보완, 보고 및 제출 등의 과정을 통해 인증서를 취득할 수 있다. 한편, ISO 9000은 인증을 받은 후에도 통상 3년에 한 번씩 재심사를 받아야 하기 때문에 항상 품질시스템의 개선과 유지에 노력해야 한다.

6. 기대효과

ISO 9000 인증추진 및 취득에 따른 기대효과는 다음과 같다.

① 품질향상에 기여(문서화·기록화로 불량률에 대한 원인추적)
② 일관성 있는 조직유지 및 운영(개개인의 지식이 회사의 know-how로 축적)
③ 전 직원의 품질인식 확산
④ 회사 내 제반 업무시스템 장비
⑤ 불합리요소 제거를 통한 생산성 향상
⑥ 고객 이미지 제고
⑦ 하자발생 방지
⑧ 책임의식 부여(권한과 책임의 명확화)
⑨ 제조물 책임(PL)에 대한 대비

이상의 ISO 9000 시리즈 인증취득의 기대효과를 요약하면 ① 품질의식 향상, ② 품질경영체제 확립, ③ 생산성 향상, ④ 고객만족 제고 등이다(김연성 등, 2010).

제3절 ISO 14000 시리즈와 환경경영

1. 환경경영의 등장배경과 필요성

미래학자들은 앞으로 세계무역시장에서는 환경투자가 국가경쟁력을 좌우하는 결정적인 요소가 될 것이라고 지적한다. 그린 라운드(Green Round: GR)는 환경규제를 이유로 무역을 규제하는 성격을 띠기 때문에 우리나라를 비롯한 신흥개발도상국들에게는 또 다른 무역장벽으로 작용할 가능성이 커지고 있다(최성용, 1995).

한국은 무역의존도가 높고 환경기술수준과 환경규제기준이 선진국보다 낮아 GR에 의한 영향이 다른 어떤 나라보다 클 것이라는 전망이 공통적으로 나오고 있다. 또한, 수출의존도가 높고 아직은 경제규모에서 중위수준에 있는 우리나라로서는 환경장벽의 극복여부가 앞으로의 경제발전을 좌우한다고 해도 과언이 아니다. 그러므로 우리나라 기업들은 이제 존립의 차원에서 환경문제에 접근하지 않으면 안 된다.

GR은 단지 환경규제뿐만이 아닌 경제활동 전반의 국제적인 규제이다. 즉 상품의 생산방식과 공정에 대해서도 환경규제를 하겠다는 것이다. 그리고 국가 간의 환경기준 차이 등을 상계관세로 부과하며, 기업활동 전반에 대한 환경보전 활동들을 무역규제에 포함시키는 내용이다. 이와 함께 국제표준화기구(ISO)는 환경관련규격을 국제적으로 통일하여 제품과 이를 생산하는 기업에 대하여 인증을 해주는 구체적 환경규격, 이른바 ISO 14000 시리즈를 제시하고 있다.

환경경영 인증체제는 기업이 환경보호 및 환경관리 개선을 위한 환경경영 체제의 주요 요건을 갖추고 규정된 절차에 따라 체계적으로 관리하고 있음을 제3자가 증명해 주는 활동이다. ISO 14000 시리즈 환경경영 인증체제를 도입해야 하는 필요성을 열거하면 다음과 같다.

① 기업의 자율적 의사에 의한 환경관리로 법적 규제의 필요성이 감소된다.

② 효율적 환경경영체제 구축에 의한 생산비용 감소 및 경쟁력을 제고시킬 수
   있다.
③ 제3자의 인증에 의한 기업의 투명한 환경 이미지를 구축하며 선진국시장을
   확대시킬 수 있다.
④ 자원과 에너지의 절약, 자연환경의 보호 등에 기여한다.
⑤ 환경관리기술의 개선 및 종업원의 환경에 대한 도덕성을 확보할 수 있다.

2. 환경경영시스템(EMS)의 개요

환경경영시스템(Environmental Management System: EMS)이란 환경적으로
건전하고 지속유지 가능한 경영체제로서 환경방침을 개발, 실행, 달성, 검토 및 유
지관리를 하기 위한 조직의 구조, 계획활동, 책임, 관행, 절차, 공정 및 자원 등을 포
함하는 경영체제의 하나이다.

〈표 14-3〉 품질경영과 환경경영의 사고적 차이점

구 분	품질경영	환경경영
목표	• 제품 고품질 • 산업계 리더	• 기업 고품질(제품, 환경) • 범지구적 리더
기획/전략	• 무결점운동	• 무결점운동 • 폐기물 최소화 • 오염방지 • 재활용 최대화
	• 제품혁신 전략 • 효율추구 전략 • 제품 부가가치 위주 전략	• 환경품질 전략 • 환경보존 전략 • 기업 이미지 개선전략
실행지침	• 전략적/유연적 사고 • 신사업 개척(제품) • 제품의 표준규격화	• 품질경영 지침 • 환경산업 창출 • 기업 이미지 개선
커뮤니케이션	내부	내부＋외부
관리자	담당자	이해관계자

〈표 14-4〉 ISO 9000과 ISO 14000의 차이점

구분	ISO 9000	ISO 14000
목적	제품의 생산과정 등 품질시스템이 제대로 작동되고 있는지 신뢰성 여부를 판단하는 기준을 제시	기업의 사업활동이 환경친화적으로 진행되고 관련제품도 일정한 환경기준을 충족시키고 있는지를 평가하는 기준을 제시
취급 범위	품질관리, 품질계획, 품질개선, 품질보증 분야 등을 포함하여 품질경영 체제의 구축을 주로 다루고 있음	환경경영 체제, 환경감사 등 경영자체에 관한 것과 함께 제품수명주기의 평가 등 제품자체에 관한 환경적합성 측정도 포함
성격	일반지침	경영체제

품질경영과 환경경영의 사고적 차이점 및 ISO 9000과 ISO 14000 시리즈의 차이점에 대한 설명은 위의 〈표 14-3〉 및 〈표 14-4〉와 같다(안상형 등, 1998).

3. ISO 14000의 구성요소

ISO 14000의 구성은 다음 〈표 14-5〉에서 보는 바와 같다.

〈표 14-5〉 ISO 14000의 구성요소

구분	내용	규격번호
환경경영시스템 규격	환경경영시스템 규격 및 사용지침	ISO 14001
환경경영시스템 지침	환경경영시스템 원칙, 체계 및 지원기법에 관한 일반지침	ISO 14004
환경심사(EA)	환경경영시스템 심사원칙, 심사절차와 방법, 심사원 자격을 규정	ISO 14010/11/12
전과정 평가(EPE)	조직활동의 환경 성과에 대한 평가기준 설정	ISO 14031 ISO/TR 14032
환경라벨링(EL)	제3자 인증을 위한 환경마크 부착지침 및 절차, 자사 제품의 환경성 자기주장의 일반지침 및 원칙 등을 규정	ISO 14020/21/24 ISO/TR 14025

(계속)

구분	내용	규격번호
전과정 평가(LCA)	어떤 제품, 공정, 활동의 전과정의 환경영향을 평가하고 개선하는 방안을 모색하는 영향평가방법	ISO 14040/41/42/43 ISO/TR 14049
용어 정의	환경용어 정의	ISO 14050
환경친화 설계(DFE)	Design for Environment	ISO/TR 14062

자료: 김연성 등(2010), p. 95.

4. QS-9000과 TL 9000

(1) QS-9000 인증

QS-9000은 미국의 자동차업체 Big 3사(GM, 포드, 크라이슬러)가 ISO 9000 : 1994 규격 요구사항에 자동차산업의 특성을 고려해 자동차 관련제품 요구사항을 추가하여 자동차업체 시행판으로 발행한 규격이다(김연성 등, 2010). 1988년 6월 미국품질학회(American Society for Quality: ASQ)의 자동차 부문 회의 시 미국 자동차산업의 품질시스템을 위한 공통규격 제정의 필요성을 제기하여 태스크포스팀(Task Force Team)이 설치된 후, Big 3사가 그 동안 각자 납품업체 선정 등에 적용하던 기존규격과 요구사항을 통합해 발행하였다. QS-9000은 Big 3사의 '공인해석서'인 동시에 '공급자 품질시스템 요건'으로 자동차의 안전, 신뢰성 확보 등을 위해 납품업체에 인증획득을 요구하고 있다.

QS-9000은 자동차산업에 생산용 부품, 원자재 및 서비스를 제공하는 공급자의 필수적인 품질경영시스템으로 자동차산업 분야의 관리시스템에 대한 포괄적인 기준을 제공한다.

QS-9000은 1994년 8월 최초로 공표된 이래 1995년 2월 개정, 1998년 3월 재개정되어 현재는 국내뿐만 아니라 전 세계적으로 ISO 9000의 상위관리 개념으로 자동차관련 회사뿐만 아니라 다양한 업종의 회사들도 이를 획득, 유지하고 있으며 새로운 자동차산업의 통합규격인 ISO/TS(ISO/TS 16949 인증과 함께 자동차 산업 인증시장을 주도하고 있다.

QS-9000 인증은 ① 제품 및 서비스, 부품, 자재를 공급하는 내, 외부 공급자들에게 바라는 기본적인 품질시스템 요구사항을 규정, ② 최종고객, 공급원 및 그들 자신의 이익을 위해 산포와 낭비를 지속적으로 줄임으로써 고객만족을 보장하도록 공급자와 함께 일할 것을 결의하는 것 등을 목적으로 정하고, 다음과 같은 구체적 목표를 제시하고 있다.

① 산포와 낭비 감소
② 결함예방
③ 지속적 개선을 위한 기본적인 품질시스템 개발

한편, QS-9000 인증의 적용대상은 ① 양산자재 공급업체, ② 양산 또는 서비스 부품 공급업체, ③ 열처리, 도장, 도금 또는 기타 마무리 서비스를 직접 제공하는 업체 등이며, QS-9000의 구성요소는 다음과 같이 크게 두 부분으로 나누어 설명할 수 있다.

❶ QS-9000 Quality Systems Requirements(품질시스템 요건)
• Section 1
  - ISO 9001을 기초로 미국 Big 3사의 해석 및 보충적 요구사항 추가적 반영.
  - 양산부품 승인과정, 지속적 개선 및 제조능력에 대한 부문별 지정요구사항
• Section 2
  - 자동차 회사별 고객지정 요구사항
  - ISO 9001/2 품질시스템 요구사항 이외에 +α에 해당하는 'Big 3사'의 요구사항은 다시 세 부분(Section Ⅰ, Ⅱ, Ⅲ)으로 나뉘는데, 'Big 3'의 관점에서 보면 각각 다음과 같이 설명될 수 있다.
    ① Section 1(기본 요건) : ISO 9001/2를 기초로 미국 Big 3사의 분석 및 보충적 요구사항 양산부품 승인과정, 지속적 개선 및 제조능력에 대한 부문별 지정 요구사항
    ② Section 2(공통 요건) : Big 3사가 공통적으로 요구하는 사항

③ Section 3(개별 요건) : Big 3사가 각각이 개별적으로 요구하는 사항

❷ QS-9000 부속메뉴얼(Core Tool)

- APQP(Advanced Product Qualtity Planning and Control Plans) : 사전 제품품질 기획 및 관리계획
- FMEA(Potential Failure Mode and Effects Analysis) : 잠재적 고장유형 및 영향분석
- QSA(Quality System Assessment) : 품질시스템 감사
- MSA(Measurement System Analysis) : 측정시스템 분석
- PPAP(Production Part Approval Process) : 양산부품 승인절차
- SPC(Statistical Process Control) : 통계적 공정관리

(2) TL 9000(Telecommunication Leadership)

TL 9000은 정보통신산업에 대한 보다 향상된 품질시스템 요구사항을 수립하고 정보통신산업에 적용되는 다양하고 서로 다른 요구사항의 통일 필요성이 대두되면서 미국의 SBC, Bell Atlantic, Bell South, Lucent Technologies, Motorola, Alcatel 등 150여 개의 세계적 정보통신 사업체들로 구성된 QuEST Leadership Forum이 개발, 보급한 새로운 국제품질시스템규격이다(김연성 등, 2010).

❶ TL 9000 개요

다른 기준 산업표준과 TL 9000 품질시스템 요건 핸드북의 가장 큰 차이점은 제품 및 서비스의 신뢰도와 성과측정에 사용되는 성과와 소요비용에 근거한 측정기준이 포함되어 있다는 것이다. 또한 TL 9000 품질시스템 요건 핸드북은 ISO 9000: 1994와 ISO 9000: 2000의 차이를 좁히는 것으로 고객만족 문제를 다루는 추가적인 요건을 포함하고 있고, 이들 추가적인 요건은 말콤 볼드리지(Mclcolm Baldrige)에 근거한다.

그 요건들은 하드웨어, 소프트웨어 및 서비스의 세 가지 부문으로 지정되어 있으며 이 부문들은 하나의 어떤 특정한 부문 또는 부문 간의 결합으로 인증을 받는다.

TL 9000 품질시스템 요건 핸드북은 네 개의 층으로 구성되어 있다.

① ISO 9000+21번째 항(고객만족)
② 하드웨어, 소프트웨어, 서비스의 전 분야에 대해 똑같이 적용될 공통적인 통신산업 요건
③ 하드웨어, 소프트웨어 그리고 서비스에 대한 특정한 요건
④ 측정기준 : 하드웨어, 소프트웨어 또는 서비스 공정 및 제품에 사용될 측정도구, 요건과 관련된 결과를 측정하는 데 사용됨.

❷ TL 9000 인증 취득의 기대효과

TL 9000 인증 취득으로부터 기대되는 효과는 다음과 같다.

① 서비스, 소프트웨어 및 하드웨어에 대한 지속적 품질성과 개선을 통한 비용 절감 및 고객만족 보증
② 경쟁력, 마케팅 능력 및 사업역량 강화를 통한 시장점유율 향상
③ 고객에 대한 지속적 서비스 개선(cycle time 감소, 정시 인도, 결함 제거, 라이프사이클 비용 감소)
④ 고객과 공급자 간 관계 강화 및 성과지표에 근거한 지속적 개선
⑤ 성과지표 시스템을 통한 정보통신산업의 비교 가능한 벤치마킹 데이터 획득
⑥ 정보통신산업 품질시스템 요구사항 표준화
⑦ 외부 심사, 현장방문의 감소 및 효율적 운영
⑧ 라이프 사이클의 계획적 관리
⑨ 최선의 품질시스템 구축을 통한 고객 신뢰도 향상
⑩ 협력업체의 성과 개선 및 관리 향상
⑪ 정보통신산업 부문의 국제적 요구사항 만족 및 무역장벽 잠재성 극복

❸ TL 9000 인증범위

TL 9000 품질시스템 요구사항은 하드웨어, 소프트웨어, 서비스 품질 시스템 요

구사항 또는 이 세 가지 요구사항들의 조합과 함께 성과지표에 대한 인증을 제시하고 있으며, 이러한 다양한 인증범위는 사용자가 그들의 사업특성에 따라 선택적으로 인증을 받을 수 있게 한다. 제시된 기본적인 세 가지 인증범위는 다음과 같이 요약되며, 공급자는 다음의 세 가지 중 하나 또는 복수의 분야에서 인증을 받을 수 있다.

① TL 9000-HW : 하드웨어 요구사항 및 하드웨어 성과지표
② TL 9000-SW : 소프트웨어 요구사항 및 소프트웨어 성과지표
③ TL 9000-SC : 서비스 요구사항 및 서비스 성과지표

사례 33 ISO 9000 시리즈 인증

1. ISO 9000 시리즈 인증이란?

국제표준화기구(ISO) 기술위원회(TC 176)에서 제정한 품질경영시스템의 국제규격으로 ISO 9000:2000, ISO 9001:2000, ISO 9004:2000, ISO CD/19011의 핵심규격으로 구성되어 있다.

- ISO 9000:2000(기본사항 및 용어) : 품질경영시스템에 대한 기본 사항과 용어가 기술되어 있다.
- ISO 9001:2000(요구사항) : 조직이 고객 및 적용되는 규제사항을 충족시키는 제품을 제공할 능력이 있음을 증명하기 위하여 갖추어야 될 요구사항이 기술되어 있다.
- ISO 9004:2000(성과개선지침) : 지속적인 개선을 통해 조직의 성과를 향상시키도록 프로세스를 개선하고 조직의 품질경영시스템의 완성도를 평가하는 데 필요한 지침이 기술되어 있다.
- ISO 19011 : 2000((품질경영시스템 및 환경경영시스템의 심사규격) : 품질경영 및 환경경영 심사의 관리 및 수행에 관한 지침이 기술되어 있다.

국제표준화기구(International Organization for standardization)는 동등하다는

의미를 지닌 그리스어인 'ISOS'에서 연유되었으며, ISO를 선택한 것은 '동등하다', '평등', '동등의 크기' 등의 개념을 통해 '규격'또는 '표준화'의 추진을 생각하려는 깊은 의미가 있다. 기업의 체질에 맞는 품질경영시스템을 수립하여 심사를 받는 제도로서 조직이 갖추어야할 최소한의 요구사항이다.

ISO 9000 / 9001 / 9004 / 19011

- ISO 9000 : 품질경영시스템에 대한 기본사항에 개한서술 및 용어정의
- ISO 9001 : 조직의 능력을 실증하기 위한 품질경영시스템에 대한 요구사항
- ISO 9004 : 품질경영시스템의 효과성뿐만 아니라 효율성도 고려하는 지침. 이 규격의 목표는 성과 개선과 고객만족 및 이해관계자의 만족
- ISO 19011 : 품질경영시스템 및 환경경영시스템 감사/심사에 대한 지침

ISO 9000의 태동배경

- 1910년 : 대량생산체계
- 1940년 : 제2차 세계대전
- 1959년 : 미 국방성 군수품 품질시스템요건 MIL-Q-9858 제정
- 1962년 : 미국 NASA 품질프로그램 발행(NPC-200-1)
- 1970년 : 미국 식품의약품협회 GMP 발효
- 1979년 : 영국에서 산업별 단일품질규격 BS 5750 발행
- 1987년 : ISO 9000(EN29000) Family 탄생
- 1992년 : KS A 9000으로 국가규격 채택
- 1994년 : ISO 9000 개정
- 2000년 : ISO 9000 개정 예정

2. ISO 9000 시리즈 인증의 종류 / 차이

- ISO 9000 : 품질경영시스템
- ISO 14000 : 환경경영시스템
- ISO/TS16949 : 자동차 분야
- ISO13485 : 의료기기 분야
- TL 9000 : 정보통신 분야
- AS 9100 : 우주항공 분야

- ISO 22000 : 식품안전경영시스템

※ 각 분야별 세분화 사항은 ISO 9000의 요건사항을 기준으로 각 해당 분야에서 중점적으로 관리되어야 할 부분들이 있어 그에 따른 필요성에 의해 구분됨.

3. ISO 9000 시리즈 인증의 절차

우선 추진계획을 설립, 인증목표설정하고 TFT(Task Force Team) 구성, 추진기간 및 소요예산은 회사의 규모나 직원 수, 제품의 종류, 업무의 복잡성, 업무활동 체계시설현황 등을 감안하여 결정

1. 기본계획 수립

2. 컨설팅 기관 선정

3. 교육

    3.1 품질마인드 교육 : 전 직원

    3.2 ISO 9000 기본교육 : 전 직원

    3.3 부문별 교육 : 기획, 영업, 설계, 구매, 생산, A/S 등

    3.4 내부 심사원 교육 : 시스템 점검을 위한 내부 심사원 대상자

    3.5 인증심사 전 교육 : 심사 준비사항, 수심방법 등

4. 문서화

    4.1 프로세스 파악(Process Mapping)

    4.2 단위 프로세스 문서화(규정, 절차 등)

    4.3 하부문서 작성(지침서, 기술표준 등)

    4.4 품질계획서 작성

5. 실행 및 보완

    5.1 실행계획 수립

    5.2 실행

    5.3 내부 심사 및 시정조치

    5.4 경영검토

    5.5 최종점검

6. 인증

    6.1 인증기관 선정

    6.2 문서심사

6.3 본 심사(현장심사)

6.4 인증심사 시정조치

6.5 인증서 취득

4. ISO 9000 시리즈 인증 대행 국내기관

인증컨설팅기관은 조직적 규모를 갖추고 있는 기관은 능률협회, 생산성본부 등 (중소기업청 홈페이지 참조) 대략 30개이다. 또한 중소 컨설팅 기관이나 개인적으로 움직이는 컨설턴트(개인업체)는 수십 내지 수백 개에 달한다.

5. ISO 9000 시리즈 인정 대행 국내기관

한국인정원(KAB)은 산자부산하 한국대표인정기관이다. '인정'이란 말은 ISO(국제표준화기구)에서 인정된 기관으로, 한 국가에 하나만 존재한다.

6. ISO 9000 시리즈 인증의 기대효과

- 회사표준 구축
- 회사 프로세스 체계 구축
- 경영목표 수립체계 구축
- 성과관리 수립 및 달성체계 구축
- 고객만족 체계 구축
- 내부고객인 직원들의 일체감 형성
- 경영관리의 툴(Tool) 구축
- 회사의 노하우 축적체계 구축
- 품질개선 체계 구축
- 예방활동 체계 구축

제15장

인터넷과 품질경영

 ## 제1절 인터넷과 전자품질경영의 의의

오늘날 인터넷의 등장은 기존의 기업거래 관행을 송두리째 바꾸어 놓고 있다. 또한, 인터넷이 구매자들의 정보력과 교섭력을 향상시킴으로써 공급자/구매자 사이의 전통적인 힘의 균형을 깨뜨리고 있으며, 기존의 전통적인 시장의 한계를 넘어 가상공간에서의 시장을 점차 확장해 나가고 있다. 최근 들어 전자상거래(e-commerce), e-비즈니스(e-business) 등이 새로운 경영패러다임을 리드하는 추세이며, 종전의 전통적인 시장구조를 급속하게 해체하여 재편성하는 과정에 있다.

일반적으로 e-비즈니스란 인터넷/전자상거래를 통해 기업의 경쟁력을 향상시키고자 하는 노력이며, e-비즈니스의 영역으로는 상거래 관점에서의 전자상거래(e-commerce)와 내부경영혁신 관점에서의 e-QM으로 구분할 수 있다.

e-QM(e-품질경영)이란 인터넷/인트라넷 등의 정보기술을 활용하여 기업경영활동을 적극적이고 보다 효율적으로 활성화하려는 노력을 의미한다. e-QM에서는 기능별 분류에 의해 e-CRM(Electronic Customer Relationship Managemant), e-SCM(electronic Supply Chain Management), 인터넷 전자결제, 인트라넷 등을

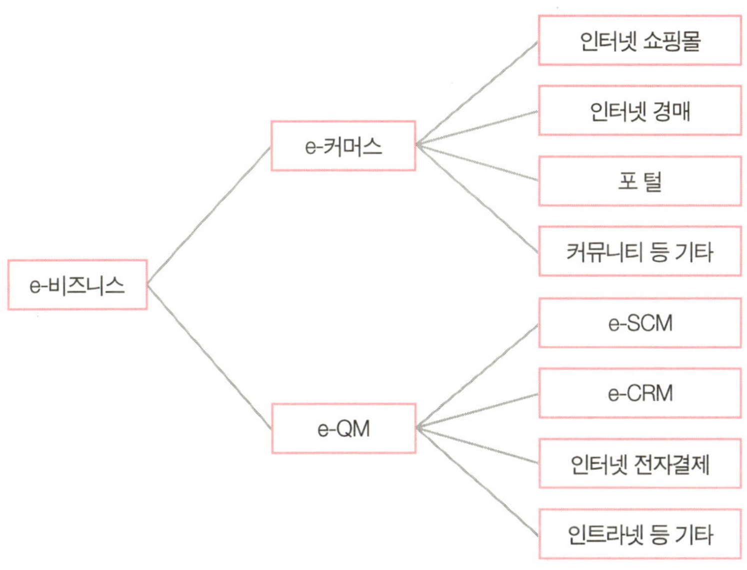

[그림 15-1] e-비즈니스와 e-QM의 구조

자료: 김연성 등, 『서비스경영』(파주: 법문사, 2010), p. 303에서 인용.

들 수 있다. 이를 영역별로 도표화하면 [그림 15-1]과 같다.

 ## 제2절 e-품질경영의 활용방안

e-품질경영(e-QM)의 분야별 활용방안은 ① 리더십, ② 고객과 시장 중시, ③ 인적자원의 개발/관리, ④ 프로세스 관리의 네 가지로 구분해 설명한다(김연성 등, 2010).

1. 리더십에서의 인터넷 활용

CEO의 리더십 방향 및 조직성과의 검토는 리더십을 평가하고 조직을 효과적으로 통제해 나가기 위한 중요한 항목이며, 경영품질의 방향을 선도하고 지속적으로 관리해 나가기 위한 CEO의 적극적인 노력을 전제로 한다. 리더십 범주에서는 CEO의 리더십이 사내에 얼마나 신속하게 전달되는가, 조직의 가치 및 목표와 전략 등을 전달하는 방법, CEO의 위치와 임무 등이 주요 구성요소로 포함되어 있다.

이러한 리더십 방향을 사내에 유포하고 전달하는 데 있어 기존에는 공문이나 사보 및 게시문서 등을 통하여 전달되었으나 최근에는 인터넷/인트라넷 등을 통해 사내·외에 실시간으로 전달하며, 회사의 방향에 대한 신속한 종업원의 참여를 도모하고 있다.

GE, 동양화재, LG유통 등의 홈페이지에서는 CEO의 리더십 방향, 메시지, 업적, 칼럼, 신문기사 등을 PDF파일 형식 등의 온라인 형태로 공시하고 있으며, 현대그룹이나 Ford의 홈페이지에서는 제휴사, 투자정보, 연간실적, 자사의 성과관련기사 등을 게시함으로써 고객지향의 가치 및 방향을 고객에게 전달하고 전체 종업원들의 자부심을 유도하고 있다.

기업들은 또 경쟁적으로 인트라넷 시스템을 구축, 회사업무에 활용하고 있다. 즉 회사에 지식경영 시스템을 구축하기 위해 인터넷상으로 회사 안의 각종 정보를 공유하고 각 직원, 부서 간의 자유로운 커뮤니케이션을 도모하는 것이다. 종이사보를 없애고 24시간 업데이트되는 전자사보로 대체하고 있으며, 전 세계에 흩어진 지사를 인터넷으로 묶어 가상 정보망으로 이용하는 인트라넷을 구축, 비즈니스 프로세스까지도 혁신하고 있다. 삼성전관의 모든 인사업무는 사내 인트라넷 '나눔터'에 설치된 'PDSS(Personal Decision Support System, 인사의사결정지원 시스템)'를 통해 이루어지고 있는데, 공지사항에는 연말정산 기한, 복리후생 제도, 증명서 발급, 사내 자격증, 사내 교육정보, 예상퇴직금, 우리사주 등의 정보를 온라인으로 확인할 수 있도록 되어 있다. 또한 '인재뱅크'란에서는 자신이 원하는 근무지역과 근무부서, 직무, 이동 희망시기, 희망사유 등을 본인이 직접 입력할 수 있도록 되어 있으며, 입력한 자료는 비밀로 처리되어 인사에 활용되고 있다.

2. 고객/시장 중시의 인터넷 활용

인터넷을 이용한 전략적 활용방안으로 가장 많이 활용되고 있는 것 중의 하나가

인터넷 공개 데이터베이스 전략이다. 인터넷 공개 데이터베이스 전략이란 기업내부의 데이터베이스를 인터넷 기술과 연동시킴으로써 기업의 웹사이트를 통해 공개함으로써 쉽게 고객에게 실시간으로 자사의 정보를 제공하고자 하는 것이다.

예를 들어, 미국의 대표적인 운송업체인 페더럴 익스프레스(FedEx) 사의 경우 화물추적에 관련된 실시간 데이터베이스 정보를 인터넷에 올려 공개함으로써 관심 있는 고객의 접속을 유도하여 신속한 정보 서비스를 제공함과 더불어 정보검색 업무를 자사의 직원으로부터 고객의 업무를 전환하는 일석이조의 효과를 거두고 있다.

인터넷 공개 데이터베이스 전략의 사용은 택배업체뿐만 아니라 고객에게 실시간으로 여러 정보를 제공해야 하는 산업에 적합하다. 즉, 예약업무와 관련한 항공 산업, 여행업, 티켓예약산업, 고객투자액의 평가결과를 즉시 제공할 수 있는 은행업, 증권업 등의 금융업, 시장에 나와 있는 제품의 시황을 실시간으로 소개할 수 있는 부동산 소개업 등에서 유용하게 사용할 수 있다.

3. 인적자원의 개발/관리에서의 인터넷 활용

기업들은 경쟁적으로 인트라넷 시스템을 구축, 회사 업무에 활용하기 시작했는데, 회사에 지식경영 시스템을 구축하기 위해 인터넷상으로 회사 안의 각종 정보를 공유하고 각 직원 및 부서 간의 자유로운 커뮤니케이션을 꾀하는 것이다. 종이사보를 없애고 24시간 업데이트 되는 전자사보로 대체하고 있으며, 전 세계에 흩어진 지사를 인터넷으로 묶어 가상정보망으로 이용되는 인트라넷을 구축, 비즈니스 프로세스까지도 혁신하고 있다.

현대자동차에서는 사내 인트라넷의 '전자게시판'을 이용해 종업원의 사내결혼을 알리는 사이버 청첩장, 동료가 올린 글을 마우스로 누르면 간단한 연애기, 예비 남편의 설명과 함께 예식장으로 가는 교통편이 약도와 함께 나타난다. 또 직원 인사발령 게시도 인트라넷을 통해 처리하고 있으며, 동호회 모임 안내, 사내 특별 할인판매, 신차정보, 신문기사 스크랩 등도 모두 인트라넷의 게시판을 통해 처리함으로써 30~40대 샐러리맨에게 익숙한 복도의 '알림 게시판'이 급격히 사라지고 있다.

삼성전관의 모든 인사업무는 사내 인트라넷 '나눔터'에 설치된 'PDSS(Personal Decision Support System, 인사 의사결정 지원시스템)'을 통해 이루어지고 있는데, 공지사항에는 연말정산 기한, 복리후생 규정 갱신 등의 내용인 사내 게시판을 운영하고 있으며, '나의 공간' 란에서는 개인별 이력서, 소득, 연말정산, 복리후생제도, 증명서 발급, 사내 자격증, 사내교육 정보, 예상퇴직금, 우리사주 등의 정보를 온라인으로 확인할 수 있도록 되어 있다. 또한 '인재뱅크'란에서는 자신이 원하는 근무지역과 근무부서, 직무, 이동 희망시기, 희망사유 등을 본인이 직접 입력할 수 있도록 되어 있으며, 입력된 자료는 비밀로 처리되어 인사에 활용되고 있다. 삼성전관은 PDSS 구축 이후 인사팀원이 48명에서 25명으로 절반 정도 줄었다. 삼성전관 인력개발팀은 인터넷을 통하여 신입 및 경력사원을 채용하고 있다. 미국 내 마이크로소프트사의 홈페이지에 있는 채용란을 이용해 입사원서를 내는 사람은 매년 12만 명 이상이다.

4. 프로세스 관리에서의 인터넷 활용

내셔널 세미컨덕터(National semiconductor)사는 1994년 설계 기술자들을 타겟으로 한 정보제공을 목표로 웹사이트를 개설하였으나, 고객대상의 조사결과 그래프 형식의 이미지가 상당부분 로딩 시간을 방해하고 있고, 고객들은 원하는 규격의 부품을 신속하게 검색하여 관심사항을 체크하고 샘플을 주문한다는 사실을 발견하게 되었다.

이에 개발팀은 웹사이트를 보다 근본적으로 개편하였는데 특히 내성온도, 가격 등의 파라미터 검색엔진, 텍스트 키워드 검색, 도표를 통한 드릴 라운드식 디렉토리 검색, 마지막으로 온라인 카탈로그 등을 강화하고 보다 지속적인 고객행동분석을 통해 검색단계를 절반 이상 줄였으며, 고객이 홈페이지에서 샘플 주문, 데이터의 다운로드, 담당자에 의한 이메일 전송 등을 원스톱으로 처리할 수 있도록 함으로써 구매자들과 긴밀한 관계를 성공적으로 맺을 수 있었다.

1998년 5월에 구축한 새로운 웹사이트인 'Purchasing Resources'는 내셔널 세미컨덕트의 카탈로그 인쇄업체와 유통업체들이 링크되어 있어서, 샘플이 아닌 실제 주문과 운송업무를 연계하여 신속하게 처리할 수 있도록 해 놓았다.

이를 통해 항시 촉박한 일정으로 요청되던 시제품용 부품의 소량주문 문제를 상당부분 간단하게 처리할 수 있었다. 즉 웹사이트에서 고객은 구매요청 품목을 먼저 확인하고 정확한 재고정보를 참조하면서 납품 가능한 반도체부품 판매회사를 검색하여 주문시스템이 링크되어 있는 경우 곧바로 발주하고 그렇지 않은 경우에는 직접 전화를 걸어 접촉한다.

구매자 전용 웹사이트는 이 외에도 제품정보의 비교검토, 제품내용 변경의 신속한 파악, 온라인 주문 등의 장점을 가지고 있으며, 부품조달 과정의 개선을 통해 앞으로 수 년 간 1억 달러 이상의 경비절감 효과를 기대하고 있다.

내셔널세미컨덕터는 내부적으로 고객 문의를 이메일 형식으로 제품별 담당부서와 기술지원 요원들에게 전송되도록 함으로써 8,000명 이상의 고객상담요원 절감 효과를 얻었으며, 고객의 정보검색 결과를 고객관리에 활용하고 제품별 문의건수, 데이터 다운로드 횟수, 샘플주문량 등을 파악하여 판매전망을 예측할 수 있었을 뿐만 아니라, 1997년 9월 'TEAM'이라는 판매지원 시스템과 1998년 'BizQuote'라는 웹기반의 수주 및 발주시스템을 통해 유통업체와의 관계도 개선할 수 있었다.

내셔널세미컨덕터 웹사이트가 서비스를 개시한 지 2년 만에 매달 평균 50만 명 이상의 사람들이 방문하고 있고, 수차례의 이용자 실태조사를 실시하고 있으며 1997년 12월 현재 하루 평균 1만 1,000건의 데이터시트 검색이 조사되었으며, 과거의 경우 신제품 출시 후 평가하는 데 1년여의 기간이 걸리던 것이 극단적으로는 하루만에도 고객의 반응을 파악할 수 있어 신제품 출시 후 3개월 이내에 제품의 성공여부를 가늠할 수 있게 되었다.

 # 제3절 품질정보시스템

1. 품질정보시스템의 개념과 구성

　품질경영에 있어서 가장 중요한 정보는 소비자가 요구하는 참 품질에 관한 정보이다. 소비자의 요구는 영업부서, 시장조사, 그리고 A/S 등에 의해서 입수될 수 있는 것으로 이들 정보를 토대로 하여 설계품질이 기획되어야 한다. 설계나 개발부서에서는 소비자의 요구에 관한 정보에 근거하여 설계특성을 결정하며 이들을 설계나 시방서 등으로 제시하게 된다. 이와 같은 정보의 흐름은 [그림 15-2]에 잘 나타나 있다.

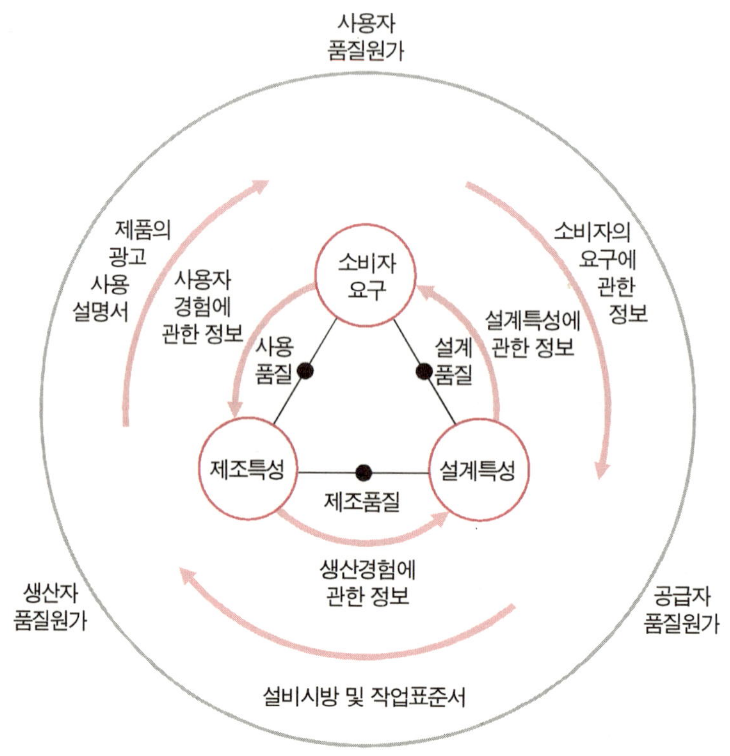

[그림 15-2] 품질정보의 흐름

자료: 김진규, 『품질경영시스템』(서울: 한올출판사, 2000).

공장에서의 생산은 제품의 설계특성에 관한 실현과정으로 볼 수 있는데, 소비자의 요구에 따라 설정된 설계특성을 생산공정에서 충실히 실현시키려면 제품의 설계특성에 대해서 생산현장에서 잘 이해하고 있어야 한다. 즉 설계특성을 구체화한 설계도나 시방서 등에 의거해 구매부서에서는 필요한 원자재를 구매·조달하고, 생산현장에서는 제조활동을 전개함으로써 제조품질이 이루어지는 것이다.

[그림 15-2]의 시계방향 진행정보에서 나타난 것처럼 생산현장에서 만들어진 제조품질이 주어진 설계 및 시방과 일치할 때 사용품질 내지 제품품질이 확보되며, 이 단계에 이르러 비로소 판매 가능한 제품이 산출되는 것이다.

한편, 보다 나은 사용품질로 개선하기 위해서는 시계 반대방향 정보에서 나타난 것처럼 소비자의 제품사용 경험을 면밀히 분석하고 그 결과를 생산부서와 설계부서에 피드백 하여 전달할 필요가 있다. 이 소비자의 요구정보는 설계품질이나 제조품질 개선의 토대가 된다. 이 밖에 생산활동을 통해서 얻은 정보를 설계부서에 제공함으로써 설계품질의 개선을 도모할 수 있는 것으로, 가령 공정능력에 관한 정보 등은 생산부서로부터 설계부서에 제공될 중요한 정보의 하나이다.

소비자들에게는 그들이 요구하는 것 중 어떤 조건을 만족시켜 줄 수 있는지를 알려 줄 필요가 있으며, 타사의 제품과 비교해서 어떤 차이점이 있는지 파악할 수 있도록 설계특성에 관한 정보를 소비자들에게 제공할 필요가 있다.

품질정보시스템은 세 가지 분야로 나눌 수 있는데, 이 품질정보들은 품질정보시스템의 투입요소가 된다.

❶ 소비자의 요구 및 제품사용에 관한 시장품질 정보
① 품질에 대한 소비자의 의견 및 시장조사 정보
② 사용실적 조사데이터

❷ 제품의 개발, 생산 및 품질관리 과정에서의 생산품질 정보
① 제품설계 및 시험데이터
② 품질의 설계심사 데이터
③ 사외 조달품의 품질정보
④ 공정능력 및 공정관리 정보

⑤ 제품검사 데이터

⑥ 품질평가 및 감사에 대한 정보

❸ 생산자 및 사용자의 품질원가 정보

① 공급자 품질원가

② 생산자 품질원가

③ 사용자 품질원가

주란(Juran) 박사에 의하면 품질정보시스템(quality information system: QIS)이란 "모든 분야에서 의사결정자를 위해 품질에 관한 정보를 수집 · 저장 · 분석 · 보고하는 조직적인 방법"이라 정의하고 있다. 이처럼 품질정보 시스템이 품질에 관련된 정보를 처리하는 조직적인 방법이라고 한다면 품질측정 결과는 품질정보시스템의 주요 투입요소가 된다.

2. 시장품질 정보시스템

(1) 시장조사와 시장품질 정보

진정한 품질의 평가는 고객이나 소비자의 사용결과로 이루어지므로, 제품개발 중 설계품질의 평가가 아무리 좋다고 하더라도 시장품질의 평가가 나쁘면 판매경

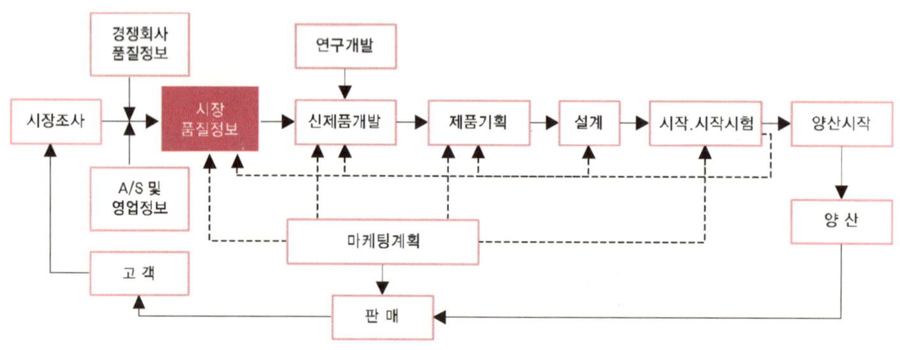

[그림 15-3] 시장조사와 품질정보

자료: 앞의 자료.

쟁에서 뒤지게 된다. 그러므로 판매에 앞서 시장조사를 하여 시장품질의 예측과 품질향상을 위한 기술개선을 추진해야 한다.

시장품질 정보는 시장실험 데이터는 물론 자사 및 시장 판매상품으로부터 나온 품질정보로서 후자는 여러 가지 사용 상황에서 발생된 사용경험으로부터 얻을 수 있다. 따라서 한정된 샘플을 대상으로 하여 실시되는 시장조사로는 모든 시장품질 정보를 획득하기 어려우므로 시장조사 외에 A/S 부서를 비롯한 영업부서로부터의 정보획득을 필요로 한다.

(2) 시장품질 정보의 수집과 활용

품질정보의 수집 내지 활용방법은 그 대상에 따라서 차이가 있는데 가령 TV나 의복 등과 같은 일반소비자 용품과 철도차량, 항공기, 임대복사기와 같은 특수용품과는 방법상 커다란 차이가 있다.

소비자 용품의 경우에는 다양한 소비자가 다양한 용도와 환경조건에서 제품을 사용하고 있어 수집된 데이터들을 용도나 사용조건 등에 따라 층별하여 데이터를 해석할 필요가 있다. 똑같은 소비자 용품이라도 그것이 내구재인가 아닌가에 따라서도 분석내용이 다를 수 있다.

내구재인 경우 고장률, 수명, 기능적 특성 등의 시간적 변화 같은 것이 중요시되는 반면, 비내구재인 경우는 기호적인 요소라든가 시장 판매환경 등의 문제가 될 수 있다. 자동차 같은 내구제품에서는 사용적합성이나 사용품질 원가 외에 제품책임 문제와 관련하여 안전성 내지 무공해성 등에 대한 품질정보가 점차 요구되고 있다.

한편, 사용자가 한정되어 있는 특수용품의 경우에는 정보수집이 비교적 용이하며, 사용자는 해당 제품에 대해서 정통하므로 이 경우에는 사용 및 시장정보의 질과 활용측면이 중요시된다. 정보 활용에 있어 고장 데이터를 해석할 결과는 설계품질에 피드백 되어 품질개선에 활용될 수 있다.

[그림 15-4]는 일본 후지제록스의 설계 부문에서 시장품질 정보의 활용 상황을 품질정보 시스템 입장에서 품질정보의 흐름을 그림으로 나타낸 것이다. 일본의 복사기 제조업체인 후지제록스는 복사기 대여를 위주로 하고 있던 회사에서 고객과 직결된 영업 활동을 통해서 시장품질 정보를 수집하여 소비자가 요구하는 신제품

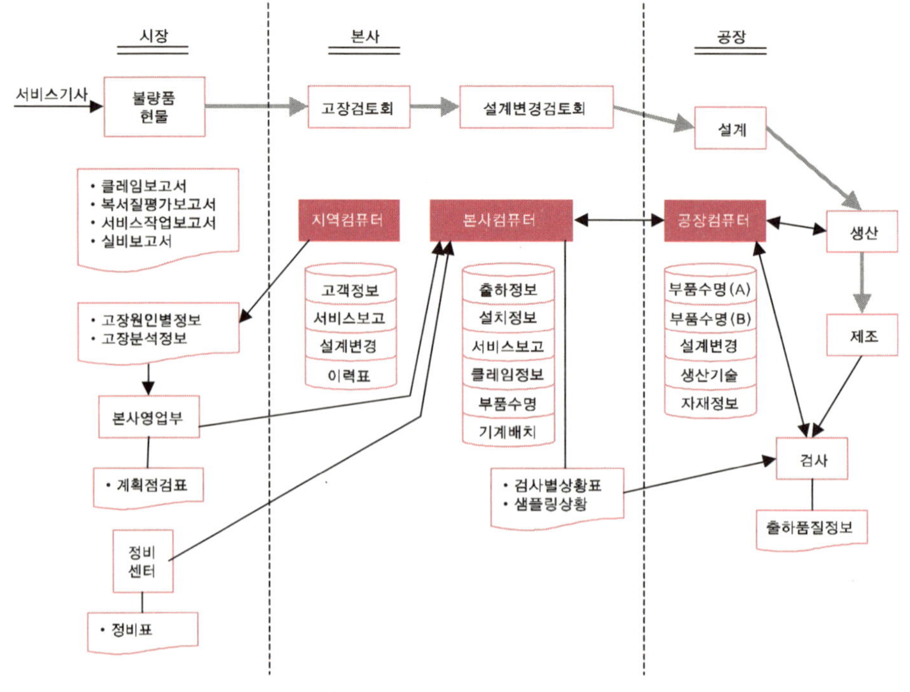

[그림 15-4] 시장품질 정보시스템의 예

자료: 앞의 자료.

을 적기에 개발·공급하기 위해서 개개의 A/S 데이터를 TSDS(Technical Service Data System)로 가공·해석해서 이를 다시 설계 부문에서 필요로 하는 기술정보로 활용하였다.

 제4절 인터넷을 이용한 품질정보의 검색

1. 품질선구자들의 품질철학 사이트

(1) The Deming Electronic Network(DEN)

DEN은 데밍(Deming) 연구소에서 정보교환을 목적으로 '데밍의 관리접근 방식'

에 관한 다양한 기사를 공개하고 있다. 주요 특징은 데밍의 품질철학에 관한 토론의 장을 마련하여 누구나 참여할 수 있도록 한다는 것인데, 이는 메일링 리스트와 같은 것으로 볼 수 있다.

사이트 지도로 접속한 화면에서 Deming Philosophy를 클릭하면 데밍의 품질철학을 쉽게 설명한 웹문서를 볼 수 있는데, 데밍의 14가지 지침도 여기에서 볼 수 있다.

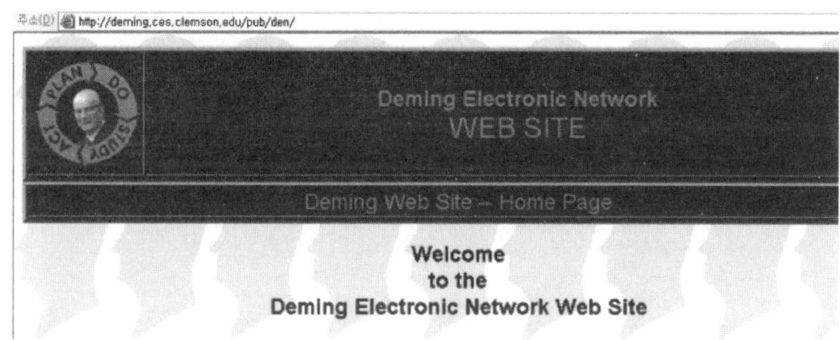

http://deming.eng.clemson.edu/pub/den

(2) Juran Institute

http://www.juran.com

주란(Juran)연구소의 초기화면에는 컨설팅 분야만 무려 10개나 소개하고 있다.

해당 주제로 접속하면 관련정보를 볼 수 있다. About Dr. Juran을 클릭하면 주란
의 일대기를 볼 수 있는데, 그의 품질철학은 이곳에 설명되어 있다.

(3) Philip Crosby Associates Ⅱ, Inc(PCA)

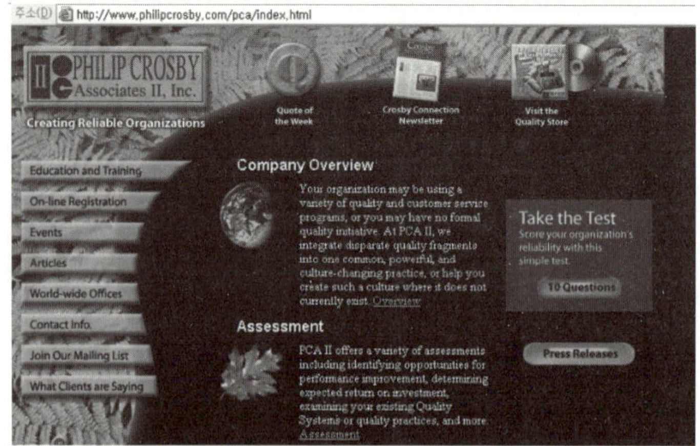

http://www.philpcrosby.com/pca/index.html

1979년 출판된 『품질은 공짜』(*Quality is free*)로 유명해진 크로스비는 같은 해
에 필립 크로스비연구소를 설립하였는데, 홈페이지에서 제공하는 정보는 DEN 사
이트와 거의 흡사한 구조를 보이고 있다.

위에서 소개한 품질선구자들의 웹사이트는 세계적으로 유명한 대표적인 것들로
서 홈페이지에서는 자체적으로 제작한 그들의 연구논문이나 경영기사를 전문으로
볼 수 있다. 품질에 대한 그들의 혁신적인 노력은 미국의 경쟁력 회복은 물론 전 세
계적인 제품 및 서비스 질의 향상에 기여하였다.

2. ISO 관련 사이트

(1) International Organization for Standardization, ISO Online

57개에 달하는 항목으로 ISO 시리즈를 상세히 설명하는 종합정보 제공 사이트

이다. 이곳은 초보자나 경험이 많은 숙련자 모두에게 유익한 다량의 정보를 공개하고 있다. 전체 정보는 초기화면에서 사이트 맵(Site Map)으로 접속하면 쉽게 검색할 수 있는데, 여기서 공개하는 정보는 ISO에 대한 상세한 기초정보, 전 세계 ISO 회원 검색 서비스, ISO 및 품질관련 기사 전문 제공, 다양한 학술정보 원문 제공 등이 포함되어 있다.

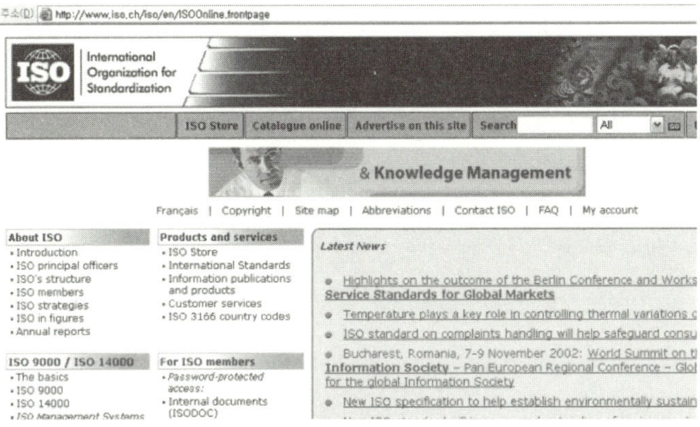

http://www.iso.ch

(2) ISO Center

http://www.isocenter.com

SCS 엔지니어와 ETI사의 국제 ISO인증 관련정보를 제공하는 사이트로서 ISO 14,000에 대한 상세한 정보를 제공하고 있다. 주요정보로는 ISO 14,000 정의, 환경경영시스템, 인증 요구사항, 추천 사이트 연결 등이 있다.

3. 6시그마 관련 사이트

(1) Quality America Inc.

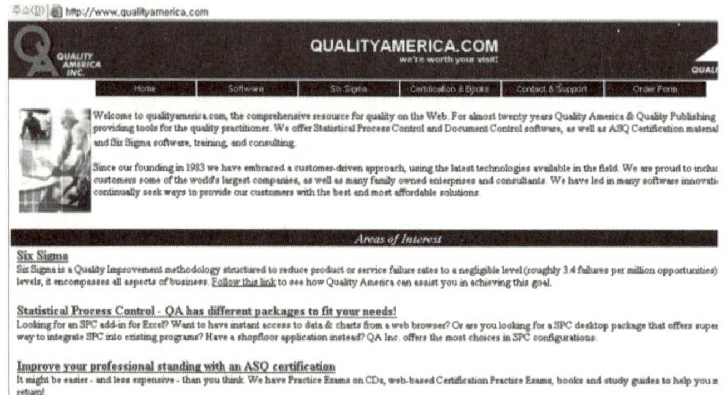

http://www.qualityamerica.com

다양한 품질정보를 항목별로 정리하여 온라인에서 공개하는 곳이다. 초기화면에서 Six sigma로 접속하면 6시그마 정보를 자세히 얻을 수 있다.

Six Sigma Articles에서 다운로드할 수 있는 항목은 다음과 같다.

① The Six Sigma Revolution

② Six Sigma at Motorola

③ Six Sigma Versus Three Sigma

④ SPC Articles

⑤ Designed Experiments & Reliability(DOE) Engineering Articles

⑥ Quality Management Articles

(2) Motorola University

모토로라대학에서 추진 중인 BB Certification 및 품질교육 프로그램을 소개하고 있다. 주요과정은 초기화면의 메뉴 항목 중 Products & Services로 접속하면 되는데, 이 밖에도 이 홈페이지에서 얻을 수 있는 품질정보는 다음과 같다.

① Six Sigma Black Belt : BB 교육과정
② Learning Services : 세부 교육 프로그램 안내 및 신청
③ Custom Learning Design : 주문형 교육 프로그램 소개
④ Creative Solutions : 문제해결 기법을 위한 교육 프로그램
⑤ Books and More : 6시그마 관련도서 안내 및 온라인 구매

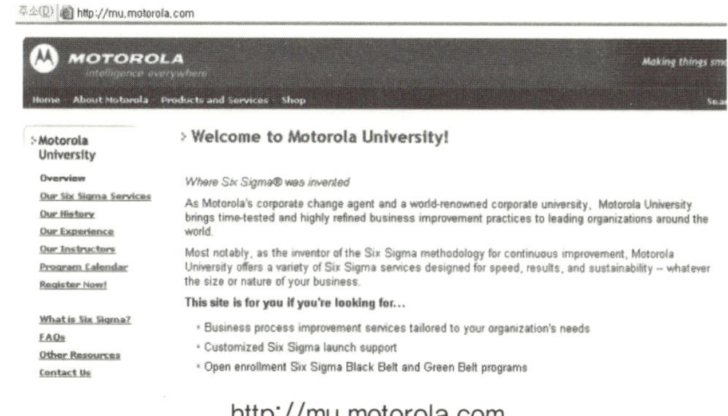

http://mu.motorola.com

(3) The Six sigma Academy(SSA)

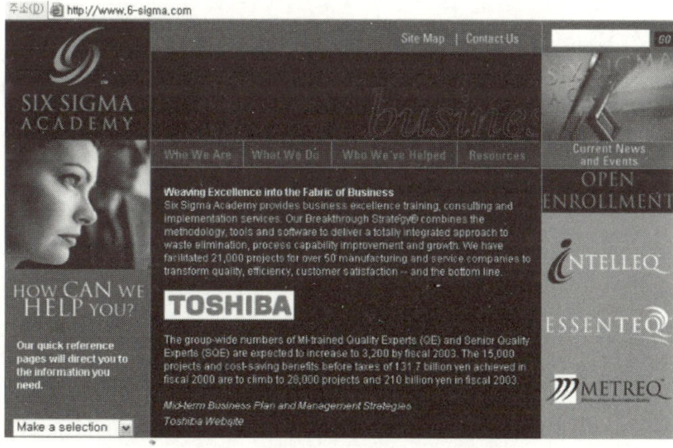

http://www.6-sigma.com

6시그마의 창시자로 알려진 마이클 해리(Mikel Harry)의 홈페이지인데, 6시그마의 정의 및 추진방법론, GE의 6시그마 품질정보, 듀퐁과 SSA가 공동으로 개발한 6시그마 관리도구, 6시그마 관련도서 등이 담겨 있다.

 **사례 34   차 부품 인터넷에서 전량 조달**

현대자동차가 국내 완성차 업체와 부품업체가 모두 참여해 인터넷에서 부품을 사고파는 e-마켓플레이스를 구축하기로 했다. 또 인터넷 자회사를 통하여 신차를 판매하려던 방침을 바꿔 현대·기아차 홈페이지를 통하여 판매하기로 하고 사이버몰을 구축할 예정이다. 현대·기아자동차의 CIO(정보기술센터장)인 팽정국 상무는 8일 "현대자동차, 기아자동차, 현대 모비스 등 현대자동차 그룹 계열사와 1차 협력업체가 참여하는 e-마켓플레이스를 내년 초까지 구축하고 내년 하반기에 이를 르노 삼성자동차와 대우자동차 등 다른 국내 자동차 업계에 공개하는 방안을 추진하고 있다"고 밝혔다.

현대는 사이트의 명칭을 가칭 '오토에버익스체인지 닷컴'으로 정했으며 사업이 본궤도에 오르는 2002년쯤 GM, 포드, 다임러크라이슬러 등 빅3 자동차회사가 추진 중인 세계최대의 자동차관련 전자상거래망인 코비즌트(Covisint)에 연계시킨다는 계획이다. 팽 상무는 "독자성을 갖고 세계적 e-마켓플레이스에 참여한다는 방침에 따라 오토에버익스체인지 닷컴을 구축하기로 하였다"며 신설될 마켓 플레이스는 부품업체와 메이커가 모두 이익을 얻을 수 있는 모델로 개발될 것이라고 설명하였다. 그는 마켓플레이스가 활성화되려면 각사가 사용하고 있는 부품을 표준화하여 공동으로 사용해야 한다면서 부품공유화에 적극 나설 것이 라고 말했다.

현대는 이와 함께 협력업체와 딜러망을 잇는 협력업체 관리망(SCM)도 구축 중이다. 이 시스템이 완성되면 협력업체들이 본사의 생산계획을 실시간으로 파악, 자재 납품에 대비하고 신차개발 시 공동설계도 가능하게 된다. 현대는 SCM을 구축하는 데 120억 원을 투자할 예정이다. SCM이 구축되면 향후 5년간 2000억 원의 비용절감 효과가 있을 것으로 현대는 기대했다. 현대는 신차의 인터넷 판매와 관련, 자회사인 오토에버닷컴을 통하여 판매하려던 계획을 바꿔 현대차와 기아차의 홈페이지를 통하여 판매하기로 했다고 밝혔다. 오토에버닷컴은 현대, 기아자동차 사이버몰에 필요한 응용소프트웨어 제공(ASP), 중고차 처리 등을 맡을 것이라고 현대는 설명했다. 현대는 기존 영업소들을 감안해 인터넷을 통해 신차를 판매하더라도 주문만 받고 배달은 각 영업소들이 맡게 될 것이라고 설명했다. 또 인터넷 주문 고객들을 위하여 차량을 빨리 받을 수 있거나 납기회답을 주는 등 차별화된 서비스를 제공하기로 했다. 이에 따라 현대 · 기아자동차의 인터넷 판매는 본사와 딜러가 독자적으로 진행하는 형태로 전개될 것으로 보인다.

팽 상무는 "현대자동차의 사이버 판매는 생산에서 폐차까지 완전한 서비스를 제공하는 엔드 투 엔드(end to end) 서비스의 개념으로 준비하고 있다"고 설명했다.

자료: 한국경제, 2000. 10. 9

 **사례 35** 인터넷뱅킹 사이트

인터넷뱅킹의 열기는 지난 3월 판교청약 때 정점에 달아 이용경험이 전무한 중 · 장년층에게도 금융거래용 공인인증서가 대거 보급됐다.

하지만, 인터넷을 이용한 금융 서비스, 즉 e-파이낸싱은 비단 은행 업무에 국한된 것은 아니다. 실시간 투자와 거래가 중요한 요소로 작용하는 증권, 이제는 우리나라 사람 10명 중 7명 이상이 보유하고 있다는 신용카드 관련업무 등 적용범위가 다양하다.

이렇게 인터넷을 이용한 금융활동에 대해 은행, 증권, 신용카드를 중심으로 웹사이트 분석기관 랭키닷컴에서 분석했다.

대형 포털까지 뛰어든 e-금융 서비스

2006년 7월 기준 랭키닷컴 '금융&부동산' 대분류에 등록되어 있는 중분류의 수는 총 38개로 전체 3%가 넘는 점유율을 보이고 있다. 이 중 은행 중분류에는 하위사이트 38개, 증권사는 42개, 신용카드는 23개의 사이트가 소속되어 있는데, 대부분 상위 5개 정도의 사이트들이 독점하고 있는 경향을 나타내고 있다.

여기에 하나의 중심 산업군으로 자리 잡은 대형 포털사이트들도 금융관련 섹션을 신설해, 1위 섹션인 '네이버 금융'의 7월 둘째 주 주간 방문자 수는 약 15만 명에 달했다. 비록 포털들의 금융 섹션은 은행이나 증권사처럼 직접적인 거래 서비스를 제공하고 있지는 않지만 재테크정보, 이용후기 등 다채로운 이용자 콘텐츠들을 앞세우며 네티즌의 방문을 끌어들이고 있다.

특히, 포털 금융섹션 개설 전부터 비슷한 서비스들을 제공하고 있던 금융 포털(모네타, e-Money)들은 많은 방문자 수를 보이고 있지는 않지만, 1인당 체류시간 약 14분으로 7~8분대에 머물고 있는 다른 카테고리와 비교하여 높은 방문자 충성도를 나타내고 있었다. 특히 금융포털 중분류는 또 다른 방문자 충성도의 가늠기준인 방문자당 페이지뷰에서도 51.5를 나타내고 있는 증권사 중분류를 훌쩍 뛰어넘어 73.5의 높은 페이지뷰를 기록하고 있었다.

금융관련 사이트들, 주로 누가 방문할까

은행, 증권사, 신용카드, 금융포털, 포털 금융섹션의 7월 2주 방문자를 분석해 본 결과 금융포털은 남성 방문자의 비율이 69.6%로 나타나고 있으며, 신용카드 중분류는 여성 방문자 비율이 38.0%로 비교적 높아 소비에 강한 여성의 트렌드를 그대로 반영하고 있었다.

연령대별로 살펴보면 증권사 중분류의 거래 특성이 강하게 드러나고 있는데, 30대 51.7%, 20대 48.3%로 젊은 층에 불고 있는 재테크 바람이 인터넷 방문패턴에도 큰 영향을 끼치고 있음을 알 수 있었다. 또한 증권사 중분류의 여성 방문자비율은 3개월 전인 4월 2주와 비교하여 2.25% 상승한 35.0%를 나타내 여성들도 직접적인 투자와 거래를 통한 자산 가꾸기에 나서고 있는 것으로 보였다.

e-금융 서비스 중 증권사들의 경쟁이 가장 치열

이들 금융 관련 카테고리들의 7월 2주 단독방문 비율을 보면, 은행이 57.5%로 가장 높게 나타났으며, 이어 포털 금융섹션 37.6%, 금융포털과 신용카드가 각각 22.6%와 22.3%를 보이고 있었다. 은행 중분류의 단독 방문 비율이 높은 것은 주거래 은행을 1~2개 개설한 후, 청약이나 적금 서비스를 집중적으로 이용하기 때문으로 풀이된다.

이런 현상들과는 다르게 증권사 중분류의 단독 방문 비율은 17.1%로 다소 낮은 수치를 나타내고 있는데 상위 5개 사이트의 비교 중복률을 분석한 결과, 미래에셋증권과 동양증권 마이에셋을 중복 방문하는 비율이 가장 높아 16.92%를 기록했으며, 반면 키움닷컴증권은 타 사이트들과의 비교 중복률이 모두 10%를 밑돌아 방문자의 충성도가 높은 편임을 알 수 있었다.

주기적 방문패턴을 보이는 은행과 신용카드 중분류

시기적 특성이나 사회이슈에 따라 방문자수 변화를 보이는 타 산업군과는 달리 금융 관련 카테고리는 일정한 방문자수를 유지하고 있었는데, 특히 매월 말일 개인 결제일이나 급여일이 몰려 있는 관계로 은행과 신용카드 중분류는 마지막 주나 그 전 주의 방문자수가 일시적으로 증가하는 것을 알 수 있었다.

특히, 상반기를 결산하는 6월 4주의 은행 중분류 주간 방문자 수는 944만 명을 기록하며 올해 최대의 주간 수치를 보이기도 했다.

지난 29일 금융감독원에서 발표한 1분기 이용실태를 보면 인터넷뱅킹을 이용한 자금이체 금액은 전 분기 대비 5.2% 늘어난 1,475조 원이었으며, 온라인 신용카드 이용금액은 전 분기 대비 1,000억 원 증가한 16조 7,000억 원을 기록하였다. 인터넷 환경과 금융업의 산업구조가 변화하면서 고객 접점이 늘어난 e-금융 서비스는 지속적인 확산일로를 보이고 있다.

자료: 디지털타임스, 심화영 기자, 2006. 7. 21

:: 참고문헌

김기영 외(1999). 『품질경영』. 서울: 박영사.

김연성 등(2010). 『글로벌 품질경영』. 서울: 박영사.

김준호(2007). 『고객만족경영』. 서울: 무역경영사.

노형진(1995). 『품질경영론』. 서울: 형설출판사.

안상형 · 이관석 · 이명호(1998). 『현대 품질경영』. 서울: 학현사.

______(2008). 『21세기 품질경영』. 서울: 박영사.

______(2010). 『21세기 품질경영』. 서울: 박영사.

안영진(1999). 『21세기 기업경쟁력 강화를 위한 TQM: 품질경영』. 서울: 박영사.

______(2002). 『품질경영론』. 서울: 박영사.

원석희(1998). 『서비스품질경영』. 서울: 형설출판사.

원유동(2003). 『6시그마 경영의 이해』. 서울: 현학사.

원중호 · 최성용 · 박설호(2003). 『현대품질경영』. 대전: 도서출판 대경.

원중호 · 김병태 · 최성용(2007). 『NEW 품질경영론』. 대전: 도서출판 대경.

이순룡(2002). 『현대품질경영』. 서울: 법문사.

______(2010). 『현대품질경영』. 서울: 법문사.

최성용(1992). "국제표준규격(ISO 9000)과 QM시스템의 전개". 서울여자대학교 『인문사
    회과학논총』 제7집.

______(2005). "제품안전(PS)과 제조물책임(PL)에 관한 연구". 서울여자대학교 『사회과
    학논총』 제12집.

______(1995). "ISO 14000 시리즈와 한국기업의 경영환경전략". 서울여자대학교 『경영학
    연구』 제11호.

______(2006). "한국 서비스 기업의 6시그마에 관한 연구". 서울여자대학교 『사회과학논
    총』 제13집.

최성용 외(2008). 『현대기업경영론』. 서울: 무역경영사.

최성용 외(2007). 『품질경영』(개정 초판). 서울: 북코리아.

______(2010). 『품질경영』(개정 2판). 서울: 북코리아.

최성용·한동여(2007).『경영학원론』. 서울: 북코리아.

______(1995). "한국 기업의 품질경영(QM)운동 활성화 방안에 관한 연구". 서울여자대학교『사회과학논총』제1집.

Crosby, Philip B. (1980). *Quality is Free*. New York: Mentor.

Engel, J. F., Kollat, D. T., and Blackwell (1978). *"Consumer Behavior"*. 3th ed. New York: Holt, Rinehart and Winston.

Feigenbaum, A. V. (1983). *Total Quality Control*. 3rd ed. New York: McGraw-Hill.

Garvin, D. A. (1998). *Managing Quality*. New York: The Free Press.

Gitlow, H. et al. (1989). *Tools and Methods for the Improvement of Quality*. New York: Irwin Inc.

Haksever, C. et. al. (2000). *Service Management and Operations*. New Jersey: Prentice Hall.

Heskett, J. L., W. E. Sasser, Jr., & L. A. Schlesinger. (1997). *The Service Profit Chain*. New York: The Free Press.

Ishikawa, K. (1976). *Guide to Quality Control*. Tokyo, Japan: Asian Productivity Organization.

Ishikawa, K. (1985). *What is Total Quality Control?: The Japanese Way*. Englewood Cliffs, N. J.: Prentice Hall, Inc.

Juran, J. M., and Gryna, F. M. (1993). *Quality Planning and Analysis*. 3rd ed. New York: McGraw-Hill.

Parasuraman, V. A., Zeithaml, & L. L. Berry (1990). *Delivering Quality Service: Balancing Customer Perceptions and Expectations*. New York: The Free press.

Taylor, J. R. (1989). *Quality Control System*. New York : McGraw-Hill.

Tenner, A. R., and Detoro, I. J. (1992). *Total Quality Management*. Reading, Mass.: Addison-Wesley Publishing Company, Inc.

∷ 찾아보기

저자소개

최성용

서울여자대학교 경영학과 명예교수로 있으면서 한국생산관리학회 고문, 한국서비스 경영학회 고문, 한국기업경영학회 학술자문위원, 지식경제부 기술표준원 서비스품질 인증심사위원, 한국표준협회 한국서비스대상 심사위원 등으로 활동하고 있다. 고려 대학교에서 경영학석사 및 경영학박사를 취득하였으며, 고려대, 경희대, 동국대, 서 경대 강사, 미국 위스컨신대학교(매디슨) 및 캘리포니아주립대학교(노스리지) 객원 교수 등을 역임하였다.

주요저서

『생산관리연습』(무역경영사, 1979), 『체계경영학연습 II』(무역경영사 1986), 『논문 작성의 이론과 실제』(수서원, 1994), 『계량경영학』(수서원, 2000), 『경영학원론』(법 경사, 2002), 『서비스경영』(공역 법경사, 2002), 『서비스경영』(법경사, 2003), 『현대 품질경영』(대경, 2003), 『현대서비스운영관리』(삼영사, 2004), 『서비스경영론』(삼영 사, 2006), 『현대경영학』(21C 법경사, 2007), 『New품질경영론』(대경, 2007), 『품질 경영론』(북코리아, 2007), 『현대기업경영론』(무역경영사, 2008), 『개정판 품질경영』 (북코리아, 2010) 외 논문 다수

김은숙

세종대학교 평생교육원 교수로 재직 중이다. 한양대학교 경영대학원에서 경영학석 사, 서울여자대학교 대학원에서 경영학박사를 취득하였으며, 한양여대, 삼육대학 및 서울여대에서 강사를 역임하였다.

주요저서

『관광사업론』(가산, 2002), 『호텔경영론』(가산, 2002), 『서비스경영』(공역 법경사, 2002), 『외식산업의 창업과 경영』(백산, 2004), 『현대서비스운영관리』(삼영사, 2004), 『서비스경영론』(삼영사, 2006), 『품질경영』(북코리아, 2007), 『개정판 품질 경영』(북코리아, 2010)

新품질경영 제3판

2007년　3월 20일　초판1쇄 발행
2008년　2월 20일　개정판1쇄 발행
2010년　5월 20일　개정판2쇄 발행
2011년　2월 25일　제3판1쇄 발행
2013년 12월 25일　제3판2쇄 발행

지 은 이　최성용 · 김은숙
펴 낸 이　이찬규
펴 낸 곳　북코리아
등록번호　제03-01240호
주　　소　462-807 경기도 성남시 중원구 상대원동 146-8
　　　　　우림2차 A동 1007호
전　　화　(02)704-7840
팩　　스　(02)704-7848
이 메 일　sunhaksa@korea.com
홈페이지　www.bookorea.co.kr

값 17,000원

ISBN 978-89-6324-110-4 (93320)

● 본서의 무단복제를 금하며, 잘못된 책은 바꾸어 드립니다.
● 이 도서의 국립중앙도서관 출판시도서목록(CIP)은 e-CIP홈페이지(http://www.nl.go.kr/ecip)와
　국가자료공동목록시스템(http://www.nl.go.kr/kolisnet)에서 이용하실 수 있습니다.
　(CIP제어번호: CIP2011000912)